Z 35795

Paris
1860

Goethe, Johann Wolfgang von

Ouevres complètes

Tome 4

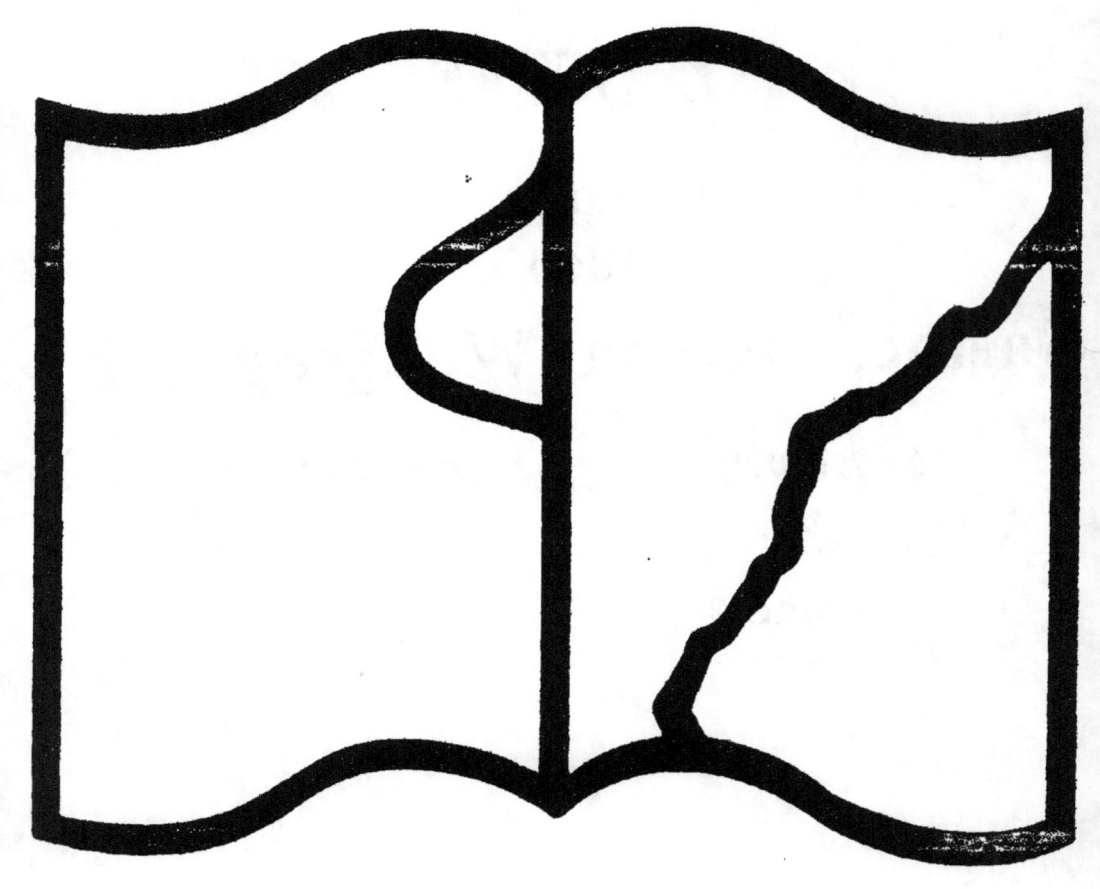

**Symbole applicable
pour tout, ou partie
des documents microfilmés**

Texte détérioré — reliure défectueuse

NF Z 43-120-11

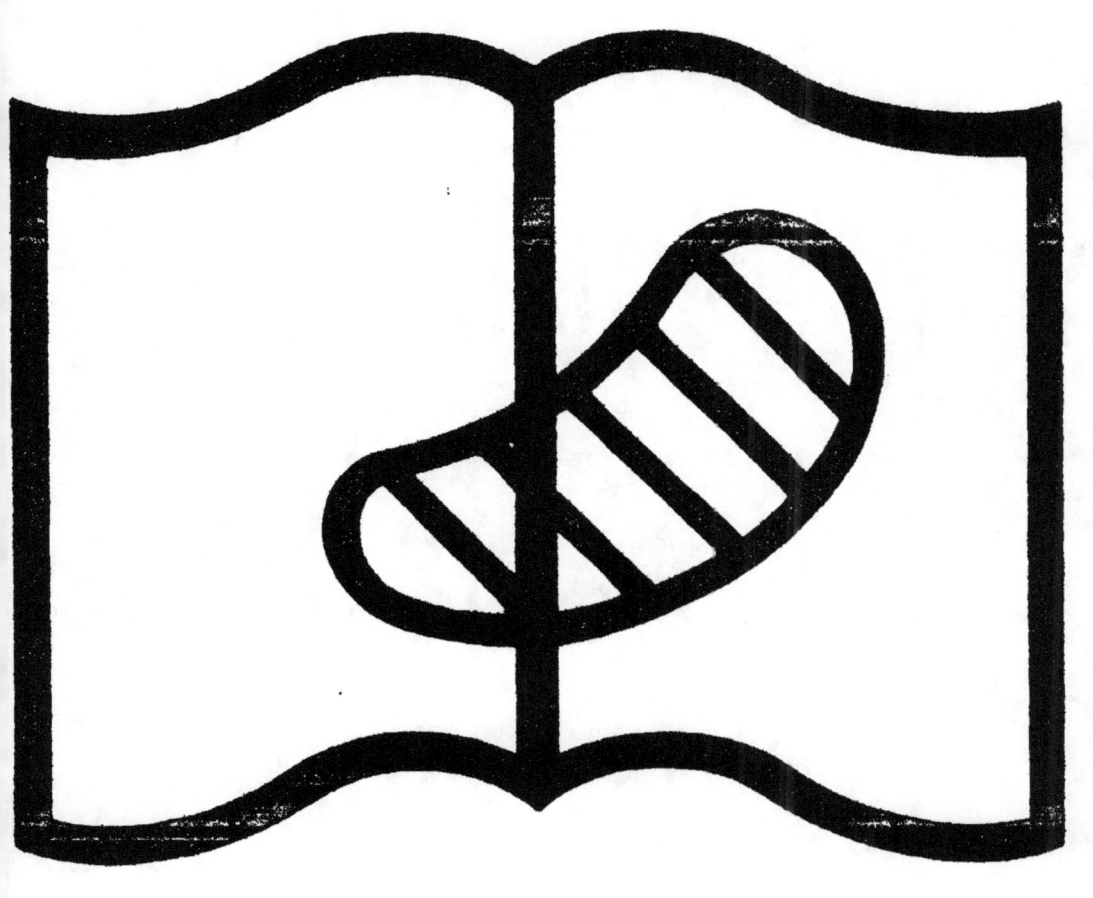

**Symbole applicable
pour tout, ou partie
des documents microfilmés**

Original illisible

NF Z 43-120-10

ŒUVRES

DE GOETHE

IV

PARIS. — IMPRIMERIE DE CH. LAHURE ET Cⁱᵉ
Rues de Fleurus, 9, et de l'Ouest, 21

THÉATRE
DE GOETHE

TRADUCTION NOUVELLE

PAR JACQUES PORCHAT

TOME TROISIÈME

PARIS
LIBRAIRIE DE L. HACHETTE ET Cie
RUE PIERRE-SARRAZIN, N° 14

1860

IPHIGÉNIE EN TAURIDE

DRAME

PERSONNAGES.

IPHIGÉNIE.
THOAS, roi de Tauride.
ORESTE.
PYLADE.
ARCAS.

La scène est dans un bois sacré, devant le temple de Diane.

IPHIGÉNIE EN TAURIDE.

DRAME

ACTE PREMIER.

SCÈNE I.

IPHIGÉNIE, *seule.*

Je viens sous vos ombrages, cimes agitées du bois antique, sacré, au feuillage épais; ainsi que dans le silencieux sanctuaire de la déesse, j'y viens encore avec un frémissement secret, comme si je les visitais pour la première fois, et mon esprit ne s'accoutume point à ces lieux. Voilà bien des années qu'une volonté suprême, à laquelle je m'abandonne, me garde ici cachée : cependant, comme le premier jour, je suis encore étrangère. Car, hélas! la mer me sépare de ceux que j'aime, et je passe de longs jours sur le rivage, cherchant du cœur le pays de la Grèce, et la vague écumante ne répond à mes soupirs que par de sourds mugissements. Malheur à celui qui, loin de ses parents et de sa famille, mène une vie solitaire! Le chagrin consume devant ses lèvres le bonheur auquel il touchait[1]. Ses pensées errantes volent sans cesse vers les foyers de son père, où le soleil ouvrit, pour la première fois, le ciel devant lui; où, dans leurs jeux, les frères et les sœurs s'attachaient de plus en plus l'un à l'autre par de doux liens. Je ne conteste point avec les dieux; mais la destinée des femmes est digne de pitié. Dans sa maison et à la guerre, l'homme commande, et, en pays étranger, il sait se suffire. C'est lui qui a les jouissances de la possession; c'est lui que la victoire couronne; une glorieuse mort lui est réservée. Que le bonheur de la femme est resserré en d'étroites limites! Obéir à un époux sévère est déjà pour elle un devoir et une consolation : quelle est sa détresse, s'il faut même qu'une destinée ennemie la jette sur une terre lointaine! C'est ainsi que Thoas, homme généreux, me retient ici captive, en des liens austères et sacrés. Combien je suis confuse d'avouer que je te sers avec une secrète répugnance, ô déesse, ma libératrice! Ma vie devrait être consacrée à te servir librement. Aussi ai-je espéré sans cesse, et j'espère encore en toi, ô Diane, qui m'as recueillie en tes bras divins et propices, moi, fille abandonnée du plus grand des rois. Oui, vierge céleste, si l'homme puissant que tu désespéras, en lui demandant sa fille; si cet Agamemnon, pareil aux dieux, qui offrit sur ton autel son plus cher trésor, a été ramené par toi glorieusement dans sa patrie des ruines de Troie; si tu lui as conservé son épouse, Électre et son fils, précieux trésors : veuille enfin me rendre aussi à ma famille, et moi, que tu as sauvée de la mort, sauve-moi de cette vie d'exil, qui est une seconde mort!

SCÈNE II.

IPHIGÉNIE, ARCAS.

ARCAS.

Le roi m'envoie ici saluer de sa part la prêtresse de Diane. Voici le jour où la Tauride rend grâce à sa déesse de nouvelles

---

1. Allusion au supplice de Tantale.

et merveilleuses victoires. J'ai devancé le roi et l'armée, pour t'annoncer qu'il vient et qu'elle approche.

IPHIGÉNIE.

Nous sommes prêts à les recevoir dignement, et notre déesse attend, d'un regard propice, le sacrifice agréable que Thoas lui prépare.

ARCAS.

Oh! que ne puis-je aussi trouver le regard de la digne et vénérée prêtresse, ton regard, ô vierge sainte, plus serein, plus brillant, pour nous tous favorable présage!... Le chagrin voile encore avec mystère le fond de ta pensée; vainement, depuis des années, attendons-nous qu'une parole de confiance s'épanche de ton cœur. Depuis que je te vois dans ce lieu, voilà le regard devant lequel je frémis toujours; et, comme avec des liens de fer, ton âme reste enchaînée dans le secret de ton sein.

IPHIGÉNIE.

Comme il convient à l'exilée, à l'orpheline.

ARCAS.

Te semble-t-il être ici exilée et orpheline?

IPHIGÉNIE.

La terre étrangère peut-elle devenir pour nous la patrie?

ARCAS.

Et la patrie t'est devenue étrangère.

IPHIGÉNIE.

C'est là pourquoi mon cœur saigne et ne peut guérir. Dans la première jeunesse, lorsque à peine mon âme s'attachait à un père, à une mère, à des frères; quand les nouveaux rejetons, doucement unis, montaient à l'envi vers le ciel, du pied des anciennes tiges : hélas! une malédiction étrangère me saisit et me sépara de mes bien-aimés, et, d'une main de fer, brisa ce beau lien. Elle s'était évanouie la meilleure joie de la jeunesse, la prospérité des premières années. Quoique sauvée, je n'étais plus pour moi qu'une ombre, et le joyeux amour de la vie ne refleurit plus en moi.

ARCAS.

Si tu veux t'appeler malheureuse, j'oserai bien aussi t'appeler ingrate.

IPHIGÉNIE.

Vous avez ma constante reconnaissance.

ARCAS.

Mais non la reconnaissance pure pour l'amour de laquelle on fait le bien ; le joyeux regard qui témoigne à l'hôte un esprit content, un cœur affectueux. Lorsqu'une destinée impénétrable t'amena dans ce temple, il y a tant d'années, Thoas t'accueillit avec respect et avec tendresse, comme un présent des dieux ; et il te fut propice et favorable ce rivage, auparavant plein d'horreur pour chaque étranger : car, avant toi, nul n'aborda notre empire sans tomber, selon l'antique usage, victime sanglante, sur les marches sacrées du temple de Diane.

IPHIGÉNIE.

Respirer en liberté n'est pas toute la vie. Quelle est donc cette vie, que je dois passer dans le deuil tout entière en ce séjour sacré, telle qu'une ombre autour de son propre tombeau? Et appellerai-je une vie heureuse et sentie, celle où chaque jour, écoulé vainement comme un songe, nous prépare à ces jours lugubres, que la noire troupe des morts, s'oubliant elle-même, passe inactive sur les bords du Léthé? Une vie inutile est une mort anticipée : cette destinée des femmes est avant tout la mienne.

ARCAS.

Ce noble orgueil, qui te rend mécontente de toi-même, je te le pardonne, autant que je te plains : il te dérobe la jouissance de la vie. Tu n'as rien fait ici depuis ton arrivée? Qui a rendu sereine l'humeur sombre du roi? Qui a interrompu, d'année en année, par une douce persuasion, l'antique et cruel usage, selon lequel chaque étranger laisse son sang et sa vie devant l'autel de Diane? Qui renvoya souvent dans leur patrie les prisonniers sauvés d'une mort certaine? Diane, au lieu d'être courroucée de ce qu'elle n'obtient plus ses anciens sacrifices sanglants, n'a-t-elle pas exaucé tes douces prières dans une large mesure? Ne voit-on pas la victoire planer d'un vol joyeux sur l'armée, et même la devancer d'une course rapide? Et chacun ne jouit-il pas d'un meilleur sort, depuis que le roi, qui nous conduisit longtemps avec sagesse et courage, se plaît aussi maintenant à la douceur en ta présence, et nous rend plus léger le devoir de l'obéissance muette? Est-ce à tes yeux une chose vaine, que de ton être se répande sur tout un peuple la rosée d'un baume salutaire? que tu deviennes, pour la nation à laquelle un dieu t'envoya, la source éternelle d'un bonheur nouveau, et que, sur le rivage inhospitalier de la mort, tu procures à l'étranger le salut et le retour?

IPHIGÉNIE.

Un faible avantage échappe aisément au regard qui voit devant lui combien il reste encore.

ARCAS.

Mais approuves-tu celui qui n'estime pas ce qu'il fait?

IPHIGÉNIE.

On blâme celui qui attache trop d'importance à ses actions.

ARCAS.

Et celui qui, trop fier, n'en apprécie pas le mérite réel, comme celui qui, trop vain, en relève le faux mérite. Crois-moi, écoute le conseil d'un homme qui t'est fidèlement et sincèrement dévoué : si le roi te parle aujourd'hui, rends-lui facile l'aveu qu'il songe à te faire.

IPHIGÉNIE.

Tu m'affliges, à chaque parole bienveillante : j'ai souvent éludé avec peine ses propositions.

ARCAS.

Considère ce que tu fais et ce qui t'est avantageux. Depuis que le roi a perdu son fils, il ne se fie plus qu'à un petit nombre des siens, et à ce petit nombre, ce n'est plus comme autrefois. Il regarde avec défaveur le fils de chaque noble, comme l'héritier de son royaume; il craint une vieillesse solitaire et délaissée, peut-être même une audacieuse révolte et une mort prématurée. Le Scythe ne prétend point à l'éloquence, le roi moins que tout autre. Lui, dont l'unique habitude est de commander et d'agir, il ne connaît point l'art de diriger de loin, avec lenteur, avec finesse, un entretien selon ses vues. Ne lui rends pas la chose plus difficile par une froide réserve, en affectant de ne pas le comprendre. Fais avec complaisance la moitié du chemin.

IPHIGÉNIE.

Dois-je hâter ce qui me menace?

ARCAS.

Veux-tu appeler sa recherche une menace?

IPHIGÉNIE.

C'est pour moi la plus affreuse de toutes.

ARCAS.

Pour son amour, donne-lui du moins ta confiance.

IPHIGÉNIE.

Qu'il commence par délivrer mon âme de la crainte.

ARCAS.

Pourquoi lui caches-tu ta naissance?

IPHIGÉNIE.

Parce que le mystère convient à une prêtresse.

ARCAS.

Pour le roi, rien ne devrait être un mystère; et, quoiqu'il ne l'exige pas, il sent toutefois, et il sent profondément, dans sa grande âme, que tu es devant lui soigneusement sur tes gardes.

IPHIGÉNIE.

Nourrit-il du chagrin et du mécontentement contre moi?

ARCAS.

Il semblerait. A la vérité, il garde aussi sur toi le silence; mais des paroles échappées m'ont appris que son âme a conçu le ferme désir de te posséder. Ne l'abandonne pas, oh! ne l'abandonne pas à lui-même, afin que le mécontentement ne mûrisse pas dans son sein, n'excite pas chez toi l'épouvante, et ne te fasse pas songer trop tard, avec repentir, à mon fidèle conseil.

IPHIGÉNIE.

Comment? Est-ce que le roi médite ce que nul homme généreux, qui aime sa gloire, et dont le cœur est enchaîné par le respect des dieux, ne dut jamais penser? Songe-t-il à m'entraîner avec violence de l'autel dans son lit? Alors j'invoque tous les dieux, et, avant tous, Diane, la déesse intrépide, qui donnera certainement son appui à la prêtresse, et, vierge, défendra volontiers une vierge.

ARCAS.

Sois tranquille! Un sang jeune et bouillant ne poussera pas le roi à ces témérités, qui ne sont plus de son âge. Dans ses dispositions présentes, je crains autre chose de lui; je crains une résolution rigoureuse, qu'il accomplira irrésistiblement, car son âme est ferme et inébranlable. C'est pourquoi, je t'en prie, veuille te fier à lui : montre-lui de la reconnaissance, si tu ne peux lui donner rien de plus.

IPHIGÉNIE.

Oh! dis-moi ce que tu sais encore.

ARCAS.

Tu l'apprendras de lui. Je le vois s'approcher. Tu l'honores, et ton propre cœur te presse de l'accueillir avec amitié et confiance. Un homme généreux est mené loin par les douces paroles d'une femme. (*Il sort.*)

IPHIGÉNIE, *seule*.

Je ne vois pas, à la vérité, comment je pourrai suivre le conseil de ce fidèle ami; mais j'obéis volontiers au devoir d'adresser au roi, pour ses bienfaits, des paroles affectueuses, et je souhaite de pouvoir dire, avec vérité, à l'homme puissant des choses qui lui plaisent.

SCÈNE III.

IPHIGÉNIE, THOAS.

IPHIGÉNIE.

Que la déesse te comble de royales faveurs! Qu'elle t'accorde victoire, honneur et richesse, et le bonheur des tiens et l'accomplissement de tout désir pieux; en sorte que, toi qui règnes avec souci sur un peuple nombreux, tu goûtes aussi, par préférence au grand nombre, une rare félicité!

THOAS.

Je serais content si mon peuple me célébrait : ce que j'ai conquis, d'autres en jouissent plus que moi. Celui-là est le plus heureux, qu'il soit un prince ou un homme obscur, que le bonheur attend dans sa maison. Tu pris part à ma douleur profonde, quand l'épée des ennemis fit tomber à mes côtés le dernier, le meilleur de mes fils. Aussi longtemps que la vengeance posséda mon esprit, je ne sentis pas le vide de ma demeure; mais à présent que je reviens satisfait, que leur empire est détruit et mon fils vengé, il ne me reste rien dans ma maison qui me réjouisse. La joyeuse obéissance que je voyais autrefois briller dans tous les yeux est désormais secrètement amortie par le souci et le mécontentement. Chacun songe à ce que sera l'avenir, et se soumet au roi sans enfants, parce qu'il le faut. Je viens donc aujourd'hui dans ce temple, que j'ai souvent visité, je viens implorer une victoire et rendre grâce d'une victoire. Dès longtemps je porte en mon cœur un désir qui, pour toi-même aussi, n'est pas étranger et inattendu : j'espère, pour le bonheur de mon peuple et pour mon bonheur, te conduire comme fiancée dans ma demeure.

IPHIGÉNIE.

O roi, c'est trop offrir à une inconnue. Elle reste confuse devant toi la fugitive, qui ne cherche rien sur ce rivage, après la protection et le repos que tu lui as donnés.

THOAS.

Que tu t'enveloppes sans cesse devant moi, comme devant le dernier de mes sujets, dans le mystère de ton origine, cela ne serait juste et bon chez aucun peuple. Ce rivage effraye les étrangers ; la loi le commande ainsi que la nécessité ; mais de toi, chez qui nous respectons tous les droits de l'humanité, de toi, étrangère chez nous bien reçue, et qui peux couler tes jours selon tes désirs et ta volonté, j'espérais la confiance que l'hôte peut, ce me semble, attendre pour sa fidélité.

IPHIGÉNIE.

O roi, si j'ai caché le nom de mes parents et ma famille, c'était par contrainte et non par défiance ; car peut-être, hélas ! si tu savais qui est devant toi et quelle tête maudite tu nourris et tu protéges, l'effroi saisirait ton grand cœur avec une horreur étrange, et, au lieu de m'offrir de partager ton trône, tu me chasserais, avant le temps, de ton royaume, et peut-être, avant l'heure marquée pour mon joyeux retour chez les miens et pour la fin de ma course, tu me livrerais à la misère, qui attend partout, avec sa main glacée, étrangère, terrible, tout vagabond exilé de sa demeure.

THOAS.

Quel que puisse être sur toi le décret des dieux, et quoi qu'ils réservent à ta maison et à toi-même, depuis que tu demeures parmi nous, avec les droits d'un hôte pieux, je ne suis point dépourvu des bénédictions célestes; j'aurais de la peine à me persuader que je protége en toi une tête coupable.

IPHIGÉNIE.

C'est le bienfait, ce n'est pas l'hôte, qui t'apporte la bénédiction.

THOAS.

Ce que l'on fait pour les impies n'est pas béni. Veuille donc mettre fin à ton silence et à tes refus : ce n'est pas un homme injuste qui le demande. La déesse te remit dans mes mains; comme tu étais sacrée pour elle, tu le fus pour moi : qu'à l'avenir sa volonté soit encore ma loi. Si tu peux espérer le retour dans ta famille, je t'affranchis de toute obligation; mais, si le chemin t'est fermé pour toujours, et si ta race est bannie ou éteinte par un affreux malheur, tu m'appartiens par plus d'une loi. Parle ouvertement, et, tu le sais, je tiendrai ma parole.

IPHIGÉNIE.

La langue se dégage à regret de son ancienne chaîne pour découvrir un secret longtemps gardé; car, une fois confié, il abandonne sans retour la sûre et profonde retraite du cœur; il nuit ou il profite, selon qu'il plaît aux dieux. Écoute!... Je suis de la race de Tantale.

THOAS.

Tu prononces, sans t'émouvoir, un grand nom. Serait-il ton ancêtre, celui que le monde connaît comme l'antique favori des dieux? Est-ce le Tantale que Jupiter admit à son conseil et à sa table; dont les entretiens, pleins d'une vieille expérience, nourris d'une abondante sagesse, charmaient les dieux eux-mêmes, comme auraient fait les sentences des oracles?

IPHIGÉNIE.

C'est lui; mais les dieux ne devraient pas vivre avec les hommes comme avec leurs pareils : la race mortelle est beaucoup trop faible pour n'avoir pas le vertige, à cette hauteur inaccoutumée. Il n'était ni lâche ni traître; mais il était trop grand pour être l'esclave de celui qui lance le tonnerre, et, pour être son compagnon, il n'était qu'un homme. Sa faute aussi fut d'un homme. Le jugement fut rigoureux, et les poëtes répètent dans leurs chants : « Son orgueil et sa perfidie le précipitèrent de la table de Jupiter dans l'opprobre de l'antique Tartare. » Hélas! et toute sa race porta la haine des dieux!

THOAS.

Est-ce qu'elle porta la faute de son ancêtre ou la sienne?

IPHIGÉNIE.

A la vérité, la puissante poitrine et la mâle vigueur des Titans fut l'héritage certain de ses fils et de ses petits-fils ; mais le dieu forgea autour de leur front un bandeau d'airain ; il déroba à leur regard farouche et sombre la prudence, la modération et la sagesse et la patience : chaque désir devenait chez eux une fureur, et leur fureur se déployait sans mesure. Déjà Pélops, au cœur indomptable, fils chéri de Tantale, conquit, par le meurtre et la trahison, la plus belle des femmes, Hippodamie, fille d'Œnomaüs. Elle donna aux vœux de son époux deux fils, Thyeste et Atrée. Ils voient avec envie l'amour de leur père pour son premier fils, né d'un autre lit. La haine les unit, et le couple hasarde en secret, par le fratricide, son premier attentat. Le père soupçonne Hippodamie de ce meurtre ; il lui redemande avec fureur son fils, et elle se donne la mort.

THOAS.

Tu fais silence? Poursuis ; ne regrette pas ta confiance : parle!

IPHIGÉNIE.

Heureux celui qui se souvient avec plaisir de ses pères ; qui entretient avec joie l'étranger de leurs actions, de leur grandeur, et goûte une satisfaction secrète à se voir le dernier anneau de cette belle chaîne! Car une race n'enfante pas soudain le demi-dieu ni le monstre ; c'est seulement une suite de méchants ou de bons qui produit à la fin l'horreur ou la joie du monde.... Après la mort de leur père, Atrée et Thyeste règnent sur la ville, se partageant le trône. La concorde ne pouvait durer longtemps. Bientôt Thyeste déshonore la couche de son frère. Atrée, pour se venger, le chasse du royaume. Déjà le perfide Thyeste, méditant des crimes, avait depuis longtemps dérobé un fils à son frère, et, avec une feinte tendresse, l'avait élevé secrètement comme sien. Il lui remplit le cœur de rage et de vengeance, et l'envoie à la ville royale, afin que, dans son oncle, il tue son propre père. Le dessein du jeune homme est découvert ;

le roi punit cruellement l'émissaire assassin, croyant tuer le fils de son frère. Il apprend trop tard qui meurt dans les tourments, devant ses yeux ivres de fureur, et, pour assouvir dans son cœur le désir de la vengeance, il médite en silence un crime inouï. Il paraît tranquille, indifférent et réconcilié, et attire de nouveau Thyeste, avec ses deux fils, dans le royaume; il saisit les enfants, les égorge, et sert à leur père, dans le premier festin, ce mets horrible, épouvantable. Et, lorsque Thyeste s'est rassasié de sa propre chair, qu'une tristesse le prend, qu'il demande ses fils; qu'il croit déjà entendre les pas, la voix des enfants à la porte de la salle, Atrée, avec un rire affreux, lui jette les têtes et les pieds des victimes.... O roi, tu détournes le visage avec horreur : ainsi le soleil détourna sa face et son char de l'ornière éternelle. Tels sont les aïeux de ta prêtresse ; et la nuit couvre de ses ailes pesantes beaucoup de funestes aventures de ces princes, beaucoup d'actes d'un sens égaré, et ne nous en laisse apercevoir que la sinistre lueur.

THOAS.

Que ton silence les cache également. Assez d'horreurs! Dis maintenant par quel prodige tu sortis de cette tige sauvage.

IPHIGÉNIE.

Le fils aîné d'Atrée était Agamemnon. C'est mon père. Mais, je puis le dire, j'ai vu en lui, dès mon premier âge, un modèle de l'homme accompli. Je fus le premier gage d'amour que lui donna Clytemnestre; Électre vit ensuite le jour. Le roi régnait en paix, et la maison de Tantale jouissait d'une tranquillité qu'elle avait longtemps ignorée. Mais au bonheur des parents il manquait encore un fils, et, à peine fut accompli ce désir de voir désormais Oreste, l'enfant chéri, grandir entre ses deux sœurs, qu'un nouveau malheur menaçait déjà cette maison tranquille. Il est venu jusqu'à vous le bruit de la guerre, qui, pour venger l'enlèvement de la plus belle des femmes, a fait camper autour des murs de Troie toute la puissance des princes de la Grèce. Ont-ils conquis la ville, ont-ils atteint le but de leur vengeance, je ne l'ai pas appris. Mon père commandait l'armée des Grecs. Ils attendaient vainement en Aulide un vent favorable : car Diane, irritée contre leur grand chef, retenait les guerriers impatients, et demandait, par la bouche de Calchas, la fille aînée du roi. Ils m'attirèrent dans le camp avec ma mère; ils m'entraînèrent devant l'autel, et dévouèrent ma tête à la déesse.... Elle fut apaisée : elle ne voulut pas mon sang, et, pour me sauver, m'enveloppa d'un nuage. Ce fut seulement dans ce temple que je repris le sentiment et la vie. C'est moi-même, moi qui te parle, qui suis Iphigénie, petite-fille d'Atrée, fille d'Agamemnon, esclave de la déesse.

THOAS.

Je ne donne pas plus de faveur et de confiance à la fille des rois qu'à l'inconnue; je répète ma première proposition : viens, suis-moi et partage ma fortune.

IPHIGÉNIE.

O roi, comment oserai-je risquer une pareille démarche? La déesse, qui m'a sauvée, n'a-t-elle pas seule droit sur ma vie, qui lui est consacrée? Elle a choisi pour moi cet asile, et me réserve ici pour un père, qu'elle a suffisamment puni par l'apparence, et peut-être serai-je la plus belle joie de sa vieillesse; peut-être mon heureux retour est-il proche; et moi, sans considérer les voies de la déesse, je me serais ici enchaînée contre sa volonté? J'ai demandé un signe, qui me fît connaître si je devais rester.

THOAS.

Le signe, c'est que tu demeures encore dans ces lieux. Ne cherche pas péniblement de tels subterfuges. C'est en vain que l'on dit beaucoup de paroles pour refuser. De toutes ces choses, celui à qui l'on parle n'entend que le refus.

IPHIGÉNIE.

Ce ne sont point des paroles destinées seulement à éblouir: je t'ai découvert le fond de mon cœur. Et ne sens-tu pas toi-même combien je dois soupirer avec angoisse après mon père, ma mère et mon frère et ma sœur? Que, dans ces salles antiques, où quelquefois encore le deuil murmure tout bas mon nom, la joie suspende, comme pour un nouveau-né, de colonne en colonne, les plus belles guirlandes! Ah! si tu me renvoyais sur des vaisseaux, tu me donnerais, et à tous les miens, une nouvelle vie.

THOAS.

Eh bien, retourne chez toi. Fais ce que ton cœur te commande, et n'écoute pas la voix du bon conseil et de la raison. Sois femme tout à fait, et livre-toi au penchant effréné qui te saisit et t'entraîne au hasard. Lorsqu'un désir leur brûle dans le cœur, aucun lien sacré ne les détourne du traître, qui les attire loin des bras, longtemps éprouvés et fidèles, du père ou de l'époux; mais, que la passion impétueuse se taise dans leur sein, c'est vainement que la persuasion, à la bouche d'or, les assiége, puissante et fidèle.

IPHIGÉNIE.

O roi, souviens-toi de ta noble parole! Est-ce ainsi que tu veux répondre à ma confiance? Tu semblais préparé à tout entendre.

THOAS.

Je n'étais pas préparé à l'invraisemblable; mais j'aurais dû m'y attendre : ne savais-je pas que j'aurais affaire à une femme?

IPHIGÉNIE.

O roi, n'outrage pas notre sexe malheureux. Les armes d'une femme ne sont pas glorieuses comme les vôtres, mais elles ne sont pas méprisables. Crois-moi, j'ai sur toi cet avantage, que je connais mieux ton bonheur. Tu imagines, ne me connaissant pas et t'ignorant toi-même, qu'un lien plus étroit nous unirait pour le bonheur; plein de généreuse confiance, comme de nobles intentions, tu me presses de me soumettre; et moi, je rends grâce aux dieux de ce qu'ils m'ont donné la fermeté de ne pas former cette alliance, qu'ils n'ont pas approuvée.

THOAS.

Ce n'est pas un dieu qui parle, c'est ton propre cœur.

IPHIGÉNIE.

C'est par notre cœur seulement que les dieux nous parlent.

THOAS.

Et n'ai-je pas le droit de les entendre?

IPHIGÉNIE.

Le bruit de l'orage couvre la faible voix.

THOAS.

La prêtresse l'entend seule sans doute?

IPHIGÉNIE.

Que le prince l'observe avant tous les autres.

THOAS.

Tes saintes fonctions et ton droit héréditaire à la table de Jupiter te rapprochent plus des dieux qu'un sauvage enfant de la terre.

IPHIGÉNIE.

Voilà comme j'expie la confiance que tu m'as arrachée!

THOAS.

Je suis un homme, et il vaut mieux que cet entretien finisse. Ainsi donc, que ma parole subsiste : sois prêtresse de Diane, comme elle t'a choisie; mais que la déesse me pardonne de l'avoir injustement, et avec un secret remords, frustrée jusqu'à ce jour des anciens sacrifices. C'est toujours pour son malheur que l'étranger approche de nos rivages. De tout temps sa mort fut certaine. Toi seule, par une prévenance dans laquelle je me plaisais vivement à voir tantôt l'amour d'une tendre fille, tantôt la secrète inclination d'une fiancée, toi seule, tu m'as enchaîné, comme avec de magiques liens, en sorte que j'ai oublié mon devoir. Tu avais endormi mes sens; je n'entendais plus les murmures de mon peuple. Maintenant ils m'imputent hautement la mort prématurée de mon fils. Pour l'amour de toi, je ne résisterai pas plus longtemps à la foule, qui demande instamment le sacrifice.

IPHIGÉNIE.

Je n'ai jamais demandé pour l'amour de moi cette résistance. Il méconnaît les dieux celui qui les suppose sanguinaires; il ne fait que leur attribuer ses propres désirs cruels. La déesse ne m'a-t-elle pas elle-même dérobée au prêtre? Mon service lui était plus agréable que ma mort.

THOAS.

Il ne nous appartient pas d'expliquer et de régler selon nos vues le saint usage, avec une raison inconstante et légère. Fais ton devoir, je ferai le mien. Je tiens captifs deux étrangers, que nous avons trouvés cachés dans les cavernes du rivage, et qui ne viennent point avec de bons desseins pour mon royaume : que par leur mort ta déesse reprenne possession de son premier et légitime sacrifice, qui lui a manqué longtemps. Je vais les envoyer ici : tu connais ton ministère.

SCÈNE IV.

IPHIGÉNIE, *seule*.

O secourable libératrice, tu as des nuages pour envelopper les innocents persécutés, et, les arrachant des bras du sort impitoyable, les porter sur l'aile des vents, à travers l'Océan, à travers les plus vastes contrées de la terre et dans quelque lieu qu'il te plaise; tu es sage, et tu vois l'avenir; pour toi le passé existe encore; et ton œil repose sur les tiens, comme ta lumière, la vie des nuits, repose et veille sur la terre : oh! préserve mes mains du sang! Jamais il ne donne ni bonheur ni repos; et le spectre de la victime d'un meurtre accidentel épie et remplit d'effroi les heures mauvaises du triste et involontaire meurtrier. Car les immortels aiment les bonnes races des hommes au loin répandues, et ils prolongent volontiers la vie fugitive du mortel; volontiers ils lui accordent et lui permettent de goûter quelque temps avec eux la ravissante contemplation de leurs cieux éternels.

ACTE DEUXIÈME.

SCÈNE I.

ORESTE, PYLADE.

ORESTE.

C'est le chemin de la mort que nous suivons. A chaque pas, mon âme est plus tranquille. Quand je priai Apollon d'éloigner de mes côtés l'affreux cortége des Euménides, il sembla par ses paroles divines, certaines, pleines d'espoir, me promettre secours et délivrance dans le temple de sa sœur chérie, qui règne sur la Tauride; et maintenant il se réalise que toute souffrance doit finir absolument avec ma vie. Qu'il m'est facile à moi, dont une main divine oppresse le cœur, égare la raison, de renoncer à la belle lumière du soleil! Et, si les petits-fils d'Atrée ne doivent pas obtenir dans la bataille une mort couronnée par la victoire; si je dois, ainsi que mes ancêtres, ainsi que mon père, égorgé comme une victime, subir une mort lamentable : que mon sort s'accomplisse! Mieux vaut tomber ici devant l'autel, que dans le coin maudit où le parent meurtrier dispose son filet. Laissez-moi en repos jusque-là, puissances souterraines, qui, semblables à des chiens déchaînés, suivez à la trace mon sang, qui tombe goutte à goutte, à chaque pas, et marque mon sentier. Laissez-moi; je descendrai bientôt chez vous; la lumière du jour ne doit pas vous voir non plus que moi. Le beau tapis vert de la terre ne doit pas être le rendez-vous des ombres. J'irai vous chercher là-bas; là un même destin nous unira tous dans la froide nuit éternelle. Mais toi, mon cher Pylade, toi, l'innocent compagnon de ma faute et de mon exil, comme à regret je t'entraîne avec moi, avant le temps, dans ce séjour funèbre! Ta vie ou ta mort m'inspire seule encore l'espérance ou la crainte.

PYLADE.

Oreste, je ne suis pas encore, comme toi, préparé à descendre dans le royaume des ombres. En suivant les routes confuses qui semblent conduire à la nuit ténébreuse, je songe encore aux moyens de remonter avec toi vers la vie. Je ne pense pas à la mort; je médite et j'écoute si les dieux ne nous ménagent point la ressource et les chemins d'une heureuse fuite. Qu'on la craigne ou ne la craigne pas, la mort s'avance irrésistible. Quand la prêtresse lèvera déjà la main pour couper et consacrer nos cheveux, ton salut et le mien seront mon unique pensée. Relève ton âme de cet abattement; en hésitant, tu accélères le danger. Apollon nous en a donné sa parole : la consolation et l'aide et le retour te sont préparés dans le sanctuaire de la sœur. Les paroles des dieux ne sont pas équivoques, comme l'affligé l'imagine dans son mécontentement.

ORESTE.

Dès mon âge le plus tendre, ma mère étendit autour de ma tête le sombre voile de la vie, et je grandissais ainsi, image de mon père, et mon regard silencieux était un reproche amer pour elle et son amant. Combien de fois, quand Électre, ma sœur, était assise en silence auprès du feu, dans la salle profonde, je me pressai, tout ému, contre son sein, et, tandis qu'elle pleurait amèrement, j'arrêtai sur elle mes yeux étonnés! Alors elle disait beaucoup de choses de notre illustre père. Combien je désirais de le voir! d'être auprès de lui! Tantôt je me souhaitais devant Troie; tantôt je le souhaitais à Mycènes.... Il parut le jour....

PYLADE.

Oh! laisse les esprits infernaux s'entretenir de cette heure pendant la nuit! Et que le souvenir de temps heureux nous donne une force nouvelle, pour suivre hardiment une course héroïque. Les dieux ont besoin d'hommes vertueux pour leur service sur cette vaste terre; ils ont compté sur toi; ils ne t'ont pas donné pour escorte à ton père, lorsqu'il descendit indigné chez Pluton.

ORESTE.

Oh! que ne l'ai-je suivi, en saisissant le bord de sa robe!

PYLADE.

Eh bien, ceux qui te sauvèrent ont travaillé pour moi, car, ce que j'eusse été, si tu n'avais pas vécu, je ne puis l'imaginer : dès mon enfance, je ne vis et ne puis vivre qu'avec toi et pour toi.

ORESTE.

Ne me rappelle pas ces beaux jours, où ta maison me donna un asile; où ton noble père cultivait avec prudence et tendresse la jeune fleur, presque flétrie; où toi-même, mon compagnon toujours joyeux, semblable à un léger papillon aux ailes diaprées, autour d'une fleur sombre, tu folâtrais chaque jour autour de moi, avec une vie nouvelle, et faisais passer, en jouant, ta gaieté dans mon âme, en sorte qu'oubliant ma souffrance, je prenais l'essor avec toi, emporté par la vive jeunesse.

PYLADE.

Ma vie ne commença que le jour où je t'aimai.

ORESTE.

Dis plutôt : « mon malheur commença, » et tu parleras vrai. C'est le tourment de ma destinée, que, pareil à un banni pestiféré, je porte dans mon sein une douleur et une mort secrète; que, si je visite la demeure la plus saine, bientôt autour de moi les visages florissants laissent voir les signes douloureux d'une lente mort.

PYLADE.

Ami, je serais le premier à mourir de cette mort, si ton haleine était un poison. Ne suis-je pas encore plein de courage et de joie? Et la joie et l'amour sont les ailes des grandes actions.

ORESTE.

Les grandes actions? Oui, je me souviens du temps où nous les voyions devant nous. Souvent, lorsque nous poursuivions ensemble les bêtes sauvages, à travers les monts et les vallées, et que nous espérions de pouvoir un jour, égaux en courage et en force à notre illustre ancêtre, suivre à la trace, avec la massue et l'épée, les monstres et les brigands; qu'ensuite, le soir, appuyés l'un contre l'autre, nous étions assis, tranquilles, au bord de la vaste mer; les flots jouaient jusqu'à nos pieds; le monde immense était ouvert devant nous : quelquefois l'un de nous portait la main sur son épée, et les exploits futurs surgissaient autour de nous, du sein de la nuit, innombrables comme les étoiles.

PYLADE.

Elle est infinie la tâche que l'âme brûle d'accomplir. Nous voudrions que, du premier coup, chacun de nos exploits fût aussi grand qu'il le devient par le progrès, lorsque, durant de longues années, à travers les pays et les générations, la voix des poëtes le propage et l'amplifie. Ils sonnent bien les hauts faits de nos pères, quand le jeune homme, qui se repose dans l'ombre paisible du soir, les écoute avidement avec les sons de la lyre; et ce que nous faisons est, comme ce qu'ils faisaient eux-mêmes, plein de fatigues et d'imperfections. Ainsi nous poursuivons ce qui fuit devant nous, et ne considérons pas le chemin que nous parcourons, et nous voyons à peine, à côté de nous, les pas de nos ancêtres et les traces de leur vie terrestre.... Nous poursuivons sans cesse leur ombre, qui, pareille aux dieux, couronne sur des nuages d'or, dans un vaste lointain, le sommet des montagnes. Je ne fais nulle estime de l'homme qui a de lui-même l'opinion que peut avoir le peuple qui le vante; mais, ô jeune homme, rends grâce aux dieux de ce qu'ils ont fait sitôt tant de choses par toi.

ORESTE.

Quand ils accordent à l'homme d'heureux exploits, de détourner un malheur loin des siens, d'agrandir son royaume, d'assurer ses frontières, et d'abattre ou de disperser d'anciens ennemis : alors il peut rendre grâce, car un dieu lui a dispensé la première, la dernière joie de la vie. Moi, ils m'ont choisi pour meurtrier, pour assassin d'une mère encore vénérée, et, vengeant horriblement un acte horrible, ils m'ont perdu par leur appel. Crois-moi, c'est un coup qu'ils ont dirigé contre la race de Tantale; et moi, le dernier, je ne dois pas mourir innocent, mourir honoré.

PYLADE.

Les dieux ne vengent pas sur le fils le crime des pères. Chacun, bon ou méchant, emporte avec son action sa récompense. On hérite la bénédiction des parents, non leur malédiction.

ORESTE.

Ce n'est pas leur bénédiction, je pense, qui nous amène ici.

PYLADE.

C'est du moins la volonté des grands dieux

ORESTE.

C'est donc leur volonté qui nous perd.

PYLADE.

Fais ce qu'ils te commandent et attends. Si tu ramènes la sœur auprès du frère, et qu'ensuite, tous les deux réunis, ils résident à Delphes, adorés par un peuple généreux, le couple auguste te sera favorable pour cette action; ils te sauveront de la main des Furies. Déjà aucune ne se hasarde dans ce bois sacré.

ORESTE.

Ainsi j'aurai du moins une mort tranquille.

PYLADE.

Je pense tout autrement : j'ai rattaché assez habilement le passé à l'avenir, et les ai expliqués en silence. Peut-être ce grand ouvrage se prépare-t-il depuis longtemps dans le conseil des dieux. Diane désire fuir ce bord sauvage des barbares et leurs sacrifices de sang humain. Nous étions destinés à cette belle entreprise; elle nous est imposée, et déjà nous voici merveilleusement poussés jusqu'à la porte.

ORESTE.

Tu sais entremêler, avec une rare adresse, la volonté des dieux et tes désirs.

PYLADE.

Qu'est-ce que la science de l'homme, si elle n'étudie avec respect la volonté céleste ? Un dieu appelle à une œuvre difficile l'homme généreux qui a commis un grand crime, et lui impose la tâche d'achever ce qui nous semble impossible. Le héros triomphe, et, par son expiation, il sert les dieux et le monde qui l'honore.

ORESTE.

Si ma destinée est de vivre et d'agir, qu'un dieu délivre ma tête pesante du vertige qui, par le sentier glissant, arrosé du sang maternel, m'entraîne chez les morts : qu'il tarisse, par grâce, la source qui, jaillissant contre moi des blessures de ma mère, me souille pour jamais.

PYLADE.

Attends cette grâce avec plus de calme. Tu augmentes le mal, et tu te charges de l'office des Furies. Laisse-moi méditer; reste tranquille. A la fin, s'il est besoin pour agir de nos forces unies, je t'appellerai; et nous marcherons tous deux, avec une audace réfléchie, à l'accomplissement.

ORESTE.

J'entends parler Ulysse!

PYLADE.

Ne raille point. Chaque homme doit choisir son héros, sur les traces duquel il s'efforce de marcher vers l'Olympe. Laisse-moi l'avouer, la ruse et la prudence ne me semblent pas déshonorer l'homme qui se voue aux actions hardies.

ORESTE.

J'estime l'homme vaillant et droit.

PYLADE.

C'est pourquoi je ne t'ai point demandé de conseil. Un pas est déjà fait. J'ai tiré jusqu'à présent bien des choses de nos gardiens. Je sais qu'une femme étrangère, semblable aux dieux, tient enchaînée cette loi sanguinaire; elle offre aux immortels un cœur pur, l'encens et des prières. On célèbre hautement sa bonté; on croit qu'elle sort de la race des Amazones, qu'elle a fui pour échapper à un grand malheur.

ORESTE.

Il paraît que son lumineux empire a perdu sa force à l'approche du criminel, que la malédiction poursuit et couvre comme une vaste nuit. Le pieux désir du sang délie l'antique usage de ses chaînes pour nous perdre. La volonté farouche du roi nous tue; une femme ne nous sauvera point, s'il est courroucé.

PYLADE.

Heureux sommes-nous que ce soit une femme! car un homme, même le meilleur, accoutume son esprit à la cruauté, et se fait même, à la fin, une loi de ce qu'il abhorre; par habitude, il devient dur et presque méconnaissable. Mais une femme reste fidèle au sentiment qu'elle a une fois adopté. On peut plus sûrement compter sur elle pour le bien comme pour le mal…. Silence! Elle vient : laisse-nous seuls. Je ne dois pas lui dire d'abord qui nous sommes, lui confier sans réserve notre sort. Va, et, avant qu'elle te parle, je te reverrai.

SCÈNE II.

IPHIGÉNIE, PYLADE.

IPHIGÉNIE.

O étranger, dis-moi d'où tu es et d'où tu viens. Il me semble que je dois te comparer à un Grec plutôt qu'à un Scythe. (*Elle lui ôte ses chaînes.*) Elle est dangereuse la liberté que je donne. Puissent les dieux détourner ce qui vous menace!

PYLADE.

O douce voix! Oh! que les sons de la langue maternelle ont plus de charme encore dans un pays étranger! Captif, je revois avec bonheur, devant mes yeux, les montagnes bleues du port paternel. Que cette joie te l'assure : moi aussi je suis Grec. J'ai oublié un moment combien j'ai besoin de toi, et tourné mon esprit vers cette délicieuse apparition. Ah! si une loi fatale ne ferme pas tes lèvres, dis-moi à laquelle de nos races tu rapportes ton origine, qui t'égale aux dieux.

IPHIGÉNIE.

Celle qui te parle est la prêtresse choisie et consacrée par la déesse elle-même. Que cela te suffise. Dis-moi qui tu es, et quelle funeste dispensation du sort t'amène en ces lieux avec ton compagnon.

PYLADE.

Je puis facilement te raconter quel malheur nous poursuit avec une accablante persévérance. Oh! si tu pouvais aussi facilement, femme divine, nous assurer le joyeux regard de l'espérance! Nous sommes Crétois, fils d'Adraste. Je suis le plus jeune, je me nomme Céphale, et lui, Laodamas, l'aîné de la famille. Entre lui et moi, il en était un autre, au cœur dur et farouche, qui, dans les jeux mêmes de la première enfance, troublait l'union et le plaisir. Nous obéîmes en paix à l'autorité de notre mère, aussi longtemps que notre valeureux père combattit devant Troie; mais, lorsqu'il revint, chargé de butin, et que, peu de temps après, il fut mort, un débat, au sujet du royaume et de l'héritage, divisa bientôt les frères. Je me rangeai du côté de l'aîné; il tua son frère. A cause de ce meurtre, les Furies le tourmentent et le chassent de lieux en lieux. Mais Apollon delphien nous envoie sur ce bord sauvage avec espérance. Selon ses ordres, nous devons attendre dans le temple de la sœur la main bénie de la délivrance. On nous a faits prisonniers et amenés ici et présentés à toi comme victimes. Tu sais tout.

IPHIGÉNIE.

Troie est tombée ? Cher étranger, donne-m'en l'assurance.

PYLADE.

Troie n'est plus. Oh! donne-nous toi-même l'assurance du salut! Hâte le secours qu'un dieu nous promit! Prends pitié de mon frère! Adresse-lui bientôt une parole clémente et favorable; mais épargne-le, quand tu parleras avec lui, je t'en prie avec ardeur, car son âme est bien vite saisie et troublée par la joie et la douleur et par le souvenir. Un fiévreux délire s'empare de lui, et son âme libre et belle est livrée en proie aux Furies.

IPHIGÉNIE.

Si grand que soit ton malheur, je te conjure de l'oublier jusqu'à ce que tu m'aies satisfait.

PYLADE.

La ville célèbre, qui, pendant dix longues années, résista à toute l'armée des Grecs, est maintenant en ruines et ne se relèvera plus. Cependant maints tombeaux de nos plus vaillants hommes nous forcent de penser à la rive des barbares. Achille y repose avec son ami, le beau Patrocle.

IPHIGÉNIE.

Images des dieux, vous aussi vous n'êtes donc plus que poussière!

PYLADE.

Palamède encore, Ajax, fils de Télamon, n'ont pas revu le jour de la patrie.

IPHIGÉNIE, à part.

Il se tait sur mon père; il ne le nomme pas parmi les morts. Oui, il vit encore pour moi. Je le verrai. O mon cœur, espère!

PYLADE.

Heureux toutefois les milliers de combattants qui périrent d'une mort à la fois douce et cruelle sous la main de l'ennemi; car une divinité ennemie, irritée, prépara, au lieu de triomphes, d'affreuses terreurs et une triste fin à ceux qui revenaient! La voix des hommes ne vient-elle donc pas jusqu'à vous? Aussi loin qu'elle s'étend, elle répand la renommée des actes inouïs qui s'accomplirent. Est-elle donc un secret pour toi, l'affliction qui remplit le palais de Mycènes de soupirs éternels? Clytemnestre, avec le secours d'Égisthe, surprend son époux, l'égorge le jour même de son retour.... Oui, tu révères cette famille royale! Je le vois, ton sein lutte vainement contre cette parole affreuse, inattendue. Es-tu la fille d'un ami? Es-tu née à Mycènes, dans le voisinage? Ne le cache pas, et ne me fais pas un crime de t'annoncer le premier ces horreurs.

IPHIGÉNIE.

Dis-moi comment l'action criminelle fut accomplie.

PYLADE.

Le jour de son arrivée, comme le roi sortait du bain, rafraîchi et reposé, attendant son vêtement de la main de son épouse, la perfide jeta sur ses épaules, autour de sa noble tête, un tissu dont les plis nombreux s'entremêlaient avec art, et, tandis qu'il faisait des efforts inutiles pour s'en débarrasser, comme d'un filet, Égisthe, le traître, le frappa, et, ainsi enveloppé, ce grand prince descendit chez les morts.

IPHIGÉNIE.

Et quelle récompense reçut le complice?

PYLADE.

Un royaume et un lit que déjà il possédait.

IPHIGÉNIE.

Ainsi elle fut poussée au crime par une passion coupable?

PYLADE.

Et par le profond sentiment d'une ancienne vengeance.

IPHIGÉNIE.

Et comment le roi l'avait-il offensée?

PYLADE.

Par une action cruelle qui excuserait Clytemnestre, s'il était une excuse pour le meurtre. Il l'attira en Aulide, et là, comme une divinité s'opposait, par des vents orageux, au départ de la flotte, il mena sa fille aînée, Iphigénie, devant l'autel de Diane, et elle tomba, victime sanglante, pour le salut des Grecs. Cela imprima, dit-on, dans le cœur de la mère une haine si profonde, qu'elle se livra aux séductions d'Égisthe, et même enveloppa son mari dans les filets de la mort.

IPHIGÉNIE, *se voilant.*

C'en est assez. Tu me reverras.

PYLADE, *seul.*

Elle paraît profondément émue du sort de la maison royale. Quelle que soit cette femme, elle a sans doute connu le roi, et, née d'une illustre famille, elle fut, pour notre bonheur, vendue sur ce bord. Mais silence, mon cœur, naviguons sagement, avec un joyeux courage, vers l'étoile de l'espérance qui nous luit.

ACTE TROISIÈME.

SCÈNE I.

IPHIGÉNIE, ORESTE.

IPHIGÉNIE.

Infortuné, je détache tes liens, en signe d'un sort plus douloureux. La liberté que donne le sanctuaire, comme le suprême et lumineux éclair de vie du malade qui succombe, est un messager de mort. Je ne puis et je n'ose encore me dire que vous êtes perdus. Comment pourrais-je, d'une main meurtrière, vous consacrer à la mort? Et personne, quel qu'il soit, n'osera toucher votre tête, aussi longtemps que je serai prêtresse de Diane. Mais, si je refuse de remplir cet office, comme l'exige le roi irrité, il choisira, pour me succéder, une de mes vierges, et je ne pourrai plus alors vous assister que de mes vœux ardents. O digne concitoyen, le moindre serviteur qui effleura le foyer de nos dieux paternels est lui-même pour nous le très-bienvenu sur la terre étrangère : comment puis-je vous recevoir avec assez de joie et de bénédiction, vous qui m'offrez l'image des héros que j'appris à honorer par le souvenir de mes ancêtres, et qui ranimez doucement mon cœur par une nouvelle et charmante espérance!

ORESTE.

Caches-tu ton nom, ton origine, avec une sage résolution, ou puis-je savoir quelle femme se montre à mes yeux, semblable à une divinité?

IPHIGÉNIE.

Tu me connaîtras. Maintenant dis-moi ce que je n'ai appris qu'à demi de ton frère, dis-moi la fin de ceux qui, revenant de

Troie, furent accueillis sourdement, au seuil de leurs demeures, par une destinée cruelle, inattendue. A la vérité, je fus amenée jeune sur ce rivage; cependant je me rappelle bien le regard timide que je levais, avec étonnement et avec crainte, sur ces héros. Ils partirent, comme si l'Olympe se fût ouvert et qu'il eût envoyé sur la terre, pour l'effroi d'Ilion, les figures de l'illustre antiquité, et Agamemnon était plus majestueux que tous les autres. Oh! dis-moi, il tomba, comme il rentrait dans sa maison, par les artifices de sa femme et d'Égisthe?

ORESTE.

Tu l'as dit.

IPHIGÉNIE.

Malheur à toi, Mycènes infortunée! Ainsi les farouches descendants de Tantale ont semé, à pleines mains, malédiction sur malédiction! Et tels que des herbes malfaisantes, secouant leurs affreuses têtes et répandant autour d'eux mille semences diverses, ils ont engendré aux enfants de leurs enfants des parents assassins, pour un échange d'éternelles fureurs! Révèle-moi ce que les ténèbres de l'horreur m'ont dérobé soudain du discours de ton frère. Comment le dernier fils de cette grande famille, l'aimable enfant, réservé pour être un jour le vengeur de son père, comment Oreste est-il échappé à ce jour de sang? Un même destin l'a-t-il enveloppé dans les filets de l'Averne? Est-il sauvé? Vit-il? Électre est-elle vivante?

ORESTE.

Ils vivent.

IPHIGÉNIE.

Brillant soleil, prête-moi tes plus beaux rayons; dépose-les, en signe de ma reconnaissance, devant le trône de Jupiter, car je suis pauvre et muette!

ORESTE.

Si tu es unie à cette famille royale par les liens de l'hospitalité; si tu lui es attachée par des nœuds plus étroits, comme ta vive joie me le révèle, maîtrise ton cœur et tiens-le ferme: car un brusque retour aux douleurs doit être insupportable au cœur joyeux. Tu ne sais, je le vois, que la mort d'Agamemnon.

IPHIGÉNIE.

N'est-ce pas assez pour moi de cette nouvelle?

ORESTE.

Tu n'as appris que la moitié de ces horreurs.

IPHIGÉNIE.

Que craindrais-je encore ? Oreste, Électre vivent.

ORESTE.

Et ne crains-tu rien pour Clytemnestre ?

IPHIGÉNIE.

Ni l'espérance ni la crainte ne la sauveront.

ORESTE.

Aussi a-t-elle quitté le champ de l'espérance.

IPHIGÉNIE.

A-t-elle, dans la fureur de son repentir, versé elle-même son sang ?

ORESTE.

Non ! Cependant son propre sang lui a donné la mort.

IPHIGÉNIE.

Parle plus clairement, afin que je fasse trêve aux conjectures. L'incertitude agite de mille manières ses sombres ailes autour de ma tête inquiète.

ORESTE.

Ainsi les dieux m'ont choisi pour messager d'une action que je voudrais ensevelir dans les sourdes et silencieuses cavernes du royaume de la nuit[1] ! Ta bouche auguste me force à répondre contre ma volonté ; mais elle peut aussi demander un effort pénible et l'obtenir. Le jour où son père tomba, Électre cacha et sauva son frère ; Strophius, beau-frère d'Agamemnon, recueillit l'enfant avec bonté, l'éleva auprès de son propre fils, nommé Pylade, qui s'unit avec le jeune hôte par les liens de la plus tendre amitié. Et, à mesure qu'ils grandirent, grandit dans leur âme le brûlant désir de venger la mort du roi. Sans être aperçus, vêtus d'habits étrangers, ils arrivent à Mycènes, comme s'ils apportaient la triste nouvelle de la mort d'Oreste avec sa cendre. La reine les reçoit bien ; ils entrent dans la maison. Oreste se fait reconnaître d'Électre ; elle excite en lui le feu de la vengeance, que la sainte présence de sa mère avait amorti. Elle le conduit en secret au lieu où son père tomba, où

---

1. *Höhlenreich*, dans l'édition in-8°, 1851.

une ancienne et faible trace du sang versé par le crime colorait, de taches pâles et sinistres, la pierre souvent lavée. Avec sa parole de flamme, elle peignit chaque circonstance de l'acte exécrable; sa vie, passée dans un douloureux esclavage; l'orgueil des traîtres fortunés, et les dangers qui attendaient maintenant la sœur et le frère, de la part d'une mère devenue marâtre. Alors elle lui mit à la main cet antique poignard, qui avait déjà exercé sa fureur dans la maison de Tantale, et Clytemnestre tomba sous les coups de son fils.

IPHIGÉNIE.

Dieux immortels, qui coulez des jours purs et fortunés sur des nuages toujours nouveaux, ne m'avez-vous, durant tant d'années, séparée des hommes, gardée si près de vous; ne m'avez-vous confié l'innocente occupation de nourrir le feu sacré; n'avez-vous élevé mon esprit, comme la flamme, jusqu'à vos demeures, dans une éternelle et sainte clarté, que pour me faire sentir plus tard, et plus profondément, les forfaits de ma race?... Parle-moi de l'infortuné, parle-moi d'Oreste.

ORESTE.

Oh! que ne peut-on parler de sa mort! Du sang de la reine égorgée, se leva, comme un ferment, l'ombre maternelle. Elle crie aux antiques filles de la Nuit : « Ne laissez pas échapper le parricide! Poursuivez le criminel! Il vous est dévoué. » Elles l'entendent; leurs yeux caves se promènent de tous côtés avec le désir de l'aigle. Elles s'agitent dans leurs noires cavernes; leurs suivants, le doute et le repentir, accourent et sortent sans bruit de leurs retraites; devant elles une vapeur monte de l'Achéron; dans ses tourbillons flottants roule, autour de la tête du coupable, qu'elle confond, l'image éternelle de son crime; et les Furies, autorisées à le perdre, foulent les belles campagnes de la terre, ensemencées par les dieux, d'où une ancienne malédiction les bannissait depuis longtemps. Leur pied rapide poursuit le fugitif; elles ne lui donnent de trêve que pour l'effrayer encore.

IPHIGÉNIE.

Infortuné, ton sort est semblable au sien, et tu ressens ce que souffre le malheureux fugitif.

ORESTE.

Que me dis-tu? Quel sort semblable est-ce que tu imagines?

IPHIGÉNIE.

Comme lui, tu es poursuivi par un fratricide : ton jeune frère me l'a déjà confié.

ORESTE.

Je ne puis souffrir, âme généreuse, que tu sois trompée par un discours mensonger. Qu'un ingénieux étranger, accoutumé à la ruse, ourdisse pour l'étranger une trame fallacieuse, comme piége devant ses pas : mais qu'entre nous subsiste la vérité! Je suis Oreste!... et cette coupable tête s'incline vers la tombe et cherche la mort. Sous toute forme, qu'elle soit bienvenue! Qui que tu sois, je souhaite ton salut et celui de mon ami : je ne souhaite pas le mien. Tu sembles demeurer dans ce lieu contre ta volonté : cherchez le moyen de fuir et me laissez ici. Que mon corps inanimé soit précipité d'un rocher; que mon sang fume et coule jusqu'à la mer, et qu'il porte la malédiction au rivage des barbares! Allez dans votre patrie, le beau pays de la Grèce, pour commencer avec joie une nouvelle vie.

(*Il s'éloigne.*)

IPHIGÉNIE.

Tu descends donc enfin jusqu'à moi, accomplissement, ô toi, le plus bel enfant du plus auguste père! Que ton image se lève imposante devant moi! A peine mon regard peut-il atteindre à tes mains, qui, pleines de fruits et de couronnes bénies, dispensent les trésors de l'Olympe. Comme on connaît le roi à l'abondance de ses dons (car ce qui est déjà richesse pour la foule doit lui sembler peu de chose), on vous connaît, ô dieux, à vos dons ménagés, longuement et sagement préparés. Car vous seuls vous savez ce qui peut nous être profitable, et vous embrassez du regard le vaste royaume de l'avenir, tandis que l'étoile et les vapeurs de chaque soir limitent notre vue. Vous entendez paisiblement nos prières, qui vous supplient, avec l'imprévoyance des enfants, de hâter vos bienfaits; mais votre main ne cueille jamais avant leur maturité les fruits d'or du ciel; et malheur à celui qui, les arrachant avec impatience, se repaît d'une âpre nourriture, qui lui donne la mort! Oh! ne souffrez pas que le bonheur, longtemps attendu, à peine encore imaginé, pareil à l'ombre de l'ami qui n'est plus, passe devant moi vainement et me laisse une triple douleur.

ORESTE, *qui s'est rapproché d'Iphigénie.*

Si tu invoques les dieux pour toi et pour Pylade, ne prononce pas mon nom avec le vôtre : tu ne sauveras pas le criminel auquel tu t'associes, et tu partageras sa malédiction et son malheur.

IPHIGÉNIE.

Mon sort est fortement uni avec le tien.

ORESTE.

Non, non! Laisse-moi marcher seul et sans suite chez les morts. Quand même tu envelopperais dans ton voile le coupable, tu ne le déroberais pas au regard de celles qui veillent sans cesse; et ta présence, ô créature céleste, les écarte seulement et ne les chasse point. Elles n'osent, les téméraires, fouler de leurs pieds d'airain le sol du bois sacré, mais j'entends de loin çà et là leur effroyable rire. Ainsi les loups attendent autour de l'arbre sur lequel un voyageur s'est réfugié. Elles reposent campées là dehors, et, si je quitte ce bocage, alors elles se lèveront, secouant leurs chevelures de serpents, soulevant de toutes parts la poussière, et elles chasseront leur proie devant elles.

IPHIGÉNIE.

Oreste, peux-tu écouter une parole bienveillante?

ORESTE.

Réserve-la pour un ami des dieux.

IPHIGÉNIE.

Ils te présentent un nouveau rayon d'espérance.

ORESTE.

A travers la fumée et la vapeur, je vois la pâle lueur du fleuve des morts éclairer ma route aux enfers.

IPHIGÉNIE.

Électre est-elle ton unique sœur?

ORESTE.

Je n'ai connu qu'elle seule. Un bon destin, qui nous parut affreux, déroba l'aînée à propos aux malheurs de notre maison. Oh! cesse de m'interroger, et ne te joins pas aux Furies. Avec une joie cruelle, elles soufflent sur la cendre de mon âme, et ne souffrent pas que les dernières étincelles de l'épouvantable incendie de notre maison s'éteignent doucement dans mon sein. Cette flamme, allumée avec dessein, nourrie avec le soufre de l'enfer, doit-elle donc brûler éternellement sur mon cœur qu'elle torture ?

IPHIGÉNIE.

J'apporte un doux parfum sur la flamme. Oh! laisse le souffle pur de l'amour rafraîchir de sa douce haleine le feu qui dévore ton sein. Oreste, mon cher Oreste, ne peux-tu comprendre ? Le cortége des terribles déesses a-t-il si fort desséché le sang dans tes veines ? Un charme, pareil à celui de l'épouvantable Gorgone, se glisse-t-il dans tes membres, pour les pétrifier ? Oh ! si la voix du sang maternel, que tu as répandu, t'appelle aux enfers avec de sourds gémissements, les paroles bénies d'une sœur innocente ne doivent-elles pas appeler de l'Olympe des dieux secourables ?

ORESTE.

Il m'appelle ! il m'appelle ! Tu veux donc ma perte ? Une divinité vengeresse est-elle cachée en toi ? Qui es-tu, toi, dont la voix agite affreusement mon âme dans ses profondeurs ?

IPHIGÉNIE.

Ce secret se révèle à toi dans le fond de ton cœur. Oreste, c'est moi ! Vois Iphigénie ! Je suis vivante !

ORESTE.

Toi !

IPHIGÉNIE.

Mon frère !

ORESTE.

Fuis ! Éloigne-toi. Je te le conseille, ne touche pas mes cheveux. De moi, comme de la robe nuptiale de Créuse, se communique une flamme inextinguible. Laisse-moi. Comme Hercule, je veux, moi indigne, je veux, concentré en moi-même, mourir d'une mort pleine d'ignominie.

IPHIGÉNIE.

Tu ne mourras point ! Oh ! si seulement je pouvais entendre de toi une parole tranquille ! Lève mes doutes ; laisse-moi m'assurer aussi du bonheur que j'ai longtemps imploré. Un cercle de joies et de douleurs s'agite dans mon âme. Un frisson m'éloigne de l'homme étranger, mais mon cœur m'entraîne violemment vers mon frère.

ORESTE.

Est-ce ici le temple de Bacchus ? Et une indomptable, une sainte fureur saisit-elle la prêtresse ?

IPHIGÉNIE.

Oh ! écoute-moi, vois comme, après un long temps, mon cœur s'ouvre au bonheur de baiser la tête de l'homme le plus cher que le monde me puisse offrir encore ; de te presser dans mes bras, qui ne s'ouvraient qu'au souffle des vents. Oh ! laisse-moi, laisse-moi !... car la source éternelle qui jaillit du Parnasse, de rochers en rochers, ne descend pas plus pure dans la riche vallée, que la joie qui s'épanche à flots de mon sein, et m'environne comme un océan de bonheur. Oreste, Oreste, mon frère !

ORESTE.

Belle nymphe, je ne me fie pas à toi et à tes caresses. Diane demande des prêtresses austères, et venge le sanctuaire profané. Éloigne ton bras de ma poitrine. Et, si tu veux aimer un jeune homme en le sauvant ; si tu lui veux offrir tendrement un bonheur si doux, tourne tes pensées vers mon ami, qui en est plus digne. Il erre aux environs, dans ce sentier sur les rochers ; cherche-le, sois son guide fidèle et épargne-moi.

IPHIGÉNIE.

Reviens à toi, mon frère, et reconnais Iphigénie retrouvée ! Blâme, si tu veux, la joie pure et céleste d'une sœur, mais non un insensé, un coupable désir. O dieux, écartez l'illusion de son œil immobile, afin que le moment de la plus haute joie ne nous rende pas trois fois malheureux ! Elle est ici ta sœur longtemps perdue. La déesse m'arracha de l'autel et me sauva, en me transportant ici dans son sanctuaire. Tu es prisonnier, offert en sacrifice, et dans la prêtresse tu trouves ta sœur.

ORESTE.

Infortunée ! Eh bien, que le soleil voie donc les dernières fureurs de notre famille ! Électre n'est-elle pas ici, afin qu'elle périsse avec nous, et qu'elle ne prolonge pas sa vie pour un sort et des maux plus affreux ? Bien, prêtresse ! Je te suis à l'autel : le fratricide est la coutume héréditaire de notre antique race.

O dieux, je vous remercie d'avoir résolu de me faire périr sans enfants. Et laisse-toi persuader; ne prends pas trop plaisir à voir le soleil et les étoiles; viens, descends avec moi dans le royaume sombre. Comme les dragons enfantés par l'étang de soufre se dévorent, en combattant leur propre engeance, notre race furieuse se détruit elle-même. Descends avec moi, sans enfants et sans crime. Tu me regardes avec pitié? Arrête! C'est avec de pareils regards que Clytemnestre cherchait un chemin dans le cœur de son fils. Cependant mon bras levé frappa sa poitrine. Ma mère tomba!... Lève-toi, spectre irrité! Rangées en cercle, approchez-vous, Furies, et assistez au spectacle bien venu, au dernier, au plus horrible, que vous ayez préparé! Ce n'est pas la haine et la vengeance qui aiguisent son poignard : la sœur pleine de tendresse est contrainte à cette action. Ne pleure pas; tu n'es point coupable. Dès mes premières années, je n'aimai rien, ma sœur, comme je pourrais t'aimer. Oui, brandis ton poignard, n'épargne point, déchire ce cœur, ouvre un passage aux torrents qui bouillonnent dans mon sein! (*Il tombe épuisé.*)

IPHIGÉNIE.

Je ne puis supporter seule ce bonheur et ce tourment.... Où es-tu, Pylade? Où trouverai-je ton secours, mortel chéri? (*Elle s'éloigne et cherche Pylade.*)

SCÈNE II.

ORESTE, *seul. Il se réveille de son assoupissement et se lève.*

Encore, donne-moi encore une coupe des flots du Léthé, la dernière, la fraîche coupe du soulagement. Bientôt elle emportera de mon sein la convulsion de la vie; bientôt mon âme, abandonnée à la source de l'oubli, s'écoulera chez vous en silence, pâles ombres, dans les ténèbres éternelles. Laissez doucement le fils errant de la terre se rafraîchir dans votre repos.... Quel murmure entends-je dans ces rameaux? Quel frémissement sort de ce crépuscule? Déjà ils viennent pour contempler le nouvel hôte! Quelle est cette troupe auguste, qui se livre à part au plaisir, comme une famille de princes assemblés? Ils marchent en paix, jeunes et vieux, hommes et femmes; ces figures, qui passent, sont pareilles aux dieux et semblables entre elles. Oui, ce sont les ancêtres de ma famille. Atrée marche avec Thyeste, au milieu d'entretiens familiers; les enfants se glissent en jouant autour de lui. N'est-il donc plus ici de haine entre vous? La vengeance s'est-elle éteinte comme la lumière du soleil? Je suis donc aussi le bienvenu, et j'ose me mêler à votre cortége solennel?...

Soyez les bienvenus, ô mes ancêtres, Oreste vous salue, Oreste, le dernier homme de votre race! Ce que vous avez semé, il l'a moissonné : chargé de malédictions, il est descendu chez les morts. Mais ici tout fardeau se porte plus légèrement. Recevez-le, oh! recevez-le dans votre cercle.... Toi, Atrée, je t'honore, et toi aussi, Thyeste. Ici nous sommes tous délivrés de la haine.... Montrez-moi mon père, que je vis une seule fois dans la vie.... Est-ce toi, mon père?... Et tu mènes familièrement ma mère avec toi? Si Clytemnestre ose te donner la main, Oreste, à son tour, osera s'approcher d'elle; il osera lui dire : «Vois ton fils!... Voyez votre fils! Dites-lui qu'il est bienvenu!» Sur la terre, le salut était, dans notre maison, l'inévitable signal du meurtre, et la race de Tantale a ses plaisirs dans le séjour ténébreux. Vous vous écriez : «Bienvenu!» et vous m'accueillez parmi vous! Oh! conduisez-moi vers mon aïeul, le chef de la race! Où est mon aïeul? Que je voie la tête chérie, vénérée, qui prit place au conseil des dieux! Vous semblez balancer et détourner le visage? Parlez, souffre-t-il, l'homme égal aux dieux? Malheur à moi! Les dieux tout-puissants ont rivé, avec des chaînes d'airain, de cruelles tortures à la poitrine du héros.

SCÈNE III.

ORESTE, IPHIGÉNIE, PYLADE.

ORESTE.

Êtes-vous aussi déjà descendus chez les morts? Heureuse, ma sœur! Électre encore nous manque. Qu'un dieu propice la frappe de ses douces flèches et nous l'envoie promptement! Toi, malheureux ami, je dois te plaindre. Viens avec moi, viens devant le trône de Pluton, pour saluer notre hôte, comme de nouveaux venus.

IPHIGÉNIE.

O vous, frère et sœur, qui, dans le vaste ciel, apportez, jour et nuit, aux hommes la belle lumière, et qui ne pouvez luire sur les morts, sauvez-nous, sauvez le frère et la sœur! Diane, tu chéris ton aimable frère par-dessus tout ce que la terre et le ciel peuvent t'offrir, et tu tournes, avec un désir paisible, ton front virginal vers sa lumière éternelle. Oh! ne laisse pas mon unique frère, mon frère enfin retrouvé, s'égarer dans les ténèbres du délire! Et, si le dessein pour lequel tu m'as cachée en ce lieu est désormais accompli; si tu veux m'accorder par lui, et à lui par moi, ton divin secours, dégage-le des liens de cette malédiction, de peur que ne s'évanouisse le moment précieux de la délivrance.

PYLADE.

Nous reconnais-tu, et ce bois sacré et cette lumière, qui ne brille pas pour les morts? Sens-tu le bras de ton ami et de ta sœur, qui te tiennent, encore vigoureux, encore vivant? Presse-nous fortement dans tes bras : nous ne sommes pas de vaines ombres. Observe aussi ma parole. Écoute-la. Rassemble tes forces. Chaque instant est précieux, et notre retour tient à des fils délicats, que semble filer une Parque favorable.

ORESTE, *à Iphigénie.*

Laisse-moi, d'un cœur libre, goûter, pour la première fois, dans tes bras une joie pure!... O dieux, qui, avec des flammes puissantes, parcourez le ciel, pour consumer les nuages pesants, et qui, bienfaisants et sévères, parmi la voix de la foudre et le fracas des vents, versez sur la terre, en torrents impétueux, la pluie longtemps implorée, mais qui bientôt transformez en bénédictions l'anxieuse attente des hommes, et changez la stupeur inquiète en regards joyeux et en cris de reconnaissance, quand le nouveau soleil se reflète de mille manières dans les gouttes de pluie, sur les feuilles désaltérées, et lorsque Iris, riante, diaprée, divise de sa main légère le crêpe grisâtre des derniers nuages.... Oh! souffrez aussi que, dans les bras de ma sœur, sur le sein de mon ami, je goûte et je conserve, avec une pleine reconnaissance, les biens que vous m'accordez. Elle est vaincue la malédiction, le cœur me le dit. Les Euménides s'enfuient, je les entends, elles s'enfuient dans le Tartare, et ferment violemment derrière elles les portes de bronze, avec le bruit d'un tonnerre lointain. La terre exhale un parfum réparateur, et m'invite à poursuivre dans ses plaines les plaisirs de la vie et les grandes actions.

PYLADE.

Ne perdez pas le temps, qui est mesuré. Que le vent qui gonfle nos voiles porte d'abord toute notre joie vers l'Olympe. Venez, il faut ici délibérer et résoudre promptement.

ACTE QUATRIÈME.

SCÈNE I.

IPHIGÉNIE, seule.

Quand les habitants du ciel réservent à un des enfants de la terre beaucoup de perplexités, et lui destinent un tumultueux passage de la joie aux douleurs et des douleurs à la joie, ils lui préparent, dans le voisinage de sa ville natale ou sur la rive étrangère, un sage ami, afin que, dans les heures de détresse, il trouve aussi le secours tout prêt. O dieux, bénissez notre Pylade et tout ce qu'il pourra entreprendre! Il a le bras du jeune homme dans le combat, l'œil clairvoyant du vieillard dans le conseil; car son âme est tranquille; elle garde le saint, l'inépuisable trésor du repos, et il tire de ses profondeurs conseil et secours pour les esprits agités. Il m'a arrachée à mon frère, que je regardais et regardais encore avec étonnement, sans pouvoir me persuader de mon bonheur, ni le laisser échapper de mes bras, et je ne sentais pas l'approche du danger qui nous environne. Maintenant, pour exécuter leur dessein, ils se rendent à la mer, où le vaisseau, caché dans une baie, avec leurs compagnons, épie le signal; ils ont mis dans ma bouche des paroles prudentes, et m'ont dicté ce que je dois répondre au roi, s'il m'envoie quelqu'un et m'ordonne, avec plus d'instance, le sacrifice. Ah! je le vois bien, je dois me laisser conduire comme un enfant. Je n'ai point appris à dissimuler, ni à rien tirer de personne par la ruse. Malheur, malheur au mensonge! Il ne soulage pas le cœur, comme toute autre parole dite avec vérité; il ne nous fortifie pas; il tourmente celui qui le forge en secret, et, comme une flèche décochée, qu'un dieu détourne et qui reruse son effet, il revient en arrière et frappe celui qui l'a lancé. Crainte sur crainte me traverse le cœur. Peut-être l'Euménide saisira-t-elle encore avec fureur mon frère sur le sol du rivage non consacré; peut-être on les découvrira.... Il me semble entendre des hommes armés qui s'approchent.... Ici!... Le messager vient à pas rapides de la part du roi. Mon cœur bat, mon âme se trouble, à la vue de l'homme que je dois accueillir avec des paroles trompeuses.

SCÈNE II.

IPHIGÉNIE, ARCAS.

ARCAS.

Hâte le sacrifice, prêtresse : le roi l'attend et le peuple le réclame.

IPHIGÉNIE.

Je suivrais mon devoir et ton avis, si un obstacle inopiné ne se plaçait pas entre moi et l'accomplissement.

ARCAS.

Qu'est-ce qui s'oppose à l'ordre du roi ?

IPHIGÉNIE.

Le hasard, dont nous ne sommes pas maîtres.

ARCAS.

Apprends-moi donc la chose, afin que je l'instruise promptement, car il a résolu en lui la mort des deux étrangers.

IPHIGÉNIE.

Les dieux ne l'ont pas encore résolue. L'aîné de ces hommes a versé le sang d'un de ses proches et il en porte la peine. Les Furies suivent sa trace ; même le mal l'a saisi dans l'intérieur du temple, et sa présence a souillé cette pure enceinte. Maintenant je me rends à la hâte, avec mes vierges, au bord de la mer, pour baigner dans l'onde fraîche l'image de la déesse et accomplir une mystérieuse purification. Que nul ne trouble notre paisible marche.

ARCAS.

Je cours informer le roi de ce nouvel empêchement : toi, ne commence pas l'œuvre sainte avant qu'il l'ait permise.

IPHIGÉNIE.
Cela est remis à la seule prêtresse.
ARCAS.
Un cas si étrange doit être aussi connu du roi.
IPHIGÉNIE.
Son avis, comme son ordre, n'y changera rien.
ARCAS.
Souvent le maître est consulté pour l'apparence.
IPHIGÉNIE.
N'impose pas ce que je devrais refuser.
ARCAS.
Ne refuse pas ce qui est utile et bon.
IPHIGÉNIE.
Je cède, si tu veux ne pas tarder.
ARCAS.
Je serai bientôt dans le camp avec la nouvelle, et bientôt ici de retour avec la réponse. Oh! que ne puis-je aussi lui porter un message qui ferait cesser tout ce qui nous trouble maintenant! Car tu n'as pas écouté le conseil d'un ami fidèle.
IPHIGÉNIE.
J'ai fait volontiers ce que je pouvais.
ARCAS.
Il est temps encore pour toi de changer d'avis.
IPHIGÉNIE.
La chose n'est plus en notre pouvoir.
ARCAS.
Tu juges impossible ce qui te coûte de la peine.
IPHIGÉNIE.
Et toi, tu le crois possible, parce que le désir t'abuse.
ARCAS.
Veux-tu donc tout risquer si froidement?
IPHIGÉNIE.
J'ai tout remis dans la main des dieux.
ARCAS.
Ils ont coutume de sauver les hommes par des moyens humains.
IPHIGÉNIE.
Tout dépend d'un signe de leur volonté.

ACTE IV, SCÈNE II.

ARCAS.

Crois-moi, la chose est dans ta main. L'esprit courroucé du roi prépare seul à ces étrangers une mort cruelle. Nos guerriers ont désaccoutumé depuis longtemps leurs âmes de ce dur sacrifice et de ce culte sanguinaire. Plusieurs même, qu'un sort contraire porta sur des bords étrangers, ont senti qu'un visage d'homme, animé par la bienveillance, est comme une apparition divine pour le pauvre vagabond, égaré sur la rive étrangère. Oh! ne nous refuse pas ce que tu peux faire. Tu achèveras facilement ce que tu as commencé. Car nulle part la bonté qui descend du ciel sous la figure humaine ne se fonde plus promptement un empire, que dans les lieux où un peuple nouveau, farouche et sauvage, plein de vie, de courage et de force, abandonné à lui-même et à de vagues instincts, porte le pesant fardeau de la vie.

IPHIGÉNIE.

N'ébranle pas mon âme, que tu ne peux déterminer à suivre ton avis.

ARCAS.

Jusqu'au dernier moment, on n'épargne ni sa peine, ni la répétition d'un bon conseil.

IPHIGÉNIE.

Tu t'imposes une peine et tu éveilles chez moi la douleur; tout cela sans effet : laisse-moi donc en repos.

ARCAS.

Cette douleur, je l'appelle à mon secours; car c'est une amie: elle donne de bons conseils.

IPHIGÉNIE.

Elle s'empare avec violence de mon âme, mais elle ne surmonte pas ma répugnance.

ARCAS.

Une belle âme sent-elle de la répugnance pour un bienfait que lui offre l'homme généreux?

IPHIGÉNIE.

Oui, si, contre la bienséance, l'homme généreux veut obtenir ma personne au lieu de ma reconnaissance.

ARCAS.

Qui ne sent aucune inclination ne manque jamais d'excuses.

J'annoncerai au prince ce qui s'est passé. Oh! si tu voulais te redire en ton âme comme il s'est conduit noblement avec toi depuis ton arrivée jusqu'à ce jour! (*Il s'éloigne.*)

SCÈNE III.

IPHIGÉNIE, *seule.*

Je sens que les discours de cet homme ont jeté mal à propos un trouble soudain dans mon cœur. Je tremble.... Car, de même que le flux, croissant avec des courants rapides, baigne les rochers épars sur le sable du rivage, un torrent de joie inondait mon cœur. Je tenais dans mes bras l'impossible. Un nuage semblait de nouveau m'envelopper doucement, m'enlever de la terre, et me bercer dans ce sommeil que la déesse propice répandit autour de mes tempes, quand son bras me saisit pour me sauver.... Mon cœur s'attachait tout entier à mon frère; je n'écoutais que les conseils de son ami; tous les efforts de mon âme tendaient à les sauver, et, comme le navigateur tourne le dos avec joie aux écueils d'une île déserte, je laissais derrière moi la Tauride. Maintenant la voix de cet homme fidèle me réveille, me rappelle que je laisserai aussi des hommes en ces lieux. L'imposture me devient doublement odieuse. Oh! demeure en paix, mon âme. Vas-tu désormais chanceler et douter? Faut-il que tu délaisses le sol affermi de ta solitude! Embarquée de nouveau, tu es saisie par les vagues bondissantes; inquiète et troublée, tu ne reconnais plus ni le monde ni toi-même.

SCÈNE IV.

IPHIGÉNIE, PYLADE.

PYLADE.

Où est-elle, afin que je lui annonce promptement l'heureuse nouvelle de notre délivrance!

IPHIGÉNIE.

Tu me vois ici pleine d'inquiétude, dans l'attente de la consolation certaine que tu me promets.

ACTE IV, SCÈNE IV.

PYLADE.

Ton frère est guéri. Nous nous sommes avancés sur les rochers et le sable du rivage non consacré, en poursuivant de joyeux entretiens; le bois sacré restait derrière nous, et nous ne l'avons pas remarqué, et toujours, toujours plus brillante, la belle flamme de la jeunesse flottait autour de sa chevelure bouclée; son œil étincelait, plein de courage et d'espérance, et son libre cœur s'abandonnait tout entier à la joie, tout entier au bonheur de te sauver, toi, sa libératrice, et moi, son ami.

IPHIGÉNIE.

Sois-tu béni, et puissent tes lèvres, qui ont prononcé de si douces paroles, ne jamais faire entendre les accents de la douleur et de la plainte!

PYLADE.

J'apporte plus encore, car le bonheur a coutume de s'avancer, comme un prince, avec une belle suite. Nous avons aussi trouvé nos compagnons. Ils avaient caché le vaisseau dans une baie entourée de rochers. Ils étaient assis et attendaient tristement. Ils virent ton frère, et tous s'agitèrent en poussant des cris de joie; ils demandèrent avec instance de presser l'heure du départ. Chaque main brûle de saisir la rame, et même un vent, qui souffle doucement de la terre, observé soudain de chacun, a déployé ses ailes propices. C'est pourquoi hâtons-nous; conduis-moi dans le temple; laisse-moi pénétrer dans le sanctuaire; laisse-moi saisir avec respect le but de nos désirs. Il suffit de moi seul pour emporter sur mes épaules exercées la statue de la déesse. Combien je soupire après ce fardeau souhaité! (*En prononçant ces derniers mots, il marche vers le temple, sans remarquer qu'Iphigénie ne le suit pas; enfin il se retourne.*) Tu restes immobile et tu balances!... Dis-moi! Ta bouche est muette! Tu parais troublée! Une nouvelle disgrâce s'oppose-t-elle à notre bonheur? Parle, as-tu fait porter au roi les paroles prudentes dont nous étions convenus?

IPHIGÉNIE.

Je l'ai fait, cher Pylade, mais tu vas me blâmer. Ta vue a été déjà pour moi un reproche secret. L'envoyé du roi est venu, et les paroles que tu avais mises dans ma bouche, je les ai répétées. Il a paru étonné, et a demandé instamment d'annoncer d'abord au roi la cérémonie inusitée, de savoir sa volonté, et maintenant j'attends son retour.

PYLADE.

Malheur à nous! Le danger plane de nouveau sur nos têtes. Pourquoi ne t'es-tu pas voilée prudemment du droit sacerdotal?

IPHIGÉNIE.

Je ne m'en suis jamais fait un voile.

PYLADE.

Ainsi donc, âme pure, tu te perdras, et nous avec toi. Pourquoi n'ai-je pas prévu ce cas, et ne t'ai-je pas instruite à éluder aussi cette demande?

IPHIGÉNIE.

Ne blâme que moi. C'est ma faute, je le sens bien. Mais je ne pouvais répondre autrement à l'homme qui me demandait, avec raison et avec instance, ce que mon cœur lui devait accorder comme un droit.

PYLADE.

Le péril augmente, néanmoins nous ne devons pas perdre courage, ou nous trahir nous-mêmes par imprudence et précipitation. Attends avec calme le retour du messager, et tiens ferme alors, quelque réponse qu'il t'apporte. Car c'est à la prêtresse, et non au roi, qu'il appartient de commander cette purification solennelle. Et, s'il demande à voir l'étranger gravement atteint de délire, détourne la chose, alléguant que tu nous tiens l'un et l'autre bien gardés dans le temple. Assure-nous ainsi la liberté de fuir au plus vite, en enlevant le saint trésor à ce peuple barbare, indigne de le posséder. Apollon nous envoie les meilleurs présages; et, avant que nous ayons pieusement rempli la condition, il remplit déjà divinement sa promesse. Oreste est libre, il est guéri!... Vents favorables, emportez-nous, avec notre ami délivré, vers l'île de rochers que le dieu habite, puis à Mycènes, afin qu'elle revive, que de la cendre du foyer éteint les dieux paternels se relèvent avec joie, et qu'une belle flamme illumine leurs demeures! C'est ta main qui, la première, doit répandre des vases d'or l'encens en leur honneur. Tu ramèneras dans ces foyers le salut et la vie; tu effaceras la malédiction, et tu couronneras de nouveau les tiens avec magnificence des jeunes fleurs de la vie.

IPHIGÉNIE.

Quand je t'écoute, cher Pylade, comme la fleur se tourne vers le soleil, mon âme, frappée par le rayon de tes paroles, se tourne vers la douce consolation. Qu'il est précieux le ferme langage de l'ami présent, force divine, dont est privé le solitaire qui succombe en silence! Car chez lui mûrissent lentement, renfermées dans son sein, la pensée et la résolution, que développerait aisément la présence de l'homme qui nous aime.

PYLADE.

Adieu. Je cours maintenant rassurer nos amis, qui attendent avec impatience. Puis je reviendrai promptement, et, caché dans les buissons du rocher, j'attendrai ton signal.... Quelle pensée t'occupe? Un air de tristesse secrète voile tout à coup ton front serein.

IPHIGÉNIE.

Pardonne. Comme de légers nuages devant le soleil, de légères inquiétudes passent devant mon âme.

PYLADE.

Ne crains pas. La crainte a formé traîtreusement avec le danger une étroite alliance. Ils sont inséparables.

IPHIGÉNIE.

Elle est noble l'inquiétude qui m'avertit de ne pas tromper perfidement, de ne pas dépouiller le roi qui fut mon second père.

PYLADE.

Tu te dérobes à celui qui égorge ton frère.

IPHIGÉNIE.

C'est le même qui fut mon bienfaiteur.

PYLADE.

Il n'y a pas ingratitude quand la nécessité commande.

IPHIGÉNIE.

L'ingratitude subsiste; seulement, la nécessité l'excuse.

PYLADE.

Elle t'excuse certainement devant les dieux et les hommes.

IPHIGÉNIE.

Mais mon propre cœur n'est pas satisfait.

PYLADE.

Une exigence trop sévère est un orgueil caché.

IPHIGÉNIE.
Je n'examine pas, je ne fais que sentir.
PYLADE.
Si tu as un juste sentiment de toi-même, tu dois t'estimer.
IPHIGÉNIE.
Le cœur sans tache jouit seul de lui-même.
PYLADE.
C'est ainsi sans doute que tu t'es gardée dans le temple : la vie nous enseigne à être moins sévères pour nous et pour les autres. Tu l'apprendras aussi. La race humaine est si merveilleusement formée, elle est enchaînée et entrelacée de tant de manières, que nul ne peut se maintenir pur et sans trouble en lui-même et avec les autres. Aussi ne sommes-nous pas établis pour nous juger nous-mêmes. Marcher et regarder devant soi est le premier, le plus prochain devoir de l'homme. Rarement, en effet, il juge bien ses actions passées, et ce qu'il fait aujourd'hui, il est presque incapable de le juger.
IPHIGÉNIE.
Tu m'as presque persuadé ce que tu penses.
PYLADE.
Est-il besoin de persuasion où le choix est interdit? Il n'y a qu'une voie de salut pour toi, ton frère et votre ami : faut-il demander si nous la suivrons?
IPHIGÉNIE.
Oh! permets-moi d'hésiter; car tu ne ferais pas toi-même, avec tranquillité, une pareille injustice à un homme auquel tu te sentirais obligé pour ses bienfaits.
PYLADE.
Si nous périssons, tu te prépares un plus cruel reproche, qui amènera le désespoir. On voit que tu n'es pas accoutumée aux disgrâces, puisque, pour échapper à un grand mal, tu ne veux pas même te contraindre à dire une parole mensongère.
IPHIGÉNIE.
Oh! si je portais en moi le cœur d'un homme, qui, lorsqu'il nourrit un projet hardi, se ferme à toute autre voix!...
PYLADE.
Tu résistes en vain : la main de fer de la nécessité l'exige, et son sérieux appel est la loi suprême, à laquelle les dieux mêmes

doivent se soumettre. L'aveugle sœur de l'éternel Destin règne en silence. Accepte ce qu'elle t'impose; fais ce qu'elle ordonne : le reste, tu le sais. Je reviendrai bientôt recevoir de ta main sacrée le sceau précieux de la délivrance.

SCÈNE V.

IPHIGÉNIE, seule.

Il faut que je lui obéisse, car je vois les miens dans un pressant danger. Mais, hélas! mon propre sort me rend de plus en plus inquiète. Oh! ne dois-je pas sauver la secrète espérance que j'ai doucement nourrie dans la solitude? Cette malédiction doit-elle donc régner toujours? Cette race ne doit-elle jamais se relever avec une bénédiction nouvelle?... Cependant tout décline; le plus parfait bonheur, la plus belle force de la vie succombe à la fin : pourquoi pas la malédiction? C'est donc en vain que, gardée en ce lieu, à l'abri du sort de ma race, j'espérais de purifier un jour, avec des mains innocentes et un cœur innocent, notre maison affreusement souillée! A peine mon frère est-il merveilleusement et promptement guéri, dans mes bras, d'un mal cruel; à peine un navire, longtemps souhaité, s'approche-t-il, pour me conduire dans le port de la patrie, que l'inexorable nécessité m'impose, de sa main de fer, un double crime : il faut que je dérobe la sainte et vénérable image qui m'est confiée, et que je trompe l'homme auquel je dois ma vie et mon sort. Oh! puisse la révolte ne pas germer enfin dans mon cœur! Habitants de l'Olympe, puisse la haine que vous portaient les Titans, ces anciens dieux, ne pas saisir aussi mon tendre sein avec des griffes de vautour! Sauvez-moi et sauvez, dans mon âme, votre image!... L'hymne antique résonne à mes oreilles (je l'avais oublié, oublié avec bonheur).... l'hymne des Parques, qu'elles chantèrent, en frémissant, lorsque Tantale tomba de son siége d'or. Elles souffrirent avec leur noble ami; leur âme fut irritée et leur chant terrible. Dans notre enfance, la nourrice nous le chantait à moi et à mes frères. Je l'ai bien retenu.

« Que la race humaine craigne les dieux! Ils tiennent l'em-

« pire dans leurs mains éternelles, et peuvent en user comme il
« leur plaît.

« Qu'il les craigne doublement celui qu'ils élèvent! Sur les
« rochers et les nuages, les siéges sont prêts autour de la table
« d'or.

« S'il éclate une querelle, les convives sont précipités, avec
« insulte et ignominie, dans les profondeurs ténébreuses, et
« c'est en vain qu'ils attendent, enchaînés dans la nuit, un juste
« jugement.

« Mais les dieux demeurent assis, en d'éternelles fêtes, au-
« tour des tables d'or. Ils passent de montagne en montagne;
« des gouffres de l'abîme, monte en fumée à leurs pieds l'haleine
« des Titans étouffés, léger nuage semblable au parfum des sa-
« crifices.

« Les dieux souverains détournent de races entières leurs
« yeux propices, et ils évitent de voir dans le petit-fils les
« traits de l'aïeul, ces traits, autrefois chéris, qui parlent sans
« voix. »

« Ainsi chantèrent les Parques. Le proscrit, l'ancêtre, écoute
« leurs chants dans les cavernes sombres; il songe à ses en-
« fants et à ses descendants, et il secoue la tête. »

ACTE CINQUIÈME.

SCÈNE I.

THOAS, ARCAS.

ARCAS.

Il faut que je l'avoue, je ne sais, dans mon trouble, sur qui je dois diriger mes soupçons. Sont-ce les prisonniers qui méditent furtivement leur fuite? Est-ce la prêtresse qui les seconde? Le bruit se répand que le vaisseau qui a amené ces deux étrangers est encore caché dans quelque baie, et le délire de cet homme, cette purification, le saint prétexte de ce retard, appellent plus hautement les précautions et la défiance.

THOAS.

Que la prêtresse vienne ici sans délai. Allez ensuite, explorez avec soin, explorez promptement le rivage, depuis le promontoire jusqu'au bois sacré de la déesse; respectez-en les saintes profondeurs. Disposez une embuscade attentive, et, en qulque lieu que vous les trouviez, prenez ces hommes, comme vous faites souvent.

SCÈNE II.

THOAS, *seul*.

Je sens tour à tour dans mon cœur une affreuse colère, d'abord contre elle, que je croyais si sainte, ensuite contre moi, qui, par mon indulgence et ma bonté, l'ai disposée à la trahison. L'homme s'accoutume à l'esclavage, et il apprend aisément à obéir, quand on le prive entièrement de la liberté. Oui, si elle fût tombée dans les mains barbares de mes ancêtres, et, si la sainte fureur l'avait épargnée, elle eût été satisfaite de se sauver seule; elle aurait accepté son sort avec reconnaissance et versé le sang étranger devant l'autel; elle aurait appelé devoir ce qui était nécessité. Aujourd'hui ma bonté éveille dans son sein un vœu téméraire. Vainement j'espérai de me l'attacher : elle médite désormais pour elle un sort indépendant. Elle a gagné mon cœur par la flatterie : maintenant que je lui résiste, elle cherche sa voie par la ruse et la tromperie, et ma bonté lui semble une possession acquise par un long usage.

SCÈNE III.

IPHIGÉNIE, THOAS.

IPHIGÉNIE.
O roi, tu me demandes : quel motif t'amène vers nous ?
THOAS.
Tu diffères le sacrifice : dis-moi par quelle raison.
IPHIGÉNIE.
J'ai tout exposé clairement à Arcas.
THOAS
Je voudrais l'apprendre de toi avec plus de détail.
IPHIGÉNIE.
La déesse te donne un délai pour réfléchir.
THOAS.
Il semble opportun pour toi-même ce délai.
IPHIGÉNIE.
Si ton cœur endurci persiste dans cette résolution cruelle, il fallait ne pas venir. Un roi qui exige un acte inhumain trouve assez de serviteurs qui, pour la faveur et un salaire, s'empressent de partager la malédiction du forfait, et du moins la présence du roi reste sans tache. Il médite la mort dans un nuage gros de tempêtes, et ses messagers lancent sur la tête du malheureux la flamme homicide. Mais lui, tranquille sur ses sommets, divinité inaccessible, il plane toujours au sein de l'orage.

THOAS.
Ta bouche sacrée fait entendre de sévères accents

IPHIGÉNIE.

Ce n'est pas la prêtresse, mais la fille d'Agamemnon. Tu respectas la voix de l'inconnue, et tu veux commander durement à la princesse? Non! Dès l'enfance j'appris à obéir, d'abord à mes parents, ensuite à une divinité, et, docile, je sentis toujours mon âme parfaitement libre; mais de me plier à la dure parole, à l'arrêt barbare d'un homme, c'est ce que je n'ai appris ni en Grèce ni en Tauride.

THOAS.

C'est une antique loi, ce n'est pas moi qui te commande.

IPHIGÉNIE.

Nous saisissons avec empressement une loi dont notre passion se fait une arme: une autre loi, plus ancienne, me dit de m'opposer à toi, la loi pour laquelle tout étranger est sacré.

THOAS.

Il paraît que les captifs te sont bien chers, car la pitié et l'émotion te font oublier la première leçon de la prudence, qu'il ne faut pas irriter l'homme puissant.

IPHIGÉNIE.

Que je parle ou que je me taise, tu peux toujours savoir ce qui est et sera toujours dans mon cœur. Le souvenir d'un sort semblable n'ouvre-t-il pas à la pitié un cœur insensible? Et combien plus le mien! Je me vois en eux. J'ai tremblé moi-même devant l'autel; une mort prématurée entourait avec pompe la jeune fille à genoux; déjà le couteau se levait pour percer mon sein plein de vie; mon âme, en proie au vertige, était saisie d'horreur; mes yeux n'y voyaient plus, et.... je me trouvai sauvée. N'est-ce pas notre devoir de rendre aux malheureux ce que la faveur des dieux nous a dispensé? Tu le sais, tu me connais, et tu veux me contraindre!

THOAS.

Obéis à ton office, non à un maître.

IPHIGÉNIE.

Arrête! Ne colore pas la violence qui s'applaudit de la faiblesse d'une femme. Je suis née aussi libre qu'un homme. Si le fils d'Agamemnon était devant toi, et si tu lui demandais une chose déshonorante, il aurait aussi une épée et un bras pour défendre les droits de son cœur. Je n'ai que des paroles, et il sied à l'homme généreux d'avoir égard aux paroles d'une femme.

THOAS.

J'ai plus d'égard pour elles que pour l'épée d'un frère.

IPHIGÉNIE.

Le sort des armes est inconstant; nul sage guerrier ne méprise l'ennemi. La nature n'a pas non plus laissé le faible sans secours contre l'orgueil et la dureté : elle lui a donné le goût de la ruse, lui a enseigné l'artifice. Tantôt il cède, tantôt il diffère, il use de détours. Oui, la puissance injuste mérite qu'on emploie ces ressources.

THOAS.

La prévoyance sait s'opposer à la ruse.

IPHIGÉNIE.

Et une âme pure n'y a pas recours.

THOAS.

Ne prononce pas inconsidérément ta propre condamnation.

IPHIGÉNIE.

Oh! si tu voyais comme mon âme combat pour repousser courageusement, dès sa première attaque, une cruelle fatalité qui veut la saisir! Suis-je donc ici sans armes devant toi? Si tu repousses l'aimable prière, ce gracieux rameau, plus puissant que l'épée et les armes dans la main d'une femme, que me reste-t-il encore pour défendre mes sentiments? Demanderai-je à la déesse un miracle? N'est-il aucune force dans les profondeurs de mon âme?

THOAS.

Il paraît que le sort des deux étrangers t'inquiète sans mesure. Parle, qui sont-ils ceux pour lesquels ton esprit s'exalte violemment?

IPHIGÉNIE.

Ils sont.... ils paraissent.... je les crois Grecs.

THOAS.

Seraient-ils tes compatriotes? Et sans doute ils ont réveillé chez toi l'idée charmante du retour?

IPHIGÉNIE, *après un moment de silence.*

L'homme seul a-t-il donc le privilége des actions extraordinaires? Lui seul peut-il donc étreindre l'impossible contre sa forte poitrine de héros? Qu'est-ce qu'on appelle grand? Quels récits élèvent l'âme frémissante du conteur, qui les répète sans cesse, sinon ce que le plus ferme courage a entrepris avec un succès invraisemblable? Celui qui durant la nuit se glisse tout seul dans l'armée ennemie, comme une flamme inattendue, attaque avec fureur ceux qui dorment, ceux qui s'éveillent, et enfin, repoussé par les guerriers, qui ont repris courage, revient, mais avec du butin, sur les chevaux de l'ennemi: celui-là est-il seul célèbre? ou celui-là seulement qui, dédaignant les routes sûres, va parcourir hardiment les montagnes et les forêts, pour nettoyer de brigands une contrée? Ne nous reste-t-il rien? Une faible femme doit-elle se dépouiller du droit que lui donne la nature, opposer rudesse à rudesse, comme les Amazones, vous ravir le droit du glaive et venger l'oppression par le sang? Une audacieuse entreprise agite mon cœur. Je n'échapperai pas à un grand reproche, à un mal encore plus grave, si elle échoue; mais je la dépose, ô dieux, dans votre sein. Si vous êtes fidèles, comme on le dit à votre gloire, montrez-le par votre assistance, et glorifiez par moi la vérité.... Oui, écoute, ô roi, on forge une ruse secrète; c'est en vain que tu demandes les prisonniers; ils se sont enfuis et cherchent leurs amis, qui les attendent sur le rivage avec le vaisseau. Le plus âgé, que le mal avait saisi dans ce lieu, et a quitté maintenant.... c'est Oreste, mon frère, et l'autre, son confident, son ami d'enfance, qu'on nomme Pylade. Apollon les envoie de Delphes sur ce rivage, avec l'ordre divin d'enlever l'image de Diane et de rendre la sœur à son frère; et, en récompense, Oreste, qui est poursuivi par les Furies, et souillé du sang de sa mère, a reçu de lui la promesse de sa délivrance. Et maintenant j'ai mis dans ta main les deux derniers rejetons de la famille de Tantale. Fais-nous périr.... si tu l'oses!

THOAS.

Tu crois que le Scythe sauvage, le barbare, entendra la voix de la vérité et de l'humanité, que le Grec Atrée n'a pas entendue?

IPHIGÉNIE.

Chacun peut l'entendre, sous quelque ciel qu'il soit né, si la source de la vie coule libre et pure dans son sein.... O roi, que me prépares-tu dans le fond de ton âme par ton silence? Si c'est notre perte, alors fais-moi mourir la première. Car, maintenant qu'il ne nous reste plus aucun secours, je vois l'affreux danger dans lequel, de propos délibéré, j'ai plongé précipitamment ceux que j'aime. Hélas! je les verrai enchaînés devant moi! Avec quels regards pourrai-je faire mes adieux à mon frère, que j'assassine? Je ne pourrai plus soutenir ses regards chéris.

THOAS.

Les fourbes! Par un adroit mensonge, abusant une femme longtemps recluse, qui croit aisément et volontiers ce qu'elle désire, ils l'ont enveloppée dans cette trame!

IPHIGÉNIE.

Non, ô roi, non! Je pourrais être abusée, mais ils sont vrais et fidèles. Si tu les trouves trompeurs, fais-les périr et chasse-moi, exile-moi, en punition de ma folie, sur le triste rivage d'une île de rochers. Mais, si cet homme est mon frère chéri, longtemps souhaité, laisse-nous partir, sois aussi bienveillant pour la sœur et le frère réunis que tu le fus pour moi seule. Mon père a succombé par le crime de sa femme et elle-même par son fils. La dernière espérance de la race d'Atrée repose sur lui seul. Permets que, le cœur pur et la main pure, je traverse les mers et purifie notre maison. Tu me tiendras parole!... Si jamais le retour chez les miens m'était ouvert, tu as juré de me laisser partir; et maintenant il m'est ouvert. Un roi ne fait pas, comme le vulgaire, une promesse par contrainte, afin d'éloigner, pour un moment, celui qui l'implore; il promet même pour le cas qu'il ne prévoit point, et il ne sent la grandeur de sa dignité que lorsqu'il peut rendre heureux celui qui attend l'effet de sa parole.

THOAS.

Comme l'eau se défend contre le feu, et, en écumant, cherche à étouffer son ennemi, la colère lutte dans mon sein contre tes paroles.

IPHIGÉNIE.

Oh! laisse briller pour moi, comme la sainte lumière de la flamme paisible du sacrifice, la grâce, couronnée d'hymnes de reconnaissance et d'allégresse.

THOAS.

Que cette voix m'apaisa souvent!

IPHIGÉNIE.

Oh! donne-moi la main en signe de paix!

THOAS.

Tu demandes beaucoup en peu de temps.

IPHIGÉNIE.

Pour faire le bien, il n'est pas nécessaire de réfléchir.

THOAS.

Très-nécessaire, car le bien même est suivi du mal.

IPHIGÉNIE.

C'est le doute qui change le bien en mal. N'hésite pas : accorde ce que ton cœur conseille.

SCÈNE IV.

IPHIGÉNIE, THOAS, ORESTE, *armé*.

ORESTE, *regardant vers le fond*.

Redoublez d'efforts! Arrêtez leur marche! Quelques instants suffiront. Ne cédez pas au nombre, et couvrez, pour ma sœur et pour moi, le chemin du vaisseau. (*A Iphigénie, sans voir le Roi.*) Viens, nous sommes trahis. Il nous reste peu de temps pour fuir. Hâtons-nous! (*Il voit le Roi.*)

THOAS. *Il saisit son épée.*

Nul ne porte impunément l'épée nue en ma présence.

IPHIGÉNIE.

Ne profanez pas la demeure de la déesse par la fureur et le meurtre! Ordonnez à vos soldats une trêve; écoutez la prêtresse, la sœur!

ORESTE.

Dis-moi quel est celui qui nous menace.

IPHIGÉNIE.

Honore en lui le roi qui fut mon second père! Pardonne-moi, mon frère, mais mon cœur filial a remis tout notre sort dans sa main. J'ai avoué votre projet et sauvé mon âme de la trahison.

ORESTE.

Veut-il nous accorder un retour paisible?

IPHIGÉNIE.
Ton épée étincelante m'interdit la réponse.
ORESTE, *remettant son épée dans le fourreau.*
Parle donc : tu vois que j'écoute tes paroles.

SCÈNE V.

LES PRÉCÉDENTS, PYLADE, *et, bientôt après,* ARCAS,
tous deux l'épée à la main.

PYLADE.
Ne tardez pas! les nôtres rassemblent leurs dernières forces. Ils cèdent et sont refoulés lentement vers la mer. Quelle conférence de princes trouvé-je en ce lieu? Voilà l'auguste personne du roi!

ARCAS.
O roi, tu restes calme, comme il te sied de l'être, en présence des ennemis. La témérité sera bientôt punie : leur parti cède et succombe, et leur vaisseau est à nous. Un mot de toi, et il est en flammes.

THOAS.
Va! Ordonne à mon peuple une suspension d'armes. Que nul n'insulte l'ennemi, aussi longtemps que nous parlerons ensemble. (*Arcas se retire.*)

ORESTE.
J'accepte. Va, fidèle ami, rassemble le reste de nos soldats : attendez en paix l'issue que les dieux préparent à notre entreprise. (*Pylade s'éloigne.*)

SCÈNE VI.

IPHIGÉNIE, THOAS, ORESTE.

IPHIGÉNIE.
Délivrez-moi d'inquiétude avant que vous commenciez cet entretien. Je crains une funeste querelle, ô roi, si tu n'écoutes pas la douce voix de l'équité, et toi, mon frère, si tu ne veux pas commander à la fougueuse jeunesse.

ACTE V, SCÈNE VI.

THOAS.

Je retiens ma colère, comme il sied au plus âgé. Réponds-moi : comment prouveras-tu que tu es le fils d'Agamemnon et le frère d'Iphigénie?

ORESTE.

Voici le glaive avec lequel il vainquit les vaillants guerriers de Troie. Je l'enlevai à son meurtrier, et je priai les immortels de m'accorder le courage et le bras, la fortune du grand roi, et de me donner une plus belle mort. Choisis un des chefs de ton armée, et oppose-moi le plus brave. Aussi loin que la terre nourrit les fils des héros, cette demande n'est refusée à nul étranger.

THOAS.

Ici l'antique usage n'a jamais accordé à l'étranger ce privilége.

ORESTE.

Eh bien, que ce nouvel usage commence donc par toi et par moi! Un peuple entier, en imitant la noble action des chefs, la consacre comme loi. Et laisse-moi combattre non-seulement pour notre liberté, laisse-moi, étranger que je suis, combattre pour les étrangers. Si je succombe, leur arrêt sera prononcé avec le mien; mais, si la fortune m'accorde la victoire, que jamais un homme ne mette le pied sur ce rivage, sans rencontrer le prompt regard de l'amitié secourable, et que chacun vous quitte consolé!

THOAS.

O jeune homme, tu ne me sembles pas indigne des ancêtres dont tu te glorifies. Il est grand le nombre des nobles et vaillants hommes qui m'accompagnent; mais, à mon âge, je sais moi-même encore faire tête à l'ennemi, et je suis prêt à tenter avec toi le sort des armes.

IPHIGÉNIE.

Non, non! Il n'est pas besoin, ô roi, de cette preuve sanglante. Que votre main quitte l'épée! Pensez à moi et à mon sort. Le rapide combat immortalise un guerrier : bien qu'il succombe, la muse célèbre sa gloire. Mais les pleurs, les pleurs intarissables de la femme abandonnée, la postérité ne les compte pas, et le poëte se tait sur les jours et les nuits sans nombre passés dans les larmes, lorsqu'une âme silencieuse se tourmente et se consume à rappeler vainement l'ami qu'elle a perdu, l'ami soudainement enlevé. Moi-même, un soupçon m'a d'abord avertie de prendre garde que l'imposture d'un brigand ne me ravît d'un sûr asile et ne me livrât à l'esclavage. Je les ai interrogés soigneusement ; je me suis informée de chaque circonstance ; j'ai demandé des signes, et maintenant mon cœur est tranquille. Vois ici, à sa main droite, cette marque, comme de trois étoiles, qui se montra le jour même de sa naissance, et que le prêtre expliqua par une action terrible, que cette main devait accomplir. Ce qui me persuade encore doublement, c'est la cicatrice qui lui partage en cet endroit le sourcil. Il était encore enfant, lorsque Électre, vive et imprudente comme elle était, le laissa tomber de ses bras. Il se heurta contre un trépied.... C'est lui !... Dois-je aussi te signaler, comme gages de mon assurance, la ressemblance de son père et l'intime allégresse de mon cœur ?

THOAS.

Et quand tes discours lèveraient tous mes doutes et enchaîneraient la colère dans mon sein, les armes devraient néanmoins décider entre nous : je ne vois point de paix. Ils sont venus, tu l'avoues toi-même, pour me ravir l'image sacrée de la déesse. Croyez-vous que je voie cela de sang-froid ? Le Grec tourne souvent son œil avide vers les trésors lointains des barbares, toison d'or, chevaux, belles femmes ; mais la violence et la ruse ne les ramenèrent pas toujours heureusement dans leurs foyers avec les biens conquis.

ORESTE.

O roi, l'image de la déesse ne doit pas nous diviser. Nous connaissons maintenant l'erreur dont un dieu nous enveloppa comme d'un voile, quand il nous ordonna de diriger ici notre course. Je lui demandais conseil pour me soustraire à la poursuite des Furies. Il répondit : « Ramène en Grèce à son frère la sœur, qui est retenue contre sa volonté dans le sanctuaire, sur le rivage de Tauride : la malédiction cessera. » Nous l'entendîmes de la sœur d'Apollon, et c'est toi, ma sœur, qu'il désignait. Les sévères liens sont rompus désormais ; tu es rendue aux tiens, sainte prêtresse. Touché de ta main, j'ai été guéri ; le mal m'a saisi, pour la dernière fois, dans tes bras avec toutes ses tortures ; il m'a ébranlé horriblement jusque dans la moelle de mes os; puis il s'est dérobé, comme un serpent dans la caverne. Par toi je recommence à jouir de la vaste lumière du jour. La pensée de la déesse se révèle à moi, belle et magnifique. Comme une statue sacrée, à laquelle l'immuable destinée de la ville est attachée par un secret oracle des dieux, elle t'enleva, toi, protectrice de notre maison; elle te garda dans une sainte paix, pour la bénédiction de ton frère et des tiens. Quand toute délivrance semblait perdue pour nous sur la vaste terre, tu nous rends toutes choses.... O roi, laisse ton âme incliner vers la paix; n'empêche pas que ma sœur accomplisse maintenant la consécration de la maison paternelle; qu'elle me rende à notre palais purifié; qu'elle pose sur ma tête l'antique couronne. Reconnais la bénédiction qu'elle t'a procurée, et laisse-moi jouir du droit de la parenté. La force et la ruse, gloire suprême des hommes, sont confondues par la sincérité de cette grande âme, et sa pure et filiale confiance en un homme généreux est récompensée.

IPHIGÉNIE.

Songe à ta parole, et laisse-toi toucher par ces discours d'une bouche loyale et fidèle! Regarde-nous! Tu n'auras pas lieu souvent d'accomplir une action si généreuse. Tu ne peux nous refuser : accorde sans retard!

THOAS.

Eh bien, partez.

IPHIGÉNIE.

Non pas ainsi, ô mon roi! Je ne veux pas te quitter mécontent et sans recevoir ta bénédiction. Ne nous bannis point! Qu'un aimable lien d'hospitalité nous unisse, et nous ne serons pas séparés à jamais. Tu m'es cher et précieux, comme l'était pour moi mon père, et cette impression restera gravée dans mon âme. Si jamais le plus humble de tes sujets fait résonner encore à mon oreille le langage que je suis accoutumée à entendre chez vous, et si je vois, sur le plus pauvre, votre vêtement : je veux le recevoir comme un dieu; je veux lui préparer moi-même une couche, le faire asseoir sur un siége auprès du feu, et ne l'interroger que sur toi et sur ton sort. Oh! que les dieux te donnent la digne récompense de tes actions et de ta douceur! Adieu. Oh! tourne-toi vers nous, et réponds-moi par une bienveillante parole de congé! Alors le vent enflera plus doucement nos voiles, et les pleurs couleront moins amers des yeux du voyageur. Adieu! et, comme gage de notre ancienne amitié, donne-moi ta main!

TROAS.

Adieu!

FIN D'IPHIGÉNIE.

ELPÉNOR

TRAGÉDIE

(FRAGMENT)

PERSONNAGES.

ANTIOPE.
LYCUS.
ELPÉNOR.
ÉVADNÉ.
POLYMÉTIS.
JEUNES GENS.
JEUNES FILLES.

ELPÉNOR.

TRAGÉDIE[1].

ACTE PREMIER.

SCÈNE I.

ÉVADNÉ, JEUNES FILLES.

ÉVADNÉ.

Doublez le pas, descendez; ne tardez pas trop longtemps, bonnes jeunes filles. Entrez. Ne donnez pas trop de soins à votre habillement et à votre chevelure. Quand votre tâche sera terminée, le temps viendra de vous parer. Il faut, le matin, être alerte à l'ouvrage.

UNE JEUNE FILLE.

Nous voici, et les autres suivront tout à l'heure. Nous nous sommes éveillées nous-mêmes pour cette fête; tu nous vois prêtes à faire ce que tu ordonneras.

ÉVADNÉ.

Eh bien, empressez-vous avec moi. A la vérité, c'est à demi joyeuse, à demi fâchée, que je vous appelle pour le service de

---

1. Gœthe a écrit ce fragment en vers rhythmiques de diverses mesures.

ce jour; car il apporte à notre maîtresse bien-aimée, sous les vêtements de la joie, une secrète douleur.

LA JEUNE FILLE.

Oui, et à nous toutes aussi ; car il nous quitte aujourd'hui le précieux enfant auquel nous lie depuis longtemps la plus heureuse habitude. Parle, comment la reine le souffrira-t-elle ? Rendra-t-elle, de sang-froid, ce cher nourrisson à son père ?

ÉVADNÉ.

Déjà l'avenir m'inquiète. L'ancienne douleur subsiste encore dans son âme; la double perte d'un fils et d'un époux sont des blessures qui saignent encore. Et, quand l'agréable société de cet enfant lui sera retranchée, pourra-t-elle résister à son ancienne affliction ? Comme les spectres des enfers apparaissent surtout au solitaire, la froide et triste main du deuil effleure et remplit d'angoisse Antiope abandonnée. Et à qui rendra-t-elle ce nourrisson chéri ?

LA JEUNE FILLE.

C'est aussi à quoi j'ai songé. Jamais elle n'aima le frère de son époux; la dureté de cet homme la tenait bien éloignée. Nous n'aurions jamais cru qu'elle embrassât dans le fils de ce frère l'objet d'un tendre amour.

ÉVADNÉ.

S'il lui appartenait, comme ce jour la récompenserait de tous ses soins maternels! Ce bel enfant, aux yeux de tout le peuple, brûlant d'impatience, s'élève solennellement, du cercle inférieur de l'enfance étroitement gardée, au premier degré de l'heureuse jeunesse : mais Antiope en jouit à peine. Tout un royaume la remercie de ses soins, hélas! et le chagrin ne fait que gagner un nouvel accès et une nouvelle pâture dans son sein. Car, pour les plus difficiles et les plus nobles efforts, l'homme ne recueille pas autant de joie que la nature en dispense aisément avec un seul de ses dons.

LA JEUNE FILLE.

Ah! quels beaux jours elle a vécus, avant que le bonheur s'éloignât de son seuil; avant qu'il s'enfuît, en lui ravissant son époux, son fils, et la laissât soudain désolée!

ÉVADNÉ.

Évitons de renouveler, par des plaintes si vives, le souvenir de ce temps ; apprécions les biens qui lui sont restés, dans la précieuse richesse d'enfants, ses proches parents.

LA JEUNE FILLE.

Appelles-tu riche celui qui nourrit des enfants étrangers ?

ÉVADNÉ.

S'ils prospèrent, c'est encore un sujet de joie. Oui certes, elle obtient une belle compensation dans le fils de Lycus. Ici, sur ce rivage solitaire, il grandit promptement à ses côtés, et il lui appartient maintenant par l'amour et l'éducation. Elle cède désormais, de bon cœur, à ce proche parent la portion du royaume paternel qui revenait à son fils ; elle lui cédera même un jour ce qu'elle a hérité en terres et en trésors de ses propres parents. Elle le met en possession de toutes ces richesses, et cherche doucement à se consoler en faisant du bien. Il vaut mieux pour le peuple n'avoir qu'un seul maître, lui ai-je entendu dire, et maintes paroles encore, par lesquelles elle voudrait présenter sous un jour favorable le malheur qui l'a frappée.

LA JEUNE FILLE.

Il me semble l'avoir vue aujourd'hui contente et l'œil serein.

ÉVADNÉ.

Il m'a semblé aussi. Oh ! puissent les immortels maintenir son cœur dans la joie, car les heureux sont plus faciles à servir !

LA JEUNE FILLE.

Lorsqu'ils sont généreux et que l'orgueil ne les a pas endurcis.

ÉVADNÉ.

Tels que l'équité nous fait juger notre maîtresse.

LA JEUNE FILLE.

Je l'ai vue joyeuse et l'enfant plus joyeux encore ; les rayons dorés du matin brillaient sur leur visage. Alors un sentiment d'allégresse a traversé mon cœur, pour éclaircir la nuit des temps passés.

ÉVADNÉ.

Ne nous amusons pas à discourir comme des femmes, quand il y a beaucoup à faire. La joie ne doit pas nuire au service, qui est plus réclamé aujourd'hui qu'en d'autres temps. Montrez votre allégresse par le zèle avec lequel chacune s'empresse de faire son ouvrage.

LA JEUNE FILLE.

Commande et nous ne tarderons pas.

ÉVADNÉ.

Il est épanoui le cœur de notre princesse : je m'en suis aperçue. Elle veut que ses trésors, qui dormaient, réservés en secret pour la génération nouvelle, se montrent maintenant et brillent, consacrés à ce jour; elle veut que cette fête s'appuie dignement sur la propreté et la belle ordonnance, comme sur deux compagnes. Ce qui m'est confié, je l'ai étalé : maintenant veillez vous-mêmes à l'ornement des salles; déployez les tapis brodés et couvrez-en le sol, les siéges, les tables; distribuez avec discernement ce qui est précieux et ce qui ne l'est pas; préparez assez de place pour de nombreux convives, et placez en leur lieu, pour le plaisir de l'œil, les vases travaillés avec art. Que les vins et la nourriture ne manquent pas non plus; ainsi le veut la princesse, et j'ai veillé à la chose : ce qui est offert aux étrangers, il faut que la grâce et la prévenance l'accompagnent. Les hommes, je le vois, ont aussi leurs ordres; car les chevaux, les armes et les chars sont mis en mouvement pour solenniser cette fête.

LA JEUNE FILLE.

Nous allons.

ÉVADNÉ.

Bien! Je vous suivrai à l'instant : la vue de mon prince m'arrête seule encore. Il s'approche rayonnant, pareil à l'étoile du matin. Laissez-moi d'abord le bénir, lui qui semble un nouvel astre de bonheur, levé sur tout un peuple.

SCÈNE II.

ELPÉNOR, ÉVADNÉ.

ELPÉNOR.

Es-tu là, bonne et fidèle amie, qui prends toujours part à ma joie? Vois ce que m'apporte l'aurore de ce jour! Celle que j'aime tant à nommer ma mère veut me congédier aujourd'hui avec mille témoignages de son amour. Elle m'a donné cet arc et ce carquois richement rempli ; son père les avait conquis sur les barbares. Dès ma première enfance, cet arc me plaisait plus que toutes les armes qui sont suspendues aux grands piliers. Je le demandais souvent; non point par des paroles : je l'enlevais du pilier, et faisais frémir la corde nerveuse; puis je regardais en souriant ma chère parente et tournais autour d'elle, et tardais à replacer l'arc. Aujourd'hui mon ancienne envie a été satisfaite : il est à moi maintenant; je le porterai avec moi, quand j'accompagnerai mon père à la ville.

ÉVADNÉ.

C'est un beau présent ! Il t'en dit beaucoup.

ELPÉNOR.

Quoi donc?

ÉVADNÉ.

L'arc est grand, difficile à courber : si je ne me trompe, tu ne peux encore.

ELPÉNOR.

Je pourrai bientôt.

ÉVADNÉ.

C'est aussi ce que pense ta bonne mère adoptive. Elle a confiance qu'un jour tu sauras, avec la force d'un homme, tendre la corde rebelle ; c'est en même temps un avis qu'elle te donne : elle espère que tu lanceras tes flèches contre un digne but.

ELPÉNOR.

Oh ! laisse-moi faire ! Je n'ai encore abattu, à la chasse, que le léger chevreuil, les faibles oiseaux à l'humble vol ; mais, si je puis le tendre un jour.... (ô dieux, faites que ce soit bientôt!...) j'atteindrai et ferai tomber du haut de ses nuages l'aigle audacieux.

ÉVADNÉ.

Quand tu seras éloigné de tes montagnes, de tes bois, où tu vécus avec nous jusqu'à présent, te souviendras-tu encore de nous et des premiers plaisirs de ta jeunesse ?

ELPÉNOR.

Tu es donc inexorable? Tu ne veux pas me suivre ? Tu ne veux pas me donner tes soins plus longtemps ?

ÉVADNÉ.

Tu vas où je ne puis t'accompagner, et tes prochaines années ne comportent déjà qu'avec peine les soins d'une femme ; la tendresse des femmes nourrit l'enfant : l'adolescent est mieux élevé par les hommes.

ELPÉNOR.

Dis-moi, quand viendra mon père, qui m'emmène aujourd'hui dans sa ville ?

ÉVADNÉ.

Pas avant que le soleil ne monte au haut du ciel : le jour naissant t'a réveillé.

ELPÉNOR.

Je n'ai pas dormi ; j'ai seulement sommeillé. Je sentais des mouvements tumultueux dans mon âme, agitée de tout ce que je dois attendre aujourd'hui.

ÉVADNÉ.

Comme tu désires, tu es aussi désiré ; car les yeux de tous les citoyens t'appellent.

ELPÉNOR.

Écoute, je sais qu'ils sont préparés les présents qui me viennent aujourd'hui de mon père. Sais-tu ce que peuvent m'apporter les messagers ?

ÉVADNÉ.

Avant toutes choses de riches habits, je pense, comme doit en porter celui sur lequel sont dirigés les yeux de la foule, afin que ses regards, qui ne pénètrent pas au dedans, se repaissent du dehors.

ELPÉNOR.

J'espère autre chose, ma chère !

ÉVADNÉ.

De parures et de riches ornements, ton père n'en sera pas non plus avare aujourd'hui.

ELPÉNOR.

Je ne mépriserai point ces choses, si elles viennent ; mais tu conjectures comme si j'étais une fille. C'est un cheval qui viendra, grand, courageux et prompt ; ce que j'ai si longtemps souhaité, je l'aurai et je l'aurai à moi. Le bel avantage que j'avais en effet ! Je montais tantôt celui-ci, tantôt celui-là : ce n'était pas le mien ! Et, à mes côtés, un vieux serviteur tout tremblant !... Je voulais courir à cheval, et il voulait me garder en sûreté à la maison. Je n'aimais rien tant que d'être à la chasse aux côtés de la reine; mais je voyais bien que, si elle eût été seule, elle aurait galopé plus fort, et moi aussi j'aurais voulu être seul. Non, ce cheval, il me restera en propre; j'en userai à cœur joie. J'espère que l'animal sera jeune, ardent et fougueux : le dresser moi-même serait mon plus grand plaisir.

ÉVADNÉ.

J'espère qu'on aura songé à ton plaisir et en même temps à ta sûreté.

ELPÉNOR.

L'homme cherche le plaisir dans les dangers, et bientôt je veux être un homme. On m'apportera encore, je le devine aisément, une épée, une plus grande que celle dont j'étais armé à la chasse : une épée de combat. Elle se ploie comme un roseau, et abat, d'un seul coup, une forte branche. Elle perce même le fer, et aucune trace de brèche ne reste sur le tranchant. La poignée est ornée d'un dragon d'or, et des chaînes pendent autour de la gueule, comme si un héros l'avait vaincu, enchaîné, dans une sombre caverne, et l'avait traîné, tout dompté, à la lumière du jour. J'essayerai bien vite la lame dans la forêt prochaine; là je veux pourfendre les arbres et les abattre.

ÉVADNÉ.

Avec ce courage, tu vaincras l'ennemi. Afin que tu sois l'ami de tes amis, puissent les Grâces mettre dans ton cœur une étincelle du feu qui, entretenu, de leurs mains toujours pures, sur l'autel céleste, brûle aux pieds de Jupiter!

ELPÉNOR.

Je veux être un ami fidèle; je veux partager ce qui me vient des dieux, et, quand j'aurai tout ce qui me charme, je veux tout donner de bon cœur à tous les autres.

ÉVADNÉ.

Maintenant, adieu! Ils ont passé bien promptement pour moi ces jours! Comme une flamme qui s'est enfin emparée fortement du bûcher, le temps dévore les vieillards plus promptement que la jeunesse.

ELPÉNOR.

Aussi veux-je me hâter de faire des choses glorieuses.

ÉVADNÉ.

Puissent les dieux te donner l'occasion et la haute faculté de distinguer nettement ce qui est glorieux de ce qu'on glorifie !

ELPÉNOR.

Que me dis-tu ? Je ne puis comprendre.

ÉVADNÉ.

Des paroles, tant fussent-elles nombreuses, n'expliqueraient pas cette prière : car c'est un vœu et une prière plus qu'une leçon. Je te la donne en ce jour pour escorte. Tu as parcouru, en jouant, les premiers sentiers, et maintenant tu entres dans le chemin plus large. Suis toujours ceux qui ont l'expérience. Je ne te serais pas utile, et ne ferais que t'égarer, si je voulais te décrire, dès l'entrée, trop exactement les lointaines contrées que tu vas parcourir. Ce que je puis te conseiller de mieux, c'est de suivre les bons conseils et de respecter l'âge.

ELPÉNOR.

Je le ferai.

ÉVADNÉ.

Demande aux dieux pour compagnons les bons et les sages. N'offense point la fortune par la folie et l'orgueil. Elle est, il est vrai, favorable aux défauts de la jeunesse, mais, avec les années, elle demande davantage.

ELPÉNOR.

Oui, j'ai en toi beaucoup de confiance, et ta maîtresse, toute sage qu'elle est, a, je le sais aussi, beaucoup de confiance en toi. Elle t'interrogeait fort souvent sur divers sujets, quand même tu ne lui répondais pas sur-le-champ.

ÉVADNÉ.

Celui qui vieillit chez les princes apprend beaucoup, apprend à taire bien des choses.

ELPÉNOR.

Que je resterais volontiers auprès de toi, jusqu'au jour où je serais aussi sage qu'il faut l'être pour ne pas faillir !

ÉVADNÉ.

Quand tu te jugerais tel, il y aurait plus de danger. Un prince ne doit pas être élevé dans la solitude. Seul, on n'apprend pas à se commander à soi-même, bien moins encore à commander aux autres.

ELPÉNOR.
A l'avenir, ne me retire pas tes conseils!
ÉVADNÉ.
Tu les auras, si tu me les demandes; et même sans les demander, si tu peux les entendre.
ELPÉNOR.
Lorsque j'étais assis devant toi auprès du feu, et que tu me racontais les exploits du vieux temps; que tu vantais un homme de bien; que tu exaltais le mérite d'un noble cœur : alors je sentais un feu courir dans ma moelle et dans mes veines; je disais, au fond de mon âme : « Oh! fussé-je l'homme dont elle parle ainsi ! »
ÉVADNÉ.
Oh! puisses-tu, avec une ardeur toujours égale, t'élever jusqu'à la hauteur qui est accessible! C'est le vœu le meilleur que je puisse t'offrir, avec ce baiser d'adieu. Cher enfant, sois heureux!... Je vois approcher la reine.

SCÈNE III.

ELPÉNOR, ANTIOPE, ÉVADNÉ.

ANTIOPE.
Je vous trouve ici en conversation amicale.
ÉVADNÉ.
La séparation invite à renouveler le lien de l'amitié.
ELPÉNOR.
Évadné m'est chère : la quitter me sera pénible.
ANTIOPE.
Tu vas aujourd'hui au-devant de la réception la plus belle : tu apprendras enfin ce qui t'a manqué jusqu'à ce jour.
ÉVADNÉ.
Reine, as-tu encore quelques ordres à me donner? Je rentre dans le palais, où bien des choses appellent la surveillance.
ANTIOPE.
Je n'ai rien à dire, Évadné, rien aujourd'hui. Car toujours, ce que tu fais, je n'ai qu'à l'approuver.

SCÈNE IV.

ANTIOPE, ELPÉNOR.

ANTIOPE.

Et toi, mon fils, sois heureux dans la vie qui t'attend! Si vivement que je t'aime, je me sépare de toi satisfaite et tranquille. J'étais déjà préparée à me séparer ainsi de mon propre fils, à le livrer, de mes tendres mains maternelles, au rigoureux devoir. Jusqu'à ce jour tu as suivi celle qui t'aimait : va maintenant, apprends à obéir pour apprendre à commander.

ELPÉNOR.

Je te rends mille grâces, ô la meilleure des mères!

ANTIOPE.

Récompense ton père, qui, dans sa bienveillance pour moi, m'accorda le spectacle charmant de tes premières années, et m'associa à la douce jouissance de ta gracieuse jeunesse, ma seule consolation, quand le sort m'eut si cruellement blessée.

ELPÉNOR.

Je te plaignis souvent; souvent mes vœux ardents regrettèrent pour toi un fils, pour moi un cousin. Quel compagnon j'aurais eu en lui!

ANTIOPE.

Il n'était guère plus âgé que toi. Les deux mères promirent en même temps aux deux frères un héritier. Vous grandissiez; une nouvelle lumière d'espérance éclaira l'antique maison des ancêtres et rayonna sur le vaste royaume, patrimoine commun; chez les deux rois s'alluma un nouveau désir de vivre, de régner avec sagesse et de faire la guerre avec puissance.

ELPÉNOR.

Autrefois ils menaient souvent leurs armées en campagne; pourquoi donc plus aujourd'hui? Il y a longtemps que reposent les armes de mon père.

ANTIOPE.

Le jeune homme combat pour que le vieillard jouisse. Il échut alors en partage à mon époux de repousser au delà de la mer les ennemis; il porta la dévastation dans leurs villes : une divinité jalouse le guettait perfidement, lui et tous les trésors de ma vie. Avec une joyeuse ardeur, il se mit à la tête de son armée; il laissa son cher fils sur le sein de la mère. Où l'enfant semblait-il plus en sûreté qu'à la place où les dieux l'avaient eux-mêmes déposé ? C'est là qu'à son départ il le laissa et lui dit : « Grandis et prospère, et viens, bégayant tes premiers mots, essayant tes premiers pas, sur le seuil, au-devant de ton père, qui reviendra bientôt heureux et vainqueur ! » Ce fut un vœu inutile.

ELPÉNOR.

Ta douleur me saisit, comme l'ardeur qui brille dans tes yeux peut m'enflammer.

ANTIOPE.

Il tomba, dans le cours de sa victoire, accablé par une perfide embuscade. Alors mes larmes brûlantes baignèrent mon sein pendant le jour, pendant la nuit ma couche solitaire. Presser mon fils dans mes bras, pleurer sur lui, était le soulagement de ma misère; et lui, lui aussi, le voir arraché de mon cœur!... je ne pus le supporter, je ne le supporte pas encore.

ELPÉNOR.

Ne t'abandonne pas à la douleur, et permets que je te sois aussi quelque chose.

ANTIOPE.

O femme imprévoyante, qui t'es ainsi toi-même anéantie et toute ton espérance!

ELPÉNOR.

Pourquoi t'accuser, quand tu n'es pas coupable ?

ANTIOPE.

On paye souvent trop cher une légère négligence. Je recevais de ma mère messages sur messages; ils m'appelaient et m'invitaient à soulager ma douleur auprès d'elle. Elle voulait voir mon fils, qui était aussi la consolation de sa vieillesse. Les récits et les entretiens, et redire et rappeler les temps passés, devait ensuite affaiblir la profonde impression de mes souffrances. Je me laissai convaincre et je partis.

ELPÉNOR.

Dis-moi le lieu, dis-moi où se passa l'aventure.

ANTIOPE.

Tu connais les montagnes qui, depuis la mer, enferment le

pays vers la droite : c'est par là que je pris mon chemin. La contrée semblait tout à fait nettoyée d'ennemis et de brigands. Quelques serviteurs seulement escortaient le char, et une femme était à mes côtés. A l'entrée de la montagne, s'élève un rocher ; un vieux chêne l'entoure de ses fortes branches, et de son flanc coule une source claire. Là les serviteurs s'arrêtèrent à l'ombre ; ils abreuvèrent, suivant l'usage, les chevaux dételés, et se dispersèrent. L'un cherchait, pour nous restaurer, le miel qui distille dans la forêt ; l'autre gardait les chevaux près de la source ; le troisième agitait un frais éventail de rameaux. Tout à coup ils entendent le plus éloigné pousser des cris ; le plus proche accourt, et une lutte s'engage entre mes serviteurs sans armes et des hommes hardis et bien armés, qui s'élancent de la forêt. Mes fidèles tombent en se défendant avec vigueur ; le cocher lui-même qui, saisi d'horreur, laisse échapper les chevaux et oppose, à coups de pierres, une résistance opiniâtre à la violence. Nous fuyons, puis nous faisons halte. Les brigands croient s'emparer sans peine de mon enfant, mais le combat se renouvelle. Nous luttons avec fureur, défendant ce trésor. J'entoure mon fils avec les indissolubles liens des bras maternels. Ma compagne, poussant des cris affreux, arrête, avec ses mains rapides, les efforts de la violence. Enfin, atteinte d'un coup d'épée, avec dessein ou par hasard, je ne sais, je tombe sans connaissance ; je laisse, avec le sentiment, échapper l'enfant de mon sein, et ma compagne tombe grièvement blessée.

ELPÉNOR.

Oh ! pourquoi est-on un enfant ! Pourquoi est-on éloigné, au moment où un pareil secours est nécessaire ! Mes poings se serrent à ce récit. J'entends les femmes s'écrier : « Secours ! vengeance ! » N'est-il pas vrai, ma mère, celui que les dieux aiment, ils le conduisent à la place où l'on a besoin de lui ?

ANTIOPE.

C'est ainsi qu'ils conduisirent Hercule et Thésée, Jason et l'élite des anciens héros. Le danger cherche le noble cœur, qui le cherche à son tour : ils doivent donc se rencontrer. Hélas ! et le danger surprend aussi les faibles, auxquels il ne reste rien que les cris du désespoir. C'est ainsi que nous trouvèrent les bergers de la montagne ; ils bandèrent mes plaies ; leurs soigneuses mains me ramenèrent mourante ; je revins et je vécus. Avec quel sentiment d'horreur j'entrai dans ma demeure, où la douleur et la peine s'étaient assises au foyer! L'opulente maison royale me parut comme consumée et ravagée par l'ennemi, et mon affliction est muette encore.

ELPÉNOR.

N'as-tu jamais appris si ce fut un traître, un ennemi, qui accomplit ce forfait?

ANTIOPE.

Ton père envoya soudain des messagers de toutes parts; il fit visiter exactement par des gens armés les côtes et les montagnes; mais ce fut en vain, et, par degrés, à mesure que je guérissais, la douleur se ranimait plus cruelle, et une fureur indomptable s'empara de moi. Je poursuivis le traître avec les armes des faibles : j'invoquai le tonnerre, j'invoquai les flots, j'invoquai les périls, qui, pour causer de grands maux, se glissent sans bruit sur la terre. « O dieux, m'écriais-je, prenez, prenez, de vos justes mains, la fatalité, qui, aveuglément et sans loi, se promène sur la mer et la terre, et poussez-la au-devant de lui, où qu'il porte ses pas! Soit que, la tête couronnée, avec des compagnons joyeux, il revienne d'une fête ; soit que, pesamment chargé de butin, il franchisse le seuil de sa demeure: que la fatalité se présente à lui, l'œil immobile, et le saisisse! » La malédiction était la voix de mon âme, les imprécations le langage de mes lèvres.

ELPÉNOR.

Oh! qu'il serait heureux celui à qui les immortels donneraient d'accomplir les vœux ardents de ta colère!

ANTIOPE.

Bien, mon fils! Apprends encore mon sort en peu de mots, car ce sera le tien. Ton père me reçut bien; mais je sentis d'abord que je vivais désormais dans ses domaines, et qu'il me fallait être obligée à sa faveur de ce qu'il voulait bien m'accorder ; je ne tardai pas à me rendre ici vers ma mère, et je vécus tranquille auprès d'elle, jusqu'au jour où les dieux l'appelèrent. Alors je devins maîtresse de ce qu'elle-même et mon père me laissaient. Je cherchai inutilement des nouvelles de mon fils perdu. Combien d'étrangers survinrent et me donnèrent de fausses espérances ! J'étais toujours disposée à croire le dernier venu. Il était habillé et nourri, et, à la fin, trouvé menteur comme les premiers. Ma richesse attira des prétendants ; un grand nombre vinrent, de près et de loin, pour m'assiéger. Mon inclination me portait à vivre solitaire, pour m'attacher avec ardeur au regret des ombres du Tartare ; mais la nécessité me commandait de choisir le plus puissant, car une femme seule a peu de pouvoir. Pour en conférer avec ton père, je vins dans sa ville. Je te l'avoue, je ne l'ai jamais aimé ; mais je pus toujours me fier à sa prudence. Là je te trouvai, et, dès le premier regard, je te vouai mon âme tout entière.

ELPÉNOR.

Je puis encore me souvenir comme tu vins. Je jetai bien loin la balle avec laquelle je jouais, et j'accourus, pour contempler la ceinture de ta robe, et je ne voulais pas me séparer de toi, quand tu me montrais et me montrais encore et me faisais connaître les animaux qui s'entrelacent et se poursuivent alentour. C'était un bel ouvrage, et j'aime encore à le voir.

ANTIOPE.

Alors je me parlai à moi-même, en te considérant, comme je t'avais pris entre mes genoux : telle était l'image que mes vœux, devançant l'avenir, avaient promenée au sein de ma demeure ; c'est un enfant pareil à celui-là que je vis souvent, par la pensée, s'asseoir près du foyer, sur le siége antique de mes aïeux ; c'est ainsi que j'espérais le conduire, le diriger, l'instruire, en répondant à ses vives questions.

ELPÉNOR.

C'est ce que tu m'as accordé, ce que tu as fait pour moi.

ANTIOPE.

« Le voici ! » me disait mon cœur, quand je pressais ton front de mes mains caressantes, et que je baisais avec ardeur tes yeux chéris. « Le voici ! Il n'est pas à toi, mais il est de ta famille ; et, si un Dieu, exauçant ta prière, l'avait formé des pierres éparses de la montagne, il serait à toi et l'enfant de ton cœur : c'est le fils que ton cœur désirait. »

ELPÉNOR.

Depuis ce temps-là je ne t'ai plus quittée.

ACTE I, SCÈNE IV.

ANTIOPE.

Tu connus bientôt et tu aimas celle qui t'aimait. Ta garde venait, pour te livrer au sommeil, à l'heure accoutumée. Fâché de la suivre, tu t'enlaçais à mon cou avec tes deux bras, et tu ne pouvais t'arracher de mon sein.

ELPÉNOR.

Je me souviens encore de ma joie, lorsque tu m'emmenas avec toi à ton départ.

ANTIOPE.

Ton père fut difficile à persuader. Je fis longtemps de nombreuses tentatives; je lui promis de te garder comme mon propre fils. « Laisse-moi l'enfant, lui dis-je, jusqu'à ce que la jeunesse l'appelle à la vie sérieuse. Qu'il soit l'objet de tous mes vœux; je refuserai ma main à l'étranger quel qu'il soit; je vivrai et je mourrai dans le veuvage. Que mon héritage soit, pour ton fils, une belle part ajoutée à ce qu'il possède. » Alors ton père se tut et considéra l'intérêt. Je m'écriai : « Prends sans retard les îles, prends-les pour gage. Fortifie ton royaume; protége le mien; conserve-le pour ton fils. » Cela le décida enfin, car l'ambition l'a toujours dominé, ainsi que le désir de commander.

ELPÉNOR.

Oh! ne le condamne pas : être semblable aux dieux est le vœu des grands cœurs.

ANTIOPE.

Dès lors tu fus à moi. Souvent je me suis reprochée de pouvoir sentir en toi et par toi un adoucissement à mon affreuse perte. Je te nourris; l'amour, mais aussi l'espérance, me lia fermement à toi.

ELPÉNOR.

Oh! puissé-je remplir ton attente!

ANTIOPE.

Ce n'est point cette espérance qui, dans le rigoureux hiver, couronne notre tête de fleurs printanières; qui, devant les arbres en fleurs, sourit aux fruits abondants : non, le malheur avait transformé mes vœux dans mon sein, et allumé en moi l'immense désir de la destruction.

ELPÉNOR.

Ne me cache rien. Parle : que je sache tout!

ANTIOPE.

Il en est temps; tu peux l'apprendre : écoute. Je te voyais grandir, et j'observais en silence l'élan et la belle énergie de ton affection naïve. Alors je m'écriai : « Oui, il était né pour moi! En lui je trouve le vengeur du forfait qui a brisé ma vie. »

ELPÉNOR.

Oui! oui! Je n'aurai point de repos que je n'aie découvert le coupable, et la vengeance furieuse, indomptée, se déchaînera, avec réflexion, sur sa tête criminelle.

ANTIOPE.

Je veux ta promesse, ton serment. Je te mène à l'autel des dieux de cette maison. Ces dieux affligés t'accordèrent une heureuse croissance; ils reposent, courbés, près du foyer déshérité, et nous entendent.

ELPÉNOR.

Je les honore, et leur offrirais volontiers les dons faciles de la reconnaissance.

ANTIOPE.

Une profonde pitié pénètre le cœur bienfaisant des immortels, lorsque s'éteint la dernière flamme du foyer que longtemps ils protégèrent. Nulle famille nouvelle ne fait briller dans la maison une flamme vivement nourrie; vainement, d'un souffle céleste, ils rallument le reste fumant : la cendre se disperse dans l'air; la braise s'éteint. Associés aux douleurs des mortels, ils te regardent, la tête inclinée, et ils ne résistent point, pour me désavouer, quand je te crie : « Ici, sur cet autel paisible, où le sang ne coula jamais, promets, jure vengeance! »

ELPÉNOR.

Me voici! Ce que tu demandes, je le ferai volontiers.

ANTIOPE.

Infatigable, la vengeance va et vient sans cesse; elle répand ses ministres jusqu'aux extrémités de la terre habitée, pour menacer la tête courbée des coupables. Elle pénètre même dans les déserts, pour chercher si, dans les dernières cavernes, ne se cache point quelque part un malfaiteur; elle erre çà et là, et passe devant lui avant de l'atteindre. De son sein descendent les frémissements secrets, et le méchant passe avec angoisse des palais dans les temples, des temples sous le vaste ciel, comme un malade inquiet change de couche. Les chuchotements des douces brises matinales dans les rameaux semblent le menacer; souvent, du sein des nuages pesants, elle se penche vers sa tête, et ne le frappe point; souvent elle tourne le dos au coupable tremblant, qui a le sentiment de son crime. Dans son vol incertain, elle revient et rencontre son regard fixe. Devant son œil imposant, impérieux, le lâche cœur, palpitant d'une douloureuse convulsion, se resserre dans la poitrine, et le sang chaud passe des membres dans le sein, où il se fige et se glace. Ainsi puisses-tu, si quelque jour les dieux m'exaucent, s'ils te le désignent de leur doigt terrible, te montrer, le front menaçant, à ce malfaiteur! Compte lentement, sur sa tête chauve, mes années de souffrances. Que la pitié, l'indulgence et la compassion pour les douleurs humaines, compagnes des bons rois, se retirent bien loin et se cachent, afin que, même le voulant, tu ne puisses saisir leur main. Touche la pierre sacrée, et jure d'accomplir toute l'étendue de mes vœux.

ELPÉNOR.

De bon cœur!... je le jure!

ANTIOPE.

Mais qu'il ne soit pas lui seul condamné à périr sous ta main: les siens aussi, qui, autour de lui et après lui, affermissent son bonheur terrestre, tu les réduiras à n'être que des ombres. S'il était depuis longtemps descendu dans le sépulcre, même ses enfants et ses petits-enfants à sa tombe altérée: là tu verseras leur sang, afin qu'en s'écoulant il attire son ombre à l'odeur; qu'elle s'en repaisse dans les ténèbres, et qu'enfin cette troupe, indignée de mourir, la réveille en tumulte. Que la terreur se répande sur terre chez tous les traîtres secrets qui se croient tranquilles dans leurs cachettes! Que, du sein de l'angoisse et du souci, aucun ne tourne plus les yeux vers le toit paisible de sa tranquille demeure! Que nul ne regarde plus avec espérance la porte du tombeau, qui s'ouvre une fois d'elle-même pour chacun, et dès lors, immobile, plus inflexible que l'airain fondu et les verrous, sépare de lui pour jamais les joies et les douleurs! S'il bénit ses fils en mourant, que le dernier mouvement de la vie s'arrête dans sa main, et qu'il tremble de toucher les boucles mobiles de ces têtes chéries!... Par cette pierre froide, solide, sacrée.... (touche-la de ta main!...) jure d'accomplir toute l'étendue de mes vœux !

ELPÉNOR.

Mon cœur était libre encore de vengeance et de colère, car je n'ai éprouvé aucune injustice; si dans nos jeux il s'élevait facilement des querelles, plus facilement encore la paix était faite même avant le soir : tu m'enflammes d'un feu que je ne sentis jamais; tu as confié à mon sein un pesant trésor; tu m'as élevé à la sublime dignité du héros, en sorte que je m'élance maintenant dans la vie, d'une marche plus ferme et sachant ce que je fais. Oui, je te jure, à cette place sacrée, par le premier et le plus fidèle serment de mes lèvres, de consacrer pour jamais à toi et à ton service le premier et le plus ardent courroux de mon cœur.

ANTIOPE.

Laisse-moi, ô mon fidèle, avec ce tendre baiser, imprimer sur ton front le sceau de tous mes désirs. Et maintenant je vais, devant la haute porte, à la source sacrée, qui, jaillissant du rocher mystérieux, baigne le pied de mes antiques murailles. Je reviens dans quelques instants.

SCÈNE V

ELPÉNOR, *seul.*

Je sens le désir de voir quel est son dessein. Pensive, elle s'arrête devant l'onde claire et jaillissante et semble méditer; elle se lave soigneusement les mains, puis les bras; elle se baigne le front, le sein; elle lève les yeux au ciel; elle recueille l'eau fraîche dans le creux de sa main, et trois fois la verse solennellement sur la terre. Quelle consécration peut-elle faire ? Elle dirige ses pas vers le seuil : elle vient.

SCÈNE VI.

ANTIOPE, ELPÉNOR.

ANTIOPE.

Laisse-moi te remercier encore une fois, avec un sentiment de joie et d'allégresse.

ELPÉNOR.

Et pourquoi ?

ANTIOPE.

Parce que tu m'as délivrée du fardeau qui pesait sur ma vie.

ELPÉNOR.

Moi ?

ANTIOPE.

La haine est un pesant fardeau : il refoule le cœur au fond de la poitrine, et, comme une pierre sépulcrale, il pèse durement sur toutes les joies. Ce n'est pas seulement dans la détresse que le pur, l'agréable rayon du joyeux amour est l'unique consolation : lorsqu'il s'enveloppe de nuages, hélas ! la robe flottante du bonheur, de la joie, ne brille pas de réjouissantes couleurs. Comme dans les mains des dieux, j'ai déposé dans les tiennes ma douleur, et je me relève tranquille, ainsi que de la prière. Je me suis lavée du contact impur des furies vengeresses; l'onde, qui purifie tout, emporte bien loin cette souillure; un germe secret de paisible espérance s'élève, comme à travers la terre ameublie, et regarde timidement la lumière, qui le colore de verdure.

ELPÉNOR.

Donne-moi ta confiance ! Il ne faut rien me cacher.

ANTIOPE.

Est-il encore parmi les vivants celui que je pleure depuis longtemps, comme descendu chez les morts ?

ELPÉNOR.

Trois fois bienvenu, s'il paraissait à nos yeux !

ANTIOPE.

Parle; sois sincère ! Peux-tu promettre, s'il vit, s'il revient et se montre à nos yeux, que tu lui rendras de bon cœur la moitié qui lui appartient ?

ELPÉNOR.

De tout mon cœur.

ANTIOPE.

Ton père me l'a aussi juré.

ELPÉNOR.

Et je le promets et je le jure sur tes mains consacrées et saintes.

ANTIOPE.

Et je reçois pour l'absent ton serment, ta promesse.

ELPÉNOR.

Indique-moi cependant à quel signe je dois le reconnaître ?

ANTIOPE.

Comment les dieux l'amèneront, quel témoignage ils lui rendront, je l'ignore : mais souviens-toi qu'à l'heure où les brigands me le ravirent, était suspendue à son cou une petite chaîne d'or, trois fois élégamment tordue, et à la chaîne pendait une image du soleil artistement gravée.

ELPÉNOR.

J'en garderai le souvenir.

ANTIOPE.

Je puis te donner un autre signe encore, difficile à imiter, et témoignage tout à fait irrécusable de la parenté.

ELPÉNOR.

Dis-le moi clairement.

ANTIOPE.

Il porte sur la nuque une tache brune, comme je l'ai remarquée aussi sur toi, avec une joyeuse surprise. De votre aïeul, cette marque s'est transmise aux deux petits-fils, restée invisible chez les deux pères. Prends-y garde, et observe avec attention ce signe certain de la vertu native.

ELPÉNOR.

Nul ne pourra se substituer à lui et m'abuser.

ANTIOPE.

Qu'il soit plus beau pour toi que le but de la vengeance, ce regard vers les derniers termes de ta course ! Adieu ! adieu ! Cent fois je répète ce que je dis à regret pour la dernière fois, et pourtant il faut que je te laisse, cher enfant. La secrète et profonde contemplation de ton sort futur flotte, comme une divinité, entre la joie et la douleur. Nul n'entre dans ce monde à qui l'une et l'autre ne réservent beaucoup de choses, et aux grands avec une grande mesure. Mais la vie surmonte tout, si l'amour pèse dans sa balance. Aussi longtemps que je saurai que tu es sur la terre, que ton œil voit la douce lumière du soleil, et que ta voix résonne à l'oreille d'un ami, bien que tu sois éloigné de moi, rien ne me manquera pour le bonheur. Puisses-tu prolonger ta course, afin qu'un jour, unie à mon ombre bien-aimée, je jouisse de t'attendre longtemps, et que les dieux te donnent quelqu'un à aimer comme je t'aime! Viens, beaucoup de paroles ne servent de rien à ceux qui se séparent. Réservons pour l'avenir les douleurs de l'avenir, et que ce jour d'une vie nouvelle soit joyeux pour toi. Les messagers que le roi nous envoie ne tarderont pas. Ils arriveront bientôt, et je l'attends aussi lui-même. Viens, allons les recevoir, en nous unissant de cœur aux dons et à la pensée qu'ils apportent.

ACTE DEUXIÈME.

SCÈNE I.

POLYMÉTIS, *seul.*

Je viens d'une ville pleine d'une vive attente, malheureux serviteur d'un heureux maître. Il m'envoie d'avance avec beaucoup de présents vers son fils, et il suivra mes pas dans quelques heures. Bientôt je verrai le visage d'un joyeux enfant; mais je n'élèverai ma voix qu'avec feinte pour m'associer à la joie universelle; je déguiserai sous de joyeux dehors de mystérieuses douleurs. Car ici, ici, je porte, à la suite d'une ancienne trahison, un ulcère vivant, que la vie florissante, que toutes mes forces, nourrissent dans mon sein. Un roi ne devrait prendre personne pour complice de ses audacieuses entreprises. Ce qu'il fait pour acquérir et pour consolider un royaume et une couronne, ce qu'il peut être bienséant de faire pour un royaume et une couronne, est, dans l'instrument, une basse trahison. Et cependant ils aiment la trahison et haïssent le traître. Malheur à lui! Leur faveur nous plonge dans l'ivresse, et nous prenons aisément l'habitude d'oublier ce que nous devons à notre propre dignité. La faveur semble un si haut prix, que nous estimons beaucoup trop peu en échange notre valeur personnelle. Nous nous sentons associés à une action qui était étrangère à notre cœur; nous croyons être associés et nous sommes esclaves. De notre dos, le cavalier s'élance sur le cheval, et il vole à son but, avant que nous ayons relevé de terre notre visage inquiet. L'horrible secret se presse sur mes lèvres. Si je le révèle, je suis un double traître; si je le cache, la plus honteuse trahison est triomphante. Compagne de toute ma vie, dissimulation silencieuse, veux-tu, dans ce moment, ôter de dessus ma bouche ton doigt puissant et doux? Un secret que j'entretiens, comme un douloureux ennemi, aussi longtemps que Philoctète son ancienne plaie, doit-il s'échapper de mon cœur, et s'exhaler dans l'air comme une autre parole indifférente? Tu m'es cruelle et chère, noire conscience : tu me fortifies en me tourmentant. Mais le moment de la maturité viendra bientôt pour toi. Je doute encore, et combien le doute est pénible, quand notre sort dépend de la résolution! O dieux, donnez-moi quelque signe! Déliez ma langue ou l'enchaînez, comme il vous plaira.

SCÈNE II

ELPÉNOR, POLYMÉTIS.

ELPÉNOR.

Sois le bienvenu, Polymétis, qui m'es assez connu depuis longtemps par ta douceur et ta complaisance; sois aujourd'hui le très-bien venu! Oh! dis-moi, quelles nouvelles m'apportes-tu? Cela viendra-t-il bientôt? Où sont les tiens? Où sont les serviteurs du roi? Peux-tu me révéler ce que ce jour me réserve?

POLYMÉTIS.

Mon cher prince! Comment? Tu reconnais sur-le-champ ton ancien ami? Et moi, après la courte absence d'une année, je dois me dire : « Est-ce lui? est-ce bien lui? » L'âge s'arrête comme un vieil arbre, qui, s'il ne sèche pas, paraît toujours le même; mais toi, cher enfant, chaque printemps développe de nouveaux charmes sur ta figure aimable. On voudrait te garder sans cesse tel que tu es, et jouir toujours de ce que tu deviendras. Ils arriveront bientôt les messagers que tu attends avec raison; ils t'apportent, de la part de ton père, des présents qui sont dignes de toi et de ce jour.

ELPÉNOR.

Excuse mon impatience. Voilà déjà bien des nuits que je ne puis dormir. Déjà plusieurs fois, le matin, j'ai couru sur le rocher et je regarde autour de moi, et je porte les yeux vers la plaine, comme pour voir ceux qui doivent arriver, et je sais qu'ils n'arrivent pas encore. Maintenant qu'ils sont près, je n'y tiens pas, et je vais à leur rencontre. Entends-tu les pas des chevaux ? Entends-tu ce cri ?

POLYMÉTIS.

Pas encore, mon prince ; je les ai laissés bien loin en arrière.

ELPÉNOR.

Dis-moi, est-il beau le cheval qui doit me porter aujourd'hui ?

POLYMÉTIS.

C'est un cheval blanc, vif, sage et brillant comme la lumière.

ELPÉNOR.

Un cheval blanc, me dis-tu ? Dois-je te croire ? Dois-je te l'avouer ? J'aimerais mieux un noir.

POLYMÉTIS.

Tu pourras les avoir comme tu les demanderas.

ELPÉNOR.

Un cheval de couleur foncée attaque le sol avec beaucoup plus de feu. Car, si l'on veut que je l'aime, il faut qu'on ne puisse que par contrainte le tenir derrière les autres ; qu'il ne souffre nul cavalier devant lui ; qu'il bondisse, qu'il se cabre devant les drapeaux flottants ; qu'il ne s'effraye pas des lances baissées, et qu'il réponde à la trompette par de prompts hennissements.

POLYMÉTIS.

Je vois bien, mon prince, que j'avais raison et te connaissais bien. Ton père était indécis sur ce qu'il devait t'envoyer. « O maître, lui ai-je dit, ne sois pas inquiet ; voilà bien assez d'habits de fête et de parures : il suffit de lui envoyer beaucoup d'armes et d'antiques épées. S'il ne peut les manier aujourd'hui, l'espérance lui élèvera le cœur, et sa force future tressaillera par avance dans sa jeune main. »

ELPÉNOR.

Oh ! quel bonheur ! O jour longtemps attendu ! jour d'allégresse ! Et toi, mon vieil ami, combien je te remercie ! Comment dois-je te récompenser de t'être occupé de moi selon mes désirs ?

POLYMÉTIS.

Il dépend de toi de me faire du bien, à moi et à beaucoup de gens.

ELPÉNOR.

Parle, est-ce la vérité? Aurai-je tout cela? Et tout cela, est-ce qu'ils me l'apportent?

POLYMÉTIS.

Oui, et plus encore.

ELPÉNOR.

Plus encore?

POLYMÉTIS.

Beaucoup plus. Ils t'apportent ce que l'or ne peut acheter, ce que l'épée la plus forte ne peut te conquérir; ce trésor, personne ne s'en passe volontiers, et l'orgueilleux et le tyran se repaissent de son ombre.

ELPÉNOR.

Oh! nomme-moi ce trésor, et ne me laisse pas en suspens devant cette énigme!

POLYMÉTIS.

Les nobles jeunes gens, les enfants qui viennent aujourd'hui au-devant de toi, t'apportent des cœurs dévoués, pleins d'espoir et pleins de confiance, et leurs visages joyeux sont les présages de mille et mille autres qui t'attendent.

ELPÉNOR.

Le peuple se presse-t-il déjà dans les rues?

POLYMÉTIS.

Chacun oublie ses affaires, son travail, et le plus nonchalant a pris l'essor : il n'a qu'un pressant besoin, c'est de te voir, et chacun, dans l'attente, croit fêter pour la seconde fois l'heureux jour qui te donna la vie.

ELPÉNOR.

Avec quelle joie j'irai au-devant de ces joyeux amis!

POLYMÉTIS.

Oh! puisse leur regard pénétrer jusqu'au fond de ton âme! Car un regard pareil ne s'adresse à nul autre, pas même au roi. Ce que le vieillard aime à conter du bon vieux temps, ce que le jeune homme rêve pour lui dans l'avenir, l'espérance en tresse la plus belle couronne, et la tient, comme une promesse, sur le but fixé à tes jours.

ELPÉNOR.

Ils doivent m'aimer et m'honorer comme mon père.

POLYMÉTIS.

Ils te promettent volontiers davantage. Un vieux roi refoule dans les cœurs les espérances des hommes, et les y enchaîne ; mais l'aspect d'un nouveau prince donne l'essor aux vœux longtemps contenus ; ils éclatent avec ivresse. On jouit outre mesure, follement ou sagement, de respirer à l'aise après une pénible contrainte.

ELPÉNOR.

Je veux prier mon père de distribuer au peuple du pain et du vin, et, de ses troupeaux, la part dont il peut se passer aisément.

POLYMÉTIS.

Il le fera volontiers. Le jour que les dieux ne peuvent nous accorder qu'une fois dans la vie, que chacun le fête hautement ! Il est si rare que les cœurs des hommes s'ouvrent ensemble ! Chacun n'a souci que de soi. La folie et la fureur enflamment un peuple beaucoup plus vite que l'amour et la joie. Tu verras les pères, posant les mains sur la tête de leurs fils, leur dire en t'annonçant : « Vois ! Il s'avance ! » Les grands regardent les inférieurs comme leurs égaux ; l'esclave lève avec confiance un œil joyeux vers son maître ; l'offensé accueille d'un sourire le regard de son adversaire, et l'invite au doux repentir, au libre et facile partage du bonheur. Ainsi l'innocente main de la joie unit les cœurs dociles, produit une fête sans art, pareille aux jours de l'âge d'or, où Saturne régnait encore doucement, comme un père bien-aimé, sur la terre nouvelle.

ELPÉNOR.

Combien de camarades m'a-t-on destinés ? Ici j'en avais trois. Nous étions bons amis, souvent divisés et bientôt réunis. Dès que j'en aurai un grand nombre, nous nous partagerons en amis et en ennemis, et nous imiterons sérieusement, dans nos jeux, gardes, campements, surprises et batailles. Les connais-tu ? Sont-ils de bons et complaisants camarades ?

POLYMÉTIS.

Oh ! si tu avais pu voir cette foule empressée ! Comme chacun offrait son fils, et comme les jeunes gens s'offraient eux-mêmes avec zèle ! D'entre les plus nobles et les meilleurs, douze ont été choisis pour t'entourer et te servir sans cesse.

ELPÉNOR.

Mais j'en pourrai sans doute demander davantage encore pour les jeux?

POLYMÉTIS.

Tu les auras tous au premier signal.

ELPÉNOR.

Je les partagerai, et les meilleurs seront de mon côté; je les mènerai par des chemins non frayés, et, grimpant avec vitesse, ils écraseront l'ennemi tranquille dans ses remparts de rochers.

POLYMÉTIS.

Avec cet esprit, cher prince, tu entraîneras les enfants aux jeux de l'adolescence, et bientôt le peuple entier à de sérieux ébats. Chacun se sent derrière toi, chacun entraîné par toi. Le jeune homme contient sa bouillante ardeur, et observe où ton regard commande de porter la mort ou la vie; l'homme expérimenté se trompe volontiers avec toi, et le vieillard lui-même renonce à sa prudence péniblement acquise, et, par affection pour toi, il rentre une fois encore avec ardeur dans la vie. Oui, cette tête grise, tu la verras, à ton côté, s'opposer au choc de l'ennemi, et cette poitrine versera peut-être les dernières gouttes de son sang, parce que tu te seras trompé.

ELPÉNOR.

Que peux-tu dire? Oh! vous n'aurez pas sujet de vous repentir. Je serai certainement le premier où sera le danger, et j'aurai la confiance de vous tous.

POLYMÉTIS.

Déjà les dieux l'ont inspirée, dans une large mesure, au peuple pour le jeune prince. Il est aisé et difficile pour lui de la conserver.

ELPÉNOR.

Aucun ne me la reprendra : celui qui est brave doit être avec moi.

POLYMÉTIS.

Tu ne régneras pas seulement sur des heureux. Dans de secrets réduits, le fardeau de la misère, des douleurs, pèse sur de nombreux mortels. Ils semblent rejetés, parce que le bonheur les rejette; mais, sans être vus, ils suivent dans ses sentiers l'homme de courage, et leur prière pénètre jusqu'à l'oreille des dieux. De mystérieux secours sont souvent procurés par le faible au puissant.

ELPÉNOR.

J'entends, j'entends les cris de joie et le bruit des trompettes monter de la vallée. Oh! laisse-moi courir. Ils arrivent! Je veux aller par ce sentier rapide au-devant de leurs pas. Toi, cher ami, suis le grand chemin ou, si tu veux, reste ici.

(*Il s'éloigne.*)

SCÈNE III.

POLYMÉTIS, *seul*.

Comme la flatterie déjà sonne agréablement aux oreilles de cet enfant! Et pourtant elle est innocente la flatterie de l'espérance. Si quelque jour nous devons te louer pour ce que nous désapprouvons, nous le sentirons plus durement. Qu'il s'estime heureux celui qui passe sa vie loin des dieux de ce monde! Qu'il les honore et les craigne et les remercie en silence, quand leur main gouverne le peuple doucement! Leur souffrance le touche à peine et il peut partager leur joie sans mesure. Oh! malheur à moi! deux fois malheur aujourd'hui! Joyeux et bel enfant, dois-tu vivre? Faut-il que je tienne enchaîné dans ses abîmes le monstre qui peut te déchirer? Faut-il que la reine apprenne quel noir forfait ton père a commis contre elle? Me récompenseras-tu si je me tais? Une fidélité qui ne fait point de bruit est-elle sentie? A mon âge, que puis-je encore espérer de toi? Je serai pour toi un fardeau. Avec un serrement de main au passage, tu me croiras très-satisfait. Tu es entraîné par le torrent de ceux qui sentent comme toi; cependant ton père nous gouverne avec un sceptre pesant. Non, si un soleil me doit luire encore, je veux qu'une affreuse discorde bouleverse la maison, et, quand surviendra la détresse, avec ses mille bras, alors on sentira de nouveau ce que nous valons, comme dans les troubles des premiers temps; alors on s'empressera de nous prendre, comme une vieille épée au pilier, et de nettoyer la rouille de sa lame. O vous, spectres antiques de secrets et noirs attentats, sortez de vos sépulcres, où vous vivez captifs. La dette fatale ne s'éteint pas. Levez-vous. Entourez de sombres nuages le trône qui est fondé sur des tombeaux. Que l'épouvante, comme un coup de tonnerre, traverse tous les cœurs! Changez la joie en fureur! Et que, devant les bras tendus pour la saisir, se brise l'espérance!

FIN D'ELPÉNOR.

LA GAGEURE

COMÉDIE EN UN ACTE

PERSONNAGES.

DORN.
FŒRSTER.
ÉDOUARD.
ÉLÉONORE, fille de Dorn.
JEAN.
FRÉDÉRIQUE.

LA GAGEURE.

COMÉDIE EN UN ACTE[1].

SCÈNE I.

Une chambre d'auberge.

DORN, puis FOERSTER.

DORN.

Je l'ai dit bien souvent (et qui ne le sait pas?), qu'on forme aisément une entreprise, et qu'ensuite on l'exécute avec de grandes difficultés. Que sert-il de penser et de parler avec toute la sagesse possible? Je m'engage de nouveau dans une affaire qui me sort tout à fait de mes habitudes. Dans la plus belle saison de l'année, je quitte ma maison de campagne; je cours à la ville; j'y trouve le temps long, et l'impatience me ramène ici. Maintenant, des fenêtres de cette méchante auberge, je vois mon château, mes jardins, et je n'ose y aller. Si du moins ce gîte n'était pas si mauvais! Quand je veux m'asseoir, pas une chaise qui ne branle; je ne trouve pas une cheville pour mon chapeau, et, véritablement, à peine un coin pour ma canne. Mais je passerai sur tout cela, pourvu que j'atteigne mon but et que le jeune couple soit heureux.

1. Goethe a écrit cette comédie en prose.

FOERSTER, *au dehors.*

Peut-on loger ici? N'y a-t-il personne de la maison?

DORN.

Ai-je bien entendu? Fœrster! Je trouve du moins un compagnon dans ma bizarre situation.

FOERSTER, *entrant en scène.*

Dorn! Est-ce possible? Est-ce toi? Pourquoi pas au château? Pourquoi ici, à l'auberge? On m'avait dit que tu étais à la ville. Dans ton château, j'ai trouvé tout désert et solitaire.

DORN.

Pas aussi désert que tu crois. Les amants y sont

FOERSTER.

Qui?

DORN.

Éléonore et Édouard, confinés.

FOERSTER.

Les deux jeunes gens ensemble?

DORN.

Ensemble ou séparés, comme tu voudras.

FOERSTER.

Explique-moi cette énigme!

DORN.

Écoute donc, c'est une gageure. Ils ont à soutenir une épreuve qui doit affermir leur bonheur futur.

FOERSTER.

Tu piques de plus en plus ma curiosité.

DORN.

Édouard et Éléonore s'aiment, et je nourrissais avec plaisir cette inclination naissante, parce qu'une plus étroite union me serait très-agréable.

FOERSTER.

J'ai donné dès longtemps mon approbation.

DORN.

Édouard est un noble jeune homme, plein d'esprit et de talent, très-cultivé, d'un cœur excellent, de la sensibilité la plus vive, mais un peu prompt et présomptueux.

FOERSTER.

Avoue cependant que l'ensemble compose un fort aimable jeune homme.

DORN.

Eh! nous en savons quelque chose. Éléonore est douce et pleine de sentiment, avec cela active, ménagère, mais elle n'est pas sans vanité. Elle aime Édouard assurément, cependant elle se laisse gagner quelquefois à la mauvaise humeur; elle montre un caractère grondeur, qui ne peut s'accorder avec la vivacité d'Édouard : ainsi éclatèrent souvent, durant l'heureux temps de l'amour et des fiançailles, des querelles, des contrariétés et de mutuels mécontentements.

FOERSTER.

Cela s'apaisera après la noce.

DORN.

Je voudrais que ce fût avant, et c'est justement l'objet de cette singulière entreprise. J'ai souvent rendu ces jeunes gens attentifs à leurs défauts, et demandé que chacun reconnût le sien : qu'ils apprissent à céder, à s'accorder mutuellement. Je parlais en l'air. Cependant je ne pouvais m'empêcher de répéter mes exhortations, et, il y a huit jours, les trouvant plus obstinés que de coutume, je leur représentai sérieusement la sottise et l'inconvenance de leur conduite, puisque d'ailleurs, une fois pour toutes, ils ne pouvaient durer et vivre l'un sans l'autre. Ils prirent la chose un peu haut, et assurèrent qu'il leur serait bien possible d'exister l'un sans l'autre, et de vivre, séparément, chacun pour soi.

FOERSTER.

Tel est le langage ordinaire, mais on ne fait pas le brave longtemps.

DORN.

C'est aussi comme cela que je pris la chose : j'en plaisantai, je menaçai de mettre leurs dispositions à l'épreuve, afin de voir lequel rechercherait l'autre le premier, lequel se rapprocherait le premier de l'autre. La vanité fut mise en jeu, et chacun assura qu'il montrerait, en pareil cas, la plus inébranlable fermeté.

FOERSTER.

Paroles ! pures paroles !

DORN.

Pour éprouver s'il n'y avait rien de plus, je leur fis la proposition suivante. « Vous connaissez, leur dis-je, les deux chambres contiguës que j'habitais avec ma défunte : elles ont une porte de communication, avec un grillage couvert d'un rideau, qui peut être levé d'un côté aussi bien que de l'autre. Quand nous voulions nous parler, ma femme et moi, tantôt l'un tantôt l'autre tirait ce rideau. Vous, fiancés, vous habiterez ces deux chambres, et vous gagerez à qui de vous deux sentira plus douloureusement la séparation, regrettera l'autre davantage, et fera le premier pas pour le revoir. » D'un consentement mutuel, on a tenté l'épreuve ; ils se sont établis ; j'ai tiré le rideau : voilà le point où en est l'affaire.

FOERSTER.

Et depuis quand ?

DORN.

Depuis une semaine.

FOERSTER.

Et il ne s'est rien passé encore ?

DORN.

Je ne crois pas ; car Jean et Frédérique, qui surveillent attentivement leurs maîtres, avaient l'ordre de me le faire savoir aussitôt à la ville. Je n'avais point de nouvelles, et l'impatience m'a ramené, pour apprendre dans le voisinage la suite de l'affaire.

FOERSTER.

Et j'arrive justement pour cette bizarre aventure, et, à cause de la singularité, il me prend fantaisie de séjourner avec toi dans cette méchante auberge, au lieu d'un confortable château.

DORN.

J'espère que cette gêne ne durera pas longtemps. Arrange-toi aussi bien que tu pourras : dans l'intervalle, nos surveillants paraîtront sans doute aussi.

FOERSTER.

Je suis moi-même impatient de savoir l'issue ; car au fond la plaisanterie n'est pas fort de mon goût. Il peut en résulter des suites fâcheuses.

DORN.

Nullement. Je suis persuadé que tout finira à l'avantage des deux amants. Quel que soit celui qui se montrera le plus faible, il n'y perdra rien ; car il prouvera en même temps la force de son amour. Si le plus ferme s'en fait un peu accroire, après quelque réflexion, il se trouvera humilié par le plus faible. Ils sentiront combien c'est une chose aimable de céder et de s'entendre ; ils se convaincront profondément du besoin pressant que l'on a d'une société, d'une véritable intimité des âmes, et combien il est insensé de croire que les occupations, les distractions, puissent dédommager un cœur aimant. On pourra leur représenter, avec plus de force, combien la mauvaise humeur trouble le bonheur domestique ; combien la trop grande vivacité amène après elle de tristes heures. Quand ces défauts seront corrigés, chacun reconnaîtra clairement et appréciera le mérite de l'autre, et évitera certainement toute occasion de plus sérieuses brouilleries.

FOERSTER.

Espérons le mieux ! Cependant le moyen n'en reste pas moins étrange ; mais peut-être nous-mêmes, avec notre vieille expérience, y apprendrons-nous quelque chose. Nous verrons qui d'elle ou de lui supportera le plus longtemps le poids de l'ennui et de la privation.

DORN.

Voilà que l'on monte avec fracas tes effets dans l'escalier : viens, je t'aiderai à t'établir. (*Ils sortent tous deux.*)

SCÈNE II.

Le château.

JEAN, FRÉDÉRIQUE.

JEAN.

Monsieur n'est pas non plus ici ? Il n'est pas au jardin : où donc est-il ? J'ai quelques drôles de choses à lui conter.

FRÉDÉRIQUE.

Du jeune couple? Fort bien : quand tu auras parlé, ce sera mon tour. Mademoiselle me donne bien du souci.

JEAN.

Comment donc?

FRÉDÉRIQUE.

Oui, vraiment. Les premiers jours de notre nouvelle vie, on fut calme et tranquille; elle semblait satisfaite, elle s'occupait, elle triomphait de n'avoir pas besoin d'Édouard et d'être gaie; elle se croyait bien armée contre les attaques de l'amour; et je n'aurais jamais pu remarquer quel sentiment elle nourrit pour lui, si elle n'avait adroitement détourné sur toi la conversation.

JEAN.

Faut-il tant d'adresse pour cela? Je trouve au contraire tout naturel qu'on pense à moi, et qu'on parle de moi dans l'occasion.

FRÉDÉRIQUE.

Sois tranquille : cette fois, tu t'es trompé dans tes calculs; cette fois, son but était seulement d'apprendre à la dérobée, si tu étais beaucoup autour de ton maître, et ce qu'il devenait. Si je n'avais pas l'air d'y prendre garde, elle devenait d'abord plus pressante dans ses questions; si je semblais soupçonner chez elle de l'amour, présumer un désir de revoir son amant, elle se taisait aussitôt, devenait grondeuse et ne disait pas un mot.

JEAN.

La jolie distraction!

FRÉDÉRIQUE.

Ainsi passèrent les premiers jours. A présent elle ne parle plus du tout; elle mange et dort tout aussi peu; elle quitte une occupation pour une autre, et paraît malade, à vous donner de l'inquiétude.

JEAN.

Bah! que sera-ce encore? Caprices! purs caprices! C'est la maladie perpétuelle des femmes. Elles sont toutes ainsi.

FRÉDÉRIQUE.

Dis-tu aussi cela pour moi? J'espère que non.

JEAN.

Ne te fâche pas : je ne parle que des femmes du grand monde. Elles ont toutes de ces fantaisies, si l'on ne flatte pas habilement leur vanité.

FRÉDÉRIQUE.

Non, ma maîtresse n'est pas de ce nombre : il n'est que trop vraisemblable que l'amour la consume.

JEAN.

L'amour! Pourquoi le cache-t-elle?

FRÉDÉRIQUE.

C'est une gageure.

JEAN.

Que fait la gageure, quand une fois on s'aime?

FRÉDÉRIQUE.

Mais la vanité!

JEAN.

Elle ne vaut rien en amour. Nous autres gens du commun, nous sommes beaucoup plus heureux : nous ne connaissons pas ces raffinements. Je dis : « Frédérique, m'aimes-tu? » Tu dis : « Oui! et je suis à toi. » (*Il l'embrasse.*)

FRÉDÉRIQUE.

Quand le sort de nos maîtres sera décidé; quand on nous aura compté la dot que nous devons mériter par notre attention à ces jeunes amants.

SCÈNE III.

DORN, FOERSTER, LES PRÉCÉDENTS.

DORN.

Bonjour, vous autres. Parlez, que s'est-il passé?

JEAN.

Rien de particulier, monsieur. Seulement mon prisonnier est tantôt agité, hors de lui-même, tantôt pensif et rêveur. Par moments il demeure tranquille, il médite, il semble se résoudre, court vers la porte fermée ; puis il revient sur ses pas et rejette cette idée.

DORN.

Entends-tu, Fœrster ?

FOERSTER.

Poursuivez.

DORN.

Conte-nous, Jean, ce qui s'est passé depuis mon départ.

JEAN.

Ah! bon Dieu, comment me rappeler tout cela! les mille choses que j'ai vues, entendues!... J'en perds la tête. Si cela s'appelle aimer, si c'est l'usage chez les gens du grand monde, je fais vœu de rester à tout jamais le pauvre Jean, et d'assurer à ma Frédérique, tout simplement, que je l'aime de bon cœur.

DORN.

Enfin que s'est-il donc passé de si prodigieux !

FOERSTER.

Explique-toi.

JEAN.

Je vous le conterai de mon mieux. Après votre départ, le jeune homme s'enferma; il lisait, il écrivait et il s'occupait. Seulement je le trouvais très-animé : il allait promener dans la campagne, revenait tard à la maison, il était gai; et ainsi se passèrent quelques jours. Puis il alla à la chasse et changea d'occupations. Mais je pus remarquer aisément qu'il ne persistait dans aucune. Il montait à sa chambre et en descendait, jetait un livre et en prenait un autre, et, s'il grondait, ce pouvait bien être quelquefois avec raison; mais, assurément et en vérité, c'était souvent sans motif; il voulait seulement donner l'essor aux sentiments impétueux qui s'élevaient en lui.

DORN.

Fort bien.

JEAN.

Ainsi passaient les jours. A la promenade, il désirait le château; il brusquait la chasse et revenait au logis. Mais là encore il hésitait en chemin, devenait toujours plus indécis, et se parlait à lui-même; il faisait des yeux qui m'effrayaient. Tantôt il restait immobile, tantôt il paraissait hésiter. Il s'approche du dangereux rideau; il revient vite sur ses pas, irrité contre lui-même. L'impatience et l'incertitude le tourmentent ; il tombe dans l'abattement et je crains la folie.

DORN.

Assez, assez!

JEAN.

Quoi ? Ne dois-je plus conter... ?

DORN.

Pour cette fois il n'en faut pas davantage. Va, garde le jeune homme, et continue à m'informer de ce qui se passe.

JEAN.

J'aurais encore bien des choses à vous dire.

DORN.

Une autre fois. Va.

JEAN.

Si c'est comme cela !... J'étais justement en train, et je crois que, si je voyais et racontais souvent de pareilles choses, je pourrais devenir moi-même assez drôle. Qu'en penses-tu, Frédérique ?

FRÉDÉRIQUE.

Restons tels que nous sommes.

JEAN.

Tôpe! (*Il lui tend la main et l'entraîne, en s'en allant, au fond du théâtre, où elle reste seule.*)

DORN.

Eh bien, Fœrster, que dites-vous de ce commencement?

FOERSTER.

Pas grand'chose. On ne peut rien dire de positif.

DORN.

Pardonnez-moi, mon ami, nous sommes plus près du but que vous ne croyez. Édouard semble avoir modéré son orgueil ; le sentiment s'empare de lui et sera bientôt le maître.

FOERSTER.

D'où concluez-vous cela ?

DORN.

De tout ce que Jean nous a rapporté ; de chaque détail, comme de l'ensemble.

FOERSTER.

Ce ne sera pas lui assurément qui fera le premier pas ; je le connais trop bien ; il est trop vain pour cela. Il a une trop haute idée de son mérite et il ne cédera pas.

DORN.

J'en serais fâché. Il faudrait qu'il aimât peu ma fille, qu'il eût peu d'âme et de sentiment, qu'il n'eût aucune énergie, pour persister plus longtemps dans ce pénible état.

FOERSTER.

Éléonore ne pourrait-elle pas également...?

DORN.

Non, mon ami. Les femmes ont, par modestie, une certaine réserve, qui est leur plus bel ornement ; elle les empêche de manifester leurs sentiments, et elles les feront d'autant moins paraître si leur vanité est en jeu, comme dans cette gageure. Elles peuvent souffrir les dernières extrémités, avant de sacrifier cet orgueil ; elles trouvent au-dessous de leur dignité de montrer à un homme combien elles lui sont attachées, comme elles l'aiment tendrement ; elles sentent au fond aussi vivement que nous, peut-être avec plus de constance, mais elles sont plus maîtresses de leur inclination.

FOERSTER.

Tu peux avoir raison ; mais sachons premièrement ce que fait Éléonore, et nous pourrons avancer plus sûrement dans nos suppositions.

DORN.

Parle donc, Frédérique.

FRÉDÉRIQUE. *Elle s'avance.*

Messieurs, je crains beaucoup pour la santé de ma maîtresse.

DORN, *vivement.*

Est-elle malade ?

FRÉDÉRIQUE.

Pas précisément, mais elle ne peut ni manger ni dormir ; elle se promène de côté et d'autre comme une ombre ; elle n'a aucun goût à ses occupations favorites, ne touche pas sa guitare, sur laquelle elle avait coutume d'accompagner Édouard, ne va pas non plus, comme d'ordinaire, chantonnant une petite chanson.

SCÈNE III.

DORN.

Parle-t-elle?

FRÉDÉRIQUE.

Elle dit à peine quelques mots.

DORN.

Que dit-elle?

FRÉDÉRIQUE.

Presque rien. Quelquefois elle demande des nouvelles de Jean; mais elle pense toujours à Édouard, je le vois bien.

DORN.

Les choses se sont-elles passées ainsi tous ces huit jours?

FRÉDÉRIQUE.

Oh! non. D'abord elle fut gaie, plus que de coutume; elle s'occupa du ménage; elle fit de la musique, et ainsi de suite. Elle se passait fort bien de son amant; elle se félicitait de pouvoir lui montrer combien elle était ferme.

DORN.

Vois-tu, Fœrster, ce que je disais! C'est son orgueil de femme qui la soutenait.

FOERSTER.

Mais d'où vient qu'elle aimait d'abord l'occupation, et qu'à présent elle la néglige?

DORN.

Je m'explique encore fort bien la chose. Les femmes sont accoutumées à une vie laborieuse. Avec le sentiment d'être aimées, elles ne redoutent point la solitude : un seul heureux moment de présence leur procure une abondante consolation; la complète absence de sympathie leur est seule pénible et leur blesse le cœur; alors elles tombent dans un état douloureux et souffrant, et, plus elles s'efforcent de le cacher, plus il dévore leur existence : elles se flétrissent.

FRÉDÉRIQUE.

Fort bien! Et c'est aussi ce qui arrivera à Mlle Éléonore; car elle aime Édouard : j'en ai beaucoup de preuves. Souvent elle s'approche, comme par hasard, de la porte, et, dans son trouble, elle hésite à s'en éloigner; ses yeux se remplissent de larmes; elle paraît l'écouter et vouloir deviner ses pas, ses pensées; elle est combattue entre l'amour et la fermeté.

FOERSTER.

Mais pourquoi ne demande-t-elle pas de ses nouvelles? Jean ne disait-il pas qu'Édouard parle très-souvent d'Éléonore avec vivacité? Il l'aime donc plus qu'elle ne l'aime?

DORN.

On voit bien que tu connais peu les femmes. Quand les vois-tu faire confidence de leurs sentiments? Elles les surveillent soigneusement, et s'efforcent de les cacher à tous les yeux. Elles craignent par-dessus tout l'orgueilleux triomphe de la domination à laquelle prétendent les hommes; elles aiment mieux renoncer à tout que de se trahir; elles peuvent aimer pour elles-mêmes en silence, et leurs sentiments sont d'autant plus ardents et plus durables. Les hommes, au contraire, sont plus impétueux; aucune modestie ne les empêche de penser tout haut: aussi Édouard ne s'est-il point caché de Jean.

FRÉDÉRIQUE.

Voulez-vous encore une preuve qu'elle l'aime? Vous connaissez la jolie place du jardin qu'Édouard a décorée du nom d'Éléonore : elle la visite tous les jours; silencieuse, les yeux baissés, elle reste là des heures entières, et la moindre bagatelle qu'il lui a donnée est toujours sur sa table. Souvent elle paraît éprouver quelque inquiétude, qui s'exprime par des soupirs. Oui, elle est malade d'amour, je le soutiens encore, et ne sera délivrée de cette situation....

DORN.

Sois tranquille, Frédérique : tout se dénouera en son temps.

FRÉDÉRIQUE.

Si j'étais à sa place, il y a longtemps que ce serait dénoué. (*Elle sort.*)

SCÈNE IV.

DORN, FOERSTER.

DORN.

Je suis content : tout marche à souhait.

FOERSTER.

Mais si ta fille tombe malade?

DORN.

Ne le crois pas : cela ne durera pas longtemps encore.

FOERSTER.

Que crois-tu donc?

DORN.

Ils céderont, ils se verront, s'aimeront, et d'un amour plus éprouvé.

FOERSTER.

Je voudrais bien savoir ce qui te donne tant de sérénité.

DORN.

C'est que je vois mon ouvrage accompli. Ils sont tous deux au point où je les voulais, tels que je les voulais ; le peu de paroles qu'ils ont dites, toutes leurs actions sont d'accord avec leur situation, leurs sentiments.

FOERSTER.

Comment cela?

DORN.

Édouard, jeune homme plein de feu, se montre encore mécontent ; il est combattu entre l'amour et la vanité, mais l'amour triomphera. Il sent le tourment de la solitude ; la figure, les charmes d'Éléonore se présentent vivement devant ses yeux ; il ne soutiendra pas ce combat plus longtemps. Incapable désormais d'aucune distraction, il ouvrira la porte, il se déclarera vaincu.

FOERSTER, *à part.*

Cela ne me semble pas encore tout à fait certain.

DORN.

Éléonore, noble et modeste jeune fille, mais un peu capricieuse, espérait d'abord oublier Édouard en s'occupant, et soutenir fermement le temps d'épreuve ; mais un jour s'est passé, puis un autre.... elle a dû craindre la froideur chez son amant ; elle n'a pas voulu s'en informer : elle est donc restée renfermée en elle-même, abandonnée à l'anxieuse incertitude ; elle a vivement senti l'isolement, la perte d'une tendre sympathie ; elle n'a aucun moyen de faire le premier pas : la retenue le lui défend, et elle préfère souffrir. De là ces soupirs, ces larmes, ce défaut de sommeil et d'appétit. Elle croit se dédommager par la contemplation de choses inanimées qui rappellent l'unique objet de son ardeur. Éléonore aime peut-être Édouard plus tendrement encore qu'auparavant; elle n'attend que le moment de rentrer dans ses premiers droits.

FOERSTER.

C'est ce que nous verrons.

DORN.

Eh bien, observons-les tous deux. Au plafond de ces chambres est une ouverture secrète : allons-y nous convaincre par nous-mêmes. (*Ils sortent.*)

SCÈNE V.

Deux chambres séparées, bien meublées, où se trouvent toutes sortes d'objets de distraction, tels que livres, instruments de musique, etc. On voit la porte, le rideau et le grillage dont il a été parlé plus haut.

ÉLÉONORE, ÉDOUARD, DORN, FOERSTER, *et, à la fin,* JEAN *et* FRÉDÉRIQUE. *Éléonore est dans la chambre à droite, Édouard dans celle à gauche; Dorn et Fœrster sont au-dessus. Édouard va et vient à pas précipités; il se parle vivement à lui-même; il paraît tantôt troublé, tantôt irrésolu. Éléonore, triste, un ouvrage à la main, regarde en soupirant du côté de la porte, puis ses yeux s'arrêtent sur un portefeuille au chiffre d'Édouard, et elle le baigne de larmes.*

ÉDOUARD.

Non, je ne sortirai pas! Où irais-je? Qu'entreprendre? Rien ne m'intéresse, tout me déplaît. Elle me manque! Éléonore, ô la plus noble, la plus aimante, la plus aimable des femmes! Où sont les heureux moments que je passais près d'elle, où elle m'enchaînait par sa ravissante figure, par son doux caractère? Elle était ma première et ma dernière pensée; sa sympathie, sa tendresse, doublaient chacun de mes plaisirs; auprès d'elle je trouvais le délassement après le travail : à présent, je suis mécontent. Que de fois elle a égayé de tristes heures par son aimable chant! Chaque mot qui parlait d'amour répondait doucement à mon cœur. De quel ravissement j'étais capable! Ses caprices passagers ne sont pas même aussi fâcheux que je l'imaginais dans mon impatience. Pourquoi ai-je été si prompt?

Comment ai-je pu, par vanité, consentir à cette épreuve?... Maintenant qui cédera? Ce n'est pas elle!... Moi?... Oui!... (*Avec sérénité.*) Et pourquoi tardé-je encore? Que la porte s'ouvre! Que je lui jure à cette femme céleste, que je lui jure, à ses pieds, un amour éternel, en confessant que je ne puis vivre sans elle.... Mais que dira-t-on? On te tiendra pour faible et lâche; tes amis se railleront de toi.... Qu'importe? Mais, Éléonore, toi-même tu pourrais triompher, me tenir pour vaincu; tu voudrais dominer, et alors, malheur à moi, si je veux être homme! Je le puis sans doute. Pourquoi resté-je oisif? Voici encore assez d'ouvrage. (*Il se place devant une table à écrire, il prend la plume; mais, au lieu d'écrire, il s'abîme dans ses pensées.*)

ÉLÉONORE.

Encore un jour écoulé, et Édouard ne paraît point! Oh! quelle peine! Il m'a oubliée, et il ne peut m'aimer aussi tendrement que je croyais. S'il sentait seulement la moitié de mes souffrances, il se hâterait de perdre la gageure; je lui serais un riche dédommagement de la vanité blessée. Et qu'est-ce que ce sentiment en comparaison de l'amour brûlant, de la félicité que l'on trouve dans un tendre retour? Les heures, les jours, passent comme de doux songes. Je me sentais heureuse, lorsque, après avoir mis fin à mes occupations domestiques, j'étais réjouie par son entretien. Père cruel, comment pouvais-tu me rendre si malheureuse par cette épreuve? Ne valait-il pas mieux souffrir les fiertés d'Édouard? Maintenant je ne puis faire le premier pas. Le cœur m'y convie, mais la modestie, parure des jeunes filles, le défend, et je dois obéir, souffrir.... et combien de temps encore? (*Elle laisse tomber son ouvrage et soupire.*)

ÉDOUARD, *se levant brusquement du pupitre.*

Je ne puis écrire. Où trouver des idées et du courage? Si seulement Jean venait, je pourrais lui parler d'Éléonore! Sans doute il comprend peu mes sentiments; mais il est du moins bien disposé, et il révère Éléonore comme une divinité, à l'exemple de tous ceux qui la connaissent. Est-ce lui? Il me semble l'entendre!

ÉLÉONORE, *en regardant avec grâce le portefeuille et le pressant sur son cœur.*

Oui, voilà le gage de ton amour, voilà ton nom! Et tu pourrais m'oublier, Édouard ?... Que dois-je faire ? Comment le ramener ? Ah ! excellente idée !... Peut-être cela produira-t-il son effet. (*Elle prend vivement la guitare; elle se place tout près de la cloison, à côté de la porte, de manière qu'on ne peut la voir du grillage. Édouard, assis et rêveur, se ranime à ces accords, reconnaît la voix qui l'a ravi si souvent. Sans prendre le temps de réfléchir, il tire le rideau; il cherche à voir Éléonore, mais inutilement. Éléonore s'avance vers la porte pour écouter : elle voit le rideau tiré, elle voit son amant. Elle exprime la frayeur et le ravissement. La porte s'ouvre : Éléonore, avant de se reconnaître, est dans les bras d'Édouard.*)

ÉDOUARD *et* ÉLÉONORE :

Je te retrouve ! Je suis à toi !

DORN *et* FOERSTER, *entrant*.

Bravo ! bravo ! (*Édouard et Éléonore paraissent confus.*)

DORN.

Enfants, qu'avais-je dit ?

ÉLÉONORE.

C'est Édouard qui est venu à moi.

ÉDOUARD.

Non, c'est elle qui a voulu voir si j'écoutais.

DORN.

Vous avez raison tous les deux. Au fond, personne n'a perdu la gageure. Le même sentiment vous animait; vous avez agi comme il convenait à un jeune homme, à une jeune fille. Éléonore a tâché par finesse de te résoudre à tirer le rideau; tu as cédé avec plus d'ardeur au sentiment; Éléonore voulait seulement t'éprouver sans se découvrir. Vous avez montré que, dans les nobles et sensibles cœurs, se passent les mêmes mouvements; seulement ils s'expriment de manières diverses et convenables. Vous êtes dignes l'un de l'autre. Aimez-vous. Pardonnez-vous de petites faiblesses, et tâchez que l'amour mutuel vous dédommage de tout.

ÉLÉONORE.

Ce jour sera sacré pour nous.

ÉDOUARD.

Tu nous as enseigné à aimer véritablement.

SCÈNE V.

FOERSTER.

Et j'en ai plus appris dans ce jour qu'en toute ma vie.

FRÉDÉRIQUE.

Moi de même.

JEAN.

Toi ? Et qu'as-tu donc appris ? Va, tout cela est trop relevé et trop étudié pour nous. Aimons-nous simplement et joyeusement ! Et pour cela, monsieur, il n'y a rien de plus simple au monde qu'une jolie dot.

DORN.

Vous l'aurez.

FIN DE LA GAGEURE.

FAUST

FAUST.

DÉDICACE[2].

Vous revenez à moi, flottantes visions, que, dans ma jeunesse, je vis apparaître un jour à mon regard troublé : puis-je essayer de vous enchaîner aujourd'hui ? Mon cœur se sent encore de l'attrait pour cette rêverie. Vous accourez en foule ! Eh bien, régnez en souveraines, telles que vous montez autour de moi, du sein des vapeurs et des nuages. J'éprouve les transports de la jeunesse, au souffle magique qui se joue autour de votre cortége.

Vous apportez avec vous les images de jours heureux, et bien des ombres chéries se lèvent; pareils à une antique tradition, presque oubliée, le premier amour et l'amitié reviennent sur vos pas; la douleur se renouvelle; la plainte recommence le cours tortueux et trompeur de la vie, et nomme les êtres vertueux, qui, frustrés par le sort de belles heures, ont disparu avant moi.

Elles n'entendent pas mes dernières mélodies, les âmes aux-

---

1. Dans cet ouvrage, Gœthe a écrit généralement le dialogue en vers rimés, de diverse mesure. Les morceaux lyriques sont aussi rimés; quelquefois simplement rhythmiques.
2. Cette dédicace se trouve en tête de la première partie de Faust; mais il est évident qu'elle a été composée à l'occasion de la seconde, qui fut écrite longtemps après. Voir la vie de Gœthe, dans notre premier volume.

quelles je chantai les premières; elle n'est plus que poussière cette foule bienveillante; hélas! le premier écho s'est évanoui; mes chants retentissent pour une multitude étrangère : ses louanges même oppressent mon cœur; et ceux qui prenaient autrefois plaisir à mes vers, s'ils vivent encore, sont errants et dispersés dans le monde.

Et une ardeur, longtemps désaccoutumée, m'entraîne vers ce grave et silencieux empire des esprits; il se berce maintenant en vagues mélodies, mon chant, qui soupire, pareil à la harpe d'Éole; un frisson me saisit; les larmes suivent les larmes; je sens mon cœur rigide s'amollir et se fondre : ce que je possède, je le vois comme dans le lointain, et ce qui a disparu devient pour moi la réalité.

PROLOGUE

SUR LE THÉATRE.

LE DIRECTEUR, LE POËTE DRAMATIQUE,
UN PLAISANT.

LE DIRECTEUR.

Vous qui m'avez assisté si souvent l'un et l'autre dans la détresse et la nécessité, dites-moi ce que vous espérez en Allemagne de notre entreprise. Je souhaiterais fort d'être agréable à la foule, principalement parce qu'elle vit et laisse vivre. Les planches, les poteaux sont dressés, et chacun se promet une fête. Déjà le monde est assis, tranquille, les sourcils levés, et ne demandant pas mieux que d'admirer. Je sais comment on captive les esprits du peuple : cependant je ne fus jamais si embarrassé. A la vérité, ils ne sont pas accoutumés aux chefs-d'œuvre, mais ils ont lu énormément. Comment ferons-nous pour que tout soit frais et nouveau, agréable et solide en même temps ? Car j'aime à voir la foule, lorsque ses flots se pressent vers notre baraque, et qu'avec des efforts violents et répétés, elle pénètre à grand'peine par l'étroite porte de grâce, en plein jour, même avant quatre heures; lorsqu'elle bataille et se pousse jusqu'aux bureaux, et, comme pour un pain, en temps de famine, à la porte des boulangers, est prête à se rompre le cou pour un billet. Le poëte seul accomplit ce miracle sur des esprits si divers. O mon ami, veuille le faire en ce jour!

LE POËTE.

Ah! ne me parle pas de cette foule confuse, à l'aspect de laquelle l'inspiration nous abandonne. Cache-moi cette multitude flottante, qui nous entraîne malgré nous dans le tourbillon. Oui, mène-moi dans le secret asile du ciel, où pour le seul poète fleurit une joie pure, où l'amour et l'amitié produisent et maintiennent, sous la main des dieux, la félicité de notre cœur.

Ah! ce qui surgit alors au fond de notre âme, ce que les lèvres ont d'abord murmuré timidement pour elles, tantôt mal, tantôt bien réussi peut-être, le moment rapide l'emporte et l'engloutit. Souvent ce n'est qu'après avoir passé à travers les âges, que l'œuvre paraît dans sa forme accomplie. Ce qui brille est né pour le moment; le vrai beau n'est jamais perdu pour la postérité.

LE PLAISANT.

Si je pouvais seulement ne pas entendre parler de la postérité! Supposé que je voulusse, moi, en parler aussi de la postérité, qui donc ferait rire les contemporains? Ils veulent cependant, et il faut qu'on les fasse rire. La présence d'un bon compagnon est, ce me semble, déjà quelque chose. Celui qui sait se communiquer agréablement, les caprices du peuple ne le blesseront point. Il souhaite une grande assemblée, pour être plus sûr de l'ébranler. Soyez donc admirable, et montrez-vous un modèle; faites parler l'imagination, avec tout son cortége de raison, d'esprit, de sentiment, de passion : mais, croyez-moi, n'oubliez pas la folie!

LE DIRECTEUR.

Et surtout, beaucoup d'événements. On vient pour le spectacle; on aime surtout à voir. S'il se déroule sous les yeux beaucoup de choses, en sorte que la foule ait de quoi regarder et s'extasier, vous avez bientôt acquis un vaste renom; vous êtes un homme chéri. C'est par la masse seulement que vous pouvez entraîner la masse. Enfin chacun cherche quelque chose qui lui convienne : qui apporte beaucoup apportera sa part à tout le monde, et chacun sort du spectacle satisfait. Donnez-vous une pièce, donnez-la d'abord en pièces! Un ragoût de la sorte vous réussira. Il est servi aisément, aussi aisément qu'imaginé. Qu'importe que vous ayez produit un ensemble? Le public saura bien vous le morceler.

LE POËTE.

Vous ne sentez pas combien un pareil métier est misérable; combien peu il convient au véritable artiste. Le bousillage de ces beaux messieurs est déjà, je le vois, passé chez vous en maxime[1].

LE DIRECTEUR.

Un tel reproche ne peut m'atteindre. Un homme qui se propose de bien travailler doit tenir au meilleur outil. Songez que vous avez à couper du bois tendre, et voyez, sans plus, pour qui vous écrivez. Si l'un est poussé par l'ennui, l'autre arrive rassasié d'un copieux repas; et, ce qui est plus fâcheux que tout le reste, un grand nombre vient de lire le journal. On accourt chez nous distrait, comme à la mascarade, et la seule curiosité met des ailes aux pieds de chacun. Les dames étalent leur personne et leur toilette, et jouent de concert avec nous sans salaire. Que rêvez-vous à votre dignité de poëte? Quel plaisir peut vous faire une salle pleine? Observez de près nos amateurs : la moitié sont froids, la moitié sont grossiers. L'un, après le spectacle, espère une partie de cartes; l'autre, une nuit de débauche dans les bras d'une maîtresse. Pauvres fous, à quoi bon tant importuner, pour un tel dessein, les douces Muses? Je vous le dis, donnez davantage, et toujours, toujours davantage : comme cela, vous ne pourrez jamais vous écarter du but. Cherchez seulement à intriguer les gens : les satisfaire est difficile.... Qu'est-ce qui vous prend, extase ou douleur?

LE POËTE.

Va te chercher un autre valet! Eh quoi! le droit suprême, le droit qu'en sa qualité d'homme il tient de la nature, le poëte devrait, pour te complaire, le sacrifier indignement? Comment parvient-il à remuer tous les cœurs, à triompher de tous les éléments? N'est-ce pas avec l'harmonie, qui s'élance de son sein et qui relie l'univers à son cœur? Quand la nature, tournant sous ses doigts, avec indifférence, le fil éternel, l'enroule autour du fuseau; quand la multitude confuse de tous les êtres résonne pêle-mêle avec discordance, qui divise ce courant, toujours uniforme, en le vivifiant, afin qu'il se meuve avec harmonie? Qui appelle l'individu à la consécration universelle, où il vibre en accords magnifiques? Qui déchaîne l'orage des passions? Qui allume les feux du crépuscule dans la pensée sérieuse? Qui sème

---

[1]. Goethe a ici en vue l'école réaliste, dont Kotzebue était le chef.

toutes les belles fleurs printanières sur les pas de la bien-aimée ? Qui tresse un vulgaire feuillage en couronnes de gloire pour tous les mérites ? Qui affermit l'Olympe et réunit les dieux ? C'est la puissance de l'homme manifestée dans le poëte.

LE PLAISANT.

Elle emploie donc ses belles facultés, et mène les affaires poétiques comme l'on mène une aventure d'amour. On s'approche par hasard, on est ému, on reste, et peu à peu l'on est engagé ; le bonheur s'accroît, puis il est attaqué ; on est ravi : ensuite survient la douleur, et, avant que l'on s'en doute, voilà tout de suite un roman. Donnons aussi un spectacle de la sorte ! Pénétrez en plein dans la vie humaine ! Chacun y passe : peu de gens la connaissent. Où qu'on la saisisse, on intéresse. Sous des images variées, peu de clarté, beaucoup d'erreurs et une étincelle de vérité, c'est ainsi que l'on compose le meilleur breuvage, qui rafraîchit et restaure tout le monde. Alors la plus belle fleur de la jeunesse se rassemble devant votre poëme, et prête l'oreille à cette révélation ; alors tous les tendres cœurs puisent dans votre ouvrage une mélancolique nourriture ; alors c'est l'un, c'est l'autre, qui sont émus tour à tour ; chacun voit ce qu'il porte dans le cœur. Ils sont prêts encore à rire et à pleurer ; ils admirent encore l'essor du génie ; ils se plaisent à l'apparence. Pour l'homme fait, on ne peut rien produire de bon : un adolescent ne sera jamais ingrat.

LE POËTE.

Rends-moi donc aussi les temps où j'étais encore adolescent moi-même ; où une source intarissable de chants nouveaux jaillissait de mon cœur ; où des nuages me voilaient le monde ; où le bouton promettait encore des merveilles ; où je cueillais les mille fleurs qui remplissaient de leurs trésors toutes les vallées. Je n'avais rien et pourtant j'avais assez. J'avais la soif de la vérité et le goût de l'illusion. Rends-moi les penchants indomptés, le bonheur profond et douloureux, la force de la haine, la puissance de l'amour : rends-moi ma jeunesse !

LE PLAISANT.

La jeunesse, mon bon ami !... tu pourras en avoir besoin, si les ennemis te pressent dans les batailles ; si de ravissantes jeunes filles s'enlacent avec ardeur à ton cou ; si la couronne de la course rapide t'appelle au loin, de la borne difficile à toucher ; si, après le tourbillon de la danse impétueuse, l'on passe les nuits en festins : mais, de faire vibrer avec force, avec grâce, les accords d'une lyre savante ; d'avancer, avec d'aimables détours, vers un but que l'on a fixé soi-même, ô vieillards, c'est là votre office, et nous ne vous en respectons pas moins. La vieillesse ne fait pas, comme on dit, tomber dans l'enfance, mais elle nous trouve encore de vrais enfants.

LE DIRECTEUR.

Nous avons échangé assez de paroles : faites qu'enfin je voie aussi des actions. Tandis que vous tournez des compliments, on pourrait faire quelque chose d'utile. A quoi bon parler d'inspiration ? Elle ne se montre jamais à celui qui balance. Vous donnez-vous une fois pour poëte, eh bien ! commandez à la poésie. Vous savez ce qu'il nous faut ; nos gosiers veulent des boissons fortes : brassez-nous-en sur l'heure ! Ce qui ne se fait pas aujourd'hui ne sera pas fait demain, et l'on ne doit pas négliger un seul jour. La résolution doit soudain prendre hardiment le possible aux cheveux, et ne le laisse pas échapper, et poursuit son œuvre, parce qu'il le faut. Vous le savez, sur nos scènes allemandes, chacun essaye ce qu'il lui plaît : ainsi donc ne m'épargnez aujourd'hui ni les décorations ni les machines ; mettez en œuvre le grand et le petit luminaire du ciel ; vous pouvez prodiguer les étoiles ; l'eau, le feu, les rochers, les bêtes, les oiseaux ne manquent pas. Parcourez, dans l'étroite baraque, le cercle entier de la création, et, d'une course rapide et mesurée, passez, à travers le monde, du ciel dans l'enfer.

PROLOGUE

DANS LE CIEL.

LE SEIGNEUR, LES MILICES CÉLESTES, *puis* MÉPHISTO-PHÉLÈS. *Les trois archanges s'avancent.*

RAPHAEL.

Le soleil unit son antique harmonie aux hymnes rivales des sphères fraternelles, et il accomplit sa course prescrite avec la rapidité du tonnerre. Son aspect donne aux anges la force, bien que nul ne le puisse approfondir. Les œuvres sublimes, incompréhensibles, sont admirables comme au premier jour.

GABRIEL.

Et avec une inconcevable vitesse circule la terre magnifique; et la clarté du paradis alterne avec la ténébreuse, l'horrible nuit; la mer écume, en larges courants, à la base profonde des rochers; et rochers et mers sont emportés dans la course rapide, éternelle, des sphères.

MICHEL.

Et les tempêtes mugissent à l'envi, de la mer à la terre, de la terre à la mer, et, dans leur furie, elles forment alentour une chaîne d'immenses ravages. Là l'éclair dévastateur flamboie devant les pas du tonnerre. Cependant, Seigneur, tes messagers adorent la marche paisible de ton jour.

TOUS TROIS ENSEMBLE.

Ton aspect donne la force aux anges, bien que nul ne te puisse approfondir, et tous tes sublimes ouvrages sont admirables comme au premier jour.

MÉPHISTOPHÉLÈS.

O maître, puisque tu veux bien t'approcher encore une fois, et t'enquérir comment tout va chez nous, et que d'ailleurs tu me voyais d'ordinaire avec plaisir, tu me vois encore parmi tes gens. Pardonne, je ne sais pas débiter de grands mots, quand même toute l'assistance se raillerait de moi ; mon pathos te ferait rire assurément, si tu n'avais perdu l'habitude de rire. Du soleil et des mondes, je ne sais qu'en dire : je vois seulement comme les humains se tourmentent. Le petit dieu du monde est toujours du même acabit, et il est aussi bizarre que le premier jour. Il mènerait une vie un peu meilleure, si tu ne lui avais donné le reflet de la lumière céleste : il l'appelle raison et ne l'emploie qu'à se montrer plus brutal que la brute. Il me semble, avec la permission de Votre Seigneurie, comme une de ces cigales aux longues jambes, qui toujours vole et saute en volant, et chante sans trêve dans l'herbe sa vieille chanson. Encore, s'il pouvait seulement rester dans l'herbe !... Il fourre son nez dans toute chose immonde.

LE SEIGNEUR.

N'as-tu rien de plus à me dire ? Ne viens-tu jamais que pour accuser ? N'est-il selon toi absolument rien de bon sur la terre ?

MÉPHISTOPHÉLÈS.

Non, Seigneur, je trouve, comme toujours, que les choses y vont fort mal. Les hommes me font pitié dans leur misérable vie, et je n'ai pas moi-même le courage de tourmenter ces pauvres gens.

LE SEIGNEUR.

Connais-tu Faust ?

MÉPHISTOPHÉLÈS.

Le docteur ?

LE SEIGNEUR.

Mon serviteur !

MÉPHISTOPHÉLÈS.

Vraiment il vous sert d'une étrange manière ! Il n'use, l'insensé, ni de boisson ni de nourriture terrestre ; l'inquiétude le pousse dans l'espace ; il connaît à moitié sa folie ; il demande au ciel les plus belles étoiles et à la terre les plus sublimes jouissances, et tout ce qui est proche, tout ce qui est éloigné ne satisfait point son cœur profondément agité.

LE SEIGNEUR.

S'il me sert aujourd'hui, tout égaré qu'il est, je le conduirai bientôt à la lumière. Le jardinier sait bien, quand l'arbrisseau verdit, qu'il sera, les années suivantes, paré de fleurs et de fruits.

MÉPHISTOPHÉLÈS.

Gageons que vous perdrez encore celui-là, si vous me donnez la permission de le mener doucement dans ma voie!

LE SEIGNEUR.

Aussi longtemps qu'il vivra sur la terre, aussi longtemps je ne t'en ferai point défense. L'homme s'égare tout le temps qu'il désire.

MÉPHISTOPHÉLÈS.

En ce cas, je vous remercie, car je ne m'attaquerai jamais volontiers aux morts. J'aime surtout les joues pleines et fraîches; pour un cadavre, je ne suis pas au logis; il en est de moi comme du chat avec la souris.

LE SEIGNEUR.

Soit! Je te l'abandonne. Détourne cet esprit de sa source première; si tu peux le saisir, entraîne-le dans ta voie; et sois confondu, lorsqu'il te faudra reconnaître qu'avec son instinct aveugle, un homme bon sait distinguer le droit chemin.

MÉPHISTOPHÉLÈS.

Fort bien! Mais cela ne dure pas longtemps. Je ne suis pas du tout inquiet de ma gageure. Si je parviens à mon but, permettez-moi de triompher à cœur joie. Je veux qu'il mange la poussière et avec délices, comme mon cousin, le fameux serpent.

LE SEIGNEUR.

En cela tu pourras aussi te montrer librement. Je n'ai jamais haï tes pareils. De tous les esprits qui nient, le rusé est celui qui m'est le moins à charge. L'activité de l'homme peut trop aisément s'endormir; il se complaît bientôt dans un repos absolu : aussi je lui donne volontiers un compagnon, qui stimule, qui opère, et qui, en qualité de diable, doit agir. Mais vous, véritables fils des dieux, jouissez de la beauté magnifique et féconde. Que la substance éternellement active et vivante vous enlace dans les doux liens de l'amour: et, ce qui flotté dans une vague apparence, fixez-le par de durables pensées. (*Le ciel se ferme; les archanges se séparent.*)

MÉPHISTOPHÉLÈS, *seul.*

J'aime à voir de temps en temps le vieux Père, et je me garde bien de rompre avec lui. C'est fort aimable de la part d'un grand seigneur, de parler si humainement même avec le diable.

FAUST
LA TRAGÉDIE

PREMIÈRE PARTIE

LA TRAGÉDIE.

PREMIÈRE PARTIE.

UN CABINET D'ÉTUDE.

FAUST, *seul. Dans une chambre gothique, étroite, à voûtes ogives, Faust, inquiet, est assis devant un pupitre. Il fait nuit.*

Hélas! philosophie, jurisprudence et médecine, et, pour mon malheur, théologie encore, j'ai tout approfondi avec un travail opiniâtre, et me voilà maintenant, pauvre fou!... Et je suis aussi habile qu'auparavant. Je m'appelle maître, je m'appelle même docteur, et, déjà depuis dix ans, je mène mes écoliers par le nez, en haut, en bas, et par détours et de travers. Et je vois que nous ne pouvons rien savoir. Peu s'en faut que cela ne me dévore le cœur. A la vérité, je suis plus clairvoyant que tous les badauds, docteurs, maîtres, clercs et moines; ni scrupule ni doute ne me tourmentent; je ne crains ni enfer ni diable : mais aussi toute joie m'est ravie. Je ne me flatte pas de savoir rien de bon; je ne me flatte pas de pouvoir enseigner quelque chose pour corriger les hommes et les convertir; de plus je n'ai ni biens ni argent, ni honneurs et dignités de ce monde Pas un chien qui voulût vivre ainsi plus longtemps. C'est pourquoi je me suis adonné à la magie, pour voir si, par la force et la parole de l'esprit, quelques secrets ne me seraient point révélés, en sorte que je n'aie plus besoin de dire, avec des sueurs d'angoisse, ce que je ne sais pas; que je reconnaisse ce qui maintient l'univers dans ses profondeurs; que je contemple toutes les forces actives et les germes, et ne fasse plus trafic de paroles.

Oh! si tu voyais ma souffrance pour la dernière fois, lune brillante, qui m'as trouvé si souvent à minuit, veillant à ce pupitre! Alors, ma triste amie, c'est sur les livres et le papier que tu m'es apparue! Ah! si je pouvais sur les cimes des montagnes marcher à ta douce clarté, planer avec les esprits autour des cavernes; à la faveur de tes pâles rayons, courir dans les prairies, et, délivré de toutes les fumées de la science, me baigner et trouver la santé dans ta rosée!

Hélas! suis-je encore enchaîné dans la prison? Maudit et sombre trou de muraille, où même l'aimable lumière du ciel perce tristement à travers les vitres peintes! Bloqué par ce monceau de livres, que les vers dévorent, que la poussière couvre, que des papiers enfumés pressent de toutes parts jusqu'à la voûte; entouré de verres, de boîtes, embarrassé d'instruments, encombré des meubles de tes ancêtres!... voilà ton monde!... voilà ce qui s'appelle un monde!

Et tu demandes encore pourquoi ton cœur se serre avec angoisse dans ta poitrine; pourquoi une mystérieuse douleur arrête chez toi tout mouvement de vie? Au lieu de la nature vivante, au sein de laquelle Dieu créa les hommes, tu ne vois rien autour de toi, dans la fumée et la moisissure, que des squelettes d'animaux et des ossements de morts.

Fuis, lève-toi, va courir le monde! Et ce livre mystérieux, de la propre main de Nostradamus, n'est-il pas pour toi un guide suffisant? Tu connaîtras alors le cours des astres, et, si la nature t'éclaire, les facultés de ton âme s'élèveront jusqu'à comprendre comment un esprit parle à un autre esprit. C'est vainement qu'un sens aride ici t'explique les signes sacrés.... Esprits, vous voltigez auprès de moi : répondez-moi, si vous m'entendez! (*Il ouvre le livre et rencontre le signe du macrocosme¹.*)

---

1. Terme de la philosophie scolastique, qui signifiait l'univers, par opposition à l'homme, qu'on appelait le *microcosme*.

Ah! quel ravissement, à cette vue, s'empare soudain de tout mon être! Je sens la jeune et sainte volupté de la vie, qui se rallume et ruisselle dans mes nerfs et mes veines. Un dieu a-t-il tracé ces caractères, qui apaisent mon trouble intérieur, remplissent de joie mon pauvre cœur, et, par un mouvement secret, dévoilent autour de moi les forces de la nature? Suis-je un dieu? Pour moi tout s'éclaircit. Je contemple, dans ces purs caractères, la nature créatrice, qui se révèle à mon âme. Aujourd'hui, pour la première fois, je reconnais la vérité des paroles du sage : « Le monde des esprits n'est point fermé; ton intelligence est enchaînée, ton cœur est mort.... Courage, disciple, baigne, sans te lasser, ton sein terrestre dans les feux de l'aurore. » *(Il contemple le signe.)*

Comme tout s'agite pour l'œuvre universelle! Comme une chose opère et vit dans l'autre! Comme les puissances célestes montent et descendent, et se passent de main en main les sceaux d'or, s'élancent du ciel sur la terre, avec leurs ailes d'où la bénédiction s'exhale, et font retentir de sons harmonieux tout l'univers!

Quel spectacle! Mais, hélas! ce n'est qu'un spectacle. Où te saisir, nature infinie? Et vous, mamelles, sources de toute vie, auxquelles sont suspendus le ciel et la terre, vers qui se presse la poitrine flétrie.... vous ruisselez, vous abreuvez, et je languis en vain? *(Il feuillette le livre avec chagrin, et aperçoit le signe de l'Esprit de la terre.)*

Comme ce signe agit autrement sur moi! Tu es plus près de moi, esprit de la terre. Déjà je sens mes forces grandir; déjà je brûle, comme enivré de vin nouveau; je me sens le courage de m'aventurer dans le monde, de supporter le mal terrestre, le bonheur terrestre, de lutter contre les tempêtes et de ne pas trembler dans les craquements du naufrage. Le ciel se couvre de nuages.... la lune cache sa lumière.... la lampe se meurt.... elle fume,... de rouges éclairs flamboient autour de ma tête.... un frisson d'horreur souffle de la voûte et me saisit.... Je le sens, tu voltiges autour de moi, esprit que j'implore. Dévoile-toi. Ah! comme mon cœur est déchiré! Tous mes sens bouleversés s'ouvrent à des impressions nouvelles. Je sens que mon cœur se livre entièrement à toi. Viens, viens, dût-il m'en coûter la vie! (*Il prend le livre et prononce mystérieusement le signe de l'Esprit. Une flamme rougeâtre luit soudain; l'Esprit paraît dans la flamme.*)

L'ESPRIT.

Qui m'appelle?

FAUST, *détournant la tête.*

Terrible vision!

L'ESPRIT.

Tu m'as évoqué avec puissance; tu as longtemps aspiré à ma sphère, et maintenant....

FAUST.

Ah! je ne puis te supporter!

L'ESPRIT.

Tu demandes de me contempler vivant, d'entendre ma voix, de voir mon visage : je cède à ton instante prière; me voilà.... Quelle misérable terreur te saisit, être surhumain! Où est la vocation de ton âme? Où est le cœur qui créait un monde en lui, et le portait et le nourrissait; qui se gonflait et tressaillait de joie, de s'élever jusqu'à nous autres esprits? Où es-tu, Faust, toi dont la voix retentissait à mes oreilles; qui m'assiégeais de toutes tes forces? Est-ce toi, qui, enveloppé de mon haleine, trembles dans toutes les profondeurs de ton être, vermisseau craintif et recoquillé?

FAUST.

Dois-je reculer devant toi, spectre de flamme? Oui, c'est moi, je suis Faust, je suis ton égal.

L'ESPRIT.

Dans les flots de la vie, dans l'orage de l'action, je monte et je descends, je vais et je viens; naissance et mort, une mer éternelle, un labeur changeant, une vie ardente : ainsi je travaille sur le bruyant métier du temps, et je tisse la robe vivante de la divinité.

FAUST.

Toi qui circules autour du vaste monde, laborieux esprit, combien je me sens près de toi!

L'ESPRIT.

Tu es l'égal de l'esprit que tu comprends : tu n'es pas le mien! (*Il disparaît.*)

FAUST, *terrassé*.

Je ne suis pas le tien? De qui donc?... Moi, l'image de la divinité?... Et pas même ton égal? (*On frappe.*) O mort! Je devine.... c'est mon serviteur.... Voilà mon suprême bonheur à néant!... Faut-il que ce misérable sournois vienne troubler ces belles visions! (*Wagner s'avance en robe de chambre et en bonnet de nuit, une lampe à la main. Faust se détourne avec humeur.*)

WAGNER.

Pardon, je vous entends déclamer. Vous lisiez sans doute une tragédie grecque? J'aimerais à faire quelques progrès dans cet art, car aujourd'hui cela est d'un grand effet. J'ai souvent ouï dire qu'un comédien en peut remontrer à un prédicateur.

FAUST.

Oui, si le prédicateur est un comédien, comme il peut bien arriver quelquefois.

WAGNER.

Ah! lorsqu'on est ainsi relégué dans son cabinet, et que l'on voit à peine le monde aux jours de fête, à peine à travers une lunette, et seulement de loin, comment peut-on le conduire par la persuasion?

FAUST.

Si vous ne le sentez pas, vous n'y parviendrez jamais; si cela ne jaillit de votre âme, et si, avec une facilité naturelle, vous n'enchaînez les cœurs de tous les écoutants. Restez assis éternellement, collez une bribe à une autre, composez un ragoût des festins d'autrui, et soufflez sur votre petit monceau de cendres, pour en faire sortir une misérable flamme. Vous serez admiré des enfants et des singes, si tel est votre goût, mais vous n'aurez sur les cœurs aucun empire, si vos paroles ne partent du cœur.

WAGNER.

Mais le débit fait la fortune de l'orateur : je le sens bien, je suis encore très-reculé.

FAUST.

Cherchez le succès honnête. Ne soyez pas un fou secouant des grelots. La raison et le bon sens se produisent d'eux-mêmes avec peu d'art. Et, quand vous avez tout de bon quelque chose à dire, est-il nécessaire de faire la chasse aux mots? Oui, vos discours, qui sont si brillants, dans lesquels vous enjolivez les vétilles humaines, sont stériles comme le vent brumeux qui murmure en automne à travers les feuilles sèches.

WAGNER.

Ah! Dieu, l'art est long et notre vie est courte. Souvent, dans mes recherches critiques, je sens ma tête et mon cœur se troubler. Quelles difficultés pour acquérir les moyens de remonter aux sources! Et, avant d'avoir fait seulement la moitié du chemin, un pauvre diable peut bien mourir.

FAUST.

Le parchemin est-il la source sacrée dont les flots apaisent la soif à jamais? Tu n'as point trouvé le rafraîchissement, s'il ne coule pour toi de ton propre cœur.

WAGNER.

Pardonnez-moi, c'est une grande jouissance de se transporter dans l'esprit des temps passés; de voir comment un homme sage a pensé avant nous, et comment nous avons fait à notre tour de magnifiques progrès.

FAUST.

Oh! oui, jusqu'aux étoiles! Mon ami, les temps passés sont pour nous un livre scellé de sept sceaux. Ce que vous appelez l'esprit des temps, est au fond l'esprit même de ces messieurs, dans lequel les temps se réfléchissent. Car, en vérité, c'est souvent une misère : on prend la fuite au premier coup d'œil.... Un vase à balayures, un vieux garde-meuble, et tout au plus un grand drame historique[1], avec de ces excellentes maximes morales, qui vont si bien dans la bouche des marionnettes.

WAGNER.

Mais le monde!... le cœur et l'esprit de l'homme!... chacun voudrait bien en savoir quelque chose.

FAUST.

Oui, ce qu'on appelle savoir. Qui ose nommer l'enfant par son vrai nom? Le petit nombre de ceux qui en ont su quelque

---

1. Vers la fin du xvn^e siècle, des comédiens ambulants, la plupart étudiants, sous la direction de Veltheim, jouaient de grandes pièces, soi-disant historiques, où la pédanterie, le faux et l'emphase dominaient. On les désignait sous le nom de *Haupt und Staatsaction*.

chose, qui, assez follement, n'ont pas gardé ce qu'ils avaient dans le cœur, et ont découvert à la multitude leurs sentiments, leurs vues, on les a de tout temps crucifiés et brûlés. Excusez-moi, mon ami, la nuit est avancée : nous en resterons là pour cette fois.

WAGNER.

J'aurais volontiers prolongé la veille, pour continuer avec vous ce docte entretien. Mais demain, comme premier jour de Pâques, vous me permettrez une ou deux questions. Je me suis appliqué avec zèle à l'étude; je sais beaucoup, il est vrai, mais je voudrais tout savoir. (*Il se retire.*)

FAUST, *seul*.

Comme il conserve toujours une lueur d'espérance, l'esprit qui s'attache incessamment à des sujets insipides; qui fouille de ses mains avides pour chercher des trésors, et se réjouit lorsqu'il trouve un vermisseau !

La voix d'un tel homme ose-t-elle bien se faire entendre dans ce lieu où m'environnait la foule des esprits ? Cependant, hélas ! pour cette fois, je te remercie, ô le plus misérable de tous les fils de la terre : tu m'as arraché au désespoir, qui était sur le point de troubler mes sens. Ah ! l'apparition était si colossale, que j'ai dû véritablement me sentir un nain devant elle.

Moi, l'image de Dieu, qui déjà croyais toucher au miroir de l'éternelle vérité; qui jouissais de moi-même dans la lumière et la splendeur du ciel, et avais dépouillé ma nature terrestre; moi, plus que chérubin, dont la force libre osait déjà, pleine d'espérance, se répandre dans les veines de la nature, et, devenue créatrice, goûter la vie des dieux : combien dois-je expier mon audace ! Une parole foudroyante m'a emporté bien loin.

Je ne dois pas me permettre de m'égaler à toi. Si j'ai eu la force de t'évoquer, je n'ai pas eu la force de te retenir. Dans ce moment délicieux, je me sentais si petit, si grand ! Tu m'as repoussé cruellement dans l'incertaine destinée de l'humanité. Qui m'instruira ? Que dois-je éviter ? Dois-je obéir à cette impulsion ? Ah ! nos actions elles-mêmes, aussi bien que nos souffrances, arrêtent la marche de notre vie.

Aux conceptions, même les plus magnifiques, de l'esprit s'attachent toujours des éléments de plus en plus étrangers; si nous parvenons au bonheur de ce monde, ce qui vaut mieux, nous l'appelons alors mensonge, illusion: les sentiments sublimes qui nous donnaient la vie s'engourdissent dans le terrestre tourbillon.

Si l'imagination, d'un essor audacieux, et pleine d'espérance, s'est élevée jusqu'à l'infini, un petit espace lui suffit bientôt, quand plaisir sur plaisir font naufrage dans l'abîme des temps. Soudain l'inquiétude se loge au fond du cœur; elle y produit des douleurs secrètes; soucieuse, elle s'agite et trouble plaisir et repos; elle se couvre sans cesse de nouveaux masques; qu'elle nous offre l'idée d'un ménage, d'une femme, d'un enfant, du feu, de l'eau, du poignard et du poison, vous tremblez devant mille choses qui ne vous atteignent pas, et, ce que vous ne perdrez jamais, il vous faut le pleurer sans cesse.

Je ne suis point semblable aux dieux; je le sens trop profondément: c'est au ver que je ressemble, au ver, qui fouille la poussière, qui vit et se nourrit dans la poussière, et que le pied du passant écrase et ensevelit. N'est-ce pas de la poussière ce qui, sur cent tablettes, m'embarrasse cette haute muraille; la friperie qui m'étouffe de ses mille babioles, dans ce monde de vernisseaux? Y trouverai-je ce qui me manque? Faut-il peut-être que je lise dans mille volumes, que partout les hommes se sont tourmentés, que çà et là quelqu'un fut heureux?... Pourquoi ce ricanement, pauvre crâne vide, si ce n'est pour me dire qu'un jour ta cervelle se troubla comme la mienne; qu'elle chercha la vive lumière, et que, gênée dans l'ombre, elle s'égara misérablement, à la poursuite de la vérité? Et vous, instruments, certes vous vous moquez de moi, avec vos roues et vos dentelures, vos cercles et vos cylindres. J'étais devant la porte; vous deviez en être la clef: vos barbes sont bouclées, il est vrai, mais vous n'ouvrez pas les verrous. Mystérieuse en plein jour, la nature ne se laisse pas dépouiller de son voile, et ce qu'elle ne veut pas révéler à votre esprit, vous, ne le lui arracherez point avec des vis et des leviers. Vieil attirail, dont je n'ai point fait usage, si tu es là, c'est uniquement parce que tu servis à mon père. Vieille poulie, tu es devenue toute noire, depuis le temps que la triste lampe fume sur ce pupitre! J'aurais beaucoup mieux fait de manger mon petit bien joyeusement, que de suer ici sous le fardeau avec ce petit bien. Ce que tu as hérité de tes pères, reçois-le pour le posséder. Ce qu'on laisse sans emploi est un pesant fardeau ; les choses que le moment produit sont les seules dont il puisse user.

Mais pourquoi mon regard est-il fixé sur cette place ? Cette fiole là-haut est-elle un aimant pour mes yeux ? Pourquoi tout à coup cette aimable lumière, pareille au clair de lune, qui nous caresse de ses rayons dans une forêt ténébreuse ? Je te salue, fiole admirable, que je prends dans mes mains avec recueillement. En toi je révère l'esprit de l'homme et son savoir. Essence des sucs bienfaisants qui procurent le sommeil, extrait de toutes les forces subtiles qui donnent la mort, témoigne ta faveur à ton maître ! Je te vois et la douleur se calme ; je te saisis et le désir se modère ; l'agitation de l'esprit peu à peu s'apaise ; je suis appelé vers la haute mer ; le miroir des flots brille à mes pieds ; un nouveau jour m'attire vers de nouveaux rivages.

Un char de feu vole jusqu'à moi sur des ailes légères ; je me sens prêt à franchir l'éther par une route nouvelle, pour atteindre aux nouvelles sphères de l'activité pure. Cette vie sublime, cette volupté des dieux, toi, vermisseau naguère, l'as-tu méritée ? Oui, ose seulement tourner le dos au doux soleil de la terre ; ose briser les portes devant lesquelles volontiers chacun passe sans bruit. Voici le moment de prouver par des actes que la dignité de l'homme ne le cède pas à la grandeur des dieux ; de ne pas trembler devant cette sombre caverne, dans laquelle l'imagination se condamne à ses propres tourments ; de s'élancer vers ce passage, dont l'étroite ouverture est assiégée par toutes les flammes de l'enfer ; de se résoudre gaiement à franchir ce pas, même au risque de s'abîmer dans le néant.

Eh bien ! descends, sors de ton vieil étui, coupe d'un pur cristal, à laquelle je n'avais pas songé depuis tant d'années ! Tu brillas dans les fêtes de mes pères ; tu réjouis les graves convives, quand l'un te faisait passer à l'autre ; l'élégance et la richesse de tes nombreuses figures, le devoir du buveur de les expliquer en vers et de te vider d'un seul trait, me rappellent maintes nuits de ma jeunesse : aujourd'hui je ne t'offrirai à aucun voisin; je ne ferai pas montre de mon esprit au sujet de tes ornements; voici une liqueur qui donne une prompte ivresse; elle te remplit jusqu'au bord de son flot noir. Cette libation suprême, que j'ai préparée, que je choisis, maintenant, de toute mon âme, comme une salutation solennelle, je la porte au lendemain! (*Il approche la coupe de ses lèvres. On entend le son des cloches et des chants en chœur.*)

CHŒUR DES ANGES.

Christ est ressuscité! Qu'il se réjouisse, le mortel que le péché funeste, perfide, héréditaire, tenait dans ses chaînes!

FAUST.

Quel profond bourdonnement, quels sons éclatants écartent violemment la coupe de mes lèvres? Cloches murmurantes, annoncez-vous déjà la première heure de Pâques? Et vous, chœurs, entonnez-vous déjà le chant consolateur que les voix des anges firent autrefois entendre, dans la nuit funéraire, comme gage d'une nouvelle alliance?

CHŒUR DE FEMMES.

Avec des aromates nous l'avions embaumé; nous, ses fidèles, nous l'avions enseveli, et d'un linceul, de bandelettes, soigneusement enveloppé : hélas! et nous ne trouvons plus Christ en ce lieu!

CHŒUR DES ANGES.

Christ est ressuscité! Heureux celui qui aime, qui a surmonté l'épreuve douloureuse, pénible et salutaire!

FAUST.

Célestes accents, puissants et doux, pourquoi me cherchez-vous dans la poussière? Allez retentir chez les mortels dociles. J'entends bien le message, mais la foi me manque; le miracle est l'enfant le plus chéri de la foi. Je n'ose aspirer à ces sphères, d'où la bonne nouvelle retentit; et toutefois ces accents, auxquels je suis accoutumé dès l'enfance, me rappellent encore aujourd'hui vers la vie. Autrefois le baiser de l'amour céleste descendait sur moi dans le repos solennel du sabbat; la grave harmonie des cloches était pleine de pressentiments, et une prière était une ardente jouissance; un désir ineffable et doux m'entraînait à travers forêts et prairies, et, avec mille larmes brûlantes, je sentais naître un monde pour moi. Ce chant annonçait les joyeux ébats de la jeunesse, la libre gaieté des fêtes printanières : le souvenir, avec ses impressions d'enfance, me détourne maintenant du pas terrible et suprême. Oh! retentissez encore, doux chants du ciel! Les larmes coulent, la terre m'a reconquis!

CHOEUR DES DISCIPLES.

Du sein de la tombe, déjà le Seigneur vivant s'est élevé dans le ciel avec gloire. Lorsqu'il est dans la joie de l'être, qu'il touche à la félicité créatrice, hélas! sur le sein de la terre nous restons pour souffrir; il nous a laissés, nous, ses fidèles, languissants ici-bas; hélas! et nous pleurons, ô Maître, nous pleurons ton bonheur!

CHOEUR DES ANGES.

Christ est ressuscité du sein de la corruption : brisez vos chaînes avec joie! Pour vous, qui l'honorez par votre vie, qui témoignez votre amour, qui rompez le pain en frères, qui voyagez en apôtres, qui promettez le bonheur céleste, pour vous le Maître est proche, pour vous il est là.

DEVANT LA PORTE DE LA VILLE.

Des promeneurs de toute condition se répandent dans la campagne.

QUELQUES OUVRIERS.

Pourquoi donc par là?

D'AUTRES OUVRIERS.

Nous allons à l'auberge du Chasseur.

LES PREMIERS.

Pour nous, nous allons au Moulin.

UN OUVRIER.

Je vous conseille d'aller aux Eaux.

DEUXIÈME OUVRIER.

Le chemin qui y mène n'est pas beau du tout.

LES SECONDS OUVRIERS.

Et toi, que fais-tu donc?

TROISIÈME OUVRIER.

Je vais avec les autres.

QUATRIÈME OUVRIER.

Montons à Burgdorf : vous y trouverez, sans faute, les plus belles filles et la meilleure bière et des affaires du premier choix.

CINQUIÈME OUVRIER.

Eh! joyeux compère, la peau te démange-t-elle pour la troisième fois? Je n'y vais pas : cet endroit me fait peur.

UNE SERVANTE.

Non, non, je retourne à la ville!

D'AUTRES SERVANTES.

Nous le trouverons certainement vers ces peupliers.

LA PREMIÈRE.

Ce n'est pas pour moi un grand avantage. Il viendra se

mettre à ton côté ; il ne danse qu'avec toi sur la place : que me font tes plaisirs ?

D'AUTRES SERVANTES.

Aujourd'hui, sûrement, il ne sera pas seul ; il a dit que la tête frisée serait avec lui.

UN ÉCOLIER.

Peste, comme elles cheminent ces joyeuses fillettes ! Viens, frère, nous les accompagnerons. De la bière forte, du tabac piquant et une servante en toilette, voilà mon goût.

UNE FILLE BOURGEOISE.

Voyez un peu les beaux garçons ! C'est vraiment une honte. Ils pourraient avoir la meilleure compagnie, et ils courent après ces servantes.

DEUXIÈME ÉCOLIER, *au premier*.

Pas si vite ! Derrière nous en voici deux. Elles sont mises très-joliment. Une d'elles est ma voisine. Je suis très-attaché à cette fillette. Elles vont leur petit pas, et finiront bien par nous prendre avec elles.

PREMIER ÉCOLIER.

Non, frère ; je n'aime pas la gêne. Vite, que le gibier ne nous échappe pas ! La main qui tient le balai le samedi est celle qui vous caresse le mieux le dimanche.

UN BOURGEOIS.

Non, il ne me plaît pas le nouveau bourgmestre. Depuis qu'il est en place, il devient de jour en jour plus hardi. Et que fait-il donc pour la ville ? Cela ne va-t-il pas plus mal tous les jours ? Il faut obéir plus que jamais et payer plus qu'auparavant.

UN MENDIANT. *Il chante.*

> Mes bons messieurs, mes belles dames,
> Si bien parés, aux joues vermeilles,
> Qu'il vous plaise de me regarder,
> Et voyez et soulagez ma misère.
> Ne me laissez pas ici chanter en vain.
> Celui-là seul est joyeux qui sait donner.
> Ce jour, que tous les hommes fêtent,
> Soit-il pour moi un jour de moisson !

DEUXIÈME BOURGEOIS.

Je ne sais rien de plus agréable, les dimanches et les jours de fête, que de parler de guerre et bruits de guerre, tandis que là-bas, bien loin, en Turquie, les peuples sont aux prises. On se tient à la fenêtre, on boit son petit verre, et l'on voit les barques de toute couleur descendre la rivière; puis, le soir, on revient gaiement à la maison, et l'on bénit la paix et les temps de paix.

TROISIÈME BOURGEOIS.

Oui, mon voisin, c'est aussi mon sentiment. Qu'ils se fendent le crâne, que tout aille sens dessus dessous, pourvu que chez nous tout reste comme ci-devant.

TOUS LES BOURGEOIS, *aux jeunes filles bourgeoises.*

Hé! comme elles sont parées! La belle jeunesse! Qui ne serait coiffé de vous? Mais pas si fières! Tout doux! Ce que vous souhaitez, je saurais bien vous le procurer.

UNE JEUNE BOURGEOISE.

Agathe, passons! Je me garde bien d'aller en public avec de pareilles sorcières. Et pourtant, la nuit de Saint-André, elle m'a fait voir mon futur amant en personne.

DEUXIÈME JEUNE FILLE.

Elle me l'a montré, dans le cristal, en habit de soldat, avec beaucoup d'autres gaillards : je regarde autour de moi, je le cherche partout, mais il ne veut pas s'offrir à ma vue.

SOLDATS, *chantant.*

Forteresses, aux grands murs crénelés, fillettes, à l'humeur fière et moqueuse, vous serez ma conquête. La tâche est hardie, le prix glorieux.

Et nous engagerons les trompettes, comme pour la joie, pour la mort aussi. C'est là un assaut! C'est là une vie! Fillettes et forteresses devront se rendre. La tâche est hardie, le prix glorieux. Et les soldats, les soldats s'en vont! (*Faust et Wagner paraissent.*)

FAUST.

Le fleuve et les ruisseaux sont délivrés de leurs glaces par le doux et vivifiant regard du printemps; dans le vallon verdoie le bonheur d'espérance; le vieil hiver, dans sa faiblesse, s'est retiré sur les âpres montagnes; de là il n'envoie, en fuyant, que d'impuissantes giboulées de grésil perlé, qui sillonnent la plaine verdoyante; mais le soleil ne souffre plus rien de blanc; partout s'éveillent le mouvement et la vie; tout s'anime de couleurs nouvelles ; cependant les fleurs manquent dans la campagne : elle se couvre, en échange, d'une foule parée. Tourne-toi, et, de ces collines, regarde du côté de la ville. De la porte sombre, profonde, s'élance une multitude bigarrée. Chacun s'empresse aujourd'hui de chercher le soleil. Ils célèbrent la résurrection du Seigneur, car ils sont eux-mêmes ressuscités ; arrachés aux réduits obscurs de leurs basses maisons, aux chaînes du métier et du trafic, à l'ombre étouffante des pignons et des toits, aux étroites rues, où ils s'écrasent, à la nuit vénérable des églises, ils sont tous amenés à la lumière. Vois donc, vois comme, avec empressement, la foule se disperse à travers les jardins et les champs, comme le fleuve promène en tout sens les joyeuses nacelles, et, surchargé jusqu'à sombrer, comme s'éloigne ce dernier esquif ! Même des lointains sentiers de la montagne brillent à nos yeux les vêtements de fête. J'entends déjà le tumulte du village : c'est ici le vrai ciel du peuple ; grands et petits poussent des cris de joie ; ici je suis homme, ici j'ose l'être.

WAGNER.

Se promener avec vous, monsieur le docteur, est à la fois honorable et avantageux ; mais je ne viendrais pas seul m'égarer dans ces lieux, parce que je suis ennemi de toute rusticité. Ces violons, ces cris, ces jeux de quilles, me sont un vacarme odieux ; ils se déchaînent, comme poussés par l'esprit malin, et voilà ce qu'ils appellent de la joie, ce qu'ils appellent des chants !

Paysans sous le tilleul. — Danse et chant.

PAYSANS, *chantant.*

Le berger s'était paré, pour la danse,
De veste bariolée, rubans et couronne ;
Il avait mis ses habits de fête ;
Déjà la foule entourait le tilleul,
Et tous dansaient déjà comme des fous.
  Ô gué ! ô gué !
  Courage ! ô gué !
Et cependant l'archet trottait.

Il s'avança vivement,
Poussa du coude une fillette ;

La vive donzelle se retourna,
Et dit : Je trouve ça stupide.
 O gué ! ô gué !
 Courage ! ô gué !
Ne soyez pas si mal appris.

Mais le bal marchait rondement ;
On dansait à droite, on dansait à gauche ;
Et toutes les jupes flottaient ;
Ils étaient rouges, ils étaient brûlants,
Et reposaient, essoufflés, bras sur bras.
 O gué ! ô gué !
 Courage ! ô gué !
Et du coude on pressait le flanc.

Hé ! ne sois pas avec moi si familier....
Combien n'ont-ils pas à leur fiancée
Manqué de parole et de foi !
Il cajolait pourtant la belle à l'écart,
Et, du tilleul, au loin résonnaient,
 O gué ! ô gué !
 Courage ! ô gué !
Les cris et les violons.

UN VIEUX PAYSAN.

Monsieur le docteur, c'est bien fait à vous de ne pas nous mépriser aujourd'hui, et, savant comme vous l'êtes, de vous promener dans cette foule. Prenez donc aussi cette belle cruche [1], que nous avons remplie d'un frais breuvage. Je vous l'offre, et souhaite de grand cœur, non-seulement qu'elle apaise votre soif, mais que le nombre des gouttes qu'elle renferme soit ajouté à vos jours.

FAUST.

Je reçois cette boisson fortifiante, et vous présente à mon tour mes vœux et mes remerciments. (*Le peuple se rassemble en cercle autour de Faust.*)

LE VIEUX PAYSAN.

En vérité vous faites fort bien de vous montrer dans ce jour de fête, car ci-devant vous fûtes notre ami dans les mauvais jours. Plusieurs sont ici vivants, que votre père tira par déli-

---

1. On sait que dans les cabarets d'Allemagne chaque buveur a devant lui une sorte de cruche à couvercle, où il boit à même.

vrer de la fièvre ardente, quand il fit cesser la contagion. Et vous aussi, jeune homme alors, vous alliez chez tous les malades; on emportait force cadavres, mais vous sortiez toujours sain et sauf; vous avez soutenu de dures épreuves : le Sauveur de là-haut est venu en aide au sauveur.

TOUS.

Longue vie à l'homme éprouvé! Que longtemps encore il puisse nous secourir!

FAUST.

Inclinez-vous devant Celui de là-haut, qui enseigne à secourir et envoie le secours! (*Il s'éloigne avec Wagner.*)

WAGNER.

Quel sentiment, ô grand homme, doit te faire éprouver la vénération de cette multitude! Heureux celui qui peut retirer de ses dons un pareil avantage! Le père te montre à son fils; chacun s'informe et s'avance et s'empresse; le violon se tait, le danseur s'arrête. Tu marches : ils font la haie, les bonnets volent en l'air, et peu s'en faut que les genoux ne se ploient, comme au passage du saint sacrement.

FAUST.

Montons quelques pas encore jusqu'à cette pierre. Nous nous y reposerons de notre promenade. Là je vins souvent m'asseoir, rêveur et solitaire, et je me mortifiais par la prière et le jeûne, riche d'espérance, ferme dans la foi; avec mes larmes, mes soupirs, mes mains jointes, je croyais obtenir du Seigneur des cieux la fin de cette peste. Les acclamations de la foule retentissent maintenant à mes oreilles comme une moquerie. Oh! si tu pouvais lire dans mon âme combien peu le père et le fils ont mérité une pareille gloire! Mon père était un honnête homme obscur, qui, de bonne foi, mais à sa manière, méditait avec une ardeur bizarre sur la nature et ses saintes sphères; qui, en compagnie d'adeptes, s'enfermait dans sa noire cuisine, et, d'après d'innombrables recettes, mêlait ensemble les contraires. C'était un lion rouge[1], hardi prétendant, marié avec le lis, dans le bain tiède, et puis tous deux, par un feu libre et flamboyant, rejetés d'une chambre nuptiale dans une autre. Là-des-

---

[1]. Jargon d'alchimie.

sus la jeune reine paraissait dans le verre, peinte de diverses couleurs.... C'était là le remède : les malades mouraient, et nul ne demandait qui avait guéri. Voilà comme avec nos drogues infernales nous avons fait dans ces vallées et ces montagnes bien plus de ravages que la peste. J'ai moi-même donné le poison à des milliers de malheureux. Ils succombaient, et il faut que j'entende faire l'éloge des audacieux meurtriers!

WAGNER.

Pouvez-vous bien vous affliger de cela? Un brave homme n'en fait-il pas assez, lorsqu'il exerce en conscience et ponctuellement l'art qui lui fut transmis? Jeune homme, si tu honores ton père, tu recevras volontiers ses enseignements; homme fait, si tu agrandis la science, ton fils pourra atteindre un but plus élevé.

FAUST.

Oh! bienheureux qui peut espérer encore de surnager dans cet océan d'erreurs! Ce qu'on ne sait pas est justement ce dont on voudrait faire usage, et ce qu'on sait, on ne peut en user. Mais ne troublons pas la jouissance d'une heure si belle par ces tristes pensées. Vois comme dans les feux du soleil couchant brillent les cabanes entourées de verdure! Il marche et décline, le jour expire, mais le soleil hâte sa course, et fait éclore en d'autres lieux une vie nouvelle. Oh! que n'ai-je des ailes, pour m'élever de terre et voler toujours, toujours, après lui! Je verrais, dans un éternel crépuscule, le monde paisible à mes pieds, toutes les collines enflammées, tous les vallons tranquilles, et les ruisseaux argentés couler dans les fleuves d'or. Elle n'arrêterait pas ma course divine, la montagne sauvage, avec tous ses ravins. Déjà la mer, avec ses golfes attiédis, s'ouvre à mes yeux étonnés. Cependant le dieu semble enfin disparaître; mais un nouveau désir s'éveille : je vole, pour m'abreuver de sa lumière éternelle, devant moi le jour et derrière moi la nuit, le ciel sur ma tête et les flots sous mes pieds. Quel beau rêve! et cependant l'astre s'évanouit. Hélas! des ailes corporelles ne se joindront pas si aisément aux ailes de l'esprit! Et pourtant il est naturel à chacun de se sentir élevé, entraîné, lorsque, sur nos têtes, perdue dans l'espace azuré, l'alouette gazouille sa chanson bruyante; que, sur les cimes escarpées, où se dressent les pins, l'aigle se balance, les ailes étendues, et qu'à travers les plaines et les mers, la grue regagne sa patrie.

WAGNER.

Moi aussi, j'eus souvent des heures fantasques, mais je ne sentis jamais un pareil désir. On est bientôt las des forêts et des campagnes : je n'envierai jamais les ailes de l'oiseau. Les plaisirs de l'esprit nous portent bien autrement de livre en livre, de page en page. Les nuits d'hiver en deviennent douces et belles; une heureuse vie réchauffe tous nos membres, et, quand vous déroulez un vénérable parchemin, ah ! le ciel tout entier s'abaisse jusqu'à vous.

FAUST.

C'est le seul désir que tu connaisses : oh ! n'apprends jamais à connaître l'autre ! Hélas ! deux âmes habitent dans mon sein. Je veux les séparer : l'une, dans son ardent désir de vie, s'attache, se cramponne à ce monde avec ses organes; l'autre s'élève violemment, du sein de la nuit, vers les domaines des sublimes ancêtres. Oh ! s'il y a dans l'air des esprits qui exercent leur empire entre le ciel et la terre, descendez de vos nuages d'or, et m'emportez dans une vie diverse et nouvelle ! Oui, si seulement je possédais un manteau magique, qui me portât en des régions étrangères, je ne l'échangerais pas contre les plus riches vêtements, contre un manteau royal.

WAGNER.

N'invoque pas la troupe bien connue, qui se répand à grands flots dans l'atmosphère, et dresse à l'homme mille piéges de toutes parts. Du nord s'élancent contre nous des esprits aux dents tranchantes, à la langue acérée; de l'orient ils accourent, soufflant la sécheresse, et ils se nourrissent de nos poumons; si le midi les envoie du désert, amassant flamme sur flamme autour de notre tête, le couchant amène l'essaim qui d'abord rafraîchit, pour noyer ensuite et nous-mêmes et les champs et les prairies. Ils écoutent volontiers, gaiement disposés à nuire; ils obéissent volontiers, parce que volontiers ils nous trompent. Ils se présentent comme envoyés du ciel, et doucement murmurent le langage des anges[1], lorsqu'ils mentent. Mais reti-

---

1. *Englisch* (anglais ou angélique) paraît jouer sur le mot.

rons-nous. Déjà le ciel devient sombre, l'air se rafraîchit, le brouillard tombe. C'est le soir qu'on apprécie enfin le logis.... Pourquoi t'arrêter ainsi, et qu'observes-tu là-bas avec étonnement? Qu'est-ce qui peut fixer si vivement ton attention dans le crépuscule?

FAUST.

Vois-tu ce chien noir se glisser à travers les blés et les chaumes?

WAGNER.

Je le vois depuis longtemps : je n'y trouvais rien de remarquable.

FAUST.

Observe-le bien! Que te semble cet animal?

WAGNER.

Il me semble un barbet, qui, suivant son instinct, cherche avec inquiétude la trace de son maître.

FAUST.

Remarques-tu comme, en décrivant une large spirale, il court autour de nous et s'approche de plus en plus? Et, si je ne m'abuse, un tourbillon de feu serpente sur sa trace.

WAGNER.

Je ne vois rien qu'un barbet noir. Ce peut être une illusion de vos yeux.

FAUST.

Il me semble qu'il déroule doucement autour de nos pieds des lacets magiques, comme pour nous lier.

WAGNER.

Je le vois sautiller autour de nous, craintif et embarrassé, parce qu'au lieu de son maître, il voit deux inconnus.

FAUST.

Le cercle se resserre : il est déjà près de nous.

WAGNER.

Tu le vois, c'est un chien et non un fantôme. Il gronde et il hésite; il se couche sur le ventre, il remue la queue.... Toutes les manières du chien!

FAUST, *au barbet.*

Viens avec nous! Viens ici!

FAUST.

WAGNER.

C'est un drôle d'animal! Vous vous arrêtez, il fait le beau; vous lui parlez, il court à vous; vous perdez quelque chose, il le rapporte; il se jette à l'eau après votre canne.

FAUST.

Tu as, je crois, raison : je ne vois là nulle trace d'un esprit, et l'éducation a tout fait.

WAGNER.

Un chien, lorsqu'il est bien élevé, intéresse même un sage. Oui, il est tout à fait digne de ta faveur, lui, l'excellent écolier des étudiants. (*Ils rentrent dans la ville.*)

CABINET D'ÉTUDE.

FAUST, *seul. Il entre, suivi du barbet.*

FAUST.

J'ai quitté les champs et les prairies, que couvre une profonde nuit. Avec une prophétique et sainte horreur, elle éveille en nous l'âme supérieure. Les penchants grossiers sont endormis avec toute action violente : maintenant se ranime l'amour des hommes, l'amour de Dieu se ranime.

Reste en repos, barbet! Ne cours pas çà et là. Que flaires-tu au seuil de cette porte? Couche-toi derrière le poêle : je te donne mon meilleur coussin. Dans le chemin de la montagne, tu nous as divertis par tes courses et tes gambades : reçois donc maintenant mes soins, comme un hôte bienvenu et paisible.

Ah! lorsque dans notre cellule étroite la lampe chérie se rallume, la lumière brille dans notre sein, dans le cœur, qui se connaît lui-même; la raison recommence à parler et l'espérance à refleurir; on aspire aux flots de la vie, hélas! à la source de la vie.

Ne gronde pas, barbet : les cris de l'animal ne s'accordent pas avec les saintes voix qui maintenant occupent mon âme tout entière. Nous sommes accoutumés à voir les hommes railler ce qu'ils ne comprennent pas, murmurer, à la vue du beau et du bon, qui souvent les importune : à leur exemple, le chien y veut-il aboyer?

Mais, hélas! avec la meilleure volonté, je ne sens déjà plus le contentement s'épancher de mon sein. Pourquoi faut-il que sitôt le fleuve tarisse et que de nouveau la soif nous consume? J'en ai fait si souvent l'expérience! Cependant cette disette a ses avantages : nous apprenons à estimer les choses célestes; nous aspirons à une révélation, qui ne brille nulle part plus auguste et plus belle que dans le Nouveau Testament. Il me prend un désir d'ouvrir le texte fondamental et de traduire une fois, avec un sentiment sincère, l'original sacré dans ma chère langue maternelle. *(Il ouvre un volume et se met à l'œuvre.)* Il est écrit : « Au commencement était la Parole. » Me voilà déjà arrêté. Qui m'aidera à poursuivre? Je ne puis absolument donner tant de valeur à *la Parole*; il faut que je traduise autrement, si je suis bien éclairé par l'esprit. Il est écrit : « Au commencement était *l'intelligence.* » Pèse bien la première ligne, et que ta plume ne se hâte pas trop. Est-ce l'intelligence qui fait et produit tout? Il faudrait lire : « Au commencement était *la force.* » Mais, à l'instant même où j'écris ce mot, quelque chose m'avertit de ne pas m'y arrêter; l'esprit vient à mon secours : tout à coup je me sens éclairé et j'écris avec confiance : « Au commencement était *l'action.* »

S'il faut que je partage la chambre avec toi, barbet, cesse de hurler, cesse d'aboyer. Je ne puis souffrir près de moi un compagnon si importun. Il faut qu'un de nous deux vide la chambre. Je viole à regret le droit d'hospitalité : la porte est ouverte, tu peux courir. Mais que vois-je? Cela serait-il naturel? Est-ce une ombre? Est-ce une réalité? Comme mon barbet devient grand et gros! Il se lève avec violence! Ce n'est pas la figure d'un chien! Quel fantôme ai-je amené chez moi? Déjà il semble un hippopotame, aux yeux enflammés, à la gueule effroyable. Oh! tu seras à moi sans doute! Pour ces diables de seconde volée, la clef de Salomon[1] suffit.

ESPRITS, *dans le corridor.*

> Un des nôtres est pris là dedans.
> Restez dehors; que nul ne le suive.
> Comme le renard dans le piége,
> Tremble un vieux lynx d'enfer.
> Mais prenez garde :
> Volez, revolez,
> En haut, en bas,
> Et il sera dégagé.
> Si vous pouvez le secourir,
> Ne le laissez pas prisonnier;
> Car, tous tant que nous sommes,
> Il nous a souvent bien servis.

1. Livre de magie attribué à Salomon.

FAUST.

D'abord, pour aborder le monstre,
J'emploie la conjuration des quatre.
Que la Salamandre s'enflamme!
Que l'Ondine se replie!
Que le Sylphe s'évanouisse!
Que le Lutin s'évertue!

>Qui ne connaîtrait pas
>Les éléments,
>Leur puissance
>Et leur nature,
>Ne serait point maître
>Des esprits.

>En flamme exhale-toi,
>Salamandre!
>En flots bruyants rassemble-toi,
>Ondine!
>Brille comme un beau météore,
>Sylphe!
>Remplis l'office de valet,
>Incube! Incube!
>Parais et ferme la marche.

Aucun des quatre
N'est logé dans l'animal;
Il est couché tranquille et me regarde en ricanant:
Je ne l'ai pas encore fait souffrir.
Il faut que tu m'entendes
Faire de plus fortes conjurations!

>Es-tu, compagnon,
>Un échappé de l'enfer?
>Regarde ce signe,
>Devant lequel s'inclinent
>Les noires phalanges.

Déjà il se gonfle et ses poils se hérissent.
>Créature maudite,
>Peux-tu le lire
>L'incréé,
>L'inexprimable,
>Répandu dans tous les cieux,
>Transpercé par le crime?

Derrière le poêle blotti,
Il s'enfle comme un éléphant;
Il remplit tout l'espace;

Il va se résoudre en vapeur.
Ne monte pas jusqu'à la voûte ;
Couche-toi aux pieds du maître.
Tu le vois, je ne menace pas en vain.
Je te roussis avec la sainte flamme....
N'attends pas
La lumière trois fois brûlante ;
N'attends pas
Le plus puissant de mes charmes.

(*Le nuage se dissipe ; Méphistophélès, vêtu comme un écolier en voyage, sort de derrière le poêle.*)

MÉPHISTOPHÉLÈS.

Pourquoi ce vacarme ? Qu'y a-t-il pour le service de monsieur ?

FAUST.

Voilà donc le noyau du barbet ! Un écolier en voyage ! Le cas me fait rire.

MÉPHISTOPHÉLÈS.

Je salue le savant docteur. Vous m'avez fait suer comme il faut.

FAUST.

Comment te nommes-tu ?

MÉPHISTOPHÉLÈS.

La question me semble futile pour un homme qui méprise si fort la Parole ; qui, laissant bien loin toute apparence, ne regarde qu'au fond des êtres.

FAUST.

Chez vous, messieurs, on peut d'ordinaire lire le caractère dans le nom, où il se révèle trop clairement, quand on vous appelle Belzébuth[1], Tentateur, Menteur. Eh bien ! qui es-tu donc ?

MÉPHISTOPHÉLÈS.

Une partie de cette force qui veut toujours le mal et fait toujours le bien.

FAUST.

Que signifie cette énigme ?

MÉPHISTOPHÉLÈS.

Je suis l'esprit qui nie sans cesse. Et cela avec raison, car tout ce qui reçoit l'existence est digne de périr ; aussi vaudrait-il

---

1. Dieu mouche.

mieux que rien ne prît naissance. Ainsi donc tout ce que vous nommez péché, destruction, en un mot, le mal, est mon propre élément.

FAUST.

Tu te nommes une partie et te voilà néanmoins entier devant moi?

MÉPHISTOPHÉLÈS.

Je te dis l'humble vérité. Si l'homme, ce petit monde d'extravagance, se croit d'ordinaire un tout, je suis une partie de la partie qui, au commencement, était tout; une partie des ténèbres, qui enfantèrent la lumière, l'orgueilleuse lumière, qui maintenant dispute à sa mère, la nuit, son ancien rang et l'espace. Et pourtant cela ne lui réussit point : en effet, quelques efforts qu'elle fasse, elle demeure attachée à la surface des corps; elle émane des corps; elle embellit les corps; un corps l'intercepte à son passage : aussi j'espère qu'avant qu'il soit longtemps, elle sera détruite avec les corps.

FAUST.

Je connais maintenant tes dignes fonctions : tu ne peux rien détruire en grand, et tu t'y prends en petit.

MÉPHISTOPHÉLÈS.

Et, franchement, je n'ai pas fait beaucoup d'ouvrage. Ce qui s'oppose au néant, le réel, ce grossier univers, quelques entreprises que j'aie déjà faites, je n'ai pu l'entamer avec les flots, les tempêtes, les secousses, l'incendie : la mer et la terre finissent par demeurer tranquilles. Et cette race maudite, cette engeance des animaux et des hommes, on ne peut d'aucune façon trouver prise sur elle. Combien en ai-je déjà ensevelis! Et toujours circule un sang jeune et nouveau. Cela marche sans cesse : c'est à devenir fou. De l'air, de l'eau, comme de la terre, s'échappent mille semences, dans le sec, l'humide, le chaud, le froid. Si je ne m'étais réservé la flamme, je n'aurais rien à part pour moi.

FAUST.

Ainsi donc, à la puissance éternellement active, salutaire et créatrice, tu opposes la main glacée de Satan, qui vainement regimbe avec malice! Cherche à entreprendre quelque autre chose, étrange fils du chaos.

MÉPHISTOPHÉLÈS.

Nous y penserons en effet. Nous en dirons davantage dans mes prochaines visites. Oserais-je pour cette fois me retirer?

FAUST.

Je ne vois pas pourquoi tu le demandes. J'ai appris aujourd'hui à te connaître : visite-moi désormais comme tu voudras. Voici la fenêtre, voici la porte; un tuyau de cheminée est aussi à ta disposition.

MÉPHISTOPHÉLÈS.

Je dois l'avouer, un petit obstacle m'empêche de prendre la clef des champs : ce pied de sorcière sur votre seuil....

FAUST.

Le pentagramme te met en peine? Eh! dis-moi, fils de l'enfer, si ce charme t'arrête, comment es-tu donc entré? Comment un esprit tel que toi a-t-il été trompé?

MÉPHISTOPHÉLÈS.

Regarde bien : il n'est pas tracé exactement; un des angles, celui qui est tourné vers la rue, est, comme tu vois, un peu ouvert.

FAUST.

Le hasard a bien rencontré. Et tu serais donc mon captif? J'ai réussi fortuitement!

MÉPHISTOPHÉLÈS.

Le barbet n'a rien vu, lorsqu'il a sauté dans la chambre; maintenant la chose a changé de face : le diable ne peut sortir de la maison.

FAUST.

Pourquoi ne pas sortir par la fenêtre?

MÉPHISTOPHÉLÈS.

C'est une loi des diables et des fantômes, que, par où ils se sont introduits, ils doivent sortir. L'un dépend de nous : pour l'autre nous sommes esclaves.

FAUST.

L'enfer lui-même a ses lois? Je trouve cela fort bien. On pourrait donc, messieurs, en toute sûreté, conclure un pacte avec vous?

MÉPHISTOPHÉLÈS.

Ce que l'on promet, tu en jouiras pleinement; il ne t'en sera rien retranché. Mais cela n'est pas si vite arrangé, et nous en parlerons d'abord. Maintenant je te prie avec instance de me donner congé pour cette fois.

FAUST.

Reste au moins encore un moment, pour me dire la bonne aventure.

MÉPHISTOPHÉLÈS.

Laisse-moi partir pour aujourd'hui. Je reviendrai bientôt; tu pourras alors m'interroger à ton gré.

FAUST.

Je ne t'ai point tendu de piége; tu es tombé toi-même dans le filet. Qu'il tienne le diable, celui qui le tient! Il ne le prendra pas de sitôt une seconde fois.

MÉPHISTOPHÉLÈS.

Si cela te plaît, je suis aussi disposé à rester ici pour te tenir compagnie, mais à condition que mon art te procure un digne passe-temps.

FAUST.

Volontiers : tu es libre d'agir, pourvu seulement que ton art soit agréable.

MÉPHISTOPHÉLÈS.

Mon ami, tu gagneras plus en cette heure pour l'intelligence, que dans l'uniformité de longues années. Ce que les tendres esprits te chanteront, les belles images qu'ils vont produire, ne sont pas un vain prestige. Tu vas même respirer des parfums exquis; tu goûteras les plus douces saveurs, et ton cœur nagera dans les délices. Il n'est pas besoin de préparatifs; nous sommes ensemble : commencez !

CHŒUR D'ESPRITS *invisibles*.

Voûtes sombres,
Disparaissez !
Et, plus charmant,
Vienne sourire
Le ciel d'azur !
Obscurs nuages,
Dissipez-vous !
Les étoiles scintillent;
Des soleils plus doux
Nous apparaissent ;
Des fils du ciel

La beauté divine,
Le vol incertain
Se replie et passe;
Le brûlant désir
Les accompagne;
De leurs parures
Les voiles flottants
Couvrent les campagnes
Couvrent les berceaux,
Où, pour la vie,
D'une âme pensive,
Les amants se donnent.
Les berceaux se touchent
Les rameaux surgissent,
La grappe féconde
Tombe dans le bassin
Des pressoirs foulants;
Ils courent en ruisseaux
Les vins écumeux;
Ils gazouillent à travers les pures
Les nobles pierreries,
Laissent les montagnes
Derrière eux s'étendre,
En lacs se répandent,
Pour le plaisir
Des vertes collines.
Et les oiseaux
S'abreuvent de délices;
Ils volent, ils volent
Au-devant du soleil
Et des îles brillantes,
Qui sur les flots
En jouant se promènent;
Là nous entendons
Des chants d'allégresse;
A travers les prairies,
Nous voyons les danseurs,
Qui en pleine campagne
Sont tous répandus.
Les uns gravissent
Sur les coteaux;
Les autres nagent
A travers les lacs;
D'autres s'envolent,
Tous vers la vie.
Tous vers les cieux lointains
Des étoiles propices,
De la divine faveur!

MÉPHISTOPHÉLÈS.

Il sommeille. C'est bien, enfants de l'air, tendres esprits : vous l'avez fidèlement endormi par vos chants. Je vous suis obligé de cette symphonie. Tu n'es pas encore un homme à tenir le diable enchaîné. Faites voltiger autour de lui d'aimables songes; plongez-le dans une mer d'illusions. Mais, pour rompre le charme de ce seuil, il me faut une dent de rat.... Je n'ai pas besoin de longues conjurations : en voici un déjà qui gratte, et il m'entendra bientôt.... Le maître des rats et des souris, des mouches, des grenouilles, des punaises, des poux, t'ordonne de sortir hardiment et de ronger le seuil de cette porte, à l'endroit qu'il aura frotté d'huile.... Te voilà déjà sauté dehors! Vite à l'ouvrage. La pointe qui me tenait charmé est en avant sur le bord. Encore un coup de dent et c'est fini.... A présent, Faust, poursuis tes rêves, jusqu'au revoir.

FAUST, s'éveillant.

Suis-je donc de nouveau trompé ? Cette foule d'esprits s'est-elle évanouie ? Un songe menteur m'aurait-il montré le diable, et un barbet m'aurait-il échappé ?

CABINET D'ÉTUDE.

FAUST, MÉPHISTOPHÉLÈS.

FAUST.

On frappe?... Entrez! Qui vient encore m'importuner?

MÉPHISTOPHÉLÈS.

C'est moi.

FAUST.

Entre.

MÉPHISTOPHÉLÈS.

Il faut que tu le dises trois fois.

FAUST.

Entre donc.

MÉPHISTOPHÉLÈS.

Tu me plais ainsi. Nous nous entendrons, j'espère. Car, pour dissiper tes rêveries, me voici en jeune gentilhomme, en habit écarlate, galonné d'or, en petit manteau de soie étoffée, la plume de coq au chapeau, et, au côté, une longue épée pointue, et je te conseille tout uniment de t'habiller de même, afin que, libre et sans entraves, tu viennes apprendre ce que c'est que la vie.

FAUST.

Sous tous les vêtements je sentirai les misères de l'étroite vie terrestre. Je suis trop vieux pour m'en tenir aux amusements, trop jeune pour être sans désir. Le monde, que peut-il me donner? « Renonce, il le faut! Il le faut, renonce! » Voilà l'éternel refrain qui résonne aux oreilles de chacun, et que, durant toute notre vie, chaque heure nous chante d'une voix enrouée. Le matin, je ne m'éveille qu'avec effroi; je pourrais verser des larmes amères, en voyant ce jour qui, dans sa course, ne remplira pas un seul de mes vœux, non, pas un seul; qui, par de capricieuses vétilles, altère jusqu'au pressentiment de tout plaisir, et, par les mille mascarades de la vie, étouffe les créations de mon cœur ému. Et, quand la nuit tombe, je vais m'étendre sur ma couche avec angoisse; là même, nul repos ne m'est accordé; d'horribles songes me viendront effrayer. Le dieu qui habite en mon sein peut émouvoir profondément tout mon être; lui, qui règne sur toutes mes forces, il ne peut les faire agir au dehors, et par là l'existence est un fardeau pour moi; je désire la mort, je hais la vie.

MÉPHISTOPHÉLÈS.

Et pourtant la mort n'est jamais un hôte tout à fait bienvenu.

FAUST.

Oh! bienheureux celui dont elle ceint les tempes de sanglants lauriers dans l'éclat de la victoire! celui qu'après la danse rapide, furieuse, elle surprend dans les bras d'une maîtresse! Oh! si je pouvais, ravi, inanimé, m'abîmer devant la puissance du grand Esprit!

MÉPHISTOPHÉLÈS.

Et pourtant, la nuit dernière, quelqu'un n'a pas avalé certain breuvage noir....

FAUST.

Il paraît que l'espionnage est ton plaisir!

MÉPHISTOPHÉLÈS.

Je n'ai pas la toute-science, mais je sais beaucoup de choses.

FAUST.

Puisque des chants familiers et doux m'ont arraché à ce trouble affreux, ont abusé, par les accents d'un temps heureux, les derniers vestiges de mes sentiments d'enfance, je maudis tout ce qui entoure notre âme de séductions et de prestiges, et la relègue dans cette sombre caverne, avec des forces qui la flattent et l'éblouissent! Soit, dès ce jour, maudite la haute opinion dont l'esprit s'enveloppe lui-même! maudite, la magie de l'apparence, qui s'empare de nos sens! maudite, l'imposture qui, dans nos rêves, nous montre un fantôme de gloire et d'immortelle renommée! maudit, ce qui nous flatte comme possession, comme femme et enfant, comme valets et charrues! Maudit soit Mammon, quand, avec des trésors, il nous excite aux entreprises audacieuses; quand, pour l'oisive jouissance, il nous entoure de moelleux coussins! Maudit soit le suc embaumé du raisin! maudites, les suprêmes faveurs de l'amour!

maudite, l'espérance! maudite, la foi! et maudite, avant tout, la patience!

CHOEUR D'ESPRITS *invisibles.*

Hélas! hélas!
Tu l'as détruit
Ce beau monde,
Avec ta main puissante!
Il se brise, il s'écroule;
Un demi-dieu l'a renversé:
Nous en précipitons
Les débris dans le néant,
Et nous pleurons
Sa beauté perdue.
O le plus puissant
Des fils de la terre,
Viens le reconstruire
Plus magnifique,
Le construire dans ton sein!
Commence
Une nouvelle vie,
Avec une âme éclairée,
Et des chants nouveaux
Vont retentir!

MÉPHISTOPHÉLÈS.

Ce sont les plus petits d'entre les miens. Entends comme, avec une sagesse antique, ils conseillent le plaisir et l'activité! Ils veulent t'attirer dans le vaste monde, hors de la solitude, où les sens et la séve s'engourdissent. Cesse de jouer avec ton chagrin, qui, comme un vautour, dévore ta vie. La plus mauvaise compagnie te fait sentir que tu es un homme avec des hommes. Mais on ne songe pas à te pousser parmi la canaille. Je ne suis pas un des grands; cependant, si tu veux, en société avec moi, prendre ta course à travers la vie, je me résoudrai volontiers à t'appartenir sur-le-champ; je suis ton compagnon, et, si je te conviens, je suis ton serviteur, je suis ton valet!

FAUST.

Et que dois-je faire en échange pour toi?

MÉPHISTOPHÉLÈS.

Tu as encore tout le loisir d'y songer.

FAUST.

Non, non, le diable est égoïste, et ne fait guère, pour l'amour de Dieu, ce qui est utile à un autre. Déclare nettement la condition : un pareil serviteur amène le danger dans la maison.

MÉPHISTOPHÉLÈS.

Je veux m'engager ici à ton service, obéir à ton moindre signe, sans trêve ni repos ; quand nous nous retrouverons là-bas, tu me rendras la pareille.

FAUST.

Là-bas ne m'inquiète guère. Commence par mettre ce monde en pièces, et vienne l'autre ensuite! De cette terre découlent mes plaisirs, et ce soleil éclaire mes souffrances : si je puis une fois m'en affranchir, alors arrive ce qui pourra! Je ne veux plus entendre débattre si, dans le monde à venir, on hait et l'on aime encore, et si, dans ces sphères lointaines, il est aussi un dessus et un dessous.

MÉPHISTOPHÉLÈS.

Dans ces dispositions, tu peux risquer l'affaire. Engage-toi, et tu verras, dans peu de jours, mes artifices avec joie. Je te donnerai ce que personne encore n'a pu voir.

FAUST.

Que donneras-tu, pauvre diable? L'esprit d'un homme, dans son élan sublime, fut-il jamais compris de tes pareils? Mais, si tu as des aliments qui ne rassasient point ; si tu as de l'or vermeil, qui, sans trêve, pareil au vif-argent, s'écoule entre les doigts ; un jeu, où l'on ne gagne jamais ; une fille, qui, dans mes bras, déjà s'accorde avec le voisin par ses œillades ; l'honneur, beau plaisir des dieux, qui s'évanouit comme un météore.... offre-moi le fruit qui pourrit avant qu'on le cueille et des arbres qui changent tous les jours de feuillage!

MÉPHISTOPHÉLÈS.

Une pareille commission ne m'effraye pas ; j'ai des trésors à ton service. Mais, mon ami, le temps approche aussi où nous pourrons faire un peu la débauche à loisir.

FAUST.

Si jamais je goûte le repos à me tenir couché sur un sofa, que je périsse à l'instant même! Si jamais tu peux m'abuser par tes flatteries, au point que je me complaise en moi-même ; si tu peux me séduire par la jouissance, que ce soit là mon dernier jour! Je t'offre la gageure.

MÉPHISTOPHÉLÈS.

Tôpe!

FAUST.

Et sur-le-champ!... Si jamais je dis au moment : « Demeure; tu es si beau!... » alors tu pourras me jeter dans les chaînes; alors je consens à périr; alors la cloche des morts peut sonner; alors tu es affranchi de ton service. Que l'horloge s'arrête, que l'aiguille tombe, et que le temps n'existe plus pour moi!

MÉPHISTOPHÉLÈS.

Songes-y bien, nous ne l'oublierons pas.

FAUST.

C'est ton droit sans réserve; je ne me suis pas aventuré à l'étourdie. Dans ma condition présente, je suis esclave : le tien ou celui d'un autre, que m'importe?

MÉPHISTOPHÉLÈS.

Je remplirai dès aujourd'hui mon office de valet au repas du docteur. Un mot seulement!... Pour l'amour de la vie ou de la mort, je demande une couple de lignes.

FAUST.

Eh quoi! pédant, tu demandes aussi un écrit? Ne sais-tu donc pas encore ce que c'est qu'un homme et la parole d'un homme? N'est-ce pas assez qu'un mot de ma bouche dispose à jamais de mes jours? Le monde s'abandonne avec fureur à tous les courants, et une promesse m'enchaînera? Mais cette chimère possède notre cœur. A qui plaira-t-il de s'en affranchir? Heureux qui porte la foi pure dans son sein! Il ne regrettera jamais aucun sacrifice. Mais un parchemin écrit et scellé est un fantôme dont chacun s'effraye. La parole expire déjà dans la plume : c'est la cire et la peau qui ont l'autorité. Que veux-tu de moi, esprit malin? Airain, marbre, parchemin, papier?... Dois-je écrire avec un style, un ciseau, une plume? Je t'en laisse le libre choix.

MÉPHISTOPHÉLÈS.

Pourquoi t'échauffer ainsi et te mettre en frais d'éloquence? Le moindre papier suffira. Tu signeras avec une goutte de sang.

FAUST.

Si cela te satisfait pleinement, je donne les mains à cette simagrée.

MÉPHISTOPHÉLÈS.

Le sang est ~~un suc~~ tout particulier.

FAUST.

Va, ne crains point que je viole ce traité! Tous mes efforts, toute mon énergie, voilà justement ce que je promets. Je me suis trop enflé : je n'appartiens qu'à ta phalange. Le grand Esprit m'a dédaigné; la nature se ferme devant moi; le fil de la pensée est rompu : je suis dès longtemps dégoûté de toute science. Apaisons nos passions ardentes dans les profondeurs de la sensualité! Que, sous les voiles impénétrables de la magie, soient préparés soudain tous les prodiges! Précipitons-nous dans le fracas du siècle, dans le tourbillon des événements, et qu'alors douleur et plaisir, succès et revers, alternent ensemble comme ils pourront; il n'est que l'activité sans relâche pour éprouver les hommes.

MÉPHISTOPHÉLÈS.

On ne vous fixe ni but ni mesure. Si vous vous plaisez à goûter de tout, à saisir quelque chose au vol, jouissez de ce qui vous amuse. Seulement, mettez-vous à l'œuvre, et ne faites pas le timide.

FAUST.

Tu l'entends, il n'est pas question de plaisir : je me voue au délire, aux jouissances les plus poignantes, à la haine amoureuse, au chagrin délectable. Mon sein, guéri de la passion du savoir, ne doit se fermer désormais à aucune douleur, et, ce qui est départi à l'humanité tout entière, je veux l'éprouver en moi-même; saisir, avec mon esprit, ce qu'il y a chez elle de plus élevé et de plus profond; amasser dans mon sein ses biens et ses maux, étendre ainsi mon existence propre jusqu'à la mesure de la sienne, et, comme elle-même aussi, me briser à la fin.

MÉPHISTOPHÉLÈS.

Oh! tu peux m'en croire, moi qui depuis des milliers d'années mâche cette âpre nourriture : depuis le berceau jusqu'au cercueil, aucun homme ne peut digérer le vieux levain. Crois-en l'un des nôtres : cet univers n'est fait que pour un Dieu. Il habite dans une splendeur éternelle; il nous a jetés dans les ténèbres, et vous seuls avez le jour et la nuit.

FAUST.

Mais je le veux!

MÉPHISTOPHÉLÈS.

A la bonne heure! Une chose m'inquiète cependant. Le temps est court, l'art est long. Il me semble que vous devriez vous faire instruire. Associez-vous avec un poëte : laissez le personnage s'égarer dans ses pensées, et entasser sur votre chef honorable toutes les nobles qualités, le courage du lion, la vitesse du cerf, le sang enflammé de l'Italien, la persévérance du Nord; laissez-le vous trouver le secret d'unir la grandeur d'âme et la ruse, et de vous rendre amoureux systématiquement, avec la bouillante ardeur de la jeunesse. Je voudrais moi-même connaître un pareil personnage : je l'appellerais le seigneur Microcosme[1].

FAUST.

Que suis-je donc, s'il ne m'est pas possible de remporter cette couronne de l'humanité, à laquelle aspirent toutes mes pensées?

MÉPHISTOPHÉLÈS.

Tu es enfin.... ce que tu es. Coiffe-toi de perruques à mille boucles, chausse des brodequins hauts d'une aune, tu resteras toujours ce que tu es.

FAUST.

Je le sens, j'ai vainement amassé tous les trésors de l'esprit humain, et, lorsqu'à la fin je me repose, il ne s'élève en mon sein aucune force nouvelle; je ne suis pas plus grand de l'épaisseur d'un cheveu; je ne suis pas plus près de l'infini.

MÉPHISTOPHÉLÈS.

Mon bon monsieur, vous voyez les choses exactement comme on les voit : il faut nous y prendre plus adroitement, avant que les joies de la vie nous échappent. Que diable, vos mains et vos pieds et votre tête et votre.... sont à vous sans doute? Mais tout ce dont je jouis hardiment est-il pour cela moins à moi? Si je puis compter six chevaux à mon service, leurs forces ne sont-elles pas les miennes? Je les monte, et me voilà un homme d'importance, comme si j'avais vingt-quatre jambes. Courage

---

1. *Petit monde*, expression par laquelle la scolastique désignait l'homme.

donc! Laisse là toutes les réflexions, et lance-toi sur mes pas dans le monde. Je te le dis, un gaillard qui médite est comme un animal promené par un esprit malin dans une aride bruyère, tandis qu'alentour se déploie un frais et beau pâturage.

FAUST.

Par où commencerons-nous?

MÉPHISTOPHÉLÈS.

Nous partons sur-le-champ. Quel lieu de tourments est-ce ci? Est-ce vivre que de s'ennuyer soi et ses disciples? Laisse-moi cela à maître Pansard, ton voisin. Pourquoi te tourmenter à battre la paille? Ce que tu peux savoir de meilleur, tu n'oses le dire aux écoliers. Justement en voici un dans le corridor!

FAUST.

Il ne m'est pas possible de le voir.

MÉPHISTOPHÉLÈS.

Le pauvre garçon se morfond depuis longtemps : il ne faut pas qu'il s'en aille sans avoir eu satisfaction. Viens, donne-moi ta robe et ton bonnet : le déguisement me doit aller, je pense, à ravir. (*Il se travestit.*) Maintenant fie-toi à mon esprit : je n'ai besoin que d'un petit quart d'heure. Pendant ce temps, prépare-toi pour notre beau voyage. (*Faust sort. Méphistophélès a revêtu la longue robe de Faust.*) Va, méprise la raison et la science, suprême puissance de l'homme; laisse-toi confirmer dans les œuvres d'illusion et de magie par l'esprit de mensonge, et je te possède absolument.... Le sort lui a donné un esprit qui se porte sans cesse en avant, avec une ardeur indomptable, et dont l'élan précipité franchit d'un bond les joies de la terre. Je le traînerai à travers la vie déréglée, à travers la plate insignifiance; il va se débattre, se roidir, se cramponner, et son ardeur insatiable verra la nourriture et la boisson flotter devant ses lèvres avides; il implorera en vain du rafraîchissement.... Et, ne se fût-il pas même donné au diable, il n'en devrait pas moins périr. (*Entre un écolier.*)

L'ÉCOLIER.

Je suis ici depuis peu de temps, et je viens, plein de soumission, pour entretenir et apprendre à connaître un homme dont tout le monde me parle avec respect.

MÉPHISTOPHÉLÈS.

Votre civilité me réjouit fort. Vous voyez un homme tel que beaucoup d'autres. Vous êtes-vous déjà adressé ailleurs?

L'ÉCOLIER.

Je vous en prie, chargez-vous de moi! Je viens plein de courage, avec quelque argent et une vive ardeur. Ma mère voulait à peine me laisser partir. Je voudrais bien apprendre ici quelque chose de bon.

MÉPHISTOPHÉLÈS.

Vous êtes justement au bon endroit.

L'ÉCOLIER.

Franchement, je voudrais être déjà reparti. Je ne me plais nullement dans ces murailles, dans ces salles. C'est un espace tout à fait borné; on ne voit rien de vert, pas un arbre, et, dans les salles, sur les bancs, je perds l'ouïe, la vue et la pensée.

MÉPHISTOPHÉLÈS.

Ce n'est qu'une affaire d'habitude. Un enfant ne prend pas d'abord volontiers le sein de sa mère, mais bientôt il se délecte à cette nourriture. Ainsi vous goûterez chaque jour de nouvelles délices aux mamelles de la sagesse.

L'ÉCOLIER.

Je me pendrai avec joie à son cou : mais dites-moi seulement comment je puis y parvenir.

MÉPHISTOPHÉLÈS.

Expliquez-vous, avant d'aller plus loin : quelle faculté choisissez-vous?

L'ÉCOLIER.

Je souhaiterais devenir fort savant, et je voudrais embrasser ce qui est sur la terre et dans le ciel, la science et la nature.

MÉPHISTOPHÉLÈS.

Vous êtes sur la bonne voie, mais il ne faut pas vous laisser distraire.

L'ÉCOLIER.

Je suis à l'œuvre corps et âme : pourtant je m'accommoderais bien d'un peu de liberté et d'amusement, l'été, dans les beaux jours de fête.

MÉPHISTOPHÉLÈS.

Mettez le temps à profit : il passe si vite! Mais l'ordre vous enseigne à gagner du temps. Mon cher ami, je vous conseille donc en premier lieu le *Collegium logicum*[1] ! Là on vous dressera l'esprit comme il faut ; on le mettra à la presse dans des bottes espagnoles, afin qu'il s'achemine d'un pas plus mesuré dans la carrière de la pensée, et n'aille pas courir çà et là en zigzag, comme un feu follet. Ensuite on mettra des jours à vous apprendre que, pour les choses que vous avez faites jusqu'ici librement et d'un seul coup, comme de manger et de boire, un, deux, trois, sont nécessaires. En effet, il en est de la fabrique des pensées comme d'un métier de tisserand, où une pression du pied fait mouvoir des milliers de fils ; la navette passe et repasse ; les fils coulent imperceptiblement ; un coup forme mille combinaisons : le philosophe se présente et vous démontre qu'il en devait être ainsi ; que le premier est cela, le second cela, et, par conséquent, le troisième et le quatrième cela, et que, si le premier et le second n'existaient pas, le troisième et le quatrième ne sauraient jamais exister. Voilà ce que célèbrent les étudiants de tout pays, mais aucun n'est devenu tisserand. Celui qui veut reconnaître et décrire un être vivant cherche d'abord à expulser l'intelligence : alors il a les éléments dans sa main ; il ne manque plus, hélas ! que le lien intellectuel. La chimie le nomme : *Encheirisis naturæ*, se moque d'elle-même et ne s'en doute pas.

L'ÉCOLIER.

Je ne puis vous comprendre tout à fait.

MÉPHISTOPHÉLÈS.

Cela ira mieux dans peu de temps, quand vous aurez appris à tout résumer et tout classer convenablement.

L'ÉCOLIER.

Je suis aussi étourdi de tout cela, que si une roue de moulin me tournait dans la tête.

MÉPHISTOPHÉLÈS.

Ensuite, avant toute autre chose, vous devrez vous mettre à la métaphysique. Là, appliquez-vous à saisir profondément ce qui ne cadre pas avec le cerveau de l'homme ; pour ce qui entre et ce qui n'entre pas, un mot imposant est à votre service. Mais

---

1. Un cours de logique.

d'abord, pendant ces six mois, observez l'ordre le plus exact. Vous aurez cinq leçons chaque jour. Soyez dans la classe au premier coup de cloche. Après vous être bien préparé d'avance, après avoir bien étudié les paragraphes, afin de mieux voir ensuite que le maître ne dit rien qui ne soit dans le livre, appliquez-vous néanmoins à écrire, comme si le Saint-Esprit vous dictait.

L'ÉCOLIER.

Vous n'avez pas besoin de me le dire deux fois. Je m'imagine combien cela profite : car ce qu'on possède, noir sur blanc, on peut, en toute sûreté, l'emporter chez soi.

MÉPHISTOPHÉLÈS.

Mais choisissez donc une faculté!

L'ÉCOLIER.

Je ne saurais m'accommoder de la jurisprudence.

MÉPHISTOPHÉLÈS.

Je ne puis vous en blâmer beaucoup : je connais le fort et le faible de cette science. Les lois et les droits se transmettent comme une maladie éternelle ; ils se traînent de génération en génération, et passent sans bruit de lieux en lieux. La raison devient folie, le bienfait devient tourment. Malheur à toi! tu es le fils de tes pères!... Quant au droit qui est né avec nous, hélas! il n'en est jamais question.

L'ÉCOLIER.

Vous augmentez mon aversion. Oh! bienheureux celui que vous instruisez! Je serais presque tenté maintenant d'étudier la théologie.

MÉPHISTOPHÉLÈS.

Je souhaiterais ne pas vous induire en erreur. Pour ce qui regarde cette science, il est si difficile d'éviter la fausse route; il s'y trouve tant de poison caché, et que l'on distingue à peine du remède! Le mieux est encore ici de n'écouter qu'un seul docteur et de jurer sur la parole du maître. En somme.... tenez-vous-en aux mots. Alors vous entrerez par la porte sûre dans le temple de la certitude.

L'ÉCOLIER.

Mais un mot doit toujours renfermer une idée.

MÉPHISTOPHÉLÈS.

Fort bien! Seulement on ne doit pas trop se tourmenter; car justement, où manquent les idées, un mot se présente à propos. Avec des mots, on dispute parfaitement; avec des mots, on fonde un système. On peut fort bien croire à des mots; d'un mot on ne peut retrancher un iota.

L'ÉCOLIER.

Pardonnez-moi, je vous arrête par cent questions; mais il faut que je vous fatigue encore. Ne voulez-vous pas aussi me dire sur la médecine un petit mot qui porte coup? Trois ans, c'est un temps bien court, et, mon Dieu, le champ est si vaste! Que l'on ait seulement une indication, la suite en est plus facile à entendre.

MÉPHISTOPHÉLÈS, *à part.*

Je suis rassasié, cette fois, du ton pédantesque, et je veux reprendre mon rôle de diable. (*Haut.*) L'esprit de la médecine est facile à saisir : vous étudiez à fond le grand et le petit monde, pour le laisser aller à la fin comme il plaît à Dieu. C'est en vain que vous courez de tous côtés après la science: chacun n'apprend que ce qu'il peut apprendre; mais celui qui saisit le moment, voilà l'homme habile! Vous êtes assez bien bâti; de hardiesse, vous n'en manquerez pas non plus, et, si seulement vous avez confiance en vous-même, les autres âmes auront confiance en vous. Surtout apprenez à conduire les femmes. Leurs hélas! éternels, répétés de mille manières, veulent être guéris par un seul et même traitement; et, si vous êtes avec elles à moitié respectueux, vous les aurez toutes dans votre manche. Il faut d'abord qu'un titre leur persuade que votre art surpasse tous les arts; pour la bienvenue, vous touchez ensuite à mille petites choses, autour desquelles un autre tourne bien des années; vous saurez fort bien tâter le pouls, et, avec des œillades brûlantes, vous la prendrez librement par sa taille svelte, afin de voir comme son corset la serre.

L'ÉCOLIER.

Cela s'annonce déjà mieux; on voit du moins la fin et le moyen.

MÉPHISTOPHÉLÈS.

Mon ami, toute théorie est décolorée, et il est vert l'arbre doré de la science.

L'ÉCOLIER.

Je vous jure que je crois faire un songe. Oserais-je bien vous importuner une autre fois, pour entendre le fond de votre sagesse ?

MÉPHISTOPHÉLÈS.

Ce que je puis, je le ferai volontiers.

L'ÉCOLIER.

Je ne puis absolument me retirer ; il faut encore que je vous présente mon album. Que Votre Grâce m'accorde cette faveur !

MÉPHISTOPHÉLÈS.

Fort bien ! (*Il écrit et il rend l'album.*)

L'ÉCOLIER, *lisant.*

ERITIS SICUT DEUS, SCIENTES BONUM ET MALUM [1]. (*Il ferme l'album respectueusement et prend congé.*)

MÉPHISTOPHÉLÈS.

Va, suis la vieille maxime de mon cousin le serpent : certainement ta ressemblance avec Dieu troublera un jour ton repos. (*Entre Faust.*)

FAUST.

Où allons-nous maintenant ?

MÉPHISTOPHÉLÈS.

Où il te plaira. Nous verrons le petit monde et puis le grand. Avec quelle joie, avec quel profit, tu vas te régaler de ce cours !

FAUST.

Mais, avec ma longue barbe, je manque de manières polies ; la tentative ne me réussira point. Je n'ai jamais su me produire dans le monde ; devant les autres, je me sens petit : je serai toujours embarrassé.

MÉPHISTOPHÉLÈS.

Mon bon ami, tout cela s'arrangera ; dès que tu auras confiance en toi, tu sauras vivre.

FAUST.

Comment donc sortirons-nous de la maison ? Où prendras-tu des chevaux, des valets et une voiture ?

MÉPHISTOPHÉLÈS.

Il nous suffira d'étendre ce manteau ; il nous portera à tra-

---

1. Vous serez comme Dieu, sachant le bien et le mal.

vers les airs. Seulement, pour ce hardi voyage, ne prends point de gros paquets. Un peu d'air inflammable, que je vais préparer, nous enlèvera de terre prestement, et, si nous sommes légers, nous monterons vite. Je te fais mon compliment sur ton nouveau genre de vie.

TAVERNE D'AUERBACH A LEIPZIG.

Société de joyeux compagnons.

FROSCH.

Personne ne veut boire ? Personne ne veut rire ? Je vous apprendrai à faire la mine ! Vous voilà aujourd'hui comme de la paille mouillée, vous qui flambez d'ordinaire comme un feu de joie !

BRANDER.

C'est ta faute : tu ne sais rien nous dire, pas une bêtise, pas une ordure !

FROSCH. *Il lui verse un verre de vin sur la tête.*

Tiens, voilà l'un et l'autre.

BRANDER.

Double cochon !

FROSCH.

Vous l'avez voulu : il faut l'être.

SIEBEL.

A la porte ceux qui se querellent ! Chantez à la ronde, à gorge déployée ; lampez et criez. Courage ! Holà ! ho !

ALTMAYER.

Malheur à moi ! Je suis perdu. Ici du coton ! Le drôle me déchire les oreilles.

SIEBEL.

C'est quand la voûte résonne, que l'on sent bien la puissance de la basse-taille.

FROSCH.

C'est juste. A la porte celui qui se fâche !

Ah ! tara lara da !

ALTMAYER.

Ah ! tara lara da !

FROSCH.

Les gosiers sont d'accord. (*Il chante.*)

> Ce bon saint empire romain,
> Comment tient-il encore ?

BRANDER.

La vilaine chanson! Fi! une chanson politique! La misérable chanson! Rendez grâce à Dieu chaque jour, de n'avoir point à prendre souci de l'empire romain! Pour moi, je me trouve bien riche de n'être pas empereur ou chancelier. Mais nous aussi, nous ne pouvons nous passer d'un chef. Il nous faut élire un pape. Vous savez quelle qualité fait pencher la balance et monter l'homme à ce rang!

FROSCH. *Il chante.*

> Prends l'essor, gentil rossignol,
> Va saluer mille fois ma maîtresse.

SIEBEL.

Point de salut à ta maîtresse! Je n'en veux pas entendre parler!

FROSCH.

A ma maîtresse salut et baiser! Tu ne m'empêcheras point! (*Il chante.*)

> Tire le verrou dans la nuit tranquille ;
> Tire le verrou, ton amoureux veille ;
> Ferme le verrou, voici le matin.

SIEBEL.

Oui, chante, chante toujours, et vante et célèbre la belle. Je rirai bien à mon tour. Elle m'a trompé : elle t'en fera autant. Qu'il lui tombe en partage pour amant un lutin, qui folâtre à son aise avec elle dans un carrefour! Qu'un vieux bouc, revenant du Blocksberg, lui chevrote en galopant le bonsoir! Un joyeux vivant, de chair et d'os, est beaucoup trop bon pour la donzelle. Je ne veux d'autre salut pour elle que de lui briser ses vitres.

BRANDER, *frappant sur la table.*

Attention! attention! Que l'on m'obéisse! Avouez, messieurs, que je sais vivre : nous avons ici des amoureux, et je leur dois,

dans la règle, pour la bonne nuit, un petit régal. Écoutez!...
Une chanson de la plus nouvelle fabrique! Et soutenez vigoureusement le refrain! (*Il chante.*)

Il était un rat dans un trou de cave.
Il ne vivait que de graisse et de beurre;
Il s'était arrondi une panse
Comme celle du docteur Luther.
La cuisinière lui donne du poison :
Alors il se trouve aussi mal à son aise
Que s'il avait l'amour au corps.

TOUS, *en chœur.*

Que s'il avait l'amour au corps.

BRANDER.

Il courait alentour, il courait dehors,
Et buvait à toutes les mares;
Il rongeait, dévorait toute la maison;
Sa fureur ne servait de rien;
Il faisait mille sauts d'angoisse :
Bientôt le pauvre animal en a son compte,
Comme s'il avait l'amour au corps.

TOUS, *en chœur.*

Comme s'il avait l'amour au corps.

BRANDER.

Il vint, d'angoisse, en plein jour
Courir dans la cuisine;
Tomba près du foyer, palpitant, gisant,
Et soufflait pitoyablement :
L'empoisonneuse riait encore!
Hélas! il rend l'âme à la fin,
Comme s'il avait l'amour au corps.

TOUS, *en chœur.*

Comme s'il avait l'amour au corps.

SIÉBEL.

Voyez donc comme ces imbéciles se réjouissent! C'est un beau
chef-d'œuvre, ma foi, de jeter du poison aux pauvres rats!

BRANDER.

Ils sont donc bien dans tes bonnes grâces!

ALTMAYER.

Eh! l'homme au gros ventre, au crâne chauve!... Le malheur

le rend doux et bénin : il voit dans ce rat enflé son portrait au naturel. (*Entrent Faust et Méphistophélès.*)

MÉPHISTOPHÉLÈS.

Je dois avant tout t'introduire dans une joyeuse compagnie, afin que tu voies comme aisément on mène la vie. C'est fête ici pour le peuple tous les jours : avec peu d'esprit et beaucoup d'abandon, chacun pirouette dans son petit cercle, comme les jeunes chats après leur queue. Si le mal de tête ne les prend, aussi longtemps que l'aubergiste fait crédit, ils sont joyeux et sans souci.

BRANDER.

En voici qui arrivent de voyage : on le voit à leur singulière tournure. Il n'y a pas une heure qu'ils sont ici.

FROSCH.

Ma foi, tu as raison. Je suis fier de mon Leipzig : c'est un petit Paris, et il forme son monde.

SIEBEL.

Que te semble de ces étrangers?

FROSCH.

Laissez-moi faire! Avec une rasade, je tire aisément à ces drôles les vers du nez, comme une dent de lait. Ils me semblent de bonne maison : ils ont l'air fier et mécontent.

BRANDER.

Ce sont des charlatans, je gage.

ALTMAYER.

Peut-être.

FROSCH.

Attention! je vais me moquer d'eux.

MÉPHISTOPHÉLÈS, *à Faust.*

Les petites gens ne devinent jamais le diable, quand même il les tiendrait au collet.

FAUST.

Nous vous saluons, messieurs.

SIEBEL.

Nous vous le rendons avec reconnaissance. (*A part, en observant Méphistophélès.*) Pourquoi le drôle cloche-t-il sur un pied?

MÉPHISTOPHÉLÈS.

Nous est-il permis de nous asseoir auprès de vous? A défaut de bon vin, qu'on ne peut avoir, la société nous réjouira.

ALTMAYER.

Vous paraissez un homme fort dégoûté.

FROSCH.

Il faut que vous soyez partis bien tard de Rippach! Vous êtes-vous arrêtés à souper avec M. Jean[1]?

MÉPHISTOPHÉLÈS.

Aujourd'hui, nous avons passé devant chez lui sans nous arrêter. La dernière fois, nous lui avons parlé. Il a su nous dire bien des choses de ses cousins, et nous a chargés de mille compliments pour chacun. (*Il s'incline devant Frosch.*)

ALTMAYER, *bas à Frosch.*

Attrape! Il s'y entend!

SIEBEL.

Un fin matois!

FROSCH.

Attends un peu, je le tiendrai bientôt.

MÉPHISTOPHÉLÈS.

Si je ne me suis trompé, nous avons entendu des voix exercées chanter en chœur. Sans doute le chant résonne à merveille sous cette voûte?

FROSCH.

Seriez-vous peut-être un virtuose?

MÉPHISTOPHÉLÈS.

Oh! non, mon talent est faible, mais j'aime beaucoup le chant.

ALTMAYER.

Eh bien, une chanson!

MÉPHISTOPHÉLÈS.

Mille, si vous voulez.

SIEBEL.

Mais un morceau tout neuf!

MÉPHISTOPHÉLÈS.

Nous revenons justement d'Espagne, le beau pays du vin et des chansons. (*Il chante.*)

> Il était une fois un roi
> Qui avait un beau fils de puce[2].

---

1. Rippach et M. Jean sont des noms en l'air : Frosch veut rire.
2. Une petite circonlocution était nécessaire, pour conserver au personnage le genre masculin.

FAUST.

FROSCH.

Écoutez! Une puce! L'avez-vous bien entendu? Une puce me semble un hôte fort agréable!

MÉPHISTOPHÉLÈS, *chantant.*

Il était une fois un roi
Qui avait un beau fils de puce.
Il ne le chérissait pas moins
Que son propre fils.
Il manda son tailleur :
Son tailleur accourut.
« Prends mesure au jeune seigneur,
« Et fais-lui des culottes. »

BRANDER.

Mais n'oubliez pas d'enjoindre au tailleur qu'il prenne mesure exactement, et que, s'il tient à sa tête, les culottes ne fassent pas un pli.

MÉPHISTOPHÉLÈS.

De velours et de satin
Le voilà donc vêtu ;
Il avait des rubans sur l'habit ;
Il avait une croix aussi ;
Et il fut aussitôt ministre,
Et il eut une grande étoile,
Et puis l'on vit ses frères
A la cour aussi grands seigneurs.

Et messieurs et dames à la cour
Furent bien tourmentés ;
La reine et les suivantes,
Piquées et mordues ;
Et nul n'osait les écraser,
Se gratter et les secouer.
Nous les tuons et les écrasons,
Nous, quand une nous pique.

TOUS, *en chœur, avec des cris de joie.*

Nous les tuons et les écrasons,
Nous, quand une nous pique.

FROSCH.

Bravo! bravo! C'était beau.

SIEBEL.

Ainsi soit-il de toutes les puces !

BRANDER.

Serrez les doigts et prenez-les délicatement!

ALTMAYER.

Vive la liberté! vive le vin!

MÉPHISTOPHÉLÈS.

Je boirais volontiers une rasade en l'honneur de la liberté, si seulement vos vins étaient tant soit peu meilleurs.

SIEBEL.

Nous ne voulons pas entendre cela deux fois!

MÉPHISTOPHÉLÈS.

Si je ne craignais d'offenser l'aubergiste, j'offrirais à nos dignes convives quelque chose de notre cave.

SIEBEL.

Faites toujours : je le prends sur moi.

FROSCH.

Versez-nous du meilleur et nous chanterons vos louanges. Mais ne donnez pas de trop petits échantillons; car, s'il faut que je déguste, j'en demande à plein gosier.

ALTMAYER, à part.

Ils sont du Rhin, je présume.

MÉPHISTOPHÉLÈS.

Procurez-moi un foret.

BRANDER.

Qu'en ferez-vous? Vous n'avez pas vos tonneaux devant la porte.

ALTMAYER.

Là, derrière, l'aubergiste a laissé un panier d'outils.

MÉPHISTOPHÉLÈS, à Frosch, en prenant le foret.

Parlez, maintenant, que désirez-vous goûter?

FROSCH.

Comment l'entendez-vous? En avez-vous de tant de sortes?

MÉPHISTOPHÉLÈS.

Je laisse à chacun le choix.

ALTMAYER, à Frosch.

Ah! ah! tu commences à te lécher les lèvres!

FROSCH.

Bon! S'il me faut choisir, je suis pour le vin du Rhin : la patrie dispense les meilleurs dons.

MÉPHISTOPHÉLÈS, *perçant un trou au bord de la table, à la place où Frosch est assis.*

Procurez-nous un peu de cire, pour en faire vite des bouchons.

ALTMAYER.

Ah! ce sont des tours d'escamoteur!

MÉPHISTOPHÉLÈS, *à Brander.*

Et vous?

BRANDER.

Je veux du vin de Champagne, et qui soit bien mousseux. (*Méphistophélès perce. Dans l'intervalle, un des convives a fait des bouchons de cire et il bouche les trous.*) On ne peut toujours éviter l'étranger; les bonnes choses sont souvent loin de nous : un véritable Allemand ne peut souffrir les Français, mais il boit leurs vins volontiers.

SIEBEL, *tandis que Méphistophélès s'approche de sa place.*

Je dois avouer que je n'aime pas l'aigre : donnez-moi un verre de vin doux.

MÉPHISTOPHÉLÈS, *perçant un trou.*

Le Tokay coulera pour vous tout à l'heure.

ALTMAYER.

Non, messieurs, regardez-moi en face : je le vois bien, vous vous moquez de nous.

MÉPHISTOPHÉLÈS.

Hé! hé! avec de si nobles hôtes, ce serait un peu trop risquer. Vite! parlez sans façons : de quel vin puis-je vous servir?

ALTMAYER.

D'un quelconque! Mais pas tant de questions!

MÉPHISTOPHÉLÈS, *avec des gestes bizarres, lorsque tous les trous sont percés et bouchés.*

> La vigne porte des raisins;
> Le bouc porte des cornes :
> Le vin est liqueur; le sarment est bois:
> La table de bois peut aussi donner du vin.
> Un regard profond dans la nature!...
> Voici un prodige, croyez seulement!
> Et maintenant débouchez et buvez!

TOUS, *au moment où ils tirent les bouchons et voient couler dans leurs verres le vin demandé.*

Oh! la belle fontaine qui coule pour nous!

MÉPHISTOPHÉLÈS.

Mais gardez-vous d'en répandre par terre! (*Ils boivent à coups répétés.*)

TOUS, *chantant.*

Nous sommes diablement bien,
Comme cinq cents cochons!

MÉPHISTOPHÉLÈS.

Mes drôles sont lancés! Voyez comme ils s'en donnent!

FAUST.

Je m'en irais volontiers.

MÉPHISTOPHÉLÈS.

Encore un moment d'attention : la brutalité va se montrer dans tout son lustre.

SIEBEL. *Il boit sans précaution, le vin coule à terre et devient flamme.*

Au secours! Au feu! Au secours! L'enfer brûle!

MÉPHISTOPHÉLÈS, *parlant à la flamme.*

Calme-toi, mon élément chéri! (*A Siebel.*) Pour cette fois, ce n'était qu'une étincelle du purgatoire.

SIEBEL.

Qu'est cela? Attendez! Vous le payerez cher! Il paraît que vous ne nous connaissez pas.

FROSCH.

Venez-y une seconde fois!

ALTMAYER.

Je suis d'avis que nous l'invitions tout doucement à se retirer.

SIEBEL.

Comment, monsieur? Vous auriez l'audace de faire ici vos jongleries?

MÉPHISTOPHÉLÈS.

Silence, vieux sac à vin!

SIEBEL.

Manche à balai! tu te permets encore de nous insulter?

BRANDER.

Attendez : les coups vont pleuvoir.

ALTMAYER. *Il tire un bouchon de la table; le feu jaillit contre lui.*

Je brûle! je brûle!

SIEBEL.

Sorcellerie! Frappez! Le drôle est mis au ban! (*Ils tirent leurs couteaux et s'élancent sur Méphistophélès.*)

MÉPHISTOPHÉLÈS, *avec une contenance grave.*

Image et parole trompeuses
Changent les sens et les lieux :
Soyez ici et là-bas!

(*Ils s'arrêtent surpris et se regardent les uns les autres.*)

ALTMAYER.

Où suis-je?... Quel beau pays!

FROSCH.

Des coteaux de vignes!... Y vois-je bien?

SIEBEL.

Et des grappes sous la main!

BRANDER.

Ici, sous ce vert feuillage, voyez quelle souche!... Voyez quelle grappe! (*Il prend Siebel par le nez. Ses compagnons se prennent de même les uns les autres et lèvent leurs couteaux.*)

MÉPHISTOPHÉLÈS, *comme plus haut.*

Erreur, détache le bandeau de leurs yeux! Et vous, apprenez comme le diable se joue!... (*Il disparaît avec Faust; les compagnons lâchent prise.*)

SIEBEL.

Qu'y a-t-il?

ALTMAYER.

Quoi?

FROSCH.

C'était ton nez?

BRANDER, *à Siebel.*

Et j'ai le tien dans la main?

ALTMAYER.

J'ai reçu un coup qui m'a couru par tous les membres. Vite une chaise : je tombe en faiblesse.

FROSCH.

Non, dites-moi ce qui est arrivé!

SIEBEL.

Où est le drôle? Si je le trouve, il ne sortira pas vivant de mes mains.

ALTMAYER.

Je l'ai vu moi-même sortir par la porte de la cave.... Je l'ai vu courir à cheval sur un tonneau.... J'ai les pieds lourds comme le plomb.... (*Se tournant vers la table.*) Corbleu, le vin coulerait-il encore?

SIEBEL.

Tout cela n'était que tromperie, mensonge et apparence.

FROSCH.

Il me semblait cependant que je buvais du vin.

BRANDER.

Mais qu'était-ce que ces grappes?

ALTMAYER.

Qu'on me dise à présent qu'il ne faut pas croire aux miracles!

UNE CUISINE DE SORCIÈRE.

Un foyer bas, une grande marmite sur le feu. Dans la vapeur qui s'en élève paraissent diverses figures. Une guenon est assise près de la marmite, l'écume, et veille à ce qu'elle ne déborde pas. Le singe, avec les petits, est assis à côté, et se chauffe. Les cloisons et le plafond sont ornés des ustensiles les plus bizarres, à l'usage des sorcières.

FAUST, MÉPHISTOPHÉLÈS.

FAUST.

Cette absurde sorcellerie me répugne. Peux-tu me promettre que je guérirai dans ce chaos d'extravagances? Demanderai-je conseil à une vieille femme? Et cette sale cuisine m'ôtera-t-elle bien trente années de dessus le corps? Malheur à moi, si tu ne sais rien de mieux! Déjà mon espérance est évanouie. La nature, un noble esprit, n'ont-ils point trouvé quelque baume?

MÉPHISTOPHÉLÈS.

Mon ami, tu recommences donc à parler sagement! Il est aussi un moyen naturel de te rajeunir; mais il se trouve dans un autre livre, et c'est un étrange chapitre.

FAUST.

Je veux le connaître.

MÉPHISTOPHÉLÈS.

Bon! Un moyen que l'on peut se procurer sans argent, médecine et sorcellerie! Retire-toi sur l'heure aux champs; va te mettre à bêcher et à piocher; maintiens-toi, et maintiens ta pensée, dans un cercle tout à fait borné; nourris-toi d'aliments simples; vis avec les bêtes comme une bête, et ne regarde pas comme une honte de fumer toi-même le champ que tu moissonnes: c'est le meilleur moyen, crois-moi, de te rajeunir même à quatre-vingts ans.

FAUST.

Je ne suis pas accoutumé à cette vie; je ne puis me plier à prendre en main la bêche. La vie étroite ne me va pas du tout.

MÉPHISTOPHÉLÈS.

Il faut donc que la sorcière s'en mêle.

FAUST.

Mais pourquoi justement cette vieille femme? Ne peux-tu brasser toi-même le breuvage?

MÉPHISTOPHÉLÈS.

Ce serait un joli passe-temps! Je bâtirais bien mille ponts sur l'entrefaite. Ce n'est pas seulement de l'art et du savoir, c'est de la patience qu'il faut pour cet ouvrage. Un esprit tranquille travaille de longues années; le temps lui seul rend efficace cette fermentation subtile. Et tout ce qui s'y rapporte sont choses tout à fait merveilleuses. Le diable le lui enseigna, c'est vrai, mais le diable ne saurait le faire. (*Apercevant les animaux.*) Vois quelle agréable engeance! Voici la servante, voilà le valet. (*Aux animaux.*) Il paraît que la maîtresse n'est pas au logis?

LES ANIMAUX.

    Pour le festin,
    Hors du logis
    Elle est allée
    Par la cheminée!

MÉPHISTOPHÉLÈS.

Et d'ordinaire, combien de temps met-elle à se divertir?

LES ANIMAUX.

Autant que nous à nous chauffer les pattes.

MÉPHISTOPHÉLÈS, *à Faust.*

Comment trouves-tu ces douces créatures?

FAUST.

Aussi insipides que je vis jamais personne.

MÉPHISTOPHÉLÈS.

Non, un entretien comme celui-là est précisément celui que j'aime le mieux à poursuivre. (*Aux animaux.*) Dites-moi du moins, maudites poupées, ce que vous remuez dans cette bouillie?

LES ANIMAUX.

Nous cuisons une copieuse soupe pour les gueux.

MÉPHISTOPHÉLÈS.

Alors vous avez donc bien du monde?

LE SINGE, *s'approchant de Méphistophélès et le caressant.*

>Oh ! jouons aux dés sur l'heure,
>Et rends-moi riche,
>Et fais-moi gagner !
>Tout est bien mal arrangé,
>Et, si j'avais de l'argent,
>J'aurais du bon sens.

MÉPHISTOPHÉLÈS.

Comme le singe s'estimerait heureux, si seulement il pouvait mettre à la loterie! (*Sur l'entrefaite, les petits singes s'amusent d'une grosse boule et la font rouler devant eux.*)

LE SINGE.

>Tel est le monde :
>Il s'élève et tombe
>Et roule sans cesse ;
>Il sonne comme verre.
>Qu'il est tôt brisé !
>Il est creux par dedans,
>Là il brille fort,
>Ici plus encore.
>Je suis vivant !
>Mon cher fils,
>A toi prends garde !
>Tu dois mourir !
>Il est d'argile :
>Il tombe en débris.

MÉPHISTOPHÉLÈS.

Ce crible, à quoi sert-il ?

LE SINGE. *Il le ramasse.*

>Si tu étais un voleur,
>Je saurais d'abord te reconnaître.

(*Il court à la guenon et la fait regarder à travers.*)

>Vois à travers le crible !
>Reconnais-tu le voleur,
>Et ne l'oses-tu pas nommer ?

MÉPHISTOPHÉLÈS, *s'approchant du feu.*

Et ce pot ?

LE SINGE *et* LA GUENON.

>Le pauvre sot !
>Il ne connaît pas le pot !
>Il ne connaît pas la marmite !

MÉPHISTOPHÉLÈS.

Impertinente bête!

LE SINGE.

Prends ce goupillon,
Et sur le siége place-toi.

(*Il force Méphistophélès de s'asseoir.*)

FAUST, *qui, dans l'intervalle, s'est tenu devant un miroir, et tantôt s'en est approché, tantôt s'en est éloigné.*

Que vois-je? Quelle apparition céleste se montre dans ce miroir magique? Amour, oh! prête-moi ton aile la plus rapide, et mène-moi dans son pays! Ah! si je ne reste pas à cette place, si je hasarde d'approcher, je ne puis la voir que comme dans un brouillard.... La plus belle figure de femme!... Est-il possible qu'une femme soit si belle? Dois-je, en cette figure couchée, voir l'abrégé de tous les cieux? Rien de pareil se trouve-t-il sur la terre?

MÉPHISTOPHÉLÈS.

Naturellement, quand un dieu s'est mis d'abord six jours à la torture, et qu'enfin lui-même il dit bravo! quelque chose de soigné doit prendre naissance. Pour cette fois, rassasie toujours ta vue : je saurai te découvrir un petit trésor tel que celui-là, et bienheureux celui qui aura la bonne fortune de l'emmener chez lui comme époux! (*Faust continue à regarder dans le miroir. Méphistophélès se couche dans le fauteuil, et joue avec le goupillon.*) Me voilà comme le roi sur le trône; je tiens le sceptre : il ne me manque plus que la couronne.

LES ANIMAUX, *qui jusque-là ont exécuté entre eux toute sorte de mouvements bizarres, apportent une couronne à Méphistophélès, en poussant de grands cris.*

Veuille, si telle est ta bonté,
Avec la sueur et le sang
Coller cette couronne.

(*Ils manient gauchement la couronne, et la brisent en deux morceaux, avec lesquels ils sautent de côté et d'autre.*)

A présent c'est fait!
Nous parlons et voyons,
Nous écoutons et rimons.

FAUST, *devant le miroir.*

Malheur à moi! Peu s'en faut que mon esprit ne s'égare.

MÉPHISTOPHÉLÈS, *montrant les animaux.*

La tête commence à me tourner à moi-même.

LES ANIMAUX.

Et si cela nous réussit,
Et si cela s'arrange,
Ce sont des pensées !

FAUST, *comme plus haut.*

Mon cœur commence à s'enflammer. Éloignons-nous bien vite.

MÉPHISTOPHÉLÈS, *toujours assis.*

Il faut du moins convenir que ce sont de vrais poëtes. (*La marmite, que la guenon a négligé de surveiller, commence à déborder ; il s'élève une grande flamme, qui s'échappe par la cheminée. La sorcière descend à travers la flamme, en poussant des cris épouvantables.*)

LA SORCIÈRE.

Au ! au ! au ! au !
Maudite bête ! exécrable truie !
Tu négliges la marmite ! tu brûles ta maîtresse !
Maudite bête !

(*Elle aperçoit Faust et Méphistophélès.*)

Que vois-je ici ?
Qui êtes-vous ici ?
Que voulez-vous là ?
Qui s'est introduit ?
La peine du feu,
Sur vos membres !

(*Elle plonge l'écumoire dans la marmite et asperge de flammes Faust, Méphistophélès et les animaux. Les animaux hurlent.*)

MÉPHISTOPHÉLÈS, *retournant le goupillon, qu'il tient à la main, et frappant sur les verres et les pots.*

Cassé ! brisé !
A terre la bouillie !
A terre le verre !
Ce n'est qu'un jeu ;
Carogne, c'est la mesure
Pour ta chanson.

(*La sorcière recule, pleine de colère et d'épouvante.*) Me reconnais-tu? Squelette, fantôme, reconnais-tu ton seigneur et maître? Qui me tient de te battre, de t'écraser, toi et tes esprits-singes? N'as-tu plus de respect pour le pourpoint rouge? Ne sais-tu pas reconnaître la plume de coq? Ai-je caché ce visage? Dois-je peut-être me nommer?

LA SORCIÈRE.

O seigneur, excusez cet accueil brutal! Mais je ne vois pas le pied de cheval! Où donc sont vos deux corbeaux?

MÉPHISTOPHÉLÈS.

Pour cette fois, tu en seras quitte comme cela. En effet, voici déjà quelque temps que nous ne nous sommes vus. La civilisation, qui polit tout le monde, s'est étendue jusqu'au diable; le fantôme du Nord ne se montre plus. Où vois-tu des cornes, une queue et des griffes? Et, pour la jambe de cheval, dont je ne puis me passer, elle me nuirait dans le monde; aussi, comme nombre de jeunes gens, depuis bien des années, je porte de faux mollets.

LA SORCIÈRE, *dansant.*

J'en perdrai, peu s'en faut, sens et raison : je revois ici Satan gentilhomme!

MÉPHISTOPHÉLÈS.

Femme, je te défends ce nom.

LA SORCIÈRE.

Pourquoi? Que vous a-t-il fait?

MÉPHISTOPHÉLÈS.

Il est écrit depuis longtemps dans le livre des fables, mais les hommes n'en sont pas meilleurs. Ils sont délivrés du malin : les malins sont restés. Appelle-moi monsieur le baron, à la bonne heure! Je suis un cavalier comme les autres. Tu ne doutes pas de ma noble naissance : regarde, voici les armes que je porte. (*Il fait un geste indécent.*)

LA SORCIÈRE, *riant aux éclats.*

Ah! Ah! C'est bien de vous! Vous êtes un fripon, comme vous fûtes toujours.

MÉPHISTOPHÉLÈS, *à Faust.*

Mon ami, que cela te serve de leçon : voilà comme on en use avec les sorcières.

LA SORCIÈRE.

A présent, messieurs, dites ce que vous désirez.

MÉPHISTOPHÉLÈS.

Un bon verre de l'élixir que tu sais. Mais je demande du plus vieux. Les années en doublent la force.

LA SORCIÈRE.

Très-volontiers. J'en ai là une bouteille, dont je tâte moi-même de temps en temps, et qui n'a plus la moindre puanteur. Je vous en donnerai volontiers un petit verre. (*Bas à Méphistophélès.*) Mais, si cet homme le boit sans être préparé, il n'a pas, vous le savez bien, une heure à vivre.

MÉPHISTOPHÉLÈS.

C'est un de mes bons amis, à qui cela fera du bien. Je voudrais qu'il eût la fleur de ta cuisine. Trace ton cercle, prononce tes formules et donne-lui une tasse pleine. (*La sorcière, en faisant des gestes bizarres, trace un cercle, où elle place des choses singulières : pendant ce temps, les verres commencent à tinter, la marmite à résonner, ce qui fait une musique. Enfin elle apporte un grand livre ; elle met dans le cercle les singes, qui doivent lui servir de pupitre et tenir les flambeaux. Elle fait signe à Faust d'approcher.*)

FAUST, *à Méphistophélès.*

Non, dis-moi comment cela finira. Ces folles pratiques, ces gestes furieux, cette absurde jonglerie, me sont assez connus, assez odieux.

MÉPHISTOPHÉLÈS.

Pure farce! Ce n'est que pour rire. Ne sois pas un homme si sévère. Il faut, comme médecin, qu'elle fasse un tour de gobelets, afin que l'élixir te profite. (*Il oblige Faust d'entrer dans le cercle ; la sorcière lit dans le livre, et commence à déclamer avec beaucoup d'emphase.*)

LA SORCIÈRE.

Comprends-moi bien :
D'un feras dix,
Et deux retrancheras,
Et trois soudain feras;
Et riche tu seras.
Le quatre laisseras;
De cinq et six,

> Dit la sorcière,
> Fais sept et huit....
> C'est accompli !
> Et neuf est un,
> Et dix n'est rien.
> C'est le livret de la sorcière !

FAUST.

Il me semble que la vieille parle dans la fièvre.

MÉPHISTOPHÉLÈS.

Nous sommes encore loin d'être au bout. Je le sais bien, ainsi chante tout le livre. J'y ai perdu beaucoup de temps. Car une parfaite contradiction demeure également un mystère pour les sages et pour les fous. Mon ami, l'art est ancien et nouveau. Ce fut de tout temps la manière de répandre, par trois et un et un et trois, l'erreur au lieu de la vérité. Ainsi l'on bavarde et l'on enseigne sans trouble. Qui veut se commettre avec les fous ? D'ordinaire, quand il n'entend que des mots, l'homme imagine qu'ils doivent signifier quelque chose.

LA SORCIÈRE, *poursuivant*.

> La grande puissance
> De la science,
> Cachée au monde entier !
> Et à qui n'y songe pas
> Elle est donnée ;
> Sans soins il l'obtient.

FAUST.

Quelle absurdité nous avance-t-elle ? Ma tête va se briser. Il me semble que j'entends parler toute une armée de cent mille fous.

MÉPHISTOPHÉLÈS.

Assez, assez, excellente sibylle. Apporte ton breuvage, et remplis bien vite la tasse jusqu'au bord. Car cette boisson ne nuira pas à mon ami : c'est un homme qui a passé par bien des grades, qui a bu plus d'un bon coup. (*Avec force cérémonies, la Sorcière verse le breuvage dans une tasse : au moment où Faust la porte à sa bouche, il s'élève une légère flamme.*) Allons, avale hardiment ! Achève ! Cela te réjouira d'abord le cœur. Tu es avec le diable à tu et à toi, et tu aurais peur de la flamme ? (*La Sorcière rompt le cercle et Faust en sort.*) Maintenant partons vite ! Il ne faut pas que tu restes en repos.

LA SORCIÈRE.

Puisse ce petit coup vous faire du bien !

MÉPHISTOPHÉLÈS, *à la Sorcière.*

Et si je puis faire quelque chose pour t'obliger, tu n'auras qu'à me le dire au sabbat.

LA SORCIÈRE.

Voici une chanson : si vous la chantez quelquefois, vous en éprouverez des effets singuliers.

MÉPHISTOPHÉLÈS.

Viens vite et laisse-toi conduire : il est nécessaire que tu transpires, afin que la vertu agisse à l'intérieur et à l'extérieur. Ensuite je t'apprendrai à faire cas de la noble oisiveté, et tu sentiras bientôt, avec un secret ravissement, comme Cupidon s'agite et voltige de tous côtés.

FAUST.

Laisse-moi seulement jeter encore un rapide coup d'œil dans le miroir ! Cette figure de femme était si belle !

MÉPHISTOPHÉLÈS.

Non, non, tu verras bientôt le modèle de toutes les femmes incarné devant toi. (*A part.*) Avec cette boisson dans le corps, tu verras bientôt une Hélène dans chaque femme.

LA RUE.

FAUST, MARGUERITE, *passant*.

FAUST.

Ma belle dame, oserais-je vous offrir mon bras et vous reconduire ?

MARGUERITE.

Je ne suis ni dame ni belle : je puis aller chez nous sans être accompagnée. (*Elle se délivre de Faust et s'éloigne.*)

FAUST.

Par le ciel, cette enfant est belle! Je n'ai jamais rien vu de pareil. Elle est modeste et sage, et, avec cela pourtant, assez piquante. Je n'oublierai de ma vie l'incarnat de ses lèvres, l'éclat de ses joues. La façon dont elle a baissé les yeux s'est gravée profondément dans mon cœur. Et cette humeur mutine, c'est à ravir! (*Méphistophélès survient.*)

FAUST.

Écoute, il faut me procurer cette fillette.

MÉPHISTOPHELÈS.

Eh! laquelle?

FAUST.

Celle qui vient de passer.

MÉPHISTOPHÉLÈS.

Celle-là? Elle vient de quitter son curé, qui lui a donné pleine absolution. Je m'étais glissé tout près du confessionnal : c'est une pauvre innocente, qui était allée à confesse pour rien. Je n'ai sur elle aucun pouvoir.

FAUST.

Elle a pourtant plus de quatorze ans.

MÉPHISTOPHÉLÈS.

Vous faites bien comme Hans Liederlich[1], qui demande pour lui toute gentille fleur, et s'imagine qu'il n'est honneur ni faveur qu'elles ne puissent cueillir. Mais il n'en va pas toujours ainsi.

FAUST.

Louable monsieur le magister, laissez-moi en paix avec votre morale. Et je vous le dis nettement, si cette douce jeune fille ne repose ce soir dans mes bras, nous nous séparons à minuit.

MÉPHISTOPHÉLÈS.

Veuillez des choses qui puissent se faire! Il me faut quinze jours au moins pour épier seulement l'occasion.

FAUST.

Si j'avais seulement sept heures de loisir, je n'aurais pas besoin du diable pour séduire la petite créature.

MÉPHISTOPHÉLÈS.

Vous parlez déjà, peu s'en faut, comme un Français. Mais, je vous en prie, ne vous tourmentez pas. Que sert-il de brusquer la jouissance? Le plaisir n'est pas à beaucoup près aussi grand que si vous avez d'abord, avec mille brimborions, par-ci par-là, pétri et accommodé la poupée, comme nous l'apprennent maints contes gaulois.

FAUST.

J'ai de l'appétit même sans cela.

MÉPHISTOPHÉLÈS.

Maintenant, sans dispute et sans raillerie, je vous le dis une fois pour toutes, cela n'ira pas vite avec cette belle enfant. Il n'est là rien à prendre d'assaut : il faut nous résoudre à la ruse.

FAUST.

Procure moi quelque chose du trésor de cet ange; mène-moi dans le lieu où elle repose; procure-moi un mouchoir qui ait couvert son sein, une jarretière de ma mignonne.

MÉPHISTOPHÉLÈS.

Pour vous montrer que je veux secourir et servir votre peine, nous ne perdrons pas un moment, et je vous mènerai aujourd'hui même dans sa chambre.

---

1. Jean le libertin.

FAUST.

Et je pourrai la voir, la posséder?

MÉPHISTOPHÉLÈS.

Non, elle sera chez une voisine. Cependant vous pourrez, tout seul, savourer pleinement, dans son atmosphère, l'espérance de vos plaisirs futurs.

FAUST.

Pouvons-nous aller?

MÉPHISTOPHÉLÈS.

Il est encore trop tôt.

FAUST.

Songe à me procurer un cadeau pour elle. (*Il s'éloigne.*)

MÉPHISTOPHÉLÈS.

Déjà les cadeaux! C'est à merveille. Il réussira. Je connais mainte belle place et maint trésor dès longtemps enfoui. Il faut que je revoie un peu cela. (*Il s'en va.*)

LA CHAMBRE DE MARGUERITE.

C'est le soir. Une petite chambre proprette.

MARGUERITE, *tressant ses cheveux et les attachant.*

Je donnerais bien quelque chose pour savoir seulement qui était ce monsieur d'aujourd'hui. Il avait assurément très-bonne mine et il est de noble maison. J'ai pu le lire sur son front.... Et, sans cela, il n'aurait pas été si hardi. (*Elle sort. Entrent Faust et Méphistophélès.*)

MÉPHISTOPHÉLÈS.

Entrez tout doucement, entrez donc.

FAUST, *après un moment de silence.*

Je t'en prie, laisse-moi seul.

MÉPHISTOPHÉLÈS, *observant de tous côtés.*

Toutes les jeunes filles n'ont pas chez elles cette propreté. (*Il sort.*)

FAUST, *regardant autour de lui.*

Salut, doux crépuscule, qui pénètres dans ce sanctuaire! Empare-toi de mon cœur, douce peine d'amour, qui te nourris, avec langueur, de la rosée d'espérance! Comme respire alentour le sentiment de la paix, de l'ordre, du contentement! Dans cette pauvreté, quelle abondance! Dans cette prison, quelle félicité! (*Il se jette dans le fauteuil de cuir auprès du lit.*) Accueille-moi à mon tour, toi qui, aux heures de la joie et de la douleur, as reçu les aïeux dans tes bras ouverts. Ah! combien de fois une troupe d'enfants s'est déjà suspendue autour de ce trône paternel! Peut-être, touchée de reconnaissance pour les joies de Noël, ma bien-aimée, avec ses rondes joues d'enfant, a-t-elle ici baisé pieusement la main flétrie de son aïeul. J'entends, ô jeune fille, chuchoter autour de moi ton esprit d'ordre et de vigilance, qui sans cesse te dirige avec amour, te commande d'étendre proprement le tapis sur la table, et même de saupoudrer de sable le parquet[1]. O main chérie, main divine, par toi la cabane devient un parvis céleste. Et ici.... (*Il soulève un rideau du lit.*) Quel frisson de volupté me saisit! Ici je pourrais m'arrêter des heures entières. Nature, ici, dans des songes légers, tu achevas de former cet ange né sur la terre; ici reposa cette enfant, au tendre sein, rempli de chaleur et de vie; et ici, avec une sainte et pure activité, se développa l'image des dieux. Et toi, qu'est-ce qui t'amène? Que je me sens profondément ému! Que viens-tu chercher ici? Pourquoi ton cœur est-il oppressé? Misérable Faust, je ne te connais plus. Ici suis-je enveloppé d'une vapeur enchantée? Je courais à la jouissance, et je me perds en amoureuses rêveries! Sommes-nous le jouet de chaque impression de l'air? Et, si elle entrait tout à coup, comme tu expierais ton audace! Ah! le grand Jean serait bien petit! Il se fondrait aux pieds de la jeune fille.

MÉPHISTOPHÉLÈS.

Vite!... Je la vois qui arrive là-bas.

FAUST.

Partons, partons : je ne reviendrai jamais.

MÉPHISTOPHÉLÈS.

Voici une cassette passablement lourde. J'ai été la prendre autre part. Placez-la toujours dans l'armoire : je vous jure qu'elle en sera hors de sens. J'ai mis dedans de petites choses pour en gagner une autre. Mais un enfant est un enfant, un jeu est un jeu.

FAUST.

Je ne sais si je dois....

MÉPHISTOPHÉLÈS.

Que de questions! Songez-vous peut-être à garder le trésor ? Alors je conseille à votre convoitise d'épargner vos précieux moments et ma peine désormais. J'espère que vous n'êtes pas avare. (*Il place la cassette dans l'armoire et referme la serrure.*) Je me gratte la tête et me frotte les mains (partons vite!), afin de tourner la douce et jeune enfant au gré de votre cœur, et vous

---

[1]. C'est l'usage en Allemagne.

voilà comme si vous alliez entrer dans l'auditoire, et si vous aviez devant vous, en chair et en os, avec leurs cheveux gris, la physique et la métaphysique! Sortons. (*Ils s'en vont.*)

MARGUERITE, *tenant une lampe.*

Quelle chaleur ici et quelle vapeur étouffante! (*Elle ouvre la fenêtre.*) Et pourtant il ne fait pas si chaud dehors. Je suis toute je ne sais comment.... Je voudrais que ma mère revînt à la maison. Un frisson me court par le corps.... Je suis bien folle et bien peureuse! (*Elle se met à chanter en se déshabillant.*)

> Il était un roi de Thulé,
> Jusqu'à la tombe fidèle,
> A qui son amie, en mourant,
> Donna une coupe d'or.
>
> Rien n'avait pour lui plus de prix;
> Il la vidait à chaque banquet;
> Ses yeux se remplissaient de larmes,
> Aussi souvent qu'il y buvait.
>
> Et, quand il fut près de mourir,
> Il compta les villes de son royaume,
> Donna tout à son héritier,
> Mais non la coupe en même temps.
>
> Il s'assit au festin royal,
> Les chevaliers autour de lui,
> Dans la haute salle de ses ancêtres,
> En son manoir, au bord de la mer.
>
> Là le vieux buveur, se levant,
> Lampa le dernier cordial,
> Et jeta la coupe sacrée
> Là-bas dans les flots.
>
> Il la vit tomber et boire,
> Et s'enfoncer dans la mer;
> Ses yeux s'appesantirent,
> Et depuis il ne but jamais.

(*Elle ouvre l'armoire, pour serrer ses vêtements, et voit la cassette de bijoux.*)

Comment cette belle cassette est-elle venue là dedans? J'avais bien certainement fermé l'armoire. C'est prodigieux! Que peut-elle renfermer? Peut-être quelqu'un l'a-t-il apportée comme gage, et ma mère a prêté dessus. Voilà une petite clef pendue à un ruban. Je pense bien que je puis l'ouvrir. Qu'est cela? Dieu du ciel! Voyez!... De mes jours je ne vis rien de pareil! Une parure!... Avec cela une noble dame pourrait aller à la plus grande fête. Comment la chaîne m'irait-elle? A qui peuvent appartenir ces choses magnifiques? (*Elle se pare des bijoux et se regarde dans un miroir.*) Si seulement les boucles d'oreilles étaient à moi! On a tout de suite un autre air avec cela. Que vous sert la beauté, la jeunesse? Tout cela est sans doute bel et bon, mais, tout cela, on le laisse où il est. On vous loue à demi, avec compassion. Tout court après l'or, tout s'attache à l'or. Ah! pauvres filles que nous sommes!

UNE PROMENADE.

FAUST, MÉPHISTOPHÉLÈS.
Faust va et vient en rêvant ; Méphistophélès s'approche de lui.

MÉPHISTOPHÉLÈS.

Par tout amour dédaigné!... Par les flammes de l'enfer!... Je voudrais savoir quelque chose de pire, pour l'attester et blasphémer à mon aise!

FAUST.

Qu'as-tu donc? Quelle affaire te pique si fort? Je ne vis de mes jours pareille grimace!

MÉPHISTOPHÉLÈS.

Je me donnerais au diable sur l'heure, si je n'étais un diable moi-même.

FAUST.

Quelque chose s'est-il dérangé dans ta cervelle? Il te sied bien de te déchaîner comme un furieux!

MÉPHISTOPHÉLÈS.

Pensez donc, la parure que j'avais procurée pour Marguerite, un moine l'a enlevée! La mère est venue à voir la chose, et soudain elle est prise d'une terreur secrète. Cette femme a l'odorat fort subtil; elle a toujours le nez dans son livre de prières, et flaire chaque objet, afin de juger si la chose est sacrée ou profane. Et, pour la parure, elle a deviné clairement qu'elle n'apporterait pas beaucoup de bénédictions. « Mon enfant, s'est-elle écriée, le bien mal acquis enchaîne l'âme et consume le sang. Consacrons-le à la mère de Dieu : nous y gagnerons la manne du ciel. » La petite Marguerite fit la moue. « C'est un cheval donné, se disait-elle, et, en vérité, ce n'est pas un impie celui qui l'a si gentiment apporté là. » La mère fit venir un moine. Il eut à peine appris le tour, qu'il trouva l'objet fort à son gré. Il dit : « Voilà ce qui s'appelle bien penser! Qui renonce gagne. L'Église a un bon estomac; elle a englouti des pays entiers, et ne s'est pourtant pas encore donné d'indigestion; l'Église seule, mes chères femmes, peut digérer le bien mal acquis. »

FAUST.

C'est un usage universel : un juif, un roi, en peuvent faire autant.

MÉPHISTOPHÉLÈS.

Là-dessus il fit rafle de tout, agrafe, chaîne et bague, comme d'une simple bagatelle, ne remercia ni plus ni moins que si ce fût un panier de noix, leur promit toutes les récompenses du ciel, de quoi elles furent très-édifiées.

FAUST.

Et Marguerite?

MÉPHISTOPHÉLÈS.

Elle est assise tout inquiète, ne sait ce qu'elle veut ni ce qu'elle doit faire, pense à la parure jour et nuit, et plus encore à celui qui l'avait apportée.

FAUST.

Le chagrin de ma bien-aimée m'afflige. Procure-lui sur-le-champ une nouvelle parure. La première n'était pas de si grande valeur.

MÉPHISTOPHÉLÈS.

Oh! oui, pour monsieur tout est jeu d'enfants.

FAUST.

A l'œuvre! Arrange cela comme j'entends. Attache-toi à sa voisine. Ne sois pas un diable à l'eau rose, et trouve une nouvelle parure!

MÉPHISTOPHÉLÈS.

Oui, très-honoré maître, de tout mon cœur. (*Faust s'en va.*) Un fol amoureux, tel que celui-là, vous ferait un feu d'artifice du soleil, de la lune et de toutes les étoiles, pour divertir sa maîtresse.

LA MAISON DE LA VOISINE.

MARTHE, *seule.*

Que Dieu pardonne à mon cher mari! Il ne s'est pas bien conduit avec moi. Il s'en va soudain courir le monde, et me laisse seule sur la paille. Et pourtant je ne lui ai fait, en vérité, aucun chagrin : je l'aimais, Dieu le sait, de tout mon cœur. (*Elle pleure.*) Il est mort peut-être.... O douleur !... Si j'avais du moins un extrait mortuaire! (*Entre Marguerite.*)

MARGUERITE.

Madame Marthe!

MARTHE.

Qu'y a-t-il, petite Marguerite?

MARGUERITE.

Mes genoux sont près de plier sous moi. Voilà que je trouve encore une cassette dans mon armoire, une cassette d'ébène, remplie de choses tout à fait magnifiques, et beaucoup plus riche que n'était la première.

MARTHE.

Il ne faut pas le dire à ta mère : elle irait la porter bien vite au confesseur.

MARGUERITE.

Ah! voyez donc! admirez donc!

MARTHE, *lui mettant les bijoux.*

Oh! l'heureuse créature!

MARGUERITE.

Hélas! je n'ose me montrer avec cela ni dans la rue ni à l'église.

MARTHE.

Viens donc souvent chez moi, et tu mettras en secret cette parure; tu te promèneras une petite heure devant le miroir : nous y trouverons du plaisir. Et puis il vient une occasion, il vient une fête, où l'on fait voir cela aux gens peu à peu ; d'abord une petite chaîne, puis la perle à l'oreille : la mère ne la voit pas, ou bien on lui fait quelque histoire.

MARGUERITE.

Mais qui a pu apporter les deux cassettes ? Il y a là-dessous quelque supercherie. (*On frappe.*) Ah ! Dieu, serait-ce peut-être ma mère ?

MARTHE, *regardant à travers le rideau.*

C'est un étranger.... Entrez. (*Entre Méphistophélès.*)

MÉPHISTOPHÉLÈS.

Je prends la liberté d'entrer tout droit : je prie ces dames de me pardonner. (*Il recule respectueusement devant Marguerite.*) Je désirais parler à madame Marthe Schwerdtlein !

MARTHE.

C'est moi, monsieur. Qu'avez-vous à me dire ?

MÉPHISTOPHÉLÈS, *bas à Marthe.*

Je vous connais maintenant : cela me suffit. Vous avez là une personne de distinction. Pardonnez la liberté que j'ai prise : je reviendrai après midi.

MARTHE, *haut.*

Figure-toi, mon enfant, quelle aventure !... Monsieur te prend pour une personne de qualité.

MARGUERITE.

Je suis une pauvre jeune fille. Ah ! Dieu, monsieur est trop bon. Cette parure et ces bijoux ne sont pas à moi.

MÉPHISTOPHÉLÈS.

Ah ! ce n'est pas seulement la parure : vous avez un air, un regard si imposant ! Combien je suis heureux de pouvoir demeurer !

MARTHE.

Que m'apportez-vous donc ? Je désire fort....

MÉPHISTOPHÉLÈS.

Je voudrais vous annoncer une meilleure nouvelle. J'espère que vous ne m'en ferez pas porter la peine. Votre mari est mort et vous fait saluer.

MARTHE.

Il est mort !... Le cher ami !... O malheur !... Mon mari est mort !... Ah ! je succombe.

MARGUERITE.

Ah! chère dame, ne vous désespérez pas.

MÉPHISTOPHÉLÈS.

Écoutez la malheureuse histoire.

MARGUERITE.

Voilà pourquoi je ne voudrais aimer de ma vie. Une telle perte m'affligerait à la mort.

MÉPHISTOPHÉLÈS.

Point de plaisir sans peine, point de peine sans plaisir.

MARTHE.

Dites-moi comment il a fini.

MÉPHISTOPHÉLÈS

Il est enseveli à Padoue, près de saint Antoine, en terre bénie, froide couche, pour l'éternité.

MARTHE.

Ne m'apportez-vous rien de plus?

MÉPHISTOPHÉLÈS.

Oui, une prière importante et grave : faites dire pour lui trois cents messes. Du reste mes poches sont vides.

MARTHE.

Quoi? pas un objet curieux? pas un joyau! Ce que chaque ouvrier épargne au fond du sac, ce qu'il réserve comme souvenir, dût-il avoir faim, dût-il mendier!

MÉPHISTOPHÉLÈS.

Madame, j'en suis affligé de tout mon cœur, mais, en vérité, il n'a pas gaspillé son argent. Il s'est d'ailleurs bien repenti de ses fautes, et il a déploré plus encore son malheur.

MARGUERITE.

Ah! que les hommes sont à plaindre! Certainement je ferai dire pour lui quelques Requiem.

MÉPHISTOPHÉLÈS.

Vous seriez digne d'entrer tout de suite dans le mariage. Vous êtes une aimable enfant.

MARGUERITE.

Ah! non, ce n'est pas encore le moment.

MÉPHISTOPHÉLÈS.

Si ce n'est un mari, que ce soit, pour l'heure, un galant.

C'est une des plus grandes faveurs du ciel que d'avoir dans ses bras un objet si charmant.

MARGUERITE.

Ce n'est pas l'usage du pays.

MÉPHISTOPHÉLÈS.

Usage ou non, cela s'arrange.

MARTHE.

Racontez-moi donc !

MÉPHISTOPHÉLÈS.

Je l'assistai au lit de mort. C'était un peu mieux que du fumier : de la paille demi-pourrie. Mais il est mort en chrétien, trouvant qu'il avait mérité bien pis encore. « Que je dois, s'écriait-il, me haïr profondément ! Quitter ainsi mon métier, ma femme ! Ah ! ce souvenir me tue. Si du moins elle me pardonnait encore dans ce monde !... »

MARTHE, *pleurant.*

Ah ! le bon homme ! Il y a longtemps que je lui ai pardonné.

MÉPHISTOPHÉLÈS.

« Mais, Dieu le sait, c'était plus sa faute que la mienne. »

MARTHE.

Il en a menti ! Quoi, mentir au bord de la tombe !

MÉPHISTOPHÉLÈS.

Il extravaguait sans doute en ses derniers moments, si du moins je m'y connais un peu. « Je n'avais pas, disait-il, un instant pour m'amuser. D'abord lui faire des enfants, et puis leur gagner du pain, et du pain dans toute l'étendue du mot, et je ne pouvais pas même manger ma part en paix. »

MARTHE.

A-t-il donc oublié toute ma fidélité, tout mon amour, mes tourments de jour et de nuit ?

MÉPHISTOPHÉLÈS.

Non pas, il y a pensé de tout son cœur. Il disait : « Quand je partis de Malte, je priai avec ferveur pour ma femme et mes enfants ; aussi le ciel nous fut-il favorable, en sorte que notre vaisseau captura un bâtiment turc, qui portait un trésor du grand sultan. Le courage eut sa récompense, et je reçus, comme de raison, ma part bien mesurée.

MARTHE.

Eh! comment? où donc? L'a-t-il peut-être enfouie?

MÉPHISTOPHÉLÈS.

Qui sait où la gardent les quatre vents! Une belle dame prit du goût pour lui, comme il se promenait à Naples en étranger; elle lui donna tant de preuves d'amour et de fidélité, qu'il les a ressenties jusqu'à sa bienheureuse fin.

MARTHE.

Le drôle! Voler ses propres enfants! Ainsi donc ni misère ni détresse n'ont pu le détourner de son infâme vie!

MÉPHISTOPHÉLÈS.

Vous voyez! Aussi est-il mort. Si j'étais à votre place, je porterais le deuil l'année d'usage, et, en attendant, je coucherais en joue un nouveau trésor.

MARTHE.

Ah! Dieu, je n'en trouverais pas facilement un autre au monde comme était mon premier. On ne pouvait guère voir un plus charmant petit fou. Seulement il aimait beaucoup trop les voyages et les femmes étrangères, et les vins étrangers, et ce maudit jeu de dés.

MÉPHISTOPHÉLÈS.

Bon! bon! cela pouvait aller et durer, s'il vous en passait à peu près autant de son côté. Je vous jure que moi-même, à cette condition, j'échangerais volontiers l'anneau avec vous.

MARTHE.

Oh! il plait à monsieur de badiner.

MÉPHISTOPHÉLÈS, *à part*.

Il est temps que je me retire : elle serait femme à prendre le diable au mot. (*A Marguerite.*) Comment donc va votre cœur?

MARGUERITE.

Qu'est-ce que monsieur veut dire par là?

MÉPHISTOPHÉLÈS, *à part*.

Bonne, innocente enfant! (*Haut.*) Adieu, mesdames.

MARGUERITE.

Adieu.

MARTHE.

Oh! dites-moi donc vite : je voudrais bien avoir un témoignage, qui me dît où, quand et comment mon trésor mourut et fut inhumé. J'ai toujours été amie de l'ordre : j'aimerais à lire aussi sa mort dans les affiches.

MÉPHISTOPHÉLÈS.

Oui, bonne dame, en tout pays la vérité se prouve par la bouche de deux témoins. J'ai un compagnon très-distingué, que je vous produirai devant le juge. Je vous l'amènerai.

MARTHE.

Oh! faites cela!

MÉPHISTOPHÉLÈS.

Et mademoiselle y sera-t-elle aussi ?... C'est un honnête garçon ; il a beaucoup voyagé ; il est d'une grande politesse avec les dames.

MARGUERITE.

Devant ce monsieur je rougirais de confusion.

MÉPHISTOPHÉLÈS.

Non pas devant aucun roi de la terre.

MARTHE.

Là, derrière la maison, dans mon jardin, nous attendrons ce soir ces messieurs.

LA RUE.

FAUST, MÉPHISTOPHÉLÈS.

FAUST.

Comment cela va-t-il? Avançons-nous? Cela ira-t-il bientôt?

MÉPHISTOPHÉLÈS.

Ah! bravo! Je vous trouve en feu! Dans peu de temps Marguerite est à vous. Ce soir vous la verrez chez la voisine Marthe. C'est une femme qui semble choisie exprès pour le rôle d'entremetteuse et de bohémienne.

FAUST.

Fort bien.

MÉPHISTOPHÉLÈS.

Mais on exige aussi quelque chose de nous.

FAUST.

Un service en vaut un autre.

MÉPHISTOPHÉLÈS.

Nous déposerons seulement un valable témoignage que les membres de son mari reposent couchés, à Padoue, en terre sainte.

FAUST.

Fort bien pensé! Nous devrons commencer par faire le voyage.

MÉPHISTOPHÉLÈS.

Sancta simplicitas! Il ne s'agit point de cela. Témoignez seulement, sans en savoir davantage.

FAUST.

Si tu n'as rien de mieux, le plan est manqué.

MÉPHISTOPHÉLÈS.

O saint homme! Vous en seriez donc là! Est-ce la première fois de votre vie que vous avez rendu un faux témoignage? N'avez-vous pas donné sur Dieu, sur le monde et les choses qui se meuvent en lui, sur l'homme et ce qui s'agite dans sa tête et dans son sein, des définitions, avec une grande force, le front levé, le cœur intrépide? Et, si vous vouliez descendre franchement en vous-même, vous devriez l'avouer sans détour, vous en saviez autant sur tout cela que sur la mort de M. Schwerdtlein.

FAUST.

Tu es et tu seras toujours un menteur, un sophiste.

MÉPHISTOPHÉLÈS.

Oui, si notre science ne pénétrait pas quelque peu plus avant. Car demain n'iras-tu pas, en tout honneur, ensorceler la pauvre Marguerite et lui jurer l'amour le plus pur?

FAUST.

Et certes de tout mon cœur.

MÉPHISTOPHÉLÈS.

C'est bel et bon! Ensuite vous parlerez de fidélité, d'amour éternel, d'inclination unique, irrésistible.... Sera-ce encore de tout votre cœur?

FAUST.

Assurément!... Lorsque je suis ému, que, pour ce sentiment, pour ce trouble, je cherche un nom et n'en trouve point; qu'ensuite, avec tous mes sens, je m'égare à travers le monde; que je m'empare de tous les mots les plus sublimes, et que cette ardeur dont je brûle, je la nomme infinie, éternelle.... est-ce là une imposture diabolique?

MÉPHISTOPHÉLÈS.

J'ai pourtant raison.

FAUST.

Écoute, retiens ceci (je te prie d'épargner mes poumons): celui qui veut gagner son procès, pourvu qu'il ait une langue, le gagne certainement. Viens, je suis las de ce bavardage; car, si tu as raison, c'est surtout parce qu'il faut que j'obéisse.

LE JARDIN DE MARTHE.

MARGUERITE, FAUST, MARTHE, MÉPHISTOPHÉLÈS.
Marguerite donne le bras à Faust; Marthe et Méphistophélès se promènent en long et en large.

MARGUERITE.
Je sens bien que monsieur me ménage, et s'abaisse jusqu'à moi pour me rendre confuse. Un voyageur est accoutumé à s'accommoder, par politesse, de ce qu'il rencontre. Je sais trop bien qu'un homme si expérimenté ne peut trouver d'intérêt à ma pauvre conversation.

FAUST.
Un regard, un mot de toi m'intéresse plus que toute la sagesse de ce monde. (*Il lui baise la main.*)

MARGUERITE.
Ne prenez pas cette peine. Comment pouvez-vous la baiser? Elle est si vilaine! elle est si rude! Aussi, que n'ai-je pas eu à faire? Ma mère est si exigeante! (*Ils passent.*)

MARTHE.
Et vous, monsieur, vous voyagez donc toujours?

MÉPHISTOPHÉLÈS.
Ah! faut-il que les affaires et le devoir nous y obligent! Avec combien de regrets on quitte certains lieux! Et pourtant on n'ose pas rester.

MARTHE.
Dans la fougue de l'âge, on peut se plaire à courir le monde librement; mais les mauvais jours approchent, et se traîner seul au tombeau, en vieux célibataire, personne encore ne s'en est trouvé bien.

MÉPHISTOPHÉLÈS.
Je vois de loin la chose avec effroi.

MARTHE.

Eh bien, mon digne monsieur, avisez à propos. (*Ils passent.*)

MARGUERITE.

Oui, loin des yeux, loin du cœur. La politesse vous est familière; mais vous avez des amis en foule, qui sont plus habiles que moi.

FAUST.

O ma chère, crois-moi, souvent ce qu'on nomme habileté est plutôt vanité et courte vue.

MARGUERITE.

Comment?

FAUST.

Ah! faut-il que la simplicité, l'innocence, ne se connaissent jamais elles-mêmes ni leur sainte dignité! Que la modestie, l'humilité, les plus beaux dons de l'aimable et libérale nature....

MARGUERITE.

Pensez seulement à moi un petit moment, j'aurai assez de temps pour penser à vous.

FAUST.

Vous êtes donc beaucoup seule?

MARGUERITE.

Oui, notre ménage est petit, et pourtant il faut y pourvoir.... Nous n'avons point de servante : il faut cuire, balayer, tricoter et coudre et courir matin et soir. Et ma mère est, dans tous les détails, si soigneuse! Non qu'elle soit précisément obligée de se restreindre si fort : nous pourrions, bien plus que d'autres, nous donner de la liberté; mon père nous a laissé un joli bien, une maisonnette et un jardinet près de la ville. Mais je passe à présent des jours assez tranquilles. Mon frère est soldat; ma petite sœur est morte. J'avais bien de la peine avec l'enfant; mais je me soumettrais encore volontiers à tous ces ennuis : l'enfant m'était si chère!

FAUST.

Un ange, si elle te ressemblait!

MARGUERITE.

Je l'élevais et elle m'aimait de tout son cœur. Elle était née après la mort de mon père. Nous crûmes notre mère perdue, tant elle fut alors languissante. Elle se remit très-lentement, peu à peu. Elle ne put même songer à nourrir elle-même la pauvre petite. Et, comme cela, je la nourris toute seule avec du lait et de l'eau. Ainsi elle était mienne; sur mes bras, sur mes genoux, elle souriait, frétillait, devenait grande.

FAUST.

Tu as goûté sans doute le bonheur le plus pur.

MARGUERITE.

Mais j'avais aussi bien des heures pénibles. La nuit, le berceau de la petite était auprès de mon lit; elle se remuait à peine, que j'étais éveillée. Tantôt je devais lui donner à boire, tantôt la coucher auprès de moi; tantôt, si elle ne se taisait pas, me lever du lit, aller et venir dans la chambre en sautillant; et, dès le grand matin, au lavoir, puis au marché, et songer aux repas, et toujours ainsi, demain comme aujourd'hui! Ça ne va pas, monsieur, toujours bien gaiement; mais on en trouve meilleure la nourriture, meilleur le repos. (*Ils passent.*)

MARTHE.

Les pauvres femmes sont bien embarrassées : un célibataire est difficile à convertir.

MÉPHISTOPHÉLÈS.

Il n'appartiendrait qu'à une femme comme vous de me désabuser.

MARTHE.

Parlez franchement, monsieur, n'avez-vous rien trouvé encore? Votre cœur ne s'est-il pas attaché quelque part?

MÉPHISTOPHÉLÈS.

Le proverbe dit : Un foyer à soi, une bonne femme, valent l'or et les perles.

MARTHE.

J'entends, si vous n'avez jamais eu de fantaisie?

MÉPHISTOPHÉLÈS.

On m'a reçu partout très-poliment.

MARTHE.

Je voulais dire, n'avez-vous jamais eu rien de sérieux au cœur?

MÉPHISTOPHÉLÈS.

Il ne faut jamais se hasarder à badiner avec les femmes.

MARTHE.

Ah! vous ne me comprenez pas.

MÉPHISTOPHÉLÈS.

J'en suis sincèrement affligé. Mais je comprends.... que vous avez bien de la bonté. (*Ils passent.*)

FAUST.

Tu m'as reconnu, petit ange, dès que je suis entré dans le jardin?

MARGUERITE.

N'avez-vous pas vu que j'ai baissé les yeux?

FAUST.

Et tu pardonnes la liberté que j'ai prise, ce que ma témérité se permit l'autre jour, comme tu sortais de l'église?

MARGUERITE.

Je fus troublée : cela ne m'était jamais arrivé. Personne ne pouvait médire de moi. « Ah! me disais-je, a-t-il vu dans ta démarche quelque chose de hardi, de malséant? Il semblait d'abord que l'envie lui prit simplement d'agir sans façon avec cette fille. » Je l'avoue cependant, je ne sais quoi commençait à s'émouvoir ici en votre faveur. Mais assurément j'étais bien fâchée contre moi, de ne pouvoir être plus fâchée contre vous.

FAUST.

Douce amie!

MARGUERITE.

Laissez un peu! (*Elle cueille une marguerite, et en détache les feuilles une à une.*)

FAUST.

Que veux-tu faire? Un bouquet?

MARGUERITE.

Non; ce n'est qu'un jeu.

FAUST.

Comment!

MARGUERITE.

Allez! vous rirez de moi. (*Elle effeuille la fleur en murmurant.*)

FAUST.

Qu'est-ce que tu murmures?

MARGUERITE, *à demi-voix.*

Il m'aime.... Il ne m'aime pas.

FAUST.

Douce créature du ciel!

MARGUERITE, *poursuivant.*

Il m'aime.... ne m'aime pas.... il m'aime.... ne m'aime pas.... (*Avec joie, en détachant la dernière feuille.*) Il m'aime!

FAUST.

Oui, mon enfant! Que cette parole de la fleur soit pour toi l'oracle des dieux. Il t'aime! Comprends-tu ce que cela veut dire? Il t'aime! (*Il lui prend les deux mains.*)

MARGUERITE.

Je frissonne.

FAUST.

Oh! ne tremble pas. Que ce regard, que ce serrement de main te disent ce qui est inexprimable. Se donner tout entier et sentir une joie qui doit être éternelle! éternelle!... La fin en serait le désespoir! Non, point de fin! point de fin! (*Marguerite lui serre les mains, se dégage et s'enfuit. Il reste un moment à rêver et il la suit.*)

MARTHE, *approchant.*

La nuit tombe.

MÉPHISTOPHÉLÈS.

Oui, et nous allons partir.

MARTHE.

Je vous prierais de rester ici plus longtemps; mais les gens de l'endroit sont trop méchants. On dirait que personne n'ait rien à démêler, rien à faire, qu'à observer les démarches et les pas du voisin, et l'on fait parler de soi, de quelque façon que l'on se comporte. Et notre couple?...

MÉPHISTOPHÉLÈS.

S'est envolé là-bas par cette allée. Joyeux papillons!

MARTHE.

Il semble en être épris.

MÉPHISTOPHÉLÈS.

Comme elle de lui. C'est le cours du monde.

UN PAVILLON DE JARDIN.

MARGUERITE, FAUST. *Marguerite s'élance dans le pavillon, se blottit derrière la porte, le doigt sur les lèvres, et lorgne à travers l'ouverture.*

MARGUERITE.

Il vient.

FAUST, *accourant.*

Ah! friponne, c'est ainsi que tu me lutines! Je te tiens. (*Il l'embrasse.*)

MARGUERITE, *le pressant dans ses bras et lui rendant le baiser.*

Cher ami! Je t'aime de tout mon cœur. (*Méphistophélès heurte à la porte.*)

FAUST, *frappant du pied.*

Qui est là?

MÉPHISTOPHÉLÈS.

Ami.

FAUST.

Animal!

MÉPHISTOPHÉLÈS.

Il est temps de se séparer.

MARTHE, *arrivant.*

Oui, il est tard, monsieur.

FAUST.

Ne puis-je vous accompagner?

MARGUERITE.

Ma mère pourrait me.... Adieu!

FAUST.

Faut-il donc m'éloigner?... Adieu.

MARTHE.

Adieu!

MARGUERITE.

Au prochain revoir! (*Faust et Méphistophélès se retirent.*)

MARGUERITE, *seule.*

Bon Dieu! tout ce que cet homme peut penser!... Je reste confuse devant lui, et je dis oui à toute chose. Je ne suis qu'une pauvre et ignorante enfant, et je ne comprends pas ce qu'il peut trouver en moi. (*Elle s'en va.*)

FAUST, seul.

Esprit sublime, tu m'as donné, tu m'as donné tout ce que demandait ma prière. Ce n'est pas en vain que tu as tourné vers moi ton visage au sein de la flamme. Tu m'as donné pour empire la magnifique nature, la force de la sentir, d'en jouir. Tu ne me permets pas uniquement d'en approcher avec une froide admiration : tu m'accordes de lire dans son sein profond, comme dans le cœur d'un ami. Tu fais passer devant moi la foule des êtres vivants, et tu m'enseignes à connaître mes frères dans le buisson secret, dans l'air et dans les eaux. Et, quand l'orage gronde et mugit dans la forêt, et, précipitant les pins gigantesques, écrase, renverse les branches voisines, les arbres voisins; quand la colline répond à leur chute par un sourd et profond tonnerre : alors tu me conduis dans la grotte tranquille; alors tu me révèles à moi-même; alors se manifestent les secrètes, les profondes merveilles de mon propre cœur. Et devant mes regards monte la lune sereine, versant ici-bas sa douce clarté; du flanc des rochers et des buissons humides, je vois s'élever flottantes les blanches figures du passé; elles adoucissent l'austère volupté de la contemplation.

Oh! je sens maintenant qu'il n'est pour l'homme rien de parfait. A côté de ces délices, qui m'approchent des dieux de plus en plus, tu m'as donné un compagnon dont je ne puis déjà plus me passer, bien que, par sa froideur et son insolence, il me ravale à mes propres yeux, et qu'il réduise tes dons au néant par un souffle de sa bouche. Il attise incessamment dans mon sein une ardeur furieuse pour cette beauté. Ainsi je cours avec ivresse du désir à la jouissance, et, dans la jouissance, je soupire après le désir. (*Survient Méphistophélès.*)

MÉPHISTOPHÉLÈS.

Avez-vous bientôt mené cette vie assez longtemps? Comment peut-elle vous plaire à la longue? C'est fort bien d'en essayer une fois; mais ensuite on passe à quelque chose de nouveau.

FAUST.

Je voudrais te voir occupé à quelque chose de mieux que de me tourmenter dans mes bons jours.

MÉPHISTOPHÉLÈS.

Là, là, je te laisse volontiers en repos. Tu ne peux me parler de la sorte sérieusement : un compagnon tel que toi, disgracieux, grondeur et fou, est véritablement peu regrettable. Tout le jour on a les mains pleines : ce qui lui plaît et ce qu'il faut éviter, on ne peut jamais le deviner au bout du nez de monsieur.

FAUST.

C'est là parler de la bonne manière. Il veut encore que je le remercie de m'ennuyer.

MÉPHISTOPHÉLÈS.

Pauvre fils de la terre, comment aurais-tu sans moi mené ta vie? Je t'ai pourtant guéri pour longtemps des rêves de l'imagination. Et, sans moi, tu serais déjà parti de ce monde. A quoi bon te morfondre ici comme un hibou, dans les cavernes et les crevasses de rochers? Pourquoi humer, comme un crapaud, ta nourriture dans la mousse humide et les pierres ruisselantes? Le beau, l'agréable passe-temps! Le docteur te tient toujours au corps.

FAUST.

Comprends-tu quelles forces nouvelles me donne cette course au désert? Oui, si tu pouvais le soupçonner, tu serais assez diable pour me frustrer de mon bonheur.

MÉPHISTOPHÉLÈS.

Plaisir surhumain! Se coucher sur les montagnes dans la nuit et la rosée; embrasser avec ravissement le ciel et la terre; s'enfler jusqu'à se croire un Dieu; fouiller, avec l'ardeur du pressentiment, la moelle de la terre; sentir dans son sein l'œuvre entière des six jours; avec une orgueilleuse énergie, savourer.... je ne sais quoi; parfois se répandre sur toutes choses en effusions d'amour; dépouiller l'homme tout entier,

et, cette contemplation sublime, la terminer (*Il fait un geste*)....
je n'ose dire comment!

FAUST.

Fi de toi!

MÉPHISTOPHÉLÈS.

Cela ne vous plaît pas; vous avez le droit de prononcer un modeste *fi!* On n'ose pas nommer devant les chastes oreilles les choses dont les chastes cœurs ne sauraient se passer. Bref, je t'accorde la satisfaction de te mentir un peu à toi-même dans l'occasion : tu ne soutiendras pas ce rôle longtemps. Te voilà déjà de nouveau fatigué, et, si cela dure, abîmé dans la folie ou l'angoisse et l'horreur. Assez là-dessus! Ta bonne amie est recluse chez elle, et tout l'oppresse et l'afflige; tu ne lui sors pas de la pensée; elle t'aime au delà de ses forces. D'abord ta fureur amoureuse a débordé, comme un petit ruisseau, enflé par les neiges, surmonte ses rives; tu lui as versé cette ardeur dans le sein : maintenant ton petit ruisseau est à sec. Il me semble qu'au lieu de trôner dans les bois, le noble seigneur, ferait bien de récompenser la pauvre guenuche de son amour. Elle trouve le temps d'une déplorable longueur; elle se tient à la fenêtre; elle regarde les nuages passer par-dessus les vieux murs de la ville. « Si j'étais un petit oiseau! » Voilà sa chanson toute la journée et la moitié des nuits. Quelquefois elle est gaie, plus souvent triste; quelquefois elle fond en larmes, puis elle redevient tranquille, à ce qu'il semble, et toujours amoureuse.

FAUST.

Serpent! serpent!

MÉPHISTOPHÉLÈS, *à part*.

N'est-ce pas?... Pour que je t'enlace!

FAUST.

Infâme! va-t'en d'ici, et ne prononce pas le nom de cette belle femme! Ne présente pas de nouveau à mes sens, presque égarés, le désir de son corps charmant.

MÉPHISTOPHÉLÈS.

Qu'arrivera-t-il? Elle te croit en fuite, et déjà tu l'es à moitié.

FAUST.

Je suis près d'elle, et, quand j'en serais éloigné, je ne pourrai jamais l'oublier, jamais la perdre. Oui, je porte envie même au corps du Seigneur, quand ses lèvres le touchent.

MÉPHISTOPHÉLÈS.

Fort bien, mon ami! Moi, je vous ai souvent envié les deux jumeaux qui paissent sous les roses.

FAUST.

Fuis, entremetteur!

MÉPHISTOPHÉLÈS.

Bien! Vous m'insultez et vous me faites rire. Le dieu qui créa les garçons et les filles légitima en même temps le très-noble métier de faire aussi naître l'occasion. Allons donc! c'est un grand malheur! Vous allez, je pense, dans la chambre de votre maîtresse, et non pas à la mort!

FAUST.

Qu'est-ce que la joie du ciel dans ses bras? Quand je me réchauffe contre son sein, est-ce que je ne sens pas toujours sa misère? Ne suis-je pas le fugitif, le vagabond, le monstre sans but et sans repos, semblable au torrent qui mugit de rochers en rochers et court en fureur dans l'abîme? Elle, à l'écart, avec des sens innocemment endormis, dans la cabane de son petit enclos alpestre, et toutes ses occupations ménagères renfermées dans ce petit univers; et moi, l'ennemi de Dieu, il ne m'a pas suffi de saisir les rochers et de les réduire en poudre, il me fallait l'ensevelir elle-même avec son repos! Enfer, il te fallait cette victime! Viens, Satan, abréger pour moi le temps de l'angoisse! Que ce qui doit arriver arrive sur-le-champ! Que sa destinée s'écroule sur ma tête et qu'elle s'abîme avec moi!

MÉPHISTOPHÉLÈS.

Comme il bouillonne encore! Comme il se renflamme! Viens, viens la consoler, pauvre fou! Quand un de ces petits cerveaux ne voit point d'issue, il se figure aussitôt que tout est fini. Vive celui qui garde son courage! Tu es cependant assez endiablé, et je ne vois rien de plus absurde au monde qu'un diable qui désespère.

LA CHAMBRE DE MARGUERITE.

MARGUERITE, *seule. Elle est assise à son rouet.*

    Ma paix est perdue,
    Mon cœur est navré ;
    Je ne la retrouverai jamais,
    Jamais, jamais.

    S'il n'est pas avec moi,
    Pour moi c'est la tombe ;
    L'univers entier
    N'est plus qu'amertume.

    Ma pauvre tête,
    Elle est troublée ;
    Mon pauvre esprit,
    Il est brisé.

    Ma paix est perdue,
    Mon cœur est navré ;
    Je ne la retrouverai jamais,
    Jamais, jamais !

    C'est lui seul que je guette
    Par la fenêtre ;
    C'est lui seul que je cherche
    Hors de la maison :

    Sa fière démarche,
    Son noble maintien,
    Le sourire de sa bouche,
    Le pouvoir de ses yeux,

    Et ses discours
    Pleins de magie,
    Le serrement de sa main,
    Hélas ! et son baiser !...

Ma paix est perdue,
Mon cœur est navré;
Je ne la retrouverai jamais,
Jamais, jamais!

Mon sein, qui palpite,
S'élance après lui.
Ah! si je pouvais le saisir,
Et le garder,

Et le couvrir de baisers,
Comme je voudrais....
Sous ses baisers
Il faudrait mourir!

LE JARDIN DE MARTHE.

MARGUERITE, FAUST.

MARGUERITE.

Promets-moi, Henri....

FAUST.

Ce que je puis.

MARGUERITE.

Eh bien, dis-moi quels sont tes sentiments sur la religion. Tu es un homme sincère et bon, mais je crois que tu n'en as pas beaucoup.

FAUST.

Laissons cela, mon enfant. Tu sens que je t'aime; pour ceux que j'aime, je donnerais mon sang et ma vie : je ne veux ravir à personne ses sentiments et son Église.

MARGUERITE.

Ce n'est pas assez, il faut y croire.

FAUST.

Faut-il?

MARGUERITE.

Ah! si je pouvais quelque chose sur toi! Tu ne respectes pas non plus les saints sacrements.

FAUST.

Je les respecte.

MARGUERITE.

Mais sans désir. Il y a longtemps que tu n'es allé à la messe, à confesse. Crois-tu en Dieu?

FAUST.

Ma chère amie, qui peut dire : « Je crois en Dieu? » Interroge les prêtres ou les sages, et leur réponse semblera n'être qu'une moquerie à l'adresse du consultant.

MARGUERITE.

Ainsi, tu n'y crois pas?

FAUST.

Entends-moi bien, ô mon doux visage!... Qui ose le nommer? Et qui ose dire : « Je crois en lui? » Qui peut sentir et se permettre de dire : « Je ne crois pas en lui? » Celui qui embrasse tout, qui soutient tout, n'embrasse-t-il pas, ne soutient-il pas toi, moi, lui-même? Là-haut le ciel ne se courbe-t-il pas en voûte? La vaste terre n'est-elle pas ferme sous nos pieds? Et les étoiles éternelles ne se lèvent-elles pas avec des regards d'amour? Mon œil ne voit-il pas dans le tien, et tout ne se presse-t-il pas vers ton esprit et vers ton cœur, et n'agit-il pas invisiblement, visiblement, à côté de toi, dans un éternel mystère? Remplis de ces choses ton cœur tout entier, et lorsque, plongée dans ce sentiment, tu seras heureuse, donne-lui le nom que tu voudras; nomme-le bonheur, cœur, amour, Dieu! Je n'ai point de nom pour cela; le sentiment est tout; le nom n'est que bruit et fumée, qui obscurcit la splendeur du ciel.

MARGUERITE.

Tout cela est bel et bon; c'est à peu près ce que dit aussi le curé, mais avec des mots tant soit peu différents.

FAUST.

En tous lieux tous les cœurs le disent, à la clarté du ciel, chacun dans sa langue : pourquoi ne le dirais-je pas dans la mienne?

MARGUERITE.

Si on l'entend ainsi, la chose pourrait sembler supportable, mais il y a toujours du louche là dedans, car tu n'es pas chrétien.

FAUST.

Chère enfant!

MARGUERITE.

Depuis longtemps cela me fait mal de te voir dans la compagnie....

FAUST.

Quoi donc?...

MARGUERITE.

Cet homme que tu as auprès de toi, je le hais du fond de mon âme. De ma vie rien ne m'a blessé le cœur comme cet odieux visage.

FAUST.

Chère mignonne, ne le crains pas.

MARGUERITE.

Sa présence me fait tourner le sang. Je veux du bien à tout le monde; mais, autant je soupire après ta vue, autant j'ai pour cet homme une secrète horreur, et, avec cela, je le tiens pour un fourbe. Dieu me pardonne, si je lui fais tort!

FAUST.

Il faut qu'il y ait aussi de ces animaux-là.

MARGUERITE.

Je ne voudrais pas vivre avec ses pareils. Vient-il à se montrer à la porte, il regarde toujours au dedans d'un air moqueur et à moitié colère. On voit qu'il ne prend aucun intérêt à rien; il porte écrit sur le front qu'il ne peut aimer personne au monde. Je me trouve si bien dans tes bras, si libre, si vivement dévouée, et sa présence me serre le cœur.

FAUST.

Pressentiments d'un ange!

MARGUERITE.

Cela me domine si fort, que, s'il vient seulement à s'approcher de nous, il me semble, en vérité, que je ne t'aime plus. Quand il est là, je ne saurais non plus jamais prier, et cela me ronge le cœur. Henri, il en doit être de même pour toi.

FAUST.

C'est de l'antipathie.

MARGUERITE.

Je dois me retirer maintenant.

FAUST.

Ah! jamais ne pourrai-je passer une heure paisible dans tes bras, presser mon cœur sur ton cœur, mon âme sur ton âme?

MARGUERITE.

Si seulement je dormais seule! Je te laisserais volontiers les verrous ouverts cette nuit; mais ma mère n'a pas le sommeil profond, et, si nous étions surpris par elle, j'en mourrais à l'instant.

FAUST.

Cher ange, ce n'est pas une difficulté. Voici un petit flacon : trois gouttes seulement dans la boisson plongent doucement la nature en un profond sommeil.

MARGUERITE.

Que ne fais-je pas pour l'amour de toi? Cela ne peut, j'espère, lui faire aucun mal.

FAUST.

Autrement, ma chère, voudrais-je te le conseiller?

MARGUERITE.

Homme excellent, dès que je te vois, je ne sais quoi me mène à ton gré. J'ai déjà tant fait pour toi, qu'il ne me reste presque plus rien à faire. (*Elle s'éloigne. Survient Méphistophélès.*)

MÉPHISTOPHÉLÈS.

La petite babouine est-elle partie?

FAUST.

Tu as encore espionné?

MÉPHISTOPHÉLÈS.

J'ai saisi tout le détail. Monsieur le docteur a été catéchisé. J'espère que cela vous profitera. Les jeunes filles sont très-intéressées à ce qu'on soit pieux et simple, à la vieille mode. Elles se disent : « S'il plie sur ce point, il nous suivra de même. »

FAUST.

Monstre, tu ne vois pas comme cette âme tendre, fidèle, pleine de sa foi, qui suffit toute seule à faire son bonheur, se tourmente saintement, de ce qu'elle doit croire perdu l'homme qu'elle aime le mieux.

MÉPHISTOPHÉLÈS.

Galant spirituel et charnel, une petite fille te mène par le nez.

FAUST.

Bizarre avorton de fange et de feu!

MÉPHISTOPHÉLÈS.

Et elle se connaît parfaitement en physionomies. Elle éprouve en ma présence elle ne sait quoi d'étrange; mon masque lui fait pressentir un mystère; elle sent que je suis assurément un génie, peut-être même le diable. Eh bien! cette nuit?...

FAUST.

Que t'importe?

MÉPHISTOPHÉLÈS.

Va, j'aurai ma part du plaisir.

A LA FONTAINE.

MARGUERITE, LISETTE. *Elles portent des cruches.*

LISETTE.
N'as-tu rien ouï dire de la petite Barbe?

MARGUERITE.
Pas un mot. Je vois très-peu de gens.

LISETTE.
C'est sûr, Sibylle me l'a dit aujourd'hui. Elle aussi a fini par s'égarer. Voilà où mènent ces grands airs!

MARGUERITE.
Comment donc?

LISETTE.
Ça ne sent pas bon. A présent, quand elle mange et boit, elle en nourrit deux.

MARGUERITE.
Ah!

LISETTE.
Elle n'a que ce qu'elle mérite. Combien de temps n'a t-elle pas été pendue après le drôle! C'étaient des promenades!... Et aller au village et à la danse! Il fallait qu'elle fût partout la première. Il la régalait sans cesse de petits gâteaux et de vin. Elle s'en faisait accroire sur sa beauté; mais elle était si déhontée, qu'elle ne rougissait pas de recevoir de lui des cadeaux. C'étaient des caresses et des cajoleries!.. Tant y a que la fleur est bien loin.

MARGUERITE.
Pauvre fille!

LISETTE.
Tu la plains encore? Lorsque nous étions au rouet, que la mère ne nous laissait pas en bas la nuit, elle restait doucement auprès de son amoureux. Sur le banc de la porte et dans l'allée sombre, les heures n'étaient jamais trop longues pour eux. A

présent, elle peut courber la tête et faire pénitence sous le cilice.

MARGUERITE.

Il la prendra sans doute pour femme.

LISETTE.

Il serait bien fou! Un garçon éveillé comme lui trouvera bien assez d'air autre part. Aussi a-t-il décampé.

MARGUERITE.

Ce n'est pas beau.

LISETTE.

Si elle l'attrape, cela ira mal pour elle. Les garçons lui arracheront sa couronne, et nous sèmerons de la paille hachée devant sa porte. (*Elle s'en va.*)

MARGUERITE, *retournant chez elle*.

Comme je pouvais hardiment clabauder autrefois, quand une pauvre fillette tombait en faute! Comme je ne pouvais trouver assez de mots sur ma langue pour blâmer les péchés des autres! Comme cela me paraissait noir, et comme je le noircissais encore! et ce n'était pourtant jamais assez noir à mes yeux; et je me signais, et je faisais la fière; et maintenant je suis moi-même livrée au péché! Mais, mon Dieu! tout ce qui m'a séduite était si bon! hélas! était si charmant!

LES REMPARTS.

Dans l'enfoncement de la muraille est une image de la MATER DOLOROSA; *des vases de fleurs devant l'image.*

MARGUERITE, *seule. Elle met dans les vases des fleurs nouvelles.*

Daigne abaisser,
O mère des douleurs,
Un regard de pitié sur ma détresse!

L'épée dans le cœur,
Avec mille souffrances,
Tu lèves les yeux vers ton fils expiré.
Tu lèves les yeux vers le Père,
Et lui adresses des soupirs
Pour son angoisse et la tienne.

Qui sentira
Comme se déchaîne
La douleur dans mes membres?
Ce que mon pauvre cœur ici redoute,
Ce qu'il appréhende, ce qu'il désire,
Toi seule, toi seule tu le sais.

En quelque lieu que je m'avance,
Quelle douleur, quelle douleur
Me perce le sein!
Hélas! à peine suis-je seule,
Je pleure, je pleure, je pleure :
Mon cœur se brise dans mon sein.

Les vases devant ma fenêtre,
Je les ai mouillés de pleurs, hélas!
Lorsque de grand matin
J'ai cueilli pour toi ces fleurs.

Il brillait
Dans ma chambre,
Le premier rayon du soleil :
Déjà, dans la douleur plongée,
J'étais assise sur mon lit.

Viens, sauve-moi de honte et de mort.
Daigne abaisser,
O mère des douleurs,
Un regard de pitié sur ma détresse.

LA RUE.

Devant la porte de Marguerite. Il fait nuit. Valentin, frère de Marguerite, est en habit de soldat.

VALENTIN.

Lorsque j'étais assis à un de ces repas où les gens aiment à se faire valoir, et que mes camarades vantaient bien haut devant moi la fleur des jeunes filles, noyant l'éloge dans les rasades, le coude appuyé sur la table, je restais assis bien tranquille; j'écoutais toutes ces fanfaronnades, et me caressais la barbe en souriant, et prenais en main mon verre, et je disais : « Chacun son goût; mais en est-il une, dans tout le pays, qui vaille ma bonne petite Marguerite? qui mérite de porter l'eau pour ma sœur?... » Top! top! kling! klang! entendait-on à la ronde. Les uns criaient : « Il a raison! elle est l'ornement de tout le sexe! » Et tous les vantards restaient muets. Et maintenant!... Il y a de quoi s'arracher les cheveux, de quoi grimper aux murs.... Avec leurs coups de langue et leurs moqueries, chaque drôle viendra me honnir! Je serai là sur la sellette, comme un mauvais débiteur, suant à chaque petit mot lancé par hasard! Et quand je les rosserais tous ensemble.... je ne pourrais cependant les traiter de menteurs.... Qui vient là? Qui se glisse par ici? Si je ne me trompe, ils sont deux. Si c'est lui, je lui tombe sur le corps; il ne s'en ira pas vivant de la place. (*Surviennent Faust et Méphistophélès.*)

FAUST.

Comme, à travers la fenêtre de la sacristie voisine, la lueur de la lampe éternelle là-haut rayonne, et, faible, et plus faible encore, décline à l'écart, et comme l'obscurité se presse alentour, de même la nuit règne dans mon cœur.

MÉPHISTOPHÉLÈS.

Et moi, je me sens comme le petit chat exténué, qui se frotte aux échelles et caresse doucement les murailles; je sens avec cela, en tout bien tout honneur, un tant soit peu la convoitise du larron, un tant soit peu la chaleur du matou : tant se fait déjà sentir dans tous mes membres la belle nuit du sabbat! Elle nous revient après-demain : là, du moins, on sait pourquoi l'on veille.

FAUST.

Cependant se montrera-t-il au jour, le trésor que je vois briller là-bas sous terre?

MÉPHISTOPHÉLÈS.

Tu pourras bientôt goûter le plaisir d'en retirer la cassette. Je l'ai reluquée récemment : il s'y trouve de beaux écus au lion.

FAUST.

Pas un bijou, pas une bague, pour parer ma bien-aimée?

MÉPHISTOPHÉLÈS.

J'ai bien vu aussi quelque chose comme cela, une manière de collier de perles.

FAUST.

Alors c'est bien. Cela m'afflige d'aller chez elle sans cadeau.

MÉPHISTOPHÉLÈS.

Cependant vous ne seriez pas fâché, je pense, de goûter aussi un plaisir gratis. A présent que le ciel est tout brillant d'étoiles, vous allez entendre un vrai chef-d'œuvre. Je chanterai à la belle une chanson morale, pour l'ensorceler plus sûrement. (*Il chante en s'accompagnant de la mandoline.*)

> Ici que fais-tu,
> Dis-moi, Catherinette,
> A la porte du galant,
> Au point du jour?
> Passe, passe ton chemin.
> Il te laissera
> Entrer comme fille,
> Mais non comme fille sortir.
>
> Prenez garde à vous.
> Quand la chose est faite,
> Alors, bonne nuit,
> Pauvres, pauvres fillettes!

Votre bonheur vous est-il cher?
Ne faites au larron
Jamais aucune grâce,
Qu'avec la bague au doigt.

VALENTIN. *Il s'avance.*

Qui viens-tu enjôler ici? Par l'enfer!... Maudit preneur de rats!... Au diable d'abord l'instrument! Au diable ensuite le chanteur!

MÉPHISTOPHÉLÈS.

La mandoline est en pièces! Son affaire est faite.

VALENTIN.

A présent, il s'agit de se fendre le crâne!

MÉPHISTOPHÉLÈS.

Monsieur le docteur, ne reculez pas! Courage! Serrez-vous contre moi comme je vous mène! Au vent votre flamberge! Poussez ferme! Je pare.

VALENTIN.

Pare celui-là!

MÉPHISTOPHÉLÈS.

Pourquoi pas?

VALENTIN.

Et celui-ci!

MÉPHISTOPHÉLÈS.

Certainement.

VALENTIN.

Je crois que le diable s'en mêle! Qu'est-ce donc? déjà ma main engourdie!

MÉPHISTOPHÉLÈS, *à Faust.*

Pousse!

VALENTIN, *tombant.*

O malheur!

MÉPHISTOPHÉLÈS.

Voilà le butor apprivoisé! Mais partons. Il nous faut sur-le-champ disparaître, car déjà l'on crie au meurtre. Je sais parfaitement m'arranger avec la police, mais fort mal avec la justice criminelle.

MARTHE, *à la fenêtre.*

Au secours! au secours!

MARGUERITE, *à la fenêtre.*

Ici de la lumière!

MARTHE.

On se querelle et l'on chamaille; on crie et l'on se bat.

PEUPLE.

En voilà déjà un de mort!

MARTHE, *sortant.*

Les meurtriers se sont-ils donc enfuis?

MARGUERITE, *sortant.*

Qui est là gisant?

PEUPLE.

Le fils de ta mère.

MARGUERITE.

Dieu tout-puissant! quel malheur!

VALENTIN.

Je meurs! C'est bientôt dit et encore plus tôt fait. Femmes, pourquoi restez-vous là à crier et gémir? Approchez et écoutez-moi. (*Tous font cercle autour de lui.*) Écoute, ma petite Marguerite : tu es jeune; tu n'es pas encore assez avisée; tu conduis mal tes affaires. Entre nous soit dit, tu n'es qu'une catin : sois-la donc comme il faut!

MARGUERITE.

Mon frère! Dieu! que dis-tu là?

VALENTIN.

Ne mêle pas notre seigneur Dieu dans ces bagatelles. Malheureusement, ce qui est fait est fait, et les choses iront comme elles pourront aller. Tu commences avec un seul en cachette : bientôt il en viendra d'autres, et, si une fois une douzaine te possèdent, tu appartiendras aussi à toute la ville. Quand la honte prend naissance, elle vient au monde en secret, et l'on étend le voile de la nuit sur sa tête et ses oreilles; même on voudrait bien l'étouffer. Mais, quand elle croît et se fait grande, alors aussi elle se montre nue en plein jour, et n'en est pas plus belle. Plus son visage est affreux, plus elle cherche la lumière du jour. En vérité, je vois déjà le temps où tous les honnêtes bourgeois se détourneront de toi, prostituée, comme d'un cadavre infect. Tu sentiras ton cœur se briser dans ta poitrine, quand ils te regarderont entre les yeux. Tu ne porteras plus de chaîne d'or. Dans l'église, tu ne paraîtras plus à l'autel. Tu n'iras plus, en belle fraise brodée, te réjouir à la danse. Dans un coin sombre et misérable, tu te cacheras parmi les mendiants et les estropiés, et, si même Dieu te pardonne, sur terre tu seras maudite.

MARTHE.

Recommandez votre âme à la grâce de Dieu. Voulez-vous encore vous charger d'un blasphème?

VALENTIN.

Si je pouvais seulement tomber sur ta carcasse, infâme entremetteuse, je croirais trouver amplement le pardon de tous mes péchés.

MARGUERITE.

Mon frère!... Quel supplice d'enfer!

VALENTIN.

Va, va, laisse tes larmes. Quand tu as forfait à l'honneur, tu m'as porté au cœur le coup le plus rude. A travers le sommeil de la mort, je vais à Dieu en brave soldat. (*Il expire.*)

LA CATHÉDRALE.

On célèbre l'office. On entend les orgues et le chant. Marguerite se mêle parmi la foule ; l'Esprit Malin se tient derrière elle.

MARGUERITE, L'ESPRIT MALIN.

L'ESPRIT MALIN.

Comme tu avais d'autres sentiments, Marguerite, lorsque, pleine encore d'innocence, tu venais ici à l'autel ; que, dans ton petit livre tout usé, tu murmurais des prières, le cœur occupé, moitié des jeux de l'enfance, moitié de ton Dieu! Marguerite, où est ton esprit ? Dans ton cœur quel forfait! Pries-tu pour l'âme de ta mère, qui par toi est trépassée pour une longue, longue souffrance? Sur le seuil de ta porte, quel est ce sang? Et dans ton sein déjà ne sens-tu pas remuer et s'enfler quelque chose qui s'inquiète, et t'inquiète aussi par sa présence pleine de pressentiments?

MARGUERITE.

Hélas! hélas! Fussé-je délivrée des pensées qui m'assiégent et s'élèvent contre moi!

LE CHOEUR.

DIES IRÆ, DIES ILLA
SOLVET SÆCLUM IN FAVILLA[1].

(*L'orgue joue.*)

L'ESPRIT MALIN.

La colère te saisit, la trompette résonne, les tombeaux s'agitent, et, du repos de la cendre, ressuscité pour les tourments de la flamme, ton cœur tressaillit!

---

1. Ce jour de colère, ce jour réduira le monde en cendres.

MARGUERITE.

Fussé-je loin d'ici! Il me semble que l'orgue me coupe la respiration, et que le chant me déchire jusqu'au fond du cœur.

LE CHOEUR.

> JUDEX ERGO QUUM SEDEBIT,
> QUIDQUID LATET APPAREBIT,
> NIL INULTUM REMANEBIT [1].

MARGUERITE.

J'étouffe; les piliers me pressent; la voûte m'écrase.... De l'air!

L'ESPRIT MALIN.

Cache-toi! Le crime et la honte ne restent pas cachés. De l'air? De la lumière?... Malheur à toi!

LE CHOEUR.

> QUID SUM MISER TUNC DICTURUS?
> QUEM PATRONUM ROGATURUS,
> QUUM VIX JUSTUS SIT SECURUS [2]?

L'ESPRIT MALIN.

Les bienheureux détournent de toi leurs visages; les justes ont horreur de te tendre la main. Malheur!

LE CHOEUR.

> QUID SUM MISER TUNC DICTURUS [3]?

MARGUERITE.

Voisine, votre flacon! (*Elle tombe évanouie.*)

---

1. Quand donc le juge s'assiéra, tout ce qui est caché apparaîtra, rien ne restera impuni.
2. Que dirai-je alors, misérable? Quel défenseur implorerai-je, quand le juste à peine est tranquille?
3. Que dirai-je alors, misérable?

LA NUIT DU SABBAT[1].

Montagnes du Harz; contrée de Schirke et d'Elend [2].

FAUST, MÉPHISTOPHÉLÈS.

MÉPHISTOPHÉLÈS.

Ne désires-tu point un manche à balai ? Je voudrais avoir le bouc le plus vigoureux. En allant de la sorte, nous sommes encore loin du but.

FAUST.

Aussi longtemps que je me sens ferme sur mes jambes, il me suffit de ce bâton noueux. Que sert-il d'abréger le chemin ?... Se couler dans le labyrinthe des vallées, puis gravir ces rochers, d'où la source éternelle jaillit et se précipite, c'est là le plaisir qui assaisonne une pareille promenade. Déjà le printemps se réveille dans les bouleaux, et déjà les pins mêmes les ressentent : n'agirait-il pas aussi sur nos membres ?

MÉPHISTOPHÉLÈS.

En vérité, je n'éprouve rien de pareil. J'ai l'hiver dans le corps; je voudrais, sur mon chemin, la neige et les frimas. Comme tristement le disque échancré de la lune sanglante monte avec sa tardive lumière, et nous éclaire si mal, qu'à chaque pas on se jette contre un arbre, contre un rocher ! Permets que j'appelle un feu follet. J'en vois un là-bas qui, fort à propos, brille gaiement.... Holà ! mon ami, puis-je t'appeler à nous ? Quelle fantaisie de flamber ainsi vainement ? Sois assez bon pour nous éclairer jusque là-haut.

---

1. La nuit de Walpurgis, de sainte Vaubourg. Elle tombe sur le 1ᵉʳ mai. C'est le sabbat des sorciers.
2. Village et vallée les plus élevés du Harz.

LE FEU FOLLET.

Le respect me fera réussir, j'espère, à contraindre mon naturel léger. Notre course ne va d'ordinaire qu'en zigzag.

MÉPHISTOPHÉLÈS.

Hé! hé! il pense imiter les hommes! Marche droit, au nom du diable; sinon, j'éteins d'un souffle ta vie vacillante.

LE FEU FOLLET.

Je vois bien que vous êtes le maître de céans, et je m'accommode volontiers à vos désirs. Mais songez que la montagne est ensorcelée; et, s'il faut qu'un feu follet vous montre le chemin, vous ne devez pas y regarder de si près. (*Faust, Méphistophélès et le Feu follet chantent alternativement.*)

Nous sommes entrés, il me semble, dans la sphère des songes et des enchantements. Conduis-nous bien et te fais honneur, afin que nous parvenions bientôt dans les contrées vastes et solitaires.

Je vois les arbres derrière les arbres passer rapidement, et les sommets qui s'inclinent, et les longs nez de rochers qui ronflent et qui soufflent!

A travers les pierres, à travers le gazon, courent ruisseaux et ruisselets. Entends-je des murmures? Entends-je des chants? Entends-je la douce plainte de l'amour, voix des jours célestes d'autrefois, ce qu'on espère, ce qu'on aime?... Et, comme les récits des vieux âges, les échos retentissent!

Ouhou! schouhou! plus près résonnent. Chouettes, pluviers et geais sont-ils restés tous éveillés? Ne vois-je pas des salamandres à travers les buissons? Longues jambes, ventres épais! Et les racines, comme des serpents, se replient hors des rochers et du sable, déroulent d'étranges liens, pour nous effrayer, pour nous prendre; des souches robustes et vivantes, elles tendent leurs fils de polypes au voyageur. Et les souris aux mille couleurs courent par troupes à travers la mousse et la bruyère; et les mouches luisantes volent par essaims pressés, cortége étourdissant.

Mais dis-moi si nous restons en place ou si nous avançons? Tout semble tourbillonner, arbres et rochers, qui grimacent, et feux follets, qui s'enflent et se multiplient.

MÉPHISTOPHÉLÈS.

Tiens-toi ferme au pan de mon manteau. Voici, dans le centre, un sommet, d'où l'on voit avec étonnement Mammon resplendir dans la montagne.

FAUST.

Comme étrangement vacille au fond des vallées une triste lueur crépusculaire, qui se glisse même jusqu'aux dernières profondeurs de l'abîme! Là monte une fumée; plus loin filent des exhalaisons malsaines; ici brille une flamme au sein de vapeurs sombres; puis elle glisse comme un léger fil; puis elle jaillit comme une source; ici elle serpente au loin, en mille veines, à travers la vallée; et là, dans cet étroit espace, elle se rassemble tout à coup. Près de nous jaillissent des étincelles, comme une pluie de sable d'or. Mais, regarde, dans toute sa hauteur s'enflamme la paroi des rochers.

MÉPHISTOPHÉLÈS.

Le seigneur Mammon n'éclaire-t-il pas magnifiquement le palais pour cette fête? C'est un bonheur que tu aies vu ces choses : je pressens déjà les turbulents convives.

FAUST.

Comme l'orage se déchaîne dans l'air! Avec quelle violence il frappe mes épaules!

MÉPHISTOPHÉLÈS.

Accroche-toi aux vieilles aspérités de la roche; sinon, l'orage te précipitera dans le fond de ces abîmes. Un brouillard obscurcit la nuit. Entends ces craquements dans les bois! Les hibous s'envolent épouvantés. Entends éclater les colonnes des palais toujours verts, et les gémissements, le fracas des rameaux, le puissant murmure des tiges, les cris et les plaintes des racines! Dans leur chute effroyable, confuse, les arbres se brisent les uns sur les autres; et, à travers les gouffres jonchés de débris, sifflent et mugissent les airs. Entends-tu ces voix sur la hauteur, au loin et dans le voisinage? Oui, tout le long de la montagne, un chant magique roule avec fureur.

CHOEUR DES SORCIÈRES.

Au Brocken [1] montent les sorcières.
Le chaume est jaune, le blé vert :
Là s'assemble la grande troupe;

---

1. Un des sommets du Harz.

Le seigneur Uriel trône sur la cime.
Ainsi l'on va par monts et vaux :
La sorcière p...., le bouc pue.

UNE VOIX.

La vieille Baubo vient seulette,
A cheval sur une truie.

LE CHOEUR

Honneur à qui revient l'honneur !
En avant, dame Baubo! et qu'elle marche en tête!
Un beau cochon et la mère dessus,
Puis vient la troupe des sorcières.

UNE VOIX.

Par quel chemin arrives-tu ?

UNE VOIX.

Par l'Ilsenstein. Là j'ai lorgné dans le nid du hibou. Il m'a fait des yeux!...

UNE VOIX.

Va au diable ! Pourquoi courir si vite?

UNE VOIX.

Il m'a écorchée. Vois donc la blessure!

CHOEUR DES SORCIÈRES.

La route est large, la route est longue :
Quelle est cette furieuse presse?
La fourche pique, le balai gratte;
L'enfant étouffe, la mère crève.

DEMI-CHOEUR DE SORCIERS.

Nous rampons, comme l'escargot avec sa maison :
Toutes les femmes sont devant.
Car, s'il s'agit d'aller chez le diable,
La femme a mille pas d'avance.

DEUXIÈME DEMI-CHOEUR.

Nous n'y regardons pas de si près.
La femme le fait en mille pas;
Mais, si fort qu'elle puisse courir,
L'homme le fait d'un bond.

UNE VOIX, *d'en haut.*

Venez, venez avec nous du lac des rochers!

PLUSIEURS VOIX, *d'en bas.*

Il nous plairait fort de vous suivre là-haut; nous faisons la lessive, et nous sommes blanches et nettes, mais aussi à jamais stériles.

LES DEUX CHOEURS.

Le vent se tait, l'étoile fuit,
La lune sombre se cache volontiers;
En bourdonnant, le chœur magique
Fait jaillir mille et mille étincelles.

UNE VOIX, *d'en bas.*

Arrête! arrête!

UNE VOIX, *d'en haut.*

Qui appelle là-bas, de la caverne?

LA VOIX *d'en bas.*

Avec vous prenez-moi! Avec vous prenez-moi! Voici trois cents ans que je monte, et je ne puis atteindre le sommet. Je voudrais être avec mes pareils.

LES DEUX CHOEURS.

Le balai porte, aussi fait le bâton;
La fourche porte, aussi fait le bouc.
Qui ne pourra s'élever aujourd'hui
Est à jamais un homme perdu.

UNE DEMI-SORCIÈRE, *d'en bas.*

Je trottine après vous depuis longtemps. Comme les autres sont déjà loin! Je n'ai point de repos à la maison, et ici je n'arrive pas non plus.

CHOEUR DES SORCIÈRES.

L'onguent donne courage aux sorcières;
Une guenille peut servir de voile;
Une auge est un bon navire :
Jamais ne volera qui ne vole aujourd'hui.

LES DEUX CHOEURS.

Et quand nous serons autour du sommet,
Alors traînez-vous par terre,
Et couvrez la bruyère au loin
De votre essaim de sorcières!

(*Ils s'asseyent.*)

MÉPHISTOPHÉLÈS.

Cela presse et pousse; cela murmure et cliquette; cela siffle et remue; cela passe et bavarde; cela brille, étincelle et pue et brûle. Véritable élément de sorcières! Tiens-moi ferme, autrement nous serons bientôt séparés! Où es-tu?

FAUST, *dans l'éloignement.*

Ici!

MÉPHISTOPHÉLÈS.

Quoi! déjà emporté là-bas? Il faut que je mette en usage mon droit de maître du logis. Place! voici le seigneur Voland. Place, aimable canaille! Place! Ici, docteur, prends-moi, et puis, en un saut, dérobons-nous à la presse : c'est trop fou, même pour mes pareils. Ici près quelque chose brille d'un éclat tout singulier. Je me sens attiré vers ce petit buisson. Viens, viens, nous nous glisserons là dedans.

FAUST.

Esprit de contradiction! poursuis : tu n'as qu'à me conduire. Je veux croire que c'est sagement fait. Nous montons au Brocken dans la nuit du sabbat, pour nous y séquestrer à plaisir!

MÉPHISTOPHÉLÈS.

Regarde donc quelles flammes bigarrées! Un joyeux club est assemblé : dans le petit monde, on n'est pas seul.

FAUST.

Cependant j'aimerais mieux être là-haut! Déjà je vois la fournaise et les tourbillons de fumée. La multitude afflue vers l'esprit malin : là doit se résoudre mainte énigme.

MÉPHISTOPHÉLÈS.

Là mainte énigme se noue aussi. Laisse bourdonner le grand monde; logeons-nous dans ce lieu sans bruit. C'est un usage dès longtemps établi, que dans le grand monde on fait de petits mondes. Là je vois de jeunes petites sorcières, toutes nues, et des vieilles qui se voilent prudemment. Soyez aimable, ne fût-ce que pour l'amour de moi. La peine est petite, le plaisir est grand. J'entends un vacarme d'instruments. Maudit charivari! Il faut s'y accoutumer. Viens, viens! On n'y peut rien changer. J'avance et je t'introduis, et te rends un nouveau service.... Qu'en dis-tu, mon ami? Ce n'est pas là un petit espace! Regarde là-bas : tu vois à peine la fin. Cent feux brûlent à la file. On danse, on babille, on cuisine, on boit, on fait l'amour. Or çà, dis-moi où l'on peut trouver mieux.

FAUST.

Veux-tu maintenant, pour nous introduire ici, te produire comme enchanteur ou comme diable?

MÉPHISTOPHÉLÈS.

A la vérité, j'ai fort l'habitude d'aller incognito : mais, dans un jour de gala, on fait voir ses ordres. Je n'ai pas pour insigne une jarretière, mais le pied de cheval est ici en grand honneur. Vois-tu cette limace? Elle approche en rampant : avec ses yeux qui palpent, elle a déjà deviné en moi quelque chose. Quand même je le voudrais, je ne pourrais me déguiser ici. Viens toujours! Nous passerons de feu en feu. Je suis l'entremetteur et tu es le galant. (*A quelques personnes assises autour des charbons qui s'éteignent:*) Mes vieux messieurs, que faites-vous ici au bout? Je vous approuverais, si je vous trouvais gentiment au milieu, entourés du bruit et du tumulte de la jeunesse. Chacun est assez solitaire au logis.

UN GÉNÉRAL.

Qui peut se fier aux nations, quoi que l'on ait fait pour elles? Auprès du peuple, comme auprès des femmes, la jeunesse prévaut toujours.

UN MINISTRE.

Aujourd'hui l'on est par trop loin de la justice. Parlez-moi des bons anciens! Car assurément, quand nous avions tout pouvoir, c'était le véritable âge d'or.

UN PARVENU.

En vérité, nous aussi nous n'étions pas bêtes, et nous faisions souvent ce qu'il ne fallait pas; mais à présent tout se bouleverse, et justement quand nous voulions le maintenir.

UN AUTEUR.

Qui peut lire aujourd'hui un livre tant soit peu raisonnable? Pour ce qui regarde la chère jeunesse, elle ne fut jamais aussi impertinente.

MÉPHISTOPHÉLÈS, *qui paraît tout à coup très-vieux.*

Je trouve le peuple mûr pour le jugement dernier, aujourd'hui que je gravis pour la dernière fois la montagne des sorcières, et, puisque mon petit tonneau donne son vin trouble, le monde aussi commence à baisser.

UNE SORCIÈRE REVENDEUSE.

Messieurs, ne passez pas ainsi. Ne laissez pas échapper l'occasion. Regardez attentivement mes marchandises. Il s'en trouve ici de toute sorte; et pourtant il n'y a rien dans ma boutique, sans pareille sur la terre, qui n'ait causé une fois un notable dommage aux hommes et au monde. Pas un poignard ici qui n'ait dégoutté de sang; pas une coupe qui n'ait versé dans un corps plein de santé un poison dévorant; pas une parure qui n'ait séduit une aimable femme; pas une épée qui n'ait rompu une alliance, ou transpercé quelque ennemi par derrière.

MÉPHISTOPHÉLÈS.

Hé! cousine, vous comprenez mal les temps. Ce qui est fait est fait. Fournissez-vous de nouveautés : les nouveautés seules nous attirent.

FAUST.

Pourvu que je ne m'oublie pas moi-même! Voilà ce que j'appelle une foire!

MÉPHISTOPHÉLÈS.

Tout le tourbillon s'efforce de monter : tu crois pousser et l'on te pousse.

FAUST.

Qui est celle-là?

MÉPHISTOPHÉLÈS.

Regarde-la bien : c'est Lilith.

FAUST.

Qui?

MÉPHISTOPHÉLÈS.

La première femme d'Adam. Tiens-toi en garde contre ses beaux cheveux, contre ce merveilleux ornement, dont elle se glorifie. Si elle prend un jeune homme dans ce lien, elle ne lui rend pas de sitôt la liberté.

FAUST.

En voilà deux assises, la vieille avec la jeune : elles ont déjà sauté comme il faut.

MÉPHISTOPHÉLÈS.

Aujourd'hui cela n'a point de repos. On passe à une nouvelle danse : viens donc! Soyons de la partie.

FAUST, *dansant avec la jeune.*

Une fois j'eus un beau rêve :
Je voyais un pommier.
Deux belles pommes brillaient dessus....
Elles m'attiraient : je grimpai.

LA BELLE.

Vous aimez fort les pommelettes,
Dès le temps du paradis.
De plaisir je me sens émue,
Que mon jardin en porte aussi.

MÉPHISTOPHÉLÈS, *dansant avec la vieille.*

Une fois j'eus un vilain rêve :
Je voyais un arbre fourchu ;
Il avait un....
Tel qu'il était, il me plaisait.

LA VIEILLE.

De tout mon cœur je salue
Le cavalier au pied cornu !
Qu'il tienne prêt....
S'il ne craint pas....

LE PROKTOPHANTASMIST[1].

Maudite engeance! Qu'osez-vous faire? Ne vous a-t-on pas dès longtemps démontré qu'un esprit ne se tient jamais sur ses pieds comme tout le monde? A présent, vous dansez même comme nous autres hommes!

LA BELLE, *dansant.*

Que veut-il à notre bal, celui-là?

FAUST, *dansant.*

Eh! il se montre partout. Ce que les autres dansent, il prétend le juger. S'il ne peut bavarder sur chaque pas, le pas est comme non avenu. Ce qui surtout l'irrite, c'est de nous voir avancer. Si vous vouliez tourner en rond, comme il fait dans son vieux moulin, peut-être encore trouverait-il cela bon ; surtout si vous deviez là-dessus lui faire la révérence.

LE PROKTOPHANTASMIST.

Vous êtes encore là! Non, c'est inouï. Disparaissez donc! Nous avons pourtant répandu la lumière. Cette engeance du diable

---

1. Sous cette dénomination grossière, Gœthe paraît désigner Nicolaï.

n'a souci d'aucune règle. Nous sommes la sagesse même, et cependant il revient des esprits à Tegel[1]! Combien de temps n'ai-je pas balayé cette rêverie! Et cela n'est jamais nettoyé. C'est vraiment inouï!

LA BELLE.

Cessez donc de nous ennuyer ici!

LE PROKTOPHANTASMIST.

Esprits, je vous le dis en face, je ne puis souffrir le despotisme de l'esprit : mon esprit ne peut l'exercer. (*La danse continue.*) Aujourd'hui, je le vois, rien ne me réussira. Mais je prends toujours avec moi un volume de mes voyages[2], et j'espère, avant mon dernier pas, mettre encore à la raison les diables et les poëtes.

MÉPHISTOPHÉLÈS.

Il va tout d'abord s'asseoir dans une mare.... C'est sa manière de se soulager.... Et, lorsque les sangsues s'en donnent après son derrière, il est guéri des esprits et de l'esprit. (*A Faust, qui a quitté la danse.*) Pourquoi laisses-tu partir la belle fille qui t'animait à la danse par de si jolis chants?

FAUST.

Ah! au milieu de son chant, une souris rouge s'est élancée de sa bouche.

MÉPHISTOPHÉLÈS.

Voilà bien quelque chose! On n'y prend pas garde. Il suffit que la souris ne fût pas grise. Qui s'inquiète de cela à l'heure du berger?

FAUST.

Ensuite j'ai vu....

MÉPHISTOPHÉLÈS.

Quoi?

FAUST.

Méphistophélès vois-tu là-bas une pâle et belle enfant, qui se tient seule à l'écart? Elle s'éloigne lentement; elle semble avancer, les pieds enchaînés. Il faut que je l'avoue, je trouve qu'elle ressemble à la bonne Marguerite.

1. Maison de campagne de la famille de Humbold.
2. Nicolaï a publié des Voyages en Allemagne et en Suisse, ouvrage considérable et qui fit sensation.

MÉPHISTOPHÉLÈS.

N'y prends pas garde. Personne ne s'en trouve bien. C'est une figure fantastique, inanimée, une idole. La rencontre n'en est pas bonne. Son regard fixe glace le sang de l'homme, qui en est presque transformé en pierre. Tu as sans doute ouï parler de Méduse?

FAUST.

En vérité, ce sont les yeux d'une morte, qu'une main amie n'a pas fermés. Voilà le sein que m'a livré Marguerite; voilà le corps charmant dont j'ai joui.

MÉPHISTOPHÉLÈS.

C'est de la magie, pauvre fou, facile à séduire! Ce fantôme se montre à chacun sous les traits de sa maîtresse.

FAUST.

Quelle volupté! Quelle souffrance! Je ne puis quitter ce regard. Comme étrangement ce beau col est paré d'un seul petit cordon rouge, pas plus large que le dos d'un couteau!

MÉPHISTOPHÉLÈS.

Fort bien! je le vois également. Elle peut même porter sa tête sous le bras, car Persée la lui a coupée.... Toujours ce goût pour les chimères! Approchons de cette petite colline. L'endroit est aussi gai que le Prater[1]; et, si l'on ne m'a pas ensorcelé, je vois véritablement un théâtre. Qu'y a-t-il donc là?

SERVIBILIS.

On va commencer tout à l'heure. Une pièce nouvelle, la dernière de sept. C'est ici l'usage d'en donner autant. Un amateur l'a écrite et des amateurs la joueront. Pardonnez-moi, messieurs, si je m'esquive : je cours lever le rideau en amateur.

MÉPHISTOPHÉLÈS.

Je vous trouve sur le Blocksberg, et cela me paraît tout simple, car c'est bien votre place[2].

---

1. Promenade de Vienne.
2. Ceci s'adresse aux personnes qu'il va tourner en ridicule dans l'intermède suivant.

SONGE D'UNE NUIT DE SABBAT

OU NOCES D'OR D'OBÉRON ET DE TITANIA.

INTERMÈDE.

LE DIRECTEUR DU THÉÂTRE.

Nous faisons relâche aujourd'hui,
Vaillants fils de Mieding [1] !
Antique montagne et fraîche vallée,
Voilà toute la scène !

UN HÉRAUT.

Pour arriver aux noces d'or,
Il faut passer cinquante années :
Mais, si la querelle est finie [2],
Les noces d'or me plaisent mieux.

OBÉRON.

Esprits, si vous êtes où je suis,
Faites-le voir dans ces heures ;
Le roi et la reine
De nouveau sont mariés.

POUCK [3].

Pouck se montre et se tortille,
Et traîne le pied dans la ronde ;
Cent autres viennent après,
Pour s'ébattre avec lui.

ARIEL [4].

Ariel entonne ses chants
D'une voix pure et céleste ;
Sa mélodie attire bien des masques,
Mais elle attire aussi les belles.

---

1. Chef de troupe au théâtre de Weimar.
2. Celle d'Obéron et de Titania, dans le *Songe d'une nuit d'été* de Shakspeare.
3. Dans Shakspeare, ce personnage bouffon marche à la suite d'Obéron.
4. Gœthe a en vue le génie de ce nom dans la *Tempête* de Shakspeare.

OBÉRON.

Les époux qui veulent s'entendre
Doivent prendre exemple sur nous.
Pour qu'ils s'aiment l'un l'autre,
Il suffit de les séparer.

TITANIA.

Le mari gronde et la femme est quinteuse?
Prenez-les sur-le-champ;
Menez-moi la femme au Midi,
Et le mari au fond du Nord.

ORCHESTRE, *tutti fortissimo*.

Trompes de mouches et nez de moucherons,
Avec les gens de leur famille,
Grenouilles sous la feuille et grillons dans l'herbe :
Voilà nos musiciens!

SOLO.

Voyez, voici la cornemuse :
C'est la bulle de savon.
Écoutez le schneckeschnikeschnack
Qui sort de son nez camus!

UN ESPRIT, *qui vient de se former*.

Pied d'araignée et ventre de crapaud,
Et petites ailes au bout d'homme,
Cela ne fait pas un petit animal,
Mais cela fait un petit poëme [1].

UN PETIT COUPLE.

De petits pas et de grands sauts,
A travers la rosée de miel et les brouillards :
A souhait tu piétines sans doute,
Mais tu ne montes pas dans les airs [2].

UN VOYAGEUR CURIEUX.

N'est-ce pas une mascarade?
Dois-je en croire mes yeux?
Le beau, le divin Obéron
Ici s'offre encore à ma vue!

UN ORTHODOXE.

Point de griffes, point de queue;
Mais la chose n'est pas douteuse,

---

1. Ceci s'adresse à de petits poëtes de l'époque. Il faut se rappeler que Gœthe et son ami Schiller ne faisaient que se défendre.

2. Ce quatrain paraît dirigé contre l'Obéron de Wieland. Gœthe voyait dans ce poëme une imitation de l'Arioste bien inférieure au modèle.

Comme les dieux de la Grèce,
C'est un diable aussi [1].

UN ARTISTE DU NORD [2].

Ce que je fais aujourd'hui,
A dire vrai, sont de simples ébauches,
Mais je me prépare à loisir
Pour mon voyage d'Italie.

UN PURISTE.

Ah! c'est mon malheur qui m'amène.
Quelle débauche ne fait-on pas ici!
Et, dans toute l'armée des sorcières,
Il n'en est que deux de poudrées [3] !

UNE JEUNE SORCIÈRE.

La poudre est, comme l'habit,
Pour les femmes vieilles et grises;
Moi, je m'assieds sur mon bouc toute nue,
Et montre un ferme et joli corps.

UNE MATRONE.

Nous avons trop de savoir-vivre
Pour disputer avec vous ici,
Mais, jeune et tendre comme vous êtes,
Je l'espère, vous pourrirez.

LE MAÎTRE DE CHAPELLE.

Trompes de mouches et nez de moucherons,
Ne tourbillonnez pas autour de la beauté nue!
Grenouilles sous la feuille et grillons dans l'herbe,
Observez donc aussi la mesure!

UNE GIROUETTE, *tournée à droite*.

Une société comme on peut la désirer!
En vérité, de pures fiancées!
Et des cavaliers tous choisis!
Un monde riche d'espérance!

UNE GIROUETTE, *tournée à gauche*.

Et, si la terre ne s'ouvre pas
Pour les engloutir tous ensemble,

---

1. Ce quatrain est dirigé contre Fritz de Stolberg et les théologiens qui se scandalisèrent de l'ode dans laquelle Schiller avait regretté, en poëte, les dieux de la Grèce.
2. Gœthe lui-même.
3. Contre les puristes qui avaient critiqué minutieusement les ouvrages de Schiller et de Gœthe. Le puriste qui parle ici pourrait bien être Kampe, l'auteur du *Robinson* de la jeunesse. Kampe voulait purger impitoyablement la langue allemande de tous les mots d'origine étrangère.

Je veux, d'une course rapide,
Sur l'heure descendre aux enfers.

LES XÉNIES[1].

Nous sommes là, comme des insectes,
Avec de petites pinces tranchantes,
Pour honorer, selon ses mérites,
Monsieur Satan, notre papa.

HENNINGS[2].

Voyez comme, en troupe serrée,
Ils badinent ensemble naïvement!
A la fin ils viendront encore
Nous dire qu'ils ont de bons cœurs.

MUSAGÈTE.

Dans ce bataillon de sorcières
Je m'égare trop volontiers,
Car, franchement, je saurais mieux
Les conduire que les Muses.

LE CI-DEVANT GÉNIE DU TEMPS[3].

Avec les honnêtes gens on devient quelque chose :
Viens, prends le bout de mon manteau !
Le Blocksberg, comme le Parnasse allemand,
Offre un très-large sommet.

LE VOYAGEUR CURIEUX.

Dites comment s'appelle cet homme guindé
Qui marche d'un pas orgueilleux.
« Il flaire ce qu'il peut flairer.
Il quête les jésuites. »

UNE GRUE.

Dans l'eau claire j'aime à pêcher,
Et dans la trouble encore;
C'est pourquoi vous voyez le saint homme
Se mêler aussi parmi les diables[4].

---

1. Recueil d'épigrammes de Schiller et de Gœthe, en réponse aux attaques de de leurs adversaires.
2. Hennings, dans son journal, *le Génie du temps*, avait attaqué et rabaissé ridiculement Gœthe et Schiller. Le *Musagète* (Guide des Muses) était un journal qu'il publiait pour faire concurrence aux Horen (*Heures*) de Schiller.
3. Ce titre est une épigramme contre Hennings, qui, au début du xixe siècle, changea le titre de son journal.
4. Ceci s'adresse à Lavater, longtemps l'ami, puis l'adversaire de Gœthe, qui avait pris de l'humeur contre son ardeur de prosélytisme. La démarche un peu chancelante de Lavater est-elle désignée par la grue?

FAUST.

UN MONDAIN.

Oui, pour les pieux, croyez-moi,
Tout sert de véhicule.
Ils tiennent ici, sur le Blocksberg,
Plus d'un conventicule.

UN DANSEUR.

Ne vient-il pas un nouveau chœur ?
J'entends des tambours lointains.
« Paix ! silence !... Ce sont dans les roseaux
Les butors monotones. »

UN MAITRE A DANSER.

Comme chacun lève les jambes,
Et se démène de son mieux !
Le tortu saute, le lourdaud bondit,
Et ne demande point quelle figure il fait.

UN MÉNÉTRIER.

Elle se hait à la mort cette canaille,
Et se donnerait volontiers son reste :
La cornemuse les met ici d'accord,
Comme la lyre d'Orphée les bêtes.

UN DOGMATIQUE [1].

Je ne me laisse pas étourdir par les cris,
Par la critique, par le doute.
Il faut bien que le diable soit quelque chose :
Sans cela existerait-il des diables ?

UN IDÉALISTE.

L'imagination est, à mon sens,
Cette fois beaucoup trop maîtresse.
En vérité, si je suis tout cela,
Aujourd'hui je suis fou.

UN RÉALISTE.

L'être est un vrai tourment pour moi,
Il doit fort me contrarier :
Ici, pour la première fois,
Je ne suis pas ferme sur mes pieds.

UN SUPERNATURALISTE.

Je goûte ici beaucoup de joie,
Et me complais dans ces figures :
Car des diables je puis
Conclure aux bons esprits.

---

1. Il serait inutile de mettre ici des noms propres : les sectes attaquées par Goethe sont de tous les temps.

UN SCEPTIQUE.

Ils suivent des flammèches à la trace,
Et se croient près du trésor.
Diable rime avec *fable* [1] :
Je suis donc au bon endroit.

LE MAÎTRE DE CHAPELLE.

Grenouilles sous la feuille et grillons dans l'herbe,
Dilettantes maudits,
Trompes de mouches et nez de moucherons,
Vous êtes pourtant musiciens!

LES HABILES.

Sans souci!... Ainsi se nomme la troupe
Des joyeux vivants.
On ne marche plus sur les pieds,
Aussi marchons-nous sur la tête.

LES MALADROITS.

Autrefois nous avons attrapé maint bon morceau,
Mais à présent, Dieu nous soit en aide!
Nous avons usé nos souliers à la danse :
Nous courons les pieds nus.

LES FEUX FOLLETS.

Nous arrivons du marais
Où nous avons pris naissance;
Mais nous sommes, à la danse,
De brillants cavaliers.

UNE ÉTOILE FILANTE.

Des cieux je suis ici tombée
Parmi les astres et les feux menteurs;
Sur le gazon je suis gisante :
Qui me remettra sur mes pieds?

LES MASSIFS.

Place! place! rangez-vous,
Et nous foulons l'herbette.
Les esprits viennent, les esprits aussi
Ont les membres pesants.

POUCK.

Si lourdement n'avancez pas,
Comme de jeunes éléphants!
Que le plus pesant dans ce jour
Soit le vigoureux Pouck lui-même!

---

1. Littéralement : « *diable* ne rime qu'avec *doute*. » (TEUFEL, ZWEIFEL..)

ARIEL.

Si la nature favorable,
Si l'esprit vous donna des ailes,
Suivez ma trace légère
Sur la colline des roses.

ORCHESTRE, *pianissimo.*

Les nuages, les vapeurs
Éclairent leurs cimes;
Le vent caresse feuillage et roseaux,
Et tout vole en poussière.

LA CAMPAGNE.

Jour nébuleux[1].

FAUST, MÉPHISTOPHÉLÈS.

FAUST.

Dans la détresse ! dans le désespoir ! Longtemps égarée misérablement sur la terre, et maintenant prisonnière ! Comme une criminelle, la douce, l'infortunée créature, livrée dans un cachot à d'horribles tourments ! Jusque-là ! Jusque-là !... Esprit menteur, infâme, et tu me l'as caché !... Reste, oui, reste là ! Roule avec fureur tes yeux de démon ! Reste, et brave-moi par ton insupportable présence ! Prisonnière !... Dans une irréparable détresse !... Abandonnée aux mauvais esprits et à l'impitoyable justice des hommes !... Et cependant tu me berces en d'insipides amusements ; tu me caches sa misère croissante, et tu la laisses périr sans secours !

MÉPHISTOPHÉLÈS.

Elle n'est pas la première.

FAUST.

Chien ! abominable monstre !... Rends-lui, Esprit infini, rends à ce vermisseau sa forme de chien, sous laquelle il se plaisait souvent à trotter la nuit devant moi, à se rouler devant les pieds du voyageur paisible, pour s'attacher à ses épaules après l'avoir renversé. Rends-lui sa forme favorite, afin que, devant mes yeux, il rampe sur le ventre dans la poussière, et que je le foule aux pieds, le maudit !... Elle n'est pas la première !... Horreur, horreur incompréhensible à toute âme hu-

---

1. Cette scène est la seule qui, dans l'original, ne soit pas versifiée. L'artifice de la rime aurait peut être semblé ici déplacé.

maine, que plus d'une créature soit tombée dans cet abîme de misère ; que, dans les convulsions de son agonie, la première n'ait pas expié la faute de toutes les autres, aux yeux de l'éternelle miséricorde ! Le malheur d'une seule me dévore et me tue, et tu ricanes froidement sur le sort de mille et mille victimes !

MÉPHISTOPHÉLÈS.

Nous voilà derechef aux limites de notre esprit, au point où la raison vous échappe à vous autres hommes. Pourquoi fais-tu société avec nous, si tu ne peux y tenir jusqu'au bout ? Tu veux voler, et tu n'es pas affermi contre le vertige ? Nous sommes-nous jetés à ta tête ou toi à la nôtre ?

FAUST.

Ne fais pas ainsi grincer devant moi tes dents voraces ! Tu me dégoûtes. Grand et sublime Esprit, qui daignas m'apparaître, qui connais mon cœur et mon âme, pourquoi m'enchaîner à cet infâme, qui se repait du mal et fait ses délices de la ruine ?

MÉPHISTOPHÉLÈS.

As-tu fini ?

FAUST.

Sauve-la ou malheur à toi ! La plus horrible malédiction sur toi pour des milliers d'années !

MÉPHISTOPHÉLÈS.

Je ne puis briser les chaînes du vengeur ; je ne puis ouvrir ses verrous.... Sauve-la !... Qui donc l'a précipitée dans l'abîme ? Est-ce moi ou toi ? (*Faust jette autour de lui des regards de fureur.*) Vas-tu saisir le tonnerre ? Heureusement il ne vous fut pas remis, à vous, misérables mortels. Écraser celui qui réplique innocemment, c'est bien la manière des tyrans, pour sortir d'embarras.

FAUST.

Mène-moi auprès d'elle ! Il faut qu'elle soit libre.

MÉPHISTOPHÉLÈS.

Et le danger auquel tu t'exposes ! Songe que la ville est encore souillée du meurtre que tes mains ont commis. Sur la place où la victime est tombée, planent les esprits vengeurs, et ils épient le retour du meurtrier.

FAUST.

Encore cela de toi? Que la foudre t'écrase, monstre! Mène-moi, te dis-je, et délivre-la.

MÉPHISTOPHÉLÈS.

Je t'y mène, et voici ce que je puis faire. Ai-je tout pouvoir au ciel et sur la terre?... J'enveloppe de nuages les sens du geôlier : empare-toi des clefs, et, de ta main d'homme, délivre-la. Je veille ; les chevaux magiques sont prêts : je vous enlève. Voilà ce que je puis faire.

FAUST.

Partons !

La rase campagne. Il fait nuit. Faust et Méphistophélès passent au galop sur des chevaux noirs.

FAUST.

Que font-ils là-bas autour du gibet?

MÉPHISTOPHÉLÈS.

Je ne sais ce qu'ils cuisinent et ce qu'ils font.

FAUST.

Ils volent en haut, ils volent en bas ; ils se penchent, ils se baissent.

MÉPHISTOPHÉLÈS.

C'est une assemblée de sorcières.

FAUST.

Elles sèment et consacrent.

MÉPHISTOPHÉLÈS.

Passons ! passons !

LA PRISON.

FAUST, *portant une lampe et un trousseau de clefs, paraît devant une petite porte de fer.*

Je suis saisi d'une horreur dès longtemps désaccoutumée; toutes les douleurs de l'humanité me saisissent. C'est ici qu'elle habite, derrière cette muraille humide, et son crime fut une douce erreur! Tu balances à courir auprès d'elle! Tu trembles de la revoir! Avance! Ton hésitation hâte la mort. (*Il prend le cadenas. On chante au dedans.*)

> Ma mère, la catin,
> Elle m'a tuée!
> Mon père, le coquin,
> Il m'a mangée!

> Ma sœurette, la petite,
> Porta mes os
> Dans un lieu frais....
> Là je devins gentil oiseau des bois.
> Vole! vole!

FAUST, *ouvrant la porte.*

Elle ne se doute pas que son amant la guette, qu'il entend le cliquetis des chaînes et le froissement de la paille. (*Il entre.*)

MARGUERITE, *se cachant sur son lit.*

Ah! ah!... Ils viennent!... Affreuse mort!

FAUST, *à voix basse.*

Chut! chut! Je viens te délivrer.

MARGUERITE, *se roulant devant lui.*

Si tu es un homme, aie pitié de ma misère.

FAUST.

Tes cris éveilleront les gardiens! (*Il prend les chaînes pour les détacher.*)

MARGUERITE, *à genoux.*

Bourreau, qui t'a donné sur moi ce pouvoir? Tu viens déjà me chercher à minuit! Aie pitié de moi et laisse-moi vivre! Demain matin, n'est-ce-pas assez tôt? (*Elle se lève.*) Je suis pourtant si jeune, si jeune!... Et il me faut déjà mourir! J'étais belle aussi, et ce fut ma perte. Le bien-aimé était près de moi: à présent il est loin. La couronne est déchirée, les fleurs sont dispersées. Ne me saisis pas si violemment.... Épargne-moi.... Que t'ai-je fait? Ne me laisse pas prier en vain. Je ne t'ai pourtant vu de ma vie.

FAUST.

Résisterai-je à cette douleur?

MARGUERITE.

Je suis tout entière en ton pouvoir. Laisse-moi seulement allaiter encore mon enfant. Je l'ai caressé toute cette nuit. Ils me l'ont pris pour m'affliger, et ils disent à présent que je l'ai tué, et jamais plus je ne serai joyeuse. Ils chantent des chansons sur moi. C'est méchant de leur part. Un vieux conte finit ainsi : qui leur dit de rappeler cela?

FAUST, *se prosternant.*

Un amant est à tes pieds pour t'ouvrir cette affreuse prison.

MARGUERITE, *s'élançant vers lui.*

Oh! tombons à genoux pour invoquer les saints. Vois, sous ces marches, sous le seuil, bouillonne l'enfer! Le malin, avec une épouvantable fureur, fait un vacarme!...

FAUST, *à haute voix.*

Marguerite! Marguerite!

MARGUERITE, *attentive.*

C'était la voix de mon ami. (*Elle se lève vivement : les chaînes tombent.* Où est-il? Je l'ai entendu m'appeler. Je suis libre! Personne ne me retiendra! Je veux voler dans ses bras, me reposer sur son sein! Il a crié : « Marguerite! » Il était sur le seuil. A travers les hurlements et les grimaces de l'enfer, à travers les moqueries furieuses, diaboliques, j'ai reconnu la douce, la caressante voix.

FAUST.

C'est moi.

MARGUERITE.

C'est toi! Oh! dis-le encore! (*Elle l'embrasse.*) C'est lui! c'est

lui! Où s'est enfui le tourment? Où, l'angoisse de la prison, des
chaînes? C'est toi!... Viens-tu pour me sauver?... Je suis sauvée!...
Déjà voici la rue où je te vis pour la première fois, et
l'agréable jardin où Marthe et moi nous t'attendions.

FAUST, *s'efforçant de l'entraîner.*

Viens avec moi! Viens!

MARGUERITE.

Oh! demeure! Je reste si volontiers où tu restes. (*Elle le caresse.*)

FAUST.

Hâte-toi. Si tu ne t'empresses, nous le payerons cher.

MARGUERITE.

Comment? Tu ne sais plus m'embrasser? Mon ami, depuis
si peu de temps que tu m'as quittée, tu as désappris les baisers?
Pourquoi suis-je inquiète dans tes bras? Lorsque autrefois,
à tes paroles, à tes regards, le ciel tout entier passait dans
mon cœur, et tu m'embrassais, comme si tu avais voulu m'étouffer!...
Embrasse-moi ou je t'embrasse! (*Elle le presse dans ses bras.*)
O ciel, tes lèvres sont froides; elles sont muettes. Où
ton amour est-il resté? Qui me l'a pris? (*Elle se détourne de lui.*)

FAUST.

Viens! suis-moi! Mon amie, prends courage! Je brûle pour
toi de mille feux. Mais suis-moi : c'est ma seule prière.

MARGUERITE, *se tournant vers lui.*

Est-ce donc bien toi? En es-tu bien sûr?

FAUST.

C'est moi. Viens!

MARGUERITE.

Tu brises mes chaînes! tu me reprends dans ton sein! D'où
vient que tu n'as pas horreur de moi? Et sais-tu, mon ami, qui
tu délivres?

FAUST.

Viens, viens, déjà la nuit est moins sombre.

MARGUERITE.

J'ai tué ma mère; j'ai noyé mon enfant. Ne fut-il pas donné à
toi et à moi? A toi aussi?... C'est toi? Je le crois à peine. Donne
ta main.... Ce n'est pas un rêve. Ta chère main!... Ah! mais

elle est humide. Essuie-la. A ce qu'il me semble, il y a du sang. Ah! Dieu, qu'as-tu fait? Rengaine cette épée, je t'en prie!

FAUST.

Ne parlons plus du passé. Tu me fais mourir.

MARGUERITE.

Non, il faut que tu restes. Je veux te désigner les tombes dont tu prendras soin dès demain. Tu donneras à ma mère la meilleure place; tout auprès, mon frère; moi, un peu de côté, mais pas trop loin, et le petit, sur mon sein droit. Nul autre que lui ne reposera près de moi.... Me serrer à ton côté, c'était un doux, un délicieux plaisir!... mais je n'en jouirai plus. Il me semble que j'ai besoin d'un effort pour m'approcher de toi, et que tu me repousses. Et pourtant c'est toi, et tu parais si bon, si tendre!

FAUST.

Si tu trouves que je le suis, viens donc.

MARGUERITE.

Là dehors?

FAUST.

En pleine campagne.

MARGUERITE.

Si la tombe est là dehors, si la mort nous guette, allons! D'ici au repos éternel, et que ce soit mon dernier pas!... Tu t'en vas maintenant? Henri, si je pouvais te suivre!

FAUST.

Tu le peux; veuille seulement! La porte est ouverte.

MARGUERITE.

Je n'ose partir. Pour moi plus d'espérance. Que sert-il de fuir? Ils me guettent. C'est si misérable de devoir mendier, et encore avec une mauvaise conscience! C'est si misérable de mener une vie errante en pays étranger! Et d'ailleurs ils me prendront.

FAUST.

Je serai avec toi.

MARGUERITE.

Vite, vite, sauve ton pauvre enfant! Cours, remonte le sentier, le long du ruisseau, au delà du petit pont, dans le bois, à gauche, où se trouve la planche, dans l'étang. Prends-le vite. Il veut surnager, il se débat encore. Sauve! sauve!

FAUST.

Reviens à toi! Un seul pas, tu es libre!

MARGUERITE.

Si nous avions seulement passé la montagne! Là, ma mère est assise sur une pierre. Le froid me prend sous les cheveux.... Là, ma mère est assise sur une pierre; elle hoche la tête; elle ne cligne plus; elle ne fait plus aucun signe : sa tête est si lourde! Elle a dormi si longtemps! Elle ne s'éveillera plus. Elle dormait pour nos plaisirs. C'étaient d'heureux temps!

FAUST.

Si mes prières, si mes paroles sont inutiles, j'oserai t'emporter d'ici.

MARGUERITE.

Laisse-moi! Non, je ne souffrirai point la contrainte. Ne me prends pas si violemment. Autrefois j'ai tout fait pour te plaire.

FAUST.

Le jour commence à poindre. Bien-aimée! bien-aimée!

MARGUERITE.

Le jour? Oui, voici le jour! Le dernier jour pénètre ici. Ce devait être mon jour de noce! Ne dis à personne que tu as été déjà chez Marguerite. Malheur à ma couronne! C'en est fait. Nous nous reverrons, mais pas à la danse. La foule s'amasse; on ne l'entend pas. La place, les rues ne peuvent la contenir. La cloche appelle; la baguette est rompue [1]. Comme ils me garrottent et me saisissent! Je suis déjà enlevée sur l'échafaud. Déjà se balance sur le cou de chacun l'épée qui se balance sur le mien. Le monde est silencieux comme la tombe.

FAUST.

Oh! je voudrais n'être jamais né.

MÉPHISTOPHÉLÈS, *qui paraît au dehors.*

Venez, ou vous êtes perdus. Frayeur, hésitation et bavardage inutiles! Mes chevaux frémissent; l'aube commence à luire.

MARGUERITE.

Qu'est-ce qui sort de terre? Lui! lui! chasse-le! Que veut-il dans le saint lieu? C'est moi qu'il veut!

---

1. Allusion à l'antique usage de rompre une baguette noire, au moment où l'on va conduire le criminel au supplice.

FAUST.

Tu vivras.

MARGUERITE.

Justice de Dieu, je me suis abandonnée à toi !

MÉPHISTOPHÉLÈS, à *Faust.*

Viens, viens, ou je te laisse dans le péril avec elle !

MARGUERITE.

Je suis à toi, père ! Sauve-moi ! Vous, anges, vous, saintes armées, campez autour de moi pour me garder ! Henri, tu me fais horreur !

MÉPHISTOPHÉLÈS.

Elle est jugée.

UNE VOIX, *d'en haut.*

Elle est sauvée.

MÉPHISTOPHÉLÈS, à *Faust.*

Ici, à moi ! (*Il disparaît avec Faust.*)

UNE VOIX, *de l'intérieur, s'affaiblissant par degrés.*

Henri ! Henri !

FIN DE LA PREMIÈRE PARTIE.

FAUST

LA TRAGÉDIE

DEUXIÈME PARTIE

LA TRAGÉDIE.

DEUXIÈME PARTIE[1].

ACTE PREMIER.

UN SITE AGRÉABLE.

FAUST, *couché sur l'herbe fleurie, fatigué, inquiet, cherche le sommeil. Crépuscule. Troupe d'esprits qui volent et s'agitent; gracieuses petites figures.*

ARIEL. *Il chante avec accompagnement de harpes éoliennes.*
Quand la pluie des fleurs printanières de toutes parts tombe flottante ; quand la féconde verdure des campagnes brille pour tous les fils de la terre, les petits sylphes, puissants esprits, accourent où ils peuvent être secourables : que l'homme soit bon, qu'il soit méchant, ils ont pitié du malheureux.

Vous qui planez autour de ce front, en ronde aérienne, montrez ici la noble nature des sylphes ; apaisez la lutte terrible du

---

1. Terminée dans l'été de 1831.

cœur ; écartez les flèches amères et brûlantes du remords ; délivrez son âme de l'horreur qui l'a saisie. Il y a quatre intervalles de la période nocturne : remplissez-les avec une officieuse diligence. D'abord appuyez sa tête sur de frais coussins ; ensuite baignez-le dans la rosée des flots du Léthé. Ses membres roidis et crispés bientôt seront assouplis, s'il repose, fortifié, en attendant le jour. Remplissez le plus beau devoir des sylphes : rendez-le à la sainte lumière.

CHOEUR DE SYLPHES. *Ils chantent en solo ou à deux, à plusieurs, alternativement et ensemble.*

Quand les airs tièdes se condensent autour de la plaine environnée de verdure, le crépuscule abaisse de molles vapeurs, des voiles nébuleux ; il exhale un doux murmure de paix ; il berce le cœur dans un repos enfantin, et ferme aux yeux de cet homme fatigué les portes du jour.

Déjà la nuit est descendue ; l'étoile s'unit saintement à l'étoile ; grandes clartés, petites étincelles, luisent auprès et brillent au loin ; luisent là-bas dans le lac reflétées ; brillent là-haut dans la claire nuit, et, scellant le bonheur de cette paix profonde, la lune règne dans sa pleine magnificence.

Déjà les heures sont passées ; douleur et joie ont disparu : sache le pressentir, tu reviens à la santé ; ose te fier au nouveau regard du jour. Les vallées verdissent, les collines déploient leur feuillage en retraites ombreuses, et la moisson naissante se balance en vagues argentées.

Pour satisfaire désir après désir, ici contemple la lumière. Tu n'es que faiblement enchaîné ; le sommeil est une écorce : rejette-la. N'hésite pas à t'enhardir, tandis que la multitude flotte et s'égare : il peut tout accomplir, le noble esprit qui comprend et agit vivement. (*Un bruit formidable annonce l'approche du soleil.*)

ARIEL.

Écoutez, écoutez l'orage des heures ! Déjà il éclate aux oreilles de l'esprit, le jour qui vient de naître. Les portes de rochers s'ébranlent avec bruit ; le char de Phébus roule avec fracas. Quel vacarme apporte la lumière ! Trompettes, clairons retentissent ; l'œil est ébloui, l'oreille étonnée : tempête inouïe ne peut s'entendre. Glissez-vous dans les corolles des fleurs, plus avant, plus avant, pour vous loger en paix dans les rochers, sous le feuillage : si le bruit vous atteint, vous serez sourds.

FAUST.

Les pulsations de la vie battent avec une force nouvelle, pour saluer doucement le crépuscule éthéré. O terre, tu m'as aussi été fidèle cette nuit, et tu respires à mes pieds rajeunie. Déjà tu commences à m'entourer de plaisirs; tu réveilles et tu excites en moi une forte résolution de tendre sans cesse à la plus haute existence.... Déjà le monde est plongé dans une lueur crépusculaire; le bois retentit des mille voix de la vie; hors de la vallée, dans la vallée, une chaîne de brouillards est répandue; cependant la clarté céleste descend dans les profondeurs, et les branches et les rameaux rafraîchis surgissent du vaporeux abîme où ils dormaient ensevelis. Les couleurs aussi une à une se détachent du fond où feuilles et fleurs dégouttent de perles tremblantes; la contrée qui m'environne devient un paradis.... Lève les yeux!... Les cimes colossales des montagnes annoncent déjà l'heure la plus solennelle; elles jouissent les premières de la lumière éternelle, qui descend plus tard jusqu'à nous. Maintenant sur les pentes vertes des Alpes est répandue une teinte brillante, une clarté nouvelle, et par degrés elle arrive plus bas.... Le soleil se lève.... hélas! et, déjà ébloui, je me détourne, les yeux blessés et souffrants..

Il en est donc ainsi, lorsqu'un ardent espoir, qui s'est élancé avec confiance jusqu'au désir suprême, trouve tout ouvertes les portes de l'accomplissement! Alors, de ces profondeurs éternelles, jaillit un torrent de flammes; nous restons éperdus; nous voulions allumer le flambeau de la vie : un océan de feu nous engloutit. Quel feu! Est-ce l'amour, est-ce la haine qui nous enveloppe, nous embrase, avec les terribles alternatives de la joie et de la douleur, en sorte que nous regardons de nouveau vers la terre, pour nous cacher dans le voile de la plus timide innocence?

Eh bien! laissons derrière moi le soleil. Cette cascade, qui gronde à travers le rocher, je la contemple avec une extase croissante. De chute en chute, elle roule et se verse en mille et mille courants, lançant avec fracas au haut des airs écume sur écume.

Mais avec quelle magnificence, naissant de cet orage, se courbe la figure mobile et constante de l'arc aux diverses couleurs, tantôt nettement dessiné, tantôt fondu dans l'air, et répandant aux alentours un frais et vaporeux frémissement! C'est l'image de l'activité humaine. Médite là-dessus et tu le comprendras mieux : ce reflet coloré, c'est la vie.

LE PALAIS IMPÉRIAL.

La salle du trône. Le conseil d'État est assemblé et attend l'Empereur. Fanfares. On voit entrer des courtisans de toute sorte, magnifiquement vêtus. L'Empereur s'assied sur le trône. A sa droite est l'astrologue.

L'EMPEREUR.

Salut à vous, amés et féaux, rassemblés de près et de loin.... Je vois le sage à mon côté ; mais le fou, qu'est-il devenu ?

UN JEUNE GENTILHOMME.

Tout juste derrière la queue de ton manteau, il a roulé sur l'escalier. On a emporté le gros ventru, mort ou ivre-mort, on ne sait.

DEUXIÈME GENTILHOMME.

Soudain, avec une merveilleuse vitesse, un autre accourt pour prendre sa place. Il a un costume magnifique et pourtant si drôle, que chacun en reste ébahi. Le garde croise devant lui ses hallebardes à la porte.... Mais le voilà, ce fou hardi !

MÉPHISTOPHÉLÈS, *s'agenouillant devant le trône.*

Qu'est-ce qui est maudit et toujours bienvenu ? désiré et toujours repoussé ? qui est incessamment protégé ? qui est durement insulté et accusé ? Quel est celui que tu n'oses appeler auprès de toi ? celui que chacun entend nommer volontiers ? qui s'approche des degrés de ton trône ? qui s'est lui-même banni ?

L'EMPEREUR.

Pour cette fois, épargne tes paroles. Les énigmes ne sont pas ici à leur place. C'est l'affaire de ces messieurs.... Donne des solutions, et je t'écouterai volontiers. Mon vieux fou est, je le crains, parti pour l'autre monde : prends sa place et viens à mon côté. (*Méphistophélès monte les degrés du trône et se place à la gauche de l'Empereur.*)

MURMURES DE LA FOULE.

Un nouveau fou.... nouveau tourment.... D'où vient-il ?... Comment s'est-il introduit ?... Le vieux est tombé!... Il prodiguait tout.... C'était un tonneau.... à présent c'est un échalas.

L'EMPEREUR.

Ainsi donc, amés et féaux, soyez les bienvenus de près et de loin. Vous vous rassemblez sous une étoile propice. Là-haut sont écrits pour nous bonheur et salut. Mais dites-moi pourquoi, dans ces jours où nous secouons le poids des soucis et nous affublons de belles barbes, ne voulant goûter que le plaisir, pourquoi nous devrions nous tourmenter à tenir conseil? Mais puisque tel est votre avis, que cela ne pouvait aller autrement, que la chose est faite, à la bonne heure!

LE CHANCELIER.

La plus haute vertu, comme une auréole, entoure le front de l'empereur; lui seul peut dignement l'exercer, la justice!... Ce qui est cher à tous les hommes, ce que tous demandent, désirent, dont ils ont peine à se passer, c'est à lui de le dispenser au peuple. Mais, hélas! que sert à l'esprit de l'homme la raison, au cœur la bonté, à la main la docilité, si une fièvre dévore l'État jusqu'au fond, et si le mal couve et propage le mal? Celui qui de ces hauteurs abaisse les yeux sur le vaste empire, croit faire un songe pénible où se croisent les monstres, où l'illégalité domine légalement, et où se déploie un monde d'erreurs. L'un vole des troupeaux, l'autre une femme, le calice, la croix et les chandeliers sur l'autel; il s'en fait gloire bien des années, sans que sa peau en souffre, sans être atteint dans ses membres. Puis les plaignants se pressent dans la salle de justice; le juge se pavane dans son grand fauteuil : cependant le tumulte croissant de la révolte roule ses flots en fureur. L'un ose se prévaloir de ses crimes et de son infamie; l'autre s'appuie sur des complices, et vous entendez prononcer *coupable*, quand l'innocence n'a qu'elle seule pour se défendre. C'est ainsi que tout le monde tend à se dissoudre, à détruire ce qui est honnête. Comment donc se développerait le sens qui seul nous conduit vers le bien? A la fin l'homme bien pensant s'incline devant le flatteur, le séducteur; un juge qui n'est pas libre de punir finit par se joindre au criminel. J'ai fait un tableau bien noir, cependant j'aurais volontiers donné à cette peinture une teinte plus sombre encore. (*Une pause.*) On ne peut éviter de résoudre quelque chose : quand tout le monde fait le mal ou l'endure, la majesté elle-même est au pillage.

LE GRAND MAITRE DE L'ARMÉE.

Quel tumulte en ces jours orageux! Chacun frappe et chacun est frappé, et l'on reste sourd au commandement. Le bourgeois, derrière ses murailles, le chevalier, dans son nid de rochers, se sont conjurés pour nous faire tête et maintiennent leurs forces. Le mercenaire devient impatient; il demande violemment son salaire, et, si nous ne lui devions plus rien, il déserterait sans faute. Qui ose interdire ce qu'ils veulent tous fouille dans un nid de guêpes. L'empire, qu'ils devaient défendre, est pillé et ravagé. On laisse leur violence s'exercer avec fureur; déjà la moitié du monde est ruinée. Il est des rois encore autour de nous, mais nul ne pense que cela puisse le concerner.

LE TRÉSORIER.

Qui peut compter sur ses alliés? Les subsides qu'on nous avait promis font défaut comme l'eau des conduits. Aussi, seigneur, dans tes vastes États, en quelles mains la propriété est-elle tombée? Où que l'on aille, un nouveau maître occupe la maison, et il veut vivre indépendant. Il faut le regarder faire. Nous avons abandonné tant de droits, qu'il ne nous reste plus aucun droit sur rien. Et les partis encore, quels qu'ils soient, on ne peut s'y fier aujourd'hui. Qu'ils nous blâment ou qu'ils nous approuvent, l'amour et la haine sont devenus indifférents. Les Gibelins, comme les Guelfes, se cachent pour se reposer. Qui veut aujourd'hui aider à son voisin? Chacun est occupé pour soi. Les portes d'or sont barricadées; chacun grappille et entasse et thésaurise, et nos coffres restent vides.

LE MARÉCHAL.

Quels maux dois-je aussi endurer! Nous voulons tous les jours épargner, et tous les jours nos besoins augmentent, et sans cesse vient m'affliger une nouvelle peine. Les cuisiniers ne souffrent point de la disette : sangliers, cerfs, lièvres, chevreuils, dindons, poulets, oies et canards, les dîmes, les revenus réguliers, rentrent encore passablement; mais enfin le vin manquera. Tandis qu'autrefois s'entassaient dans la cave tonneau sur tonneau des meilleurs crus et des meilleures années, la soif inextinguible des nobles seigneurs avale jusqu'à la dernière goutte. Le conseil municipal doit aussi ouvrir ses caves; on prend les hanaps, on prend les coupes, et voilà les buveurs sous la table : alors il me faut payer, satisfaire tout le monde. Le juif ne me ménagera pas; il fournit des anticipations, qui dévorent d'avance une année après l'autre. Les porcs n'engraissent plus, les matelas sont engagés, et l'on sert sur la table du pain mangé en herbe.

L'EMPEREUR, *à Méphistophélès, après un moment de réflexion.*
Et toi, fou, parle, ne connais-tu pas aussi quelque misère?

MÉPHISTOPHÉLÈS.
Moi? Nullement. A voir la splendeur qui t'environne toi et les tiens.... La confiance manquerait-elle où la majesté commande sans opposition; où la puissance, toute prête, disperse l'ennemi; où l'on a sous la main la bonne volonté, forte par l'intelligence et par une activité multipliée? Qu'est-ce qui pourrait s'unir pour le mal, pour les ténèbres, aux lieux où brillent de pareilles étoiles?

MURMURES.
C'est un fripon.... il entend bien son métier.... il s'insinue par le mensonge.... tant que ça ira.... Je vois déjà.... ce qui se cache là derrière.... Et quoi donc?... Un projet!...

MÉPHISTOPHÉLÈS.
Où ne manque-t-il pas quelque chose en ce monde? A l'un ceci, à l'autre cela : mais ici c'est l'argent qui manque. A la vérité on ne le ramasse pas sur le plancher; mais la sagesse sait faire surgir ce qui est profondément enseveli. Dans les veines de la mine, dans les fondements des murailles, on trouvera de l'or monnayé et non monnayé. Et, si vous me demandez qui le fera paraître au jour, c'est la force de la nature et de l'esprit d'un homme doué.

LE CHANCELIER.
Nature! esprit!... Ce n'est pas ainsi qu'on parle à des chrétiens. Si l'on brûle les athées, c'est que de pareils discours sont dangereux au plus haut point. La nature, c'est le péché; l'esprit, c'est le diable. Ils nourrissent entre eux le doute, leur monstrueux hermaphrodite. Chez nous rien de pareil!... Dans

les antiques domaines de l'empereur, deux races seulement ont pris naissance ; elles soutiennent dignement son trône : ce sont les saints et les chevaliers ; ils font tête à chaque orage, et prennent l'Église et l'État pour récompense. Dans les sentiments vulgaires d'esprits égarés se développe une résistance : ce sont les hérétiques, les sorciers !... Et ils corrompent la ville et la campagne. Tu veux maintenant, avec tes impudents badinages, les introduire frauduleusement dans ces hautes sphères. Vous vous attachez au cœur corrompu : ces gens-là sont proches parents du fou.

MÉPHISTOPHÉLÈS.

Je reconnais là le savant homme. Ce que vous ne touchez pas est à cent lieues ; ce que vous ne tenez pas vous manque tout à fait ; ce que vous ne calculez pas, vous ne croyez pas qu'il soit vrai ; ce que vous ne pesez pas n'a pour vous aucun poids ; ce que vous ne monnayez pas, vous l'estimez sans valeur.

L'EMPEREUR.

Tout cela ne pourvoit pas à nos besoins. Que veux-tu maintenant avec ton sermon de carême ? Je suis soûl de vos éternels SI et COMMENT. L'argent nous manque : eh bien ! trouves-en donc.

MÉPHISTOPHÉLÈS.

Je trouverai ce que vous voulez, et je trouverai davantage. C'est facile sans doute, cependant le facile est malaisé. L'argent est là enfoui, mais, pour l'atteindre, il faut le talent. Qui saura s'y prendre ? Songez seulement qu'en ces temps d'épouvante, où des flots de barbares inondèrent le pays et le peuple, tels et tels, dans leur frayeur extrême, cachèrent çà et là leurs plus précieux trésors. Il en fut de tout temps ainsi, à l'époque des puissants Romains, et cela s'est continué jusqu'à hier, même jusqu'aujourd'hui. Tout est secrètement enfoui dans le sol ; le sol est à l'empereur : à lui donc les trésors !

LE TRÉSORIER.

Pour un fou, il ne parle point mal. En vérité, c'est le droit de l'antique empereur.

LE CHANCELIER.

Satan vous dresse des piéges tissus d'or. Cela n'est pas sage et naturel.

LE MARÉCHAL.

Qu'il procure seulement à notre cour de bonnes aubaines, et je consens volontiers à commettre un petit péché.

LE GRAND MAÎTRE DE L'ARMÉE.

Le fou est sage : il promet à chacun son profit. Le soldat ne s'informe pas d'où cela vient.

MÉPHISTOPHÉLÈS.

Et, si vous croyez peut-être que je vous trompe, voici un homme!... Consultez l'astrologue. Cercle dans cercle, il connaît l'heure et la maison : eh bien, parle, quel est l'aspect du ciel?

MURMURES.

Ce sont deux fripons.... déjà ils s'entendent.... Un fou et un fantasque.... si près du trône!... Vieille chanson.... rebattue.... le fou souffle.... le sage parle....

L'ASTROLOGUE, *soufflé par Méphistophélès.*

Le soleil lui-même est de l'or pur; Mercure, le messager, sert pour la faveur et le salaire; madame Vénus vous a tous ensorcelés; matin et soir elle vous fait les yeux doux; la chaste lune boude capricieusement; si Mars ne vous atteint pas, sa puissance vous menace, et Jupiter demeure toujours le plus bel astre; Saturne est grand, mais, à l'œil, il est lointain et petit; comme métal, nous ne l'estimons pas beaucoup; peu de valeur, mais beaucoup de poids. Oui, si la lune se marie à propos avec le soleil, l'argent avec l'or, le monde est serein; on peut acquérir tout le reste : palais, jardins, gorges rondelettes, joues vermeilles, tout cela, il le procure, le savant homme qui peut faire ce qui n'est possible à aucun de nous.

L'EMPEREUR.

Ce qu'il dit m'embarrasse, mais ne me persuade point.

MURMURES.

Que nous importe cela?... Vaine plaisanterie!... astrologie!... alchimie!... J'ai entendu cela souvent.... et vainement espéré.... Et quand il parviendrait¹.... c'est un sot!

MÉPHISTOPHÉLÈS.

Les voilà autour de moi, et ils s'étonnent; ils ne croient point à la grande trouvaille; l'un bavarde de mandragores, l'autre du

---

1. Nous lisons: *Und kommt er auch.*

chien noir. D'où vient que l'un goguenarde, que l'autre crie au sortilège, si seulement la plante du pied lui démange, s'il fait un faux pas? Vous tous, vous sentez la secrète influence de la nature éternellement agissante, et, des régions les plus inférieures, monte et vous enlace une force vivante. Quand vous sentirez des picotements dans tous les membres, quand vous ne pourrez tenir en place, vite, de la résolution! fouillez et bêchez! Là est le ménétrier[1], là est le trésor!

MURMURES.

J'ai les pieds comme du plomb.... J'ai la crampe au bras... C'est la goutte.... J'ai des démangeaisons au gros orteil.... Tout le dos me fait mal.... A de tels signes, le lieu où nous sommes renfermerait les plus riches trésors!

L'EMPEREUR.

Vite à l'ouvrage! Tu n'échapperas plus. Mets à l'épreuve tes mensonges frivoles, et montre-nous sur-le-champ ces nobles cavernes. Je dépose l'épée et le sceptre, et, de mes mains augustes, je veux, si tu ne mens pas, achever l'ouvrage, et, si tu mens, t'envoyer en enfer.

MÉPHISTOPHÉLÈS.

Je saurais, au besoin, en trouver la route!... Mais je ne puis assez publier ce qu'il y a partout de trésors gisants, qui attendent un maître. Le paysan, qui creuse le sillon, remue avec la glèbe un pot d'or; il ne demande que du salpêtre au mur de torchis, et il voit, avec terreur, avec joie, des rouleaux d'or dans ses mains indigentes. Quelles voûtes il doit percer, celui qui a connaissance des trésors! dans quelles cavernes, quelles avenues, il doit pénétrer, jusque dans le voisinage des enfers! Dans de vastes caveaux, gardés de toutes parts, il voit disposées pour lui des rangées de hanaps, de plats, d'assiettes d'or; il voit des coupes de rubis, et, s'il veut en faire usage, auprès se trouve une liqueur antique. Mais.... vous en croirez le connaisseur.... le bois des douves est pourri depuis longtemps; le tartre a fait au vin un tonneau. Les essences de si nobles vins, aussi bien que l'or et les joyaux, s'enveloppent de nuit et d'épouvante. Le sage y fouille sans relâche; de prétendre faire ces

---

1. Signe de joie.

découvertes en plein jour, c'est moquerie: l'obscurité est la patrie des mystères.

L'EMPEREUR.

Je te les abandonne. Que peuvent servir les ténèbres? Si une chose a du prix, qu'elle se montre au jour. Qui distingue le fripon dans la profonde nuit? Les vaches sont noires, comme les chats sont gris. Ces cruches là-bas, pleines de masses d'or, allons, pousse ta charrue, et que ton labourage les produise à la lumière.

MÉPHISTOPHÉLÈS.

Prends la houe et la bêche; creuse toi-même.... Le travail des laboureurs te fera grand.... Et un troupeau de veaux d'or surgira du sol. Alors, sans hésiter, avec ravissement, tu pourras te parer toi-même et ta bien-aimée: un joyau étincelant de couleurs et de lumière relève la beauté comme la majesté.

L'EMPEREUR.

Vite! vite! Combien de temps cela doit-il se faire attendre?

L'ASTROLOGUE, *soufflé par Méphistophélès.*

Seigneur, modère un si pressant désir. Laisse d'abord passer nos fêtes brillantes: un cœur distrait ne nous mène pas au but. Il faut d'abord nous réconcilier dans le recueillement, mériter l'inférieur par le supérieur. Qui veut des choses bonnes doit commencer par être bon; qui veut la joie doit tempérer son sang; qui désire du vin doit presser des grappes mûres; qui espère des miracles doit fortifier sa foi.

L'EMPEREUR.

Eh bien! passons le temps en réjouissances. Le mercredi des cendres viendra tout à souhait. En attendant, quoi qu'il arrive, nous fêterons plus gaiement encore le tumultueux carnaval.

(*Fanfares. Ils sortent.*)

MÉPHISTOPHÉLÈS.

De savoir comment le mérite et la fortune s'enchaînent, les fous ne s'aviseront jamais. Quand ils auraient la pierre philosophale, le philosophe manquerait à la pierre.

UNE VASTE SALLE.

Chambres et galeries aboutissantes. Tout est décoré et disposé pour la mascarade.

LE HÉRAUT.

Ne croyez pas être dans les provinces allemandes, où dansent les diables, les fous et les morts : une brillante fête vous attend. Dans ses expéditions à Rome, le maître, pour son avantage et pour votre plaisir, a franchi les hautes Alpes et a conquis un beau royaume. Par ses prières, l'empereur obtint d'abord des saintes pantoufles de légitimer sa puissance, et, lorsqu'il alla quérir pour lui la couronne, il nous apporta aussi le capuchon. Maintenant nous sommes tous des hommes nouveaux; tout cavalier qui sait son monde couvre à plaisir de cette coiffure sa tête et ses oreilles; elle le rend assez semblable aux fous égarés; là-dessous il est sage comme il peut. Je vois déjà comme ils se groupent, se dispersent au hasard, se réunissent par couples familiers. Le chœur s'empresse de se joindre au chœur. On entre, on sort, sans se lasser. Mais enfin, après, comme auparavant, avec ses cent mille balivernes, le monde est toujours un grand fou.

JARDINIÈRES. *Elles chantent, en s'accompagnant de la mandoline.*

Pour obtenir votre suffrage, nous nous sommes parées cette nuit; jeunes Florentines, nous avons suivi la magnificence de la cour allemande.

Nous portons dans nos boucles brunes l'ornement de riantes fleurs; fils de soie, flocons de soie, jouent leur rôle ici.

Car nous tenons la chose pour méritoire et louable tout à fait : nos fleurs, brillant produit de l'art, fleurissent toute l'année.

Mille découpures coloriées sont disposées avec symétrie : vous pouvez critiquer en détail, mais l'ensemble vous attire.

Nous sommes jolies à voir, jardinières et galantes : le naturel des femmes est si rapproché de l'art !

LE HÉRAUT.

Faites voir les riches corbeilles que vous portez sur vos têtes, les corbeilles diaprées qui s'arrondissent à vos bras : que chacun choisisse ce qui lui plaît. Vite, que dans le feuillage et les allées, un jardin se produise ! Les marchandes, comme la marchandise, sont dignes qu'on se presse autour d'elles.

LES JARDINIÈRES.

Venez, chalands, dans cet aimable lieu, mais que l'on ne marchande pas ! Quelques mots ingénieux apprendront à chacun ce qu'il a.

UNE BRANCHE D'OLIVIER AVEC SES FRUITS.

Je n'envie aucun parterre de fleurs ; je fuis toute querelle ; elles répugnent à ma nature ; je suis pourtant la moelle des campagnes ; et, comme gage certain, un signe de paix pour tout pays. Aujourd'hui, je l'espère, j'aurai le bonheur de parer dignement une belle tête.

UNE COURONNE D'ÉPIS D'OR.

Les dons de Cérès, pour vous parer, auront un air charmant et doux. Que le bien le plus souhaité vous soit un bel ornement !

UNE COURONNE DE FANTAISIE.

Des fleurs émaillées semblables aux mauves, merveilleuse guirlande sortie de la mousse !... Cela n'est pas ordinaire à la nature, mais la mode le produit.

UN BOUQUET DE FANTAISIE.

Vous dire mon nom, Théophraste ne s'y risquerait pas, et pourtant je me flatte de plaire, non pas à toutes peut-être, mais à quelqu'une, à qui je me donnerais volontiers, si elle m'entrelaçait dans ses cheveux, si elle pouvait se résoudre à m'accorder une place sur son cœur.

APPEL.

Que des fantaisies diverses fleurissent pour la mode du jour ; qu'elles soient de formes bizarres, comme la nature ne se déploie jamais : tiges vertes, cloches d'or, brillez parmi les boucles touffues.... Mais nous....

BOUTONS DE ROSES.

Nous restons cachés. Heureux qui nous découvre dans notre fraîcheur! Quand l'été s'annonce, le bouton de rose s'enflamme. Qui voudrait se passer d'un tel bonheur? Les promesses, les faveurs, dans l'empire de Flore, gouvernent le regard et les sens et le cœur à la fois. (*Les jardinières disposent élégamment leurs marchandises dans des allées de verdure*).

JARDINIERS. *Ils chantent avec accompagnement de théorbes.*

Vous voyez les fleurs paisiblement éclore, ceindre vos têtes avec grâce : les fruits ne cherchent pas à séduire, c'est en les goûtant qu'on en jouit.

Elles montrent leurs bruns visages, les cerises, les pêches, les prunes royales! Achetez, car, au prix de la langue et du palais, l'œil est un mauvais juge.

Venez vous nourrir avec choix et délices des fruits les plus mûrs : on poétise sur les roses, il faut mordre dans les pommes.

Qu'il nous soit permis de nous associer à votre riche fleur de jeunesse, et nous étalerons, en bons voisins, l'abondance de nos fruits mûrs.

Sous de joyeuses guirlandes, dans l'enfoncement de berceaux décorés, on peut trouver, tout ensemble, boutons, feuillage, fleurs et fruits. (*Au milieu de chants alternés, accompagnés de théorbes et de guitares, les deux chœurs continuent d'élever leurs marchandises en pyramides élégantes et de les offrir aux passants.*)

Une mère et sa fille s'avancent.

LA MÈRE.

Ma fille, quand tu vins à la lumière, je te parai d'un petit bonnet; tu avais un si gracieux visage, un petit corps si délicat! Déjà je te voyais fiancée, déjà je te voyais unie au plus riche, gentille mariée.

Hélas! et déjà bien des années se sont écoulées en vain; les épouseurs de toute sorte ont défilé promptement : avec l'un tu dansais légère; à l'autre tu donnais un secret signal avec le coude.

Toutes les fêtes que nous avons imaginées, nous les avons vues passer sans fruit; le gage touché, colin-maillard, n'ont rien attrapé. Aujourd'hui les fous sont lâchés : ma chère, ouvre ton giron, quelqu'un peut-être sera pris. (*De jeunes et jolies compagnes surviennent; toutes babillent ensemble; des pêcheurs et des oiseleurs, avec des filets, des hameçons, des gluaux et d'autres instruments, arrivent et se mêlent aux groupes des jeunes filles. Des tentatives mutuelles de gagner, de prendre, d'échapper et de retenir, donnent lieu aux plus agréables dialogues.*)

BÛCHERONS. *Ils se présentent brusquement et d'une façon grossière.*

Place! place! rangez-vous! Il nous faut de l'espace; nous abattons les arbres, qui tombent avec fracas; et, quand nous portons, gare le choc! A notre éloge dites-le nettement, si les gens grossiers ne travaillaient dans les campagnes, que deviendraient les gens délicats avec tout leur esprit?... Sachez-le bien : vous gelez, si nous ne suons pas.

POLICHINELLE, *maladroit, presque niais.*

Vous êtes les fous, nés bossus; nous sommes les sages, qui ne portèrent jamais rien; car nos capes, jaquettes et guenilles, sont faciles à porter. Et, à notre aise, toujours oisifs, empantouflés, à travers le marché et la foule, nous avançons, nous regardons bouche béante, nous coquelinons; à ce bruit, à travers la presse et la foule, nous glissons comme des anguilles; nous sautons, nous tapageons ensemble. Louez-nous, blâmez-nous, peu nous importe.

PARASITES, *avides flatteurs.*

Vaillants bûcherons, et vous, charbonniers, leurs beaux-frères, vous êtes nos hommes; car toutes les révérences, tous les signes d'approbation, les phrases entortillées, les équivoques, cela réchauffe et rafraîchit, autant qu'on le sent : à quoi cela serait-il bon? Il faudrait que le feu même, le feu terrible, tombât du ciel, s'il n'y avait des bûches et des voies de charbon pour couvrir l'âtre et l'enflammer. Là on rôtit et l'on bout, on cuit et l'on fricasse!... Le vrai gourmand, le lécheur d'assiettes, flaire le rôti, devine le poisson : cela excite aux exploits, à la table du patron.

UN IVROGNE, *hors de sens.*

Qu'aujourd'hui rien ne me résiste! Je me sens franc et libre. Pourtant l'air frais et les joyeux chants, je les chercherais moi-même volontiers. Et je bois, je bois!... Trinquez, vous autres! tin! tin! tin! Et toi là-bas, approche! Trinquez! et tout est dit.

Ma petite femme criait en colère, rechignait à cet habit de fête, et, comme je me rengorgeais, me traitait de mannequin. Mais je bois, je bois, je bois! Choquez les verres! tin! tin! tin! Mannequins, trinquez! Quand les verres sonnent, tout est dit.

Ne dites pas que je suis égaré; car je suis où je me plais. Si l'hôte ne fait pas crédit, l'hôtesse le fera, ou bien enfin la servante. Toujours je bois, je bois, je bois! Courage, vous autres! Tin! tin! tin! Chacun à chacun! ainsi de suite! Il me semble que tout est dit.

Où et comment je m'amuse, il ne m'importe guère; laissez-moi couché où je suis, car sur mes pieds je ne tiens plus.

LE CHOEUR.

Que tout frère boive, boive! Trinquez vivement, tin! tin! tin! Restez fermes sur chaise et banc : pour lui, sous la table, tout est dit. (*Le héraut annonce divers poètes, poètes de la nature, poètes de cour et de chevalerie, les uns tendres, les autres enthousiastes. Dans cette foule de concurrents de toute sorte, aucun ne laisse les autres se produire. Un seul passe en disant quelques mots.*)

UN POËTE SATIRIQUE.

Savez-vous ce qui me réjouirait de bon cœur, moi, poëte? J'aimerais à chanter et à dire ce que nul ne voudrait entendre. (*Les poètes de la nuit et des tombeaux se font excuser, parce qu'ils ont engagé, dans cet instant même, la conversation la plus intéressante avec un vampire fraîchement ressuscité, ce qui pourrait donner naissance à un nouveau genre de poésie. Il faut que le héraut se contente de leurs excuses : cependant il évoque la mythologie grecque, qui, même sous le masque moderne, ne perd ni son caractère ni ses charmes.*)

Les Grâces.

AGLAÉ.

Nous apportons la grâce dans la vie : mettez de la grâce à donner.

HÉGÉMONE.

Mettez de la grâce à recevoir : il est doux l'accomplissement du désir.

EUPHROSINE.

Et, dans les bornes de vos jours paisibles, que la reconnaissance soit pleine de grâce.

Les Parques.

ATROPOS.

Moi, la plus âgée, on m'a cette fois invitée à filer[1] : il y a beaucoup à penser, beaucoup à réfléchir sur le tendre fil de la vie.

Pour qu'il vous soit flexible et doux, j'ai su choisir le lin le plus fin ; afin qu'il soit lisse, égal et délié, mon doigt habile l'unira.

Si, dans le plaisir et la danse, vous vouliez trop céder à la volupté, songez à la mesure de ce fil ; prenez garde : il pourrait se rompre.

CLOTHO.

Sachez que, dans ces derniers jours, on m'a confié les ciseaux, parce qu'on ne trouvait pas édifiante la conduite de notre vieille.

Elle prolonge sans fin, dans l'air et la lumière, les trames les plus inutiles, et l'espérance des plus nobles avantages, elle la tranche et la traîne dans la fosse.

Et moi pourtant aussi, dans les travaux de ma jeunesse, je me suis déjà cent fois trompée : aujourd'hui, pour me tenir en bride, je serre les ciseaux dans l'étui.

---

[1]. Les rôles des Parques sont changés, sans doute à propos de la mascarade et du carnaval.

Et j'aime à me sentir ainsi liée ; je porte sur ce lieu des regards bienveillants ; vous, dans ces heures de liberté, livrez-vous au plaisir sans cesse.

LACHÉSIS.

A moi, qui suis la seule raisonnable, la surveillance est restée en partage ; ma façon, toujours animée, ne s'est jamais trop hâtée encore.

Les fils viennent, les fils se dévident ; à chacun je marque son chemin ; je n'en laisse aucun s'égarer : il faut qu'il se roule autour du fuseau.

Si j'allais une fois m'oublier, je serais inquiète pour le monde : les heures comptent, les années mesurent, et le tisserand prend les écheveaux.

LE HÉRAUT.

Celles qui viennent maintenant, vous ne les reconnaîtrez pas, si savants que vous soyez dans les lettres anciennes : à les voir, ces personnes, qui font tant de maux, vous les diriez des hôtes bienvenus.

Ce sont les Furies (nul ne voudra nous en croire....), jolies, bien faites, aimables et jeunes! Faites connaissance avec elles : vous apprendrez que ces colombes mordent comme des serpents.

Elles sont sournoises, il est vrai ; mais, aujourd'hui que chaque fou se glorifie de ses défauts, elles ne prétendent pas non plus à la gloire des anges ; elles se reconnaissent les fléaux de la ville et de la campagne.

ALECTON.

A quoi cela vous sert-il ? Nous aurons votre confiance, car nous sommes jolies et jeunes, et petits chats caressants. Si l'un de vous a une bonne amie, nous lui gratterons les oreilles ;

Et nous finirons par lui dire en confidence qu'elle fait aussi des signes à tel et tel ; qu'elle a l'esprit biscornu, le dos bossu, et qu'elle boite, et, si elle est sa fiancée, qu'elle ne vaut rien.

Nous savons aussi tourmenter la fiancée : il y a quelques semaines, son ami parla d'elle dédaigneusement à une telle.... Si l'on se réconcilie, il en reste toujours quelque chose.

MÉGÈRE.

Cela n'est que jeu ! Lorsqu'une fois ils sont unis, je m'en

charge, et je sais, en tout cas, empoisonner par le caprice le bonheur le plus doux : l'homme est changeant et changeantes sont les heures.

Nul ne presse dans ses bras ce qu'il désire, sans soupirer follement après ce qu'il désire plus encore dans le sein du bonheur suprême, auquel il s'est accoutumé. Il fuit le soleil et veut réchauffer la glace.

Je sais tirer parti de tout cela, puis j'amène le fidèle Asmodée pour semer à propos le malheur, et j'envoie ainsi, par couples, le genre humain à sa perte.

TISIPHONE.

Au lieu de méchantes langues, j'aiguise le poignard, je mêle le poison pour le traître; si tu aimes quelqu'un, tôt ou tard ta perte est assurée.

Il faut que le plus doux instant se change en aigreur et en fiel. Ici point de transaction, point de traité : comme il a fait l'action, il l'expie.

Que nul ne parle de pardon ! Je fais aux rochers ma plainte; l'écho répond : « Vengeance! » et qui change ne vivra pas.

LE HÉRAUT.

Veuillez, je vous prie, vous ranger de côté, car les personnes qui viennent maintenant ne sont pas vos égales. Vous voyez comme une montagne s'approche, les flancs pompeusement revêtus de tapis variés, la tête armée de longues dents et d'une trompe tortueuse : c'est un mystère, mais je vous en donnerai la clef. Sur la nuque elle porte assise une femme gracieuse et délicate, qui la mène parfaitement avec une fine baguette; l'autre, qui est assise au sommet, majestueuse, auguste, est environnée d'un éclat trop éblouissant pour ma vue. A côté, marchent enchaînées deux nobles femmes, l'une inquiète, l'autre joyeuse à voir.... L'une désire la liberté, l'autre sent qu'elle est libre. Que chacune nous dise qui elle est.

LA PEUR.

Les torches fumantes, les lampes, les flambeaux jettent des lueurs à travers la fête confuse : parmi ces visions trompeuses, hélas! la chaîne me retient.

Éloignez-vous, risibles rieurs! Vos grimaces éveillent le soupçon; tous mes adversaires me pressent dans cette nuit.

Ici un ami est devenu ennemi : je connais déjà son masque. Celui-ci voulait m'égorger : maintenant, découvert, il s'esquive.

Ah! que volontiers, par le premier chemin, je fuirais loin de ce monde! Mais sur l'autre bord le néant menace : il me tient entre les ténèbres et l'horreur.

L'ESPÉRANCE.

Je vous salue, sœurs chéries! Hier et aujourd'hui vous avez déjà pris le plaisir de la mascarade; mais, je le sais certainement, demain vous quitterez toutes vos masques, et, si nous ne trouvons pas un singulier plaisir à la clarté des flambeaux, nous irons, dans les beaux jours, au gré de notre fantaisie, tantôt réunies, tantôt solitaires, nous promener en liberté dans les belles campagnes ; selon notre envie, agir ou nous reposer, et, dans une vie insoucieuse, ne sentir jamais de privations, poursuivre un but sans cesse. Hôtes partout bienvenus, nous entrons avec confiance : assurément le bien suprême doit se trouver quelque part.

LA PRUDENCE.

Je tiens enchaînées, loin de la multitude, les deux plus grandes ennemies des hommes, la crainte et l'espérance. Faites place : vous êtes sauvés.

Ce colosse vivant, vous voyez, je le mène chargé de tours, et pas à pas il marche, sans se lasser, par des sentiers escarpés.

Mais, là-haut sur le sommet, cette divinité, aux larges ailes, promptes à voler en tous lieux pour la conquête,

La gloire et l'éclat l'environnent, brillant au loin de toutes parts : elle se nomme la victoire, déesse de tous les exploits.

ZOILO-THERSITE [1].

Hou! hou! je viens tout à propos. Je vous insulte tous ensemble. Mais celle que j'ai choisie pour point de mire, c'est madame Victoire, que je vois là-haut. Avec ses deux blanches ailes, elle s'imagine qu'elle est un aigle, et, en quelque lieu qu'elle s'avance, elle croit que tout lui appartient, le peuple et le pays : mais, lorsqu'il arrive quelque succès glorieux, je m'échauffe soudain dans mon harnais : le bas en haut, le haut en

---

1. Les deux noms choisis et réunis par Gœthe, pour désigner ce personnage, en font pressentir le caractère.

bas, le courbe droit, le droit tortu, c'est là tout ce qui me rend gaillard ; voilà ce que je veux sur toute la machine ronde.

LE HÉRAUT.

Ah ! misérable gueux, tu sentiras les coups de la sainte baguette ! Courbe-toi, replie-toi sur-le-champ !... Comme le double nain se roule promptement en une masse immonde !... O merveille !... La masse devient un œuf ; il s'enfle et il crève : il s'en échappe deux jumeaux, la vipère et la chauve-souris ; l'une s'enfuit, rampant dans la poussière ; l'autre s'élève au plafond sur ses ailes noires ; elles courent dehors pour s'unir : je n'y voudrais pas être en tiers !

MURMURES.

Alerte ! déjà l'on danse là derrière !... Non, je voudrais en être loin !... Sens-tu comme elle nous enveloppe, l'engeance fantastique ? Cela frémit dans mes cheveux.... Et je l'avais senti au pied.... Aucun de nous n'est blessé.... mais nous sommes tous pris de frayeur.... Le badinage se gâte entièrement.... et les imbéciles l'ont voulu.

LE HÉRAUT.

Depuis que les fonctions de héraut me sont remises dans les mascarades, je veille soigneusement à la porte, afin qu'en ce lieu de plaisir rien de fâcheux ne vous surprenne ; je n'hésite ni ne plie. Mais je crains que par les fenêtres il n'arrive des esprits aériens, et je ne saurais vous délivrer des visions et des enchantements. Si le nain s'est rendu suspect, à présent là derrière c'est comme un débordement. La signification de ces figures, je voudrais bien la développer, selon le devoir de mon emploi ; mais, ce que je ne puis comprendre, je ne saurais non plus l'expliquer. Aidez-moi tous à m'instruire.... Voyez-vous ce qui se promène parmi la foule ? Attelé de quatre chevaux, un char magnifique est traîné au travers de tout ; cependant il ne partage pas la foule ; je ne vois de presse nulle part. Il brille au loin de vives couleurs ; des étoiles diverses jettent des feux errants, comme d'une lanterne magique ; il s'avance bruyamment, avec la violence de la tempête. Place ! place ! je frissonne.

UN JEUNE GARÇON, *conduisant le char.*

Halte ! coursiers, retenez vos ailes, sentez le frein accoutumé, modérez-vous, dès que je vous modère ; partez avec bruit, quand je vous excite.... Rendons *hommage* à ces lieux. Voyez alentour comme se multiplient les cercles des admirateurs. Allons, héraut, à ta manière, avant que nous ayons disparu, songe à nous peindre, à nous nommer. Car nous sommes des allégories, et tu devrais nous connaître.

LE HÉRAUT.

Je ne saurais te nommer : je pourrais plutôt te décrire.

LE JEUNE GARÇON.

Essaye donc!

LE HÉRAUT.

Il faut d'abord convenir que tu es jeune et beau. Tu es à peine adolescent, cependant les femmes aimeraient à te voir homme accompli. Tu me parais un galant en herbe et, par naissance, un séducteur.

LE JEUNE GARÇON.

Pas mal! Poursuis : devine le joyeux mot de l'énigme....

LE HÉRAUT.

L'éclair de tes yeux noirs, l'ébène de ta chevelure bouclée, égayée par un diadème de pierreries, et cette robe élégante, qui flotte de tes épaules à tes pieds, avec une bordure de pourpre et de paillettes, te feraient prendre pour une jeune fille; mais, pour le mal et pour le bien, tu jouerais dès à présent ton rôle auprès des belles : elles t'ont appris l'ABC.

LE JEUNE GARÇON.

Et celui qui, pareil à l'image de la magnificence, brille sur le trône du char?

LE HÉRAUT.

Il semble un roi, riche et gracieux. Heureux celui qui obtient sa faveur! Il n'a plus rien à souhaiter. Où quelque chose peut manquer, son regard y pénètre, et le plaisir pur qu'il goûte à donner vaut mieux que la possession et la fortune.

LE JEUNE GARÇON.

Il ne faut pas t'en tenir là : tu dois le décrire exactement.

LE HÉRAUT.

La dignité ne peut se décrire; mais ce visage de pleine santé, cette bouche fraîche, ces joues fleuries, qui brillent sous la parure du turban, cette noble aisance, sous le vêtement aux longs plis.... Que dirai-je du maintien?... Je crois reconnaître en lui un souverain.

LE JEUNE GARÇON.

C'est Plutus, nommé le dieu de la richesse. Lui-même il vient en pompe dans ces lieux : l'auguste empereur désire vivement sa présence.

LE HÉRAUT.

Dis-nous aussi toi-même ce que tu es.

LE JEUNE GARÇON.

Je suis la prodigalité, je suis la poésie; je suis le poëte, qui s'accomplit en prodiguant ses plus intimes trésors. Je suis aussi riche immensément, et je m'estime égal à Plutus; j'anime et je décore ses bals et ses festins : ce qui lui manque, je le donne.

LE HÉRAUT.

La vanterie te sied à merveille : mais fais-nous voir tes talents.

LE JEUNE GARÇON.

Voyez-moi seulement faire claquer les doigts, et tout va briller et luire autour du char. Voilà un collier de perles qui tombe! (*Il continue à faire claquer ses doigts.*) Prenez ces boucles d'or pour le cou et les oreilles, et ces peignes et ces couronnes sans défauts, ces précieux joyaux montés en bagues. Je distribue aussi par moments des flammèches, attendant où elles pourront mettre le feu.

LE HÉRAUT.

Comme elle prend, comme elle happe, la chère multitude! Le donneur en est presque étouffé. Il fait pleuvoir les bijoux comme en songe, et chacun les attrape dans ce vaste cercle. Mais voici de nouvelles finesses! Ce que chacun a saisi si diligemment, il en jouit fort peu. Le cadeau lui échappe et s'envole. Le collier de perles se défile; des scarabées lui chatouillent la main; il les jette, le pauvre sot, et ils bourdonnent autour de sa tête. Les autres, au lieu d'objets solides, attrapent de méchants papillons. Oh! fripon, qui a promis tant de choses et ne donne que du clinquant!

LE JEUNE GARÇON.

Je vois bien que tu sais annoncer les masques; mais approfondir la nature du vase, ce n'est pas l'affaire d'un héraut de cour : cela demande une vue plus pénétrante. Cependant je veux éviter toute querelle : c'est à toi, maître, que j'adresse mes questions et mes paroles. (*Il se tourne vers Plutus.*) Ne m'as-tu pas confié ces quatre coursiers impétueux? Ma main ne les conduit-elle pas heureusement, comme tu l'ordonnes? Ne suis-je pas à la place que tu as indiquée? Et, sur des ailes hardies, n'ai-je pas su conquérir la palme pour toi? Aussi souvent que j'ai combattu pour ta cause, j'ai constamment réussi; si le laurier couronne ton front, ne l'ai-je pas tressé de mon intelligence et de ma main?

PLUTUS.

S'il est nécessaire que je te rende témoignage, je le dirai volontiers : tu es l'esprit de mon esprit; tu agis constamment selon ma volonté; tu es plus riche que moi-même. J'estime, pour récompenser tes services, le rameau vert plus que toutes mes couronnes. Je le déclare devant tout le monde avec vérité, mon cher fils, je prends plaisir en toi.

LE JEUNE GARÇON, *à la foule*.

Les plus riches présents de ma main, voyez, je les ai semés à la ronde. Sur cette tête, sur cette autre, brûle une flammèche que j'ai fait jaillir; elle saute de l'une à l'autre; elle s'arrête à celle-ci, elle échappe à celle-là; mais il est bien rare qu'elle s'élève en flamme et brille vivement d'un rapide éclat : chez plusieurs, avant qu'on l'ait reconnue, elle s'éteint, tristement consumée.

BABIL DE FEMMES.

Cet homme, là-haut, sur le char à quatre chevaux, c'est sans doute un charlatan. Derrière lui se blottit paillasse [1], mais exténué par la faim et la soif, comme on ne l'avait jamais vu. Il ne sent pas quand on le pince.

L'EXTÉNUÉ.

Arrière, vilaines femmes! Je sais que je ne suis jamais pour vous le bienvenu.... Quand la femme veillait encore sur le foyer, je m'appelais *Avaritia*. Dans ce temps-là notre maison était prospère : il entrait beaucoup de bien et rien ne sortait. Je veillais sur le coffre et l'armoire. C'était là peut-être un vice....

---

1. Le *Hanswurst* des Allemands est le personnage bouffon.

Mais depuis qu'en ces dernières années, la femme a perdu la coutume d'épargner, et, comme tout mauvais calculateur, a bien plus de désirs que d'écus, l'homme est réduit à beaucoup souffrir. Où qu'il regarde il ne voit que dettes. Si la femme peut amasser quelque argent, elle le dépense pour son corps, pour ses amants; elle fait meilleure chère, elle boit plus encore, avec la damnable troupe de ses galants. Cela redouble chez moi l'amour de l'or : je suis du genre masculin, je suis l'Avare [1] !

UNE FEMME.

Que le dragon lésine avec les dragons : ce n'est, après tout, que mensonge et tromperie. Il vient pour exciter les hommes : ils sont déjà bien assez fâcheux.

LES FEMMES EN MASSE.

L'homme de paille ! Applique-lui un soufflet ! Que nous veut-il avec ses menaces, ce misérable plastron ? Il nous faudrait craindre sa grimace ? Les dragons sont de bois et de carton. Courage; tombez-lui sur le corps !

LE HÉRAUT.

Par mon bâton, restez en paix !... Mais mon secours est à peine nécessaire. Voyez comme ces monstres furieux, emportés rapidement dans l'espace, déploient la double paire de leurs ailes ! Elles s'agitent avec fureur, les gueules des dragons, les gueules écailleuses qui vomissent des flammes. La foule s'enfuit, la place est nette. (*Plutus descend du char.*) Il descend : avec quelle majesté ! Il fait un signe : les dragons s'ébranlent ; ils enlèvent du char, ils apportent le coffre plein d'or et d'avarice. Le voilà devant ses pieds. C'est merveilleux comme cela s'est fait !

PLUTUS, *au jeune garçon qui mène le char.*

Tu es délivré maintenant de ce pesant fardeau, tu es franc et libre : regagne bien vite ta sphère; elle n'est pas ici. Ici nous assiégent des fantômes grotesques, confus, bigarrés, sauvages; c'est aux lieux où, d'une âme éclairée, tu contemples la divine clarté, c'est là seulement que tu t'appartiens à toi-même et qu'en toi seul tu te confies ; dans les lieux où le beau et le bon plaisent uniquement, dans la solitude !... Vas-y créer ton univers.

1. A cause du genre, on a mis l'*avare* pour l'*avarice*.

LE JEUNE GARÇON.

C'est ainsi que je m'estime ton digne envoyé ; c'est ainsi que je t'aime, comme mon plus proche parent. Où tu résides, est l'abondance ; où je suis, les hommes se sentent au milieu des plus magnifiques trésors. Souvent aussi ils balancent dans leur vie inconséquente : est-ce à toi, est-ce à moi, qu'ils doivent se donner ? Les tiens peuvent sans doute reposer dans le loisir, mais qui me suit a toujours quelque chose à faire. Mes travaux, je ne les accomplis pas en secret ; que je respire seulement, et déjà je suis trahi. Adieu donc !... Tu me laisses à mon bonheur, mais appelle-moi tout bas, et je reviens à l'instant.

PLUTUS.

Il est temps de déchaîner les trésors. Je touche les serrures avec la baguette du héraut : le coffre s'ouvre. Voyez !... dans les vases d'airain, l'or vermeil à flots s'élève et bouillonne ; tout près sont des parures, couronnes, chaînes, anneaux ; le flot monte et menace de les fondre et de les engloutir.

CRIS DIVERS DE LA FOULE.

Voyez donc, voyez comme cela coule en abondance et remplit le coffre jusqu'au bord !... Les vases d'or se fondent ; les rouleaux d'argent tourbillonnent ; les ducats sautent, comme frappés.... Oh ! comme cela me fait battre le cœur !... Comme je vois tout mon désir ! Ils bondissent là sur le sol.... On vous les offre, usez-en sur l'heure ; vous n'avez qu'à vous baisser pour être riches.... Nous autres, prompts comme l'éclair, nous nous emparons du coffre.

LE HÉRAUT.

Qu'est cela, insensés ? Que me faites-vous là ? Ce n'est qu'une plaisanterie de mascarade. Ce soir on n'en demande pas davantage. Croyez-vous qu'on vous donne de l'or et des choses de prix ? Dans ce jeu, des jetons même sont trop pour vous. Imbéciles que vous êtes !... d'une agréable apparence faire soudain la lourde vérité !... Que vous fait la vérité ?... Vous saisissez, partout où vous pouvez l'atteindre, la vaine illusion.... Plutus déguisé, héros de mascarade, chasse-moi cette foule de la place.

PLUTUS.

Ta baguette est là tout à propos : prête-la-moi pour un instant.... Je la plonge soudain dans le feu bouillonnant. A présent, masques, soyez sur vos gardes. Comme cela brille et petille et jaillit en étincelles! Déjà la baguette s'enflamme. Qui s'avancera trop près sera soudain brûlé impitoyablement.... Maintenant je commence ma promenade.

CRIS ET PRESSE.

Ah! ah! c'est fait de nous.... sauve qui peut!... Recule, recule, toi qui es derrière!... Le feu me jaillit au visage.... La baguette ardente m'accable de son poids.... Nous sommes tous perdus.... Arrière, arrière, flots de masques!... Arrière, arrière, troupe folle!... Oh! si j'avais des ailes, je prendrais le vol....

PLUTUS.

Déjà la troupe est refoulée, et personne, je le crois, n'est brûlé. La foule recule, elle est effrayée.... Cependant, comme garantie de cet ordre, je trace un cercle invisible.

LE HÉRAUT.

Tu as accompli une œuvre admirable. Combien je rends grâce à ton sage pouvoir!

PLUTUS.

Il faut encore de la patience, noble ami : maint tumulte menace encore.

L'AVARE.

On peut du moins, si l'on en prend fantaisie, contempler ce cercle avec plaisir, car les femmes sont toujours en avant, lorsqu'il se trouve quelque chose à voir ou à croquer. Je ne suis pas encore si complétement rouillé : une belle femme est toujours belle, et, aujourd'hui, puisqu'il ne m'en coûte rien, je veux hardiment coqueter. Mais comme, en ce lieu, où la foule regorge, chaque parole n'arrive pas à chaque oreille, j'essayerai, en homme habile (et j'espère avec bon succès), de m'exprimer clairement par le langage mimique. Si la main, le pied, les gestes ne me suffisent pas, je tenterai quelque drôlerie; j'userai de l'or comme d'une argile humide; car ce métal peut se changer en toute chose.

LE HÉRAUT.

Que va-t-il faire, ce maigre fou? Un pareil affamé serait-il facétieux? Il pétrit tout l'or en pâte; l'or s'amollit dans ses mains. Comme qu'il le presse et le roule, le métal reste néanmoins toujours difforme. Il se tourne là-bas vers les femmes; elles crient toutes; elles voudraient fuir; leurs gestes expriment la répugnance.... Le drôle annonce de mauvais desseins; je crains qu'il ne s'amuse à blesser la pudeur. A cela, je ne puis garder le silence; donne-moi ma baguette pour le chasser.

PLUTUS.

Il ne prévoit pas ce qui nous menace du dehors. Laisse-le faire ses extravagances. Il ne lui restera aucune place pour ses arlequinades : la loi est forte, mais plus forte la nécessité.

TUMULTE ET CHANT.

La sauvage armée arrive à la fois des montagnes et des forêts; elle s'avance irrésistible; ils fêtent leur grand Pan.

PLUTUS.

Je vous connais bien, vous et votre grand Pan! Vous avez fait ensemble un pas hardi. Je sais fort bien ce que chacun ne sait pas, et j'ouvre, selon mon devoir, ce cercle étroit. Puisse un heureux sort les accompagner! Les choses les plus étranges peuvent arriver; ils ne savent pas où ils vont; ils n'ont pas pris leurs mesures.

CHANT SAUVAGE.

Peuple fardé, frivole clinquant!... Ils viennent grossiers, ils viennent barbares; ils bondissent, ils courent, ils viennent vaillants et forts.

FAUNES.

La troupe des faunes, en danse joyeuse, la couronne de chêne dans les cheveux crépus, une fine oreille pointue, qui perce à travers les boucles, un petit nez camus, un large visage, tout cela ne nuit pas auprès des femmes. Au faune, lorsqu'il tend la patte, la plus belle ne refuse guère la danse.

UN SATYRE.

Le satyre bondit par derrière, avec pied de chèvre et jambe grêle; il lui faut à lui des membres secs et nerveux, et, comme un chamois, sur les cimes des montagnes, il aime à promener ses regards de tous côtés; puis, fortifié par l'air de la liberté, il se moque de l'enfant et de la femme et de l'homme, qui, plongés dans la fumée et la vapeur de la vallée, croient aussi mener une heureuse vie, tandis que le monde pur et tranquille appartient là-haut à lui seul.

GNOMES.

Voici, à petits pas, la petite troupe, qui n'aime pas à marcher deux à deux. En habits de mousse, éclairée de petites lampes, elle court, pêle-mêle, vivement, aux lieux où chacun travaille pour soi, en fourmilière, comme des mouches luisantes, et grouille çà et là sans cesse, occupée en long et en large. Proches parents des bons petits nains, bien connus comme perce-rochers, nous saignons les hautes montagnes ; nous puisons dans leurs veines fécondes ; nous entassons les métaux, encouragés par ce salut : « Bon succès ! bon succès[1] ! » Cela est tout à fait bienveillant ; nous sommes amis des hommes bons. Cependant nous produisons l'or à la lumière, afin que l'on puisse voler et corrompre ; que le fer ne manque pas à l'homme orgueilleux qui a médité le meurtre universel ; et qui méprise les trois commandements ne se soucie pas non plus des autres. Tout cela n'est pas notre faute : comme nous, ayez donc toujours patience.

LES GÉANTS.

On les appelle les hommes sauvages, bien connus sur les montagnes du Harz ; dans leur nudité naturelle, dans leur force antique, ils viennent ensemble en vrais géants ; le tronc de sapin dans la main droite, et autour du corps une épaisse ceinture, le rude tablier de rameaux et de feuilles.... garde du corps, comme le pape n'en a point.

CHŒUR DE NYMPHES. *Elles entourent le grand Pan.*

Il vient aussi ! Le tout universel est figuré dans le grand Pan. Vous, les plus riantes, entourez-le, voltigez autour de lui avec vos danses folâtres ; car il veut, parce qu'il est sérieux et bon, que l'on soit joyeux. Il se tient aussi constamment éveillé sous la voûte bleue. Mais les ruisseaux vers lui serpentent, et les zéphyrs le bercent dans un doux repos, et, vers midi, s'il sommeille, la feuille ne tremble pas sur le rameau ; les parfums embaumés de plantes salutaires remplissent l'air silencieux et tranquille ; la nymphe n'ose folâtrer ; où elle se trouve elle s'endort. Mais, lorsqu'ensuite la voix du Dieu retentit soudain avec puissance, comme le fracas de la foudre, le mugissement

---

1. *Gluck auf*, salutation de bon augure, agréable aux mineurs allemands.

de la mer, alors nul ne sait que devenir ; la vaillante armée se disperse dans la campagne, et, dans le tumulte, tremble le héros. Honneur donc à qui appartient l'honneur, et salut à celui qui nous l'amène !

DÉPUTATION DES GNOMES, *au grand Pan.*

Quand le riche et brillant métal circule en filons à travers les rochers, et ne révèle ses labyrinthes qu'à la baguette divinatoire,

Nous creusons dans les sombres abîmes notre maison de Troglodytes, et ,favorable, tu dispenses des trésors, à la pure clarté du jour.

Or, nous avons découvert ici près une source merveilleuse, qui promet de donner commodément ce qu'on pouvait à peine atteindre.

Cette œuvre, tu peux l'accomplir. Prends-la, seigneur, sous ta garde. Chaque trésor, dans tes mains, tourne au bien du monde entier.

PLUTUS, *au héraut.*

Il faut nous recueillir dans une haute pensée, et ce qui arrive, le laisser s'accomplir sans nous troubler. Tu fus d'ailleurs toujours plein du plus ferme courage. Il va se passer à l'instant une chose terrible. Les contemporains et la postérité la nieront obstinément. Toi, consigne-la fidèlement dans ton protocole.

LE HÉRAUT, *prenant la baguette que Plutus tenait à la main.*

Les nains amènent sans bruit le grand Pan à la source du feu ; elle s'élève bouillonnante du fond de l'abîme, puis elle retombe dans le gouffre, et la gueule béante devient sombre; le bouillonnement recommence à flots embrasés; le grand Pan s'arrête satisfait; il se réjouit du prodige, et une écume de perles jaillit à droite et à gauche. Comment peut-il se fier à de telles créatures ? Il se baisse pour regarder au fond... Mais voilà que sa barbe tombe dedans !... Qui peut être ce menton ras? La main le cache à notre vue.... Et voici un grand malheur !... La barbe s'enflamme et revient en volant; elle embrase couronne et tête et poitrine; le plaisir se change en douleur.... La troupe accourt pour éteindre le feu, mais personne n'échappe aux flammes ; et plus on piétine et plus on frappe, plus on en provoque de nouvelles. Enveloppé dans le feu, tout un groupe de masques flambe. Mais qu'entends-je ? Quel bruit circule d'oreille en oreille, de bouche en bouche !... O nuit à jamais funeste, quels maux nous a-t-elle apportés !... Le jour de demain publiera ce que nul n'apprendra volontiers ; toutefois j'entends crier de toutes parts : « C'est l'empereur qui souffre ce supplice. » Oh ! que toute autre chose fût vraie !... L'empereur brûle avec sa troupe. Qu'elle soit maudite, elle qui l'a séduit ; qui s'est enlacée de rameaux résineux, afin de faire ici vacarme avec des chants furieux, pour la perte de tous ! O jeunesse, jeunesse, n'observeras-tu jamais une sage mesure dans le plaisir ? O majesté, majesté, n'agiras-tu jamais avec raison, comme autorité souveraine ?... Déjà la forêt est la proie des flammes ; leurs langues aiguës vont lécher les plafonds lambrissés, un incendie général nous menace. La mesure du désastre est comblée ; je ne sais qui pourra nous sauver. Une nuit fait son œuvre, et demain la magnificence impériale ne sera qu'un monceau de cendres.

PLUTUS.

C'est répandre assez d'épouvante. Il est temps de porter secours.... Frappez, puissance de la sainte baguette ! Que le sol tremble et retentisse ! Vastes champs de l'air, emplissez-vous de fraîches vapeurs ! Accourez, pour voltiger alentour, brouillards nébuleux, pesantes nuées, couvrez ce tumultueux embrasement, ruisselez, murmurez, moutonnez vos petits nuages, glissez en flottant, apaisez doucement, combattez partout pour éteindre. Vapeurs humides et rafraîchissantes, changez en orageux éclairs le jeu de ces vaines flammes !... Quand les esprits menacent de nous nuire, la magie doit se mettre à l'œuvre.

UN JARDIN DE PLAISANCE.

Une belle matinée : le soleil brille.

L'EMPEREUR *et sa cour, hommes et femmes*; FAUST *et* MÉPHIS-TOPHÉLÈS, *vêtus décemment, à la mode, et non d'une manière étrange ; tous deux s'agenouillent.*

FAUST.

Pardonnes-tu, seigneur, cet incendie pour rire?

L'EMPEREUR, *leur faisant signe de se lever.*

Je me souhaite beaucoup de pareils amusements. Je me suis vu tout d'un coup dans une sphère enflammée. Je croyais presque être Pluton. Un abîme de rochers noirs, charbonneux, embrasé d'étincelles ; ici et là, sur deux gouffres, tourbillonnaient des milliers de flammes furieuses, dont les flots ondoyants s'unissaient en voûte ; des langues de feu montaient en dôme immense, qui toujours se formait et se dissipait toujours. A travers la longue perspective des colonnes torses flamboyantes, je voyais se mouvoir les peuples en longues files ; ils s'avançaient en foule dans le vaste cercle et me rendaient hommage, comme ils ont toujours fait. J'en ai reconnu quelques-uns de ma cour. Je semblais le roi de mille salamandres.

MÉPHISTOPHÉLÈS.

Tu l'es, seigneur, puisque chaque élément reconnaît ta majesté absolue. Tu as éprouvé maintenant l'obéissance du feu. Jette-toi dans la mer, aux lieux où elle se déchaîne avec le plus de violence, et à peine auras-tu posé le pied sur le fond jonché de perles, qu'il se formera, en bouillonnant, un cercle magnifique ; tu verras, en haut et en bas, les flots verts, ondoyants, aux franges pourprées, se développer en une superbe demeure dont tu occupes le centre. A chaque pas que tu fais, les palais t'accompagnent; les murailles mêmes jouissent de la vie; elles s'agitent, elles vont, elles viennent, rapides comme la flèche. Les monstres marins se pressent à ce nouveau et gracieux spectacle. Ils accourent et nul n'ose entrer. Là jouent les dragons aux écailles d'or chatoyantes; le requin ouvre les mâchoires, et tu lui ris dans la gueule. Quels que soient maintenant les transports de la cour qui t'environne, cependant tu ne vis jamais une foule pareille. Mais tu ne restes pas séparé des objets les plus aimables : les Néréides curieuses s'approchent de la magnifique demeure, avec leur fraîcheur immortelle; les plus jeunes, craintives et folâtres comme des poissons, les aînées, prudentes. Déjà Thétis est avertie; elle présente au nouveau Pélée ses lèvres et sa main.... Alors le trône, au séjour de l'Olympe....

L'EMPEREUR.

Pour les espaces de l'air, je t'en remercie : on s'élève assez tôt sur ce trône.

MÉPHISTOPHÉLÈS.

Et la terre, souverain maître, déjà tu la possèdes.

L'EMPEREUR.

Quel heureux destin t'a conduit dans ces lieux directement des Mille et une nuits? Si ton génie égale en fécondité Scheherazade, je te promets les plus hautes faveurs. Sois toujours prêt, si, comme il arrive souvent, votre monde uniforme vient à me déplaire à l'excès.

LE MARÉCHAL, *arrivant à la hâte.*

Sire, je ne croyais pas de ma vie t'annoncer un aussi grand bonheur que celui qui me ravit, me charme en ta présence. Tous les comptes sont réglés; les griffes des usuriers sont endormies; je suis délivré de ces tourments d'enfer : il n'est pas au ciel de joie plus grande.

LE GRAND MAITRE DE L'ARMÉE, *survenant de même.*

Un à-compte est payé sur la solde; toute l'armée a renouvelé son engagement; le lansquenet se sent tout rajeuni, et l'hôte et les servantes s'en trouvent bien.

L'EMPEREUR.

Comme votre poitrine dilatée respire librement! Comme votre figure plissée s'éclaircit! Comme vous accourez prestement!

LE TRÉSORIER, *qui se présente.*
Interroge ceux-ci, qui ont accompli l'œuvre.
FAUST.
C'est au chancelier qu'il appartient d'exposer l'affaire.
LE CHANCELIER, *qui s'avance lentement.*
C'est assez de bonheur dans mes vieux jours.... Écoutez donc et voyez la feuille, grosse d'avenir, qui a changé tout le mal en bien. (*Il lit.*) « Soit notoire à quiconque le désire : le présent papier vaut mille couronnes : nous lui donnons pour garantie, comme gage certain, un nombre infini de biens enfouis dans le sol de l'empire. Les mesures sont prises pour que ce riche trésor, dès qu'il sera recueilli, serve à l'acquittement »

L'EMPEREUR.
Je soupçonne quelque fraude, quelque monstrueuse fourberie ! Qui a contrefait ici le chiffre de l'empereur ? Un tel crime est-il resté impuni ?

LE TRÉSORIER.
Souviens-toi que tu as signé de ta main.... cette nuit même.... Tu représentais le grand Pan. Le chancelier t'adressa ces paroles avec nous : « Garantis la joie solennelle de cette fête et le salut du peuple par quelques traits de plume. » Tu les traças nettement ; dès cette nuit, des magiciens les ont multipliés par milliers. Pour que le bienfait profitât sur-le-champ à tout le monde, nous avons sur-le-champ timbré tous ces effets; dix, trente, cinquante, cent, sont tout prêts. Vous ne sauriez croire comme le peuple s'en est bien trouvé. Voyez comme votre cité, naguère presque engourdie dans la mort, se ranime tout entière et s'agite dans l'ivresse du plaisir ! Bien que ton nom fasse dès longtemps le bonheur du monde, on ne l'a jamais contemplé avec autant d'amour. L'alphabet est maintenant superflu : chacun est heureux par ce signe.

L'EMPEREUR.
Et il a pour mes sujets la valeur de l'or pur? L'armée et la cour prennent en payement cette monnaie? Quel que soit mon étonnement, je dois laisser à la chose son cours.

LE MARÉCHAL.
Il serait impossible de retenir les feuilles fugitives : elles se sont répandues comme l'éclair. Les boutiques des changeurs

sont ouvertes : là on reçoit honorablement chaque billet contre de l'or et de l'argent, avec une remise, à la vérité. De là on se rend chez le boulanger, le boucher, l'aubergiste : la moitié du monde paraît ne songer qu'à la bonne chère, tandis que l'autre se pavane en habits neufs. Le mercier coupe, le tailleur coud. Au cri de « Vive l'empereur, » le vin jaillit dans les tavernes. On cuit, on rôtit, on fait cliqueter les assiettes.

MÉPHISTOPHÉLÈS.

Qui se promène seul à l'écart, sur les terrasses, voit la plus belle somptueusement parée, un œil caché derrière le fastueux éventail en plumes de paon ; elle nous sourit et lorgne les cavaliers, et, plus promptement qu'avec l'esprit et l'éloquence, on obtient la suprême faveur de l'amour. On ne se chargera plus de bourses et de bagages : une petite feuille est facile à porter dans le sein ; elle s'y apparie aisément avec un billet doux. Le prêtre la porte pieusement dans son bréviaire, et le soldat, pour se rendre plus leste, allége bien vite ses reins de la ceinture. Que Sa Majesté me pardonne, si je semble rabaisser aux petites choses ce grand ouvrage !

FAUST.

Les immenses trésors qui gisent enfouis dans le sol de tes États demeurent sans emploi. La plus vaste pensée est bien loin d'embrasser l'étendue d'une pareille richesse ; l'imagination, dans son plus sublime essor, s'efforce d'y atteindre et ne parvient jamais à se satisfaire ; mais les esprits dignes de contempler la profondeur prennent dans l'infini une confiance infinie.

MÉPHISTOPHÉLÈS.

Un papier tel que celui-là, au lieu d'or et de perles, est si commode ! On sait du moins ce qu'on tient. On n'a pas besoin de marchander d'abord ni de changer ; on peut s'enivrer à cœur joie d'amour et de vin. Veut-on du métal, les changeurs sont tout prêts, et, s'il vient à manquer, on fouille le sol quelque temps. Coupes et chaînes sont mises aux enchères, et le papier, aussitôt amorti, fait rougir l'incrédule, qui nous raille insolemment. On ne veut plus autre chose : on y est accoutumé. Et désormais il se trouvera, dans tous les États de l'empereur, assez de joyaux, d'or et de papier.

L'EMPEREUR.

Notre empire vous est redevable d'un grand bien. Que la récompense soit, s'il est possible, égale au service. Que le sol intérieur de l'empire vous soit confié. Vous êtes les plus dignes gardiens de ces richesses. Vous connaissez le trésor immense, bien gardé : et, si l'on fouille, que ce soit par vos ordres. Unissez-vous maintenant, maîtres de notre épargne ; remplissez avec joie les fonctions de votre office, où le monde supérieur et le monde inférieur se confondent dans une heureuse unité.

LE TRÉSORIER.

Il ne doit plus s'élever de querelles entre nous. Je me félicite d'avoir l'enchanteur pour collègue. (*Il sort avec Faust.*)

L'EMPEREUR.

Maintenant, si je fais des largesses à toute personne de ma cour, que chacun m'avoue l'usage qu'il en veut faire.

UN PAGE, *en recevant le cadeau.*

Je vivrai joyeux, content, de bonne humeur.

UN AUTRE, *de même.*

Je cours acheter à ma maîtresse anneaux et chaîne d'or.

UN CAMÉRIER, *de même.*

Dès ce moment, je boirai du meilleur.

UN AUTRE, *de même.*

Les dés sautillent déjà dans ma poche.

UN SEIGNEUR BANNERET, *avec circonspection.*

Je dégagerai mes terres et mon château.

UN AUTRE, *de même.*

C'est un trésor : je le joindrai à mes trésors.

L'EMPEREUR.

J'espérais vous voir de l'ardeur et du courage pour des emplois nouveaux, mais qui vous connaît vous devinera aisément. Je le vois bien, avec la fleur de tous les trésors, ce que vous étiez, vous l'êtes encore comme auparavant.

LE FOU, *survenant.*

Vous dispensez des grâces : veuillez aussi m'en faire part.

L'EMPEREUR.

Es-tu ressuscité ?... Tu les boiras sur l'heure.

LE FOU.

Ces billets magiques !... Je ne comprends pas trop bien l'affaire.

L'EMPEREUR.

Je le crois bien, aussi tu les emploieras mal.

LE FOU.

En voilà d'autres qui tombent! Je ne sais que faire.

L'EMPEREUR.

Prends-les toujours : ils sont tombés pour toi. (*Il sort.*)

LE FOU.

Cinq mille couronnes dans mes mains!

MÉPHISTOPHÉLÈS.

Outre à deux jambes, te voilà de nouveau sur tes pieds!

LE FOU.

Cela m'arrive souvent, mais sans que je m'en trouve aussi bien qu'aujourd'hui.

MÉPHISTOPHÉLÈS.

Tu es si joyeux, que te voilà tout en sueur.

LE FOU.

Mais voyez donc, cela vaut-il vraiment de l'argent?

MÉPHISTOPHÉLÈS.

Tu auras avec cela ce que ton gosier et ton ventre demandent.

LE FOU.

Et je puis acheter des champs, une maison et du bétail?

MÉPHISTOPHÉLÈS.

Cela s'entend! Offre toujours : cela ne peut te manquer.

LE FOU.

Et un château, avec bois et chasse et vivier?

MÉPHISTOPHÉLÈS.

Par ma foi, je voudrais te voir un seigneur!

LE FOU.

Dès ce soir je me prélasse dans mon domaine. (*Il sort.*)

MÉPHISTOPHÉLÈS, *seul.*

Qui mettra encore en doute l'esprit de notre fou?

UNE GALERIE SOMBRE.

FAUST, MÉPHISTOPHÉLÈS.

MÉPHISTOPHÉLÈS.

Pourquoi m'entraîner dans ces sombres corridors ? N'est-il pas dans les salles assez d'amusements, et, dans la foule nombreuse et bigarrée des courtisans, assez d'occasions de rire et de tromper ?

FAUST.

Ne me dis pas ces choses-là : tu les as dès longtemps usées jusqu'aux semelles ; et maintenant, par tes allées et tes venues, tu ne songes qu'à me manquer de parole. Cependant on me tourmente, on me presse d'agir ; le maréchal et le chambellan m'assiégent ; l'empereur veut être satisfait sur-le-champ ; il veut voir Hélène et Pâris devant lui ; il veut contempler, sous une forme distincte, le modèle des hommes et celui des femmes. Vite à l'œuvre ! Je ne puis fausser ma parole.

MÉPHISTOPHÉLÈS.

Ce fut une folie de promettre légèrement.

FAUST.

Tu n'as pas réfléchi, camarade, où nous conduisent tes artifices. Nous avons commencé par l'enrichir, à présent il nous faut l'amuser.

MÉPHISTOPHÉLÈS.

Tu imagines que cela s'arrange à l'instant ! Nous rencontrons ici des degrés plus roides : tu empiètes sur un domaine étranger ; tu finis par contracter étourdiment de nouvelles dettes ; tu crois aussi facile d'évoquer Hélène que ce fantôme de papier-monnaie.... Avec mes farces de sorcières, avec mes imbroglio de fantômes, mes nains goîtreux, je suis prêt à te servir ; mais les bonnes amies du diable, sans leur faire injure, ne peuvent passer pour des héroïnes.

FAUST.

Voilà ta vieille chanson ! Avec toi on tombe toujours dans l'incertain. Tu es le père de tous les obstacles ; pour chaque expédient, tu veux une nouvelle récompense. Quelques murmures, je le sais, et ce sera fini : on n'aura pas regardé autour de soi, que tu vas produire la vision.

MÉPHISTOPHÉLÈS.

Le peuple païen ne me concerne pas ; il habite son enfer particulier. Il y a cependant un moyen.

FAUST.

Parle, et sans tarder.

MÉPHISTOPHÉLÈS.

C'est à regret que je révèle un mystère sublime.... Des déesses trônent avec majesté dans la solitude ; autour d'elles point d'espace ; moins encore de temps ; à parler d'elles on se sent troublé : ce sont les MÈRES.

FAUST, *effrayé*.

Les Mères !

MÉPHISTOPHÉLÈS.

Cela t'épouvante ?

FAUST.

Les Mères ! les Mères !... Cela sonne d'une manière étrange.

MÉPHISTOPHÉLÈS.

Et c'est étrange aussi. Déesses inconnues à vous autres mortels, et que nous ne nommons pas volontiers ! Va fouiller dans les profondeurs, pour chercher leur demeure : si nous avons besoin d'elles, la faute en est à toi-même.

FAUST.

Le chemin ?

MÉPHISTOPHÉLÈS.

Aucun chemin. Il faut passer où nul ne passa, où nul ne doit passer. Un chemin vers l'inconcédé, vers l'inconcessible. Es-tu prêt ?... Il n'y a point de serrure, point de verrous à ouvrir.... Tu seras ballotté par les solitudes. As-tu l'idée du vide et de la solitude ?

FAUST.

Tu pourrais, il me semble, t'épargner de pareils discours.

Cela sent la cuisine de la sorcière et un temps bien éloigné de nous. Ne m'a-t-il pas fallu avoir commerce avec le monde, apprendre le vide, enseigner le vide ?... Si je parlais raison, comme les choses s'étaient présentées à ma vue, la contradiction éclatait deux fois plus haut. J'ai dû même, pour me dérober à de mauvais tours, m'enfuir dans la solitude, dans les lieux sauvages, et, pour ne pas vivre seul et abandonné, j'ai fini par me donner au diable.

MÉPHISTOPHÉLÈS.

Et quand tu nagerais à travers l'Océan et contemplerais l'infini, là tu verrais du moins venir vague sur vague, même quand tu frémirais en face de la mort; tu verrais du moins quelque chose; tu verrais sur la croupe verte des mers apaisées les dauphins nageants; tu verrais passer les nuages, le soleil, la lune et les étoiles : tu ne verras rien dans le lointain, vide éternellement; tu n'entendras point le bruit de tes pas; tu ne trouveras rien de solide où te reposer.

FAUST.

Tu parles comme le premier de tous les mystagogues qui jamais trompèrent de fidèles néophytes : seulement c'est au rebours. Tu m'envoies dans le vide, pour y développer mon art et ma force; tu me traites de sorte que je doive, comme le chat, tirer pour toi les marrons du feu. Soit! je veux approfondir la chose : dans ton néant j'espère trouver le tout.

MÉPHISTOPHÉLÈS.

Je te félicite, avant que tu te sépares de moi, et je vois bien que tu connais le diable. Prends cette clef.

FAUST.

Cette petite clef ?...

MÉPHISTOPHÉLÈS.

Commence par la prendre, et n'en fais pas peu d'estime.

FAUST.

Elle grandit dans ma main! elle brille! elle lance des éclairs!

MÉPHISTOPHÉLÈS.

Tu sauras bientôt ce qu'on possède en elle. Cette clef éventera la vraie place. Laisse-toi guider par elle : elle te conduira chez les Mères.

FAUST, *frémissant.*

Les Mères! Cela me perce toujours comme un coup d'épée! Quel est donc ce mot, que je ne puis entendre?

MÉPHISTOPHÉLÈS.

Es-tu si borné, qu'un mot nouveau te trouble? Veux-tu entendre uniquement ce que tu as déjà entendu? Que rien ne te trouble désormais, quelque son qu'il rende, accoutumé comme tu l'es dès longtemps aux choses les plus merveilleuses.

FAUST.

Va, je ne cherche pas mon salut dans la torpeur; le frémissement est la meilleure part de l'homme. Si chèrement que le monde lui fasse payer le sentiment, quand il est ému, il sent profondément l'immensité.

MÉPHISTOPHÉLÈS.

Eh bien, descends!... Je pourrais aussi dire : monte! C'est une même chose. Échappe à ce qui existe, dans les libres espaces des images; jouis de ce qui n'est plus depuis longtemps; le tourbillon roule comme des amas de nuages : agite la clef; tiens-la loin du corps!

FAUST, *transporté.*

Bien! en la tenant ferme, je sens une force nouvelle; je sens ma poitrine se dilater, pour passer à ce grand ouvrage.

MÉPHISTOPHÉLÈS.

Un trépied ardent t'annoncera enfin que tu es arrivé au dernier, au plus profond abîme. A sa clarté, tu verras les Mères : les unes sont assises, les autres sont debout et marchent comme cela se trouve; formation, transformation, éternel entretien de l'éternelle pensée. Environnées des images flottantes de toute créature, elles ne te verront pas, car elles ne voient que les schèmes[1]. Courage alors.... car le péril est grand.... Et cours droit à ce trépied : touche-le avec la clef! (*Faust, la clef à la main, prend l'attitude du commandement. Méphistophélès l'observe.*) C'est bien!... Le trépied s'attache à toi; il te suit comme un serviteur fidèle; tu montes paisiblement; le bonheur t'élève, et, avant qu'elles s'en aperçoivent, tu es de retour avec lui. Et, quand une fois tu l'auras amené ici, tu évoqueras du sein de la nuit

---

1. Idées, types. Nous conservons le mot de Goethe. On prononce *shèmes*.

le héros et l'héroïne, toi, le premier qui ait osé cette action. Elle est achevée, et c'est toi qui l'as accomplie. Ensuite, par une opération magique, le nuage d'encens devra se transformer en divinités.

FAUST.

Et maintenant que faut-il faire?

MÉPHISTOPHÉLÈS.

Que ton être aspire à descendre : descends en trépignant, en trépignant tu remonteras. (*Faust trépigne et s'abîme.*) Pourvu seulement que la clef le serve bien! Je suis curieux de savoir s'il reviendra.

L'INTÉRIEUR DU PALAIS.

Salles magnifiquement éclairées.

L'EMPEREUR *et* LES PRINCES. (*Toute la cour est en mouvement.*)

UN CHAMBELLAN, *à Méphistophélès.*

Vous nous devez encore la scène de magie. A l'ouvrage! le maître s'impatiente.

LE MARÉCHAL.

Notre auguste souverain en demandait des nouvelles tout à l'heure. Allons! ne tardez pas, au mépris de Sa Majesté.

MÉPHISTOPHÉLÈS.

Mais c'est pour cette affaire que mon compagnon est parti. Il sait bien comment s'y prendre, et il travaille dans le silence de la retraite. Il lui faut une application extraordinaire, car celui qui veut attirer à lui le trésor, la beauté, a besoin de l'art suprême, la magie des sages.

LE MARÉCHAL.

Quels que soient les artifices que vous employiez, c'est égal : l'empereur veut que tout soit prêt.

UNE BLONDE, *à Méphistophélès.*

Un mot, monsieur! Vous voyez que j'ai le visage assez clair; mais, durant le fâcheux été, il n'en est pas ainsi. Alors paraissent mille taches rougeâtres, qui, à mon vif regret, couvrent ma blanche peau. Un remède!

MÉPHISTOPHÉLÈS.

C'est dommage qu'un si brillant bijou soit marqueté au mois de mai, comme vos fourrures de chat-tigre. Prenez du frai de grenouilles, des langues de crapauds, distillez, rectifiez soigneusement le tout, à la pleine lune, et, quand cela diminuera, appliquez-le proprement, et, vienne le printemps, les taches auront disparu.

UNE BRUNE.

La foule se presse pour vous faire sa cour. Je vous supplie de venir à mon aide. Ce pied gelé me gêne, pour la marche comme pour la danse : je suis même maladroite à faire la révérence.

MÉPHISTOPHÉLÈS.

Permettez que j'appuie mon pied sur le vôtre.

LA BRUNE.

Cela se fait bien entre amoureux.

MÉPHISTOPHÉLÈS.

Mon enfant, la pression de mon pied a une plus grande vertu. Tel mal, tel remède, quelle que soit la souffrance. Le pied guérit le pied, et il en est ainsi de tous les membres. Approchez; prenez garde : vous ne me rendrez pas la pareille.

LA BRUNE, *criant*.

Ah! ah! cela brûle!... Quel pied dur, comme le sabot d'un cheval!

MÉPHISTOPHÉLÈS.

Mais vous êtes guérie. Tu peux maintenant danser à cœur joie, et, sous la table joyeuse, jouer du pied avec ton amoureux.

UNE DAME, *faisant des efforts pour s'approcher*.

Laissez-moi passer jusqu'à lui. Mes douleurs sont trop grandes; elles me brûlent, elles me dévorent jusqu'au fond du cœur. Hier encore il cherchait son bonheur dans mes yeux, et il babille avec elle et me tourne le dos.

MÉPHISTOPHÉLÈS.

Le cas est grave, mais écoute-moi : approche-toi de lui doucement; prends ce charbon, trace-lui une raie sur les manches, le manteau, les épaules, comme il se pourra : il sentira dans le cœur le doux aiguillon du repentir. Mais tu devras aussitôt avaler le charbon, ne porter à tes lèvres ni du vin, ni de l'eau : ce soir même, il ira soupirer devant ta porte.

LA DAME.

Mais ce n'est pas du poison?

MÉPHISTOPHÉLÈS, *indigné*.

Respect à qui le mérite ! Il vous faudrait courir bien loin pour trouver un pareil charbon : il vient d'un bûcher que nous attisâmes autrefois avec un grand zèle.

UN PAGE.

Je suis amoureux : on ne me traite pas en grand garçon.

MÉPHISTOPHÉLÈS, *à part.*

Je ne sais plus auquel entendre. (*Haut, au page :*) Ne vous attachez pas à la plus jeune : les matrones sauront vous apprécier. (*De nouvelles personnes se pressent autour de Méphistophélès.*) D'autres encore? Quel rude travail! J'en finirai avec le secours de la vérité.... C'est la plus fâcheuse ressource.... La détresse est grande.... O Mères, Mères, rendez à Faust la liberté! (*Il regarde autour de lui.*) Les lumières s'obscurcissent déjà dans la salle; toute la cour s'agite à la fois. Je les vois défiler, en belle ordonnance, par les longs corridors, les lointaines galeries. Bon! ils se rassemblent dans la vaste enceinte de l'antique salle des chevaliers, qui les contient à peine. Les larges cloisons sont tendues de tapis; les angles et les niches sont décorés d'armures. Ici, je le crois, il n'est pas besoin de paroles magiques : les esprits se rendront d'eux-mêmes en ce lieu.

LA SALLE DES CHEVALIERS.

Demi-obscurité. L'assemblée a pris place.

L'EMPEREUR et LA COUR.

LE HÉRAUT.

Mon antique fonction d'annoncer le spectacle est gênée par la mystérieuse conduite des esprits. Vainement on hasarde de s'expliquer par des motifs raisonnables leurs actions confuses. Les siéges, les fauteuils sont prêts ; on fait asseoir l'empereur en face de la muraille : il peut contempler à son aise, sur les tapisseries, les batailles des grands siècles. Tout le monde a pris place, le prince et la cour à la ronde. Les banquettes se pressent dans le fond, et, même dans les sombres heures des apparitions, l'amoureux a trouvé un charmant petit coin à côté de son amoureuse. Et maintenant, que tous ont pris place convenablement, nous sommes prêts : les esprits peuvent paraître. (*Fanfares.*)

L'ASTROLOGUE.

Que le drame commence sur-le-champ! Le maître l'ordonne : murailles, ouvrez-vous! Rien ne s'y oppose plus : la magie est ici à nos ordres. Les tapis flottent, comme roulés par l'incendie ; la muraille se fend, elle se bouleverse ; un théâtre profond semble s'élever, une mystérieuse lumière nous éclairer, et je monte sur le proscenium.

MÉPHISTOPHÉLÈS, *montrant sa tête hors du trou du souffleur.*

D'ici j'espère gagner la faveur générale : souffler est l'éloquence du diable. (*A l'astrologue.*) Tu connais la mesure suivant laquelle marchent les étoiles, et tu entendras en maître mon chuchotement.

L'ASTROLOGUE.

Par la force de la magie se montre ici aux regards un temple antique, assez massif. Pareilles à cet Atlas qui porta le ciel autrefois, se dressent à la file assez de colonnes : elles peuvent bien suffire à cette masse de rochers, puisque deux porteraient un grand édifice.

UN ARCHITECTE.

Vous appelez cela antique? Je ne saurais le goûter. Il faudrait le nommer lourd et pesant. Ce qui est grossier on l'appelle noble, et grand ce qui est incommode. J'aime les piliers sveltes, hardis, immenses; une haute voûte ogivale élève l'esprit. Un tel édifice nous édifie singulièrement.

L'ASTROLOGUE.

Saluez avec respect les heures accordées par les étoiles; que la raison soit enchaînée par la parole magique; qu'en revanche l'imagination, magnifique, audacieuse, s'approche librement. Contemplez de vos yeux ce que vous demandez hardiment : cela est impossible, et par là même digne de foi. (*Faust s'élève de l'autre côté du proscenium.*) En vêtements sacerdotaux, la tête couronnée, un homme merveilleux accomplit maintenant ce qu'il a courageusement entrepris. Un trépied monte avec lui des profondes cavernes; déjà j'ai senti la vapeur de l'encens qui s'élève du vase. Il se prépare à bénir le grand ouvrage; il ne peut maintenant arriver rien que d'heureux.

FAUST, *d'un ton solennel.*

En votre nom, Mères, qui trônez dans l'infini, qui vivez éternellement solitaires et pourtant sociables! Autour de vos têtes planent les images de la vie, mobiles et sans vie; les êtres qui furent un jour, dans tout leur éclat et toute leur splendeur, se meuvent là-bas, car ils doivent subsister toujours, et vous les distribuez, puissances souveraines, pour la tente du jour, pour la voûte des nuits. Les unes sont entraînées dans le joyeux cours de la vie; l'audacieux magicien recherche les autres : plein de confiance, il fait, avec une riche libéralité, apparaître la merveille que chacun désire.

L'ASTROLOGUE.

La clef ardente touche à peine le vase, qu'une épaisse vapeur remplit soudain l'espace; elle coule, elle flotte comme un nuage, allongée, arrondie, entrelacée, divisée, réunie. Et maintenant observez un prodige des esprits! Dans leur marche, ils produisent une harmonie; des sons aériens je ne sais quel charme s'exhale; à leur passage, tout devient mélodie; la colonne, le triglyphe retentit; je crois même que tout le temple chante. La vapeur s'abaisse; du sein des légers voiles, un beau jeune homme s'avance en mesure. Ici s'arrête mon office; je n'ai pas besoin de le nommer : qui ne reconnaîtrait le gracieux Pâris?

UNE DAME.

Oh! quel éclat de florissante jeunesse!

DEUXIÈME DAME.

Comme une pêche fraîchement cueillie et pleine de suc!

TROISIÈME DAME.

Des lèvres finement dessinées et doucement épanouies!

QUATRIÈME DAME.

Tu boirais volontiers à cette coupe?

CINQUIÈME DAME.

Il est charmant, bien qu'il manque un peu d'élégance.

SIXIÈME DAME.

Il pourrait bien avoir un peu plus de souplesse.

UN CHEVALIER.

Je crois deviner en lui le pâtre, mais rien du prince et rien des manières de cour.

DEUXIÈME CHEVALIER.

Eh! dans sa demi-nudité, c'est un beau jeune homme; mais il faudrait d'abord le voir sous le harnois!

UNE DAME.

Il s'assied avec mollesse, avec grâce.

UN CHEVALIER.

Sur ses genoux vous seriez à votre aise?

DEUXIÈME DAME.

Comme il pose élégamment son bras sur sa tête!

UN CHAMBELLAN.

Quelle rusticité! Je trouve cela révoltant!

UNE DAME.

Vous autres hommes, vous savez gloser sur tout.

LE CHAMBELLAN.

En présence de l'empereur, s'étendre de la sorte!

UNE DAME.

Ce n'est qu'une attitude : il se croit seul.

LE CHAMBELLAN.

Ici le spectacle même devrait être courtois.

UNE DAME.

Le sommeil a surpris doucement le beau jeune homme.

LE CHAMBELLAN.

Il va ronfler tout à l'heure : naturellement ce sera parfait.

UNE JEUNE DAME, *ravie.*

Quelle est cette exhalaison, mêlée à la vapeur de l'encens, qui me récrée jusqu'au fond du cœur?

UNE DAME PLUS MÛRE.

En vérité, un souffle pénètre mon âme tout entière : il s'exhale de lui !

UNE VIEILLE DAME.

C'est la fleur de l'adolescence, développée dans le jeune homme comme ambroisie, et répandue comme une atmosphère autour de lui. (*Hélène paraît.*)

MÉPHISTOPHÉLÈS.

Ainsi donc c'est elle ! En sa présence, je serais tranquille. Elle est jolie sans doute, mais elle n'est pas de mon goût.

L'ASTROLOGUE.

Cette fois, il ne me reste plus rien à faire. En homme d'honneur, je l'avoue, je le reconnais. La belle s'avance, et, quand j'aurais des langues de feu.... On a de tout temps beaucoup célébré la beauté.... Celui à qui elle apparaît est transporté hors de lui-même; celui à qui elle appartint fut trop heureux.

FAUST.

Ai-je encore des yeux? Se montre-t-elle au fond de mon âme, la source de la beauté, à larges flots répandue? Ma course épouvantable me vaut la plus ravissante récompense. Comme le monde était nul, était fermé pour moi! Que n'est-il pas maintenant, depuis mon sacerdoce! Pour la première fois, il est désirable, solide, permanent. Que le souffle de la vie m'abandonne, si je puis jamais me désaccoutumer de toi !... L'aimable figure qui m'enchanta jadis, qui fit mes délices dans le miroir magique, n'était que la vaine image d'une pareille beauté!... A toi je

---

1. Voir, dans la première partie, la scène chez la sorcière.

consacre toutes mes forces actives, ma passion tout entière; à toi, dévouement, amour, adoration, délire.

MÉPHISTOPHÉLÈS, *de son trou.*

Contenez-vous donc, et ne sortez pas du rôle!

UNE DAME ÂGÉE.

Grande, bien faite : seulement la tête trop petite.

UNE DAME PLUS JEUNE.

Voyez donc le pied! Pourrait-il être plus lourd?

UN DIPLOMATE.

J'ai vu des princesses qui lui ressemblaient : je la trouve belle de la tête aux pieds.

UN COURTISAN.

Elle s'approche du dormeur avec une douce finesse.

UNE DAME.

Quelle laideur, à côté de cette pure image de la jeunesse!

UN POËTE.

Il est éclairé de sa beauté.

UNE DAME.

Endymion et la Lune! C'est un vrai tableau!

LE POËTE.

Fort bien! La déesse semble descendre; elle se penche sur lui pour boire son haleine. Homme digne d'envie!... Un baiser!... La mesure est comble.

UNE DUÈGNE.

Devant tout le monde! C'est trop extravagant!

FAUST.

Redoutable faveur pour le jeune homme!

MÉPHISTOPHÉLÈS.

Paix! silence! Laisse la vision faire ce qu'elle veut.

LE COURTISAN.

Elle glisse et s'éloigne d'un pied léger : il s'éveille.

UNE DAME.

Elle regarde en arrière. Je l'avais bien pensé.

LE COURTISAN.

Il s'étonne : c'est un prodige qui lui arrive.

UNE DAME.

Pour elle, ce n'est pas un prodige qui s'offre à ses yeux.

LE COURTISAN.
Elle se retourne vers lui avec modestie.

UNE DAME.
Déjà j'observe qu'elle lui fait la leçon. En pareil cas, tous les hommes sont des sots : il croit bonnement être le premier.

UN CHEVALIER.
Ne la critiquez pas : finesse et majesté!...

UNE DAME.
La coquette! Voilà ce que j'appelle sans gêne.

UN PAGE.
Je voudrais bien être à la place du galant!

LE COURTISAN.
Qui ne serait pris dans un pareil filet?

UNE DAME.
Le joyau a passé par bien des mains; aussi la dorure en est-elle passablement usée.

UNE AUTRE DAME.
Dès sa dixième année, elle n'a rien valu.

UN CHEVALIER.
Chacun prend son plaisir en passant : je me contenterais de ces beaux restes.

UN PÉDANT.
Je la vois distinctement; mais, je l'avoue avec franchise, il est douteux que ce soit la véritable. La présence entraîne dans l'exagération; je m'en tiens, avant tout, à ce qui est écrit. Or, je lis qu'en effet elle charma singulièrement toutes les barbes grises de Troie; et, à ce qu'il me semble, cela se rencontre ici parfaitement : je ne suis pas jeune, cependant elle me plaît.

L'ASTROLOGUE.
Ce n'est plus un enfant, c'est un héros audacieux qui la saisit.... Elle a peine à se défendre; il la soulève d'un bras vigoureux. Va-t-il donc l'enlever?

FAUST.
Téméraire! insensé! tu oserais! tu n'entends pas? Arrête! C'en est trop!

MÉPHISTOPHÉLÈS.
Cette fantasmagorie est pourtant ton ouvrage!

L'ASTROLOGUE.

Encore un mot seulement! D'après tout ce qui s'est passé, j'appellerais la pièce : L'Enlèvement d'Hélène.

FAUST.

L'enlèvement?... Suis-je donc pour rien à cette place? Cette clef n'est-elle pas dans ma main? A travers l'horreur et la vague et le flot des solitudes, elle m'a conduit ici sur un ferme terrain. Ici je prends pied; ici sont les réalités. D'ici l'esprit peut lutter avec les esprits, s'assurer le vaste et double empire. Si loin qu'elle fût, comment peut-elle être plus près? Je la sauve; elle est deux fois à moi! Osons!... Mères, Mères, vous devez me l'accorder! Qui l'a connue ne peut vivre sans elle.

L'ASTROLOGUE.

Que fais-tu? Faust! Faust!... Il la saisit de force : déjà la vision devient confuse. Il tourne la clef vers le jeune homme; il le touche.... Malheur à nous! Malheur! A présent!... A l'instant!... (*Explosion. Faust tombe à terre ; les esprits s'exhalent en vapeurs.*)

MÉPHISTOPHÉLÈS, *prenant Faust sur ses épaules.*

Nous y voilà maintenant! Se charger d'un fou finit par être fatal au diable lui-même. (*Obscurité, tumulte.*)

ACTE DEUXIÈME.

UNE CHAMBRE GOTHIQUE.

Cette chambre, étroite, aux voûtes ogives, autrefois celle de Faust, est telle qu'il l'avait quittée.

MÉPHISTOPHÉLÈS. *Il sort de derrière un rideau. En le soulevant, il se retourne, et regarde Faust, étendu sur un lit du vieux temps.*

Reste là couché, malheureux, engagé dans les chaînes de l'amour difficiles à rompre! Celui qu'Hélène a paralysé ne revient pas aisément à la raison. (*Observant autour de lui.*) Que je regarde en haut, ici, là-bas, je vois tout dans le même état; nul dommage. Les vitraux colorés sont, me semble-t-il, plus troubles; les toiles d'araignée se sont étendues; l'encre est desséchée, le papier jauni, mais tout est resté à sa place. Elle est même encore ici, la plume avec laquelle Faust s'est vendu au diable. Oui, au fond du tuyau est fixée une gouttelette de sang, que je lui ai tirée. Je souhaiterais une pièce si rare au plus fameux antiquaire. La vieille pelisse est aussi pendue au vieux crochet; elle me fait souvenir des drôleries que j'enseignai un jour au novice, et que, jeune homme, il rumine peut-être encore. En vérité, il me prend fantaisie, chaude et grossière enveloppe, de m'unir à toi et de me rengorger encore une fois, comme un professeur qui croit avoir pleinement la raison pour lui! Les doctes savent arriver jusque-là : le diable depuis longtemps n'y prétend plus. (*Il prend la pelisse et la secoue; il s'en échappe des sauterelles, des scarabées et de petits papillons.*)

CHOEUR DES INSECTES.

Bienvenu, bienvenu, vieux patron! Nous voltigeons et bourdonnons et déjà te reconnaissons. Un par un seulement tu nous as semés en silence, et, par milliers, père, nous revenons dansant. La ruse se cache si fort dans le cœur, que l'on découvre plutôt les moindres poux dans la fourrure.

MÉPHISTOPHÉLÈS.

Que cette jeune création me surprend et me réjouit! Semez seulement, avec le temps vous moissonnerez. Je secoue encore une fois le vieux manteau, il s'en échappe encore çà et là un insecte volant.... Là-haut, alentour, dans cent mille recoins, hâtez-vous, mes chéris, de vous blottir. Là-bas, où sont ces vieilles boîtes, ici, dans le parchemin noirci, dans les tessons poudreux des vieux pots, dans les orbites de ces têtes de morts. Dans ce fatras et cette moisissure, il doit se trouver des rats[1] jusqu'à l'éternité. (*Il s'enveloppe de la pelisse*). Viens, couvre mes épaules encore une fois! Aujourd'hui je suis de nouveau principal[2]. Mais c'est inutile de me nommer ainsi : où sont les gens qui me reconnaissent? (*Il tire le cordon de la cloche, qui rend un son clair et perçant; les salles en sont ébranlées et les portes s'ouvrent.*)

LE FAMULUS, *qui arrive en chancelant dans le long corridor sombre.*

Quel bruit! quel effroi! L'escalier chancelle, les murs sont ébranlés; à travers les vitres frémissantes, je vois briller des éclairs orageux; le plancher bondit, et d'en haut il pleut de la chaux et des plâtras, qui se détachent, et la porte, fortement verrouillée, est ouverte par une force magique.... Là! objet terrible!... Un géant est debout dans la vieille pelisse de Faust! A ses regards, à son appel, je sens mes genoux fléchir. Dois-je fuir? Dois-je rester? Ah! que vais-je devenir?

MÉPHISTOPHÉLÈS, *lui faisant signe.*

Approchez, mon ami!... On vous nomme Nicodème.

---

1. GRILLE, *grillon et aussi rêverie.*
2. Chef d'un collége.

LE FAMULUS.

Très-honoré seigneur, c'est mon nom.... *Oremus*....

MÉPHISTOPHÉLÈS.

Laissons cela.

LE FAMULUS.

Pour moi quelle joie, que vous me connaissiez!

MÉPHISTOPHÉLÈS.

Je le sais fort bien; déjà vieux, encore étudiant, maître barbon! Un savant homme continue d'étudier, parce qu'il ne peut faire autrement. De la sorte on se bâtit un modeste château de cartes; toutefois le plus grand esprit ne vient pas à bout de le bâtir entièrement. Mais votre maître, voilà un homme ferré à glace! Qui ne connaît le noble docteur Wagner, aujourd'hui le premier du monde savant? C'est lui seul qui le maintient, lui, le promoteur assidu de la sagesse. Des disciples, des auditeurs, désireux de tout savoir, se rassemblent en foule autour de lui. Il brille, l'homme unique, du haut de la chaire; il dispose des clefs comme saint Pierre; il ouvre le monde inférieur comme le supérieur. Comme il brille et resplendit par-dessus tous les autres, aucune réputation, aucune gloire ne subsiste plus. Le nom même de Faust est obscurci. C'est lui seul qui a trouvé....

LE FAMULUS.

Pardon, monseigneur, si je vous dis.... si j'ose contester avec vous. Il n'est pas question de tout cela. La modestie est son partage; il ne peut se résigner à l'inconcevable disparition du grand homme. C'est de son retour qu'il espère son salut et sa consolation. La chambre, comme au temps du docteur Faust, encore intacte depuis qu'il est loin, attend son ancien maître. A peine osé-je y pénétrer. Quel peut être l'aspect du ciel?... Les murs me semblent émus : les poteaux des portes tremblaient; les verrous sautaient; vous-même vous ne vîntes jamais ici.

MÉPHISTOPHÉLÈS.

Où l'homme s'est-il retiré? Conduisez-moi vers lui, amenez-le-moi.

LE FAMULUS.

Ah! sa défense est trop sévère! Je ne sais si je dois risquer la chose. Durant des mois, occupé du grand œuvre, il vit dans la plus profonde retraite. Lui, le plus délicat de tous les savants, il a l'air d'un charbonnier, noirci de l'oreille jusqu'au nez, les yeux rouges d'avoir soufflé le feu ; il est sans cesse haletant ; il a pour musique le cliquetis des pincettes.

MÉPHISTOPHÉLÈS.

Refuserait-il de me recevoir ? Je suis homme à favoriser son succès. (*Le Famulus sort, Méphistophélès s'assied gravement.*) A peine ai-je pris place sur ce siége, qu'un hôte, qui m'est connu, s'avance là derrière. Mais, cette fois, il est des plus modernes : son audace passera toutes les bornes.

UN BACHELIER, *arrivant avec impétuosité par le corridor.*

Je trouve toutes les portes ouvertes. On peut donc enfin espérer que le vivant ne languit plus, ne se consume plus comme un mort dans la moisissure, et ne meurt plus tout vivant.

Ces murs, ces cloisons s'inclinent, penchent vers la chute, et, si nous ne fuyons bientôt, la ruine et l'écroulement nous atteindront. Je suis hardi comme personne, mais nul ne me ferait aller plus avant.

Cependant qu'apprendrai-je aujourd'hui ? N'est-ce pas ici qu'il y a bien des années, inquiet, angoissé, je vins, comme un naïf écolier, je me fiai à ce barbon, je m'édifiai à ses fariboles ?

Avec leurs vieux bouquins, ils me débitaient tous les mensonges qu'ils savaient ; ce qu'ils savaient, même ce qu'ils ne croyaient pas ; ils gaspillaient leur vie et la mienne. Eh quoi ?... Là derrière, dans la cellule, est encore assis un de ces clairs-obscurs !

En approchant, je le vois avec surprise ! Il est encore assis, vêtu de la pelisse brune ! Vraiment tel que je le laissai, encore enveloppé dans la grossière fourrure ! Alors, je l'avoue, il me parut habile, quand je ne le comprenais pas encore : aujourd'hui, il ne m'attrapera plus. Abordons-le hardiment.

Vieux maître, si les flots bourbeux du Léthé n'ont point passé sur votre tête chauve et courbée, voyez et reconnaissez ici l'écolier qui a passé l'âge des férules académiques. Je vous trouve encore tel que je vous ai vu : moi, je reviens tout autre.

MÉPHISTOPHÉLÈS.

Je suis charmé que ma cloche vous ait appelé. Je ne faisais pas alors de vous peu d'estime. La chenille, la chrysalide, annoncent déjà le brillant papillon. Vos cheveux bouclés et votre col brodé vous causaient une joie enfantine.... Vous ne portâtes, je pense, jamais la queue?... Aujourd'hui je vous vois tondu à la suédoise. Vous vous présentez tout à fait résolûment : mais vous ne venez pas absolument¹ au bon endroit.

LE BACHELIER.

Mon vieux maître, nous sommes à la vieille place; mais songez au cours des temps nouveaux, et laissez les paroles équivoques. Nous observons aujourd'hui tout autrement. Il vous plut de berner le bon et candide jeune homme : cela vous réussit sans art; mais aujourd'hui nul ne s'y aventure.

MÉPHISTOPHÉLÈS.

Lorsqu'on dit à la jeunesse la pure vérité, qui ne satisfait nullement les blancs-becs; qu'ensuite, après des années, ils font, à leurs dépens, la dure expérience de toutes choses : ils imaginent alors que cela vient de leur propre toupet. Alors on dit : « Le maître était un imbécile. »

LE BACHELIER.

Un fourbe peut-être!.... Car quel maître nous dit la vérité en face? Chacun sait augmenter comme diminuer; tantôt sérieux tantôt sage avec enjouement, pour la pieuse enfance.

MÉPHISTOPHÉLÈS.

A vrai dire, il y a un temps pour apprendre. Vous êtes vous-même, je le vois, prêt à enseigner. En quelques lunes et quelques soleils, vous avez acquis une pleine expérience.

LE BACHELIER.

Expérience?... Écume et fumée! Chose qui n'est point homogène à l'esprit! Avouez-le, ce qu'on a su de tout temps est absolument indigne d'être connu.

MÉPHISTOPHÉLÈS, *après une pause.*

C'est mon avis depuis longtemps. J'étais un fou, et maintenant je me trouve bien insipide et bien sot.

LE BACHELIER.

Cela me réjouit fort! Enfin j'entends parler raison. Voici le premier vieillard que j'aie trouvé de bon sens.

---

1. *Resolut, absolut.* Il y a une intention railleuse dans ces assonances et dans l'emploi de ce dernier mot. On sait quel grand rôle il joue dans le langage philosophique.

MÉPHISTOPHÉLÈS.

Je cherchais de l'or enfoui, et n'ai recueilli que d'affreux charbons.

LE BACHELIER.

Avouez que votre crâne pelé ne vaut pas mieux que ces crânes vides.

MÉPHISTOPHÉLÈS, *d'un ton doux.*

Tu ne sais pas peut-être, mon ami, combien tu es grossier.

LE BACHELIER.

En allemand, c'est mentir que d'être poli.

MÉPHISTOPHÉLÈS, *au parterre, après s'être avancé, avec son fauteuil à roulettes, jusqu'au proscenium.*

Ici on m'ôte l'air et la lumière : je trouverai bien un refuge parmi vous?

LE BACHELIER.

Je trouve présomptueux, que, parvenu à la plus fâcheuse période, on veuille être quelque chose, quand on n'est plus rien. La vie de l'homme est dans le sang : et chez qui le sang circule-t-il comme dans le jeune homme? C'est le sang vivant, dans sa fraîche vigueur, qui produit, avec la vie, une vie nouvelle. Alors tout est mouvement, alors il se fait quelque chose. Le faible tombe, le fort s'avance. Tandis que nous avons conquis la moitié du monde, qu'avez-vous donc fait? Vous avez sommeillé, médité, rêvé, calculé.... des plans et toujours des plans! Assurément la vieillesse est une fièvre froide, dans les glaces d'une morose impuissance. Quelqu'un a-t-il passé trente ans, il est déjà comme mort. Le mieux serait de vous assommer à temps.

MÉPHISTOPHÉLÈS.

Le diable n'a plus ici rien à dire.

LE BACHELIER.

Si je m'y oppose, il n'y a diable qui tienne.

MÉPHISTOPHÉLÈS, *à part.*

Cependant le diable te donnera bientôt un croc-en-jambe.

LE BACHELIER.

Telle est la noble vocation de la jeunesse. Le monde n'était pas avant que je l'eusse créé. J'ai tiré le soleil du sein de la mer ; avec moi, la lune a commencé sa course changeante ; le jour étala sa parure sur mon chemin; à ma venue, la terre se couvrit de verdure et de fleurs; au signal que je donnai, dans la nuit première, se déploya la splendeur des étoiles. Quel autre que moi vous a délivrés de toutes les barrières des préjugés bourgeois? Pour moi, selon que l'esprit me parle, libre et joyeux, je suis ma lumière intérieure, et je marche, d'un pas rapide, dans un intime ravissement, la clarté devant moi, les ténèbres derrière. (*Il sort.*)

MÉPHISTOPHÉLÈS.

Original, poursuis, dans ta magnificence!... Que tu seras mortifié par cette pensée : qui peut imaginer une chose quelconque, stupide ou sage, que le passé n'ait pas imaginée avant lui?... Mais cela même ne nous inquiète pas. Dans peu d'années les choses auront changé. Si follement que le moût se démène, on finit par avoir du vin. (*Aux jeunes gens du parterre, qui n'applaudissent pas.*) Vous restez froids à mes paroles, bons jeunes gens : je vous le pardonne. Songez-y, le diable est vieux : vieillissez pour le comprendre!

UN LABORATOIRE.

Architecture et ameublement dans le goût du moyen âge; appareils compliqués, incommodes, pour des expériences fantastiques.

WAGNER, *auprès du foyer.*

La cloche retentit : à ce bruit terrible, frémissent les murs que la suie a noircis. L'incertitude d'une attente si solennelle ne peut durer plus longtemps. Déjà les ténèbres s'éclaircissent ; déjà, au fond de la fiole, s'embrase comme un charbon vivant, même comme la plus magnifique escarboucle, qui lance des éclairs à travers l'obscurité. Une vive et blanche lumière paraît! Oh! puissé-je ne pas la perdre cette fois!... Ah Dieu! quel est ce vacarme à la porte?

MÉPHISTOPHÉLÈS, *entrant.*

Salut! vous voyez un ami.

WAGNER, *avec anxiété.*

Salut à l'étoile du moment! (*Bas.*) Mais retenez avec soin vos paroles et votre haleine. Une œuvre magnifique est sur le point de s'accomplir.

MÉPHISTOPHÉLÈS, *plus bas.*

Qu'y a-t-il donc?

WAGNER, *plus bas.*

Un homme va naître.

MÉPHISTOPHÉLÈS.

Un homme? Et quel couple amoureux avez-vous enfermé dans la cheminée?

WAGNER.

Dieu m'en garde! L'ancienne façon d'engendrer, nous la déclarons une vaine plaisanterie. Le point délicat d'où jaillissait la vie, la douce force, qui s'élançait de l'intérieur et prenait et donnait, destinée à se figurer elle-même, à s'approprier d'abord les substances voisines, puis les étrangères, est désormais destituée de sa dignité. Si l'animal y trouve encore son plaisir, l'homme, avec ses grandes facultés, doit avoir dorénavant une plus pure et plus haute origine. (*Il se tourne vers le foyer.*) Cela brille : voyez !.... On peut donc réellement espérer que si, de cent matières, par le mélange (car tout dépend du mélange), nous composons aisément la matière humaine ; si nous l'enfermons dans un alambic, et si nous la distillons comme il faut, l'œuvre s'achèvera en silence. (*Il se tourne encore vers le foyer.*) Cela vient ; la masse se remue plus lumineuse ; la conviction est plus forte, plus forte.... Ce qu'on jugeait mystérieux dans la nature, nous osons l'expérimenter rationnellement, et ce que jusqu'à ce jour elle faisait organiser, nous le faisons cristalliser.

MÉPHISTOPHÉLÈS.

Qui vécut longtemps a beaucoup appris ; il ne peut arriver rien de nouveau pour lui dans ce monde : j'ai déjà vu dans mes voyages des races d'hommes cristallisés.

WAGNER, *qui continue à observer la fiole.*

Cela monte, cela brille, cela s'agglomère. A l'instant l'œuvre est achevée ! Un grand dessein paraît d'abord insensé ; mais, à l'avenir, nous allons rire du hasard, et désormais un penseur aussi produira un cerveau, qui devra penser parfaitement. (*Il contemple la fiole avec ravissement.*) Le verre tinte sous une force charmante ; cela se trouble, cela s'éclaircit, ainsi cela doit naître. Je vois gesticuler un joli petit homme, d'une forme élégante. Que voulons-nous, et le monde que veut-il de plus ? Car voilà le mystère au grand jour. Prêtez l'oreille à ce bruit : il devient une voix, il devient un langage.

HOMUNCULUS, *dans la fiole, à Wagner.*

Eh bien, papa, comment va-t-il ? Ce n'était pas une plaisanterie ! Viens, presse-moi bien tendrement sur ton cœur ! Mais pas trop fort, de peur que le verre n'éclate. Tel est le caractère des choses : à ce qui est naturel l'univers suffit à peine ; ce qui est artificiel exige un espace fermé. (*A Méphistophélès.*) Mais toi, fripon, monsieur mon cousin, tu es ici ? C'est au bon moment ! Je t'en remercie. Un sort propice t'amène vers nous.

Puisque je suis, je dois aussi être actif. Je voudrais me mettre à l'œuvre sur-le-champ : tu es habile, pour m'abréger le chemin.

WAGNER.

Encore un mot seulement! Jusqu'ici je me suis trouvé confus, parce que jeunes et vieux m'assiégent de problèmes. Par exemple, nul n'a pu comprendre encore comment il se fait que l'âme et le corps soient si bien assortis, tiennent ensemble aussi fermement que s'ils ne devaient jamais se séparer, et ne cessent pourtant de se rendre la vie amère. Ensuite....

MÉPHISTOPHÉLÈS.

Arrête! J'aimerais mieux demander pourquoi l'homme et la femme s'accordent si mal. Voilà, mon ami, ce que tu n'éclairciras jamais. Il y a de quoi s'occuper : c'est justement ce que veut le petit.

HOMUNCULUS.

Qu'y a-t-il à faire ?

MÉPHISTOPHÉLÈS, *indiquant une porte latérale.*

Montre ici tes talents.

WAGNER, *regardant toujours la fiole.*

En vérité, tu es un délicieux garçon. (*La porte latérale s'ouvre ; on voit Faust couché sur le lit.*)

HOMUNCULUS, *avec étonnement.*

Admirable! (*La fiole échappe des mains de Wagner, voltige au-dessus de Faust et l'éclaire.*) Les beaux alentours! Des eaux limpides dans les bois épais; des femmes qui se déshabillent, beautés adorables!... C'est toujours mieux. Mais l'une d'elles, remarquable par son éclat, semble appartenir à la race illustre des héros ou même des dieux. Elle pose le pied dans l'eau transparente; la douce flamme de vie qui anime son noble corps se rafraîchit dans le souple cristal de l'onde.... Mais quel bruit d'ailes vivement agitées, quel murmure, quel clapotement, se déchaîne dans le miroir poli? Les jeunes filles fuient épouvantées; la reine seule regarde tranquillement, et voit, avec un orgueilleux plaisir de femme, le prince des cygnes se presser doucement contre ses genoux, ardent et familier : il paraît s'y accoutumer.... Mais tout à coup une vapeur s'élève, et couvre d'un voile épais la plus amoureuse des scènes.

MÉPHISTOPHÉLÈS.

Que n'as-tu pas à raconter? Autant tu es petit, autant tu es un grand visionnaire! Je ne vois rien.

HOMUNCULUS.

Je le crois bien. Toi qui es du Nord, qui as grandi dans l'âge nébuleux, dans le chaos de la chevalerie et de la moinerie, comment ton œil verrait-il cela librement? Tu n'es à ta place que dans les ténèbres. (*Il regarde autour de lui.*) Une masse de pierre noircie, moisie, affreuse, aux voûtes aiguës, prétentieusement contournées, basse.... Si cet homme va se réveiller, ce sera une nouvelle détresse : il restera mort sur la place. Des sources bocagères, des cygnes, des beautés nues, c'étaient son rêve, son pressentiment. Comment pourrait-il s'accoutumer à ces lieux? Moi, le plus facile des hommes, je m'y souffre à peine. Partons avec lui.

MÉPHISTOPHÉLÈS.

L'expédient doit me sourire.

HOMUNCULUS.

Pousse le guerrier au combat, mène la jeune fille à la danse, et tout s'arrange aussitôt. Voici justement, j'y songe à l'instant même, la nuit du sabbat classique, ce qui pourrait arriver de mieux pour le transporter dans son élément.

MÉPHISTOPHÉLÈS.

Je n'ai jamais ouï parler de pareille chose.

HOMUNCULUS.

Eh! comment cela parviendrait-il à vos oreilles? Vous ne connaissez que les spectres romantiques : un vrai spectre peut aussi être classique.

MÉPHISTOPHÉLÈS.

Mais de quel côté faut-il diriger sa course? Je me sens déjà de la répugnance pour mes collègues antiques.

HOMUNCULUS.

Ta contrée favorite, Satan, c'est le nord-ouest : mais, cette fois, c'est vers le sud-est que nous faisons voile. Le long d'une grande plaine, entouré d'arbres et de buissons, le Pénée coule librement dans des baies fraîches et tranquilles. La plaine s'étend jusques aux gorges des montagnes.... Et au-dessus est situé Pharsale antique et moderne.

MÉPHISTOPHÉLÈS.

Loin! bien loin! et laisse-moi de côté ces anciennes luttes d'esclavage et de tyrannie! Cela m'ennuie, car, à peine est-ce fini, qu'ils recommencent de plus belle, et nul ne s'aperçoit qu'il est joué par Asmodée, qui se blottit derrière. Ils se battent, dit-on, pour les droits de la liberté : tout bien considéré, ce sont esclaves contre esclaves.

HOMUNCULUS.

Laisse aux hommes leur nature indocile. Chacun doit se défendre comme il peut. L'enfant finit par devenir un homme. Ici il s'agit seulement de savoir comment cet homme peut guérir. As-tu un moyen, fais-en l'essai : si tu n'y peux rien, abandonne-le-moi.

MÉPHISTOPHÉLÈS.

On pourrait essayer mainte petite scène du Brocken; mais je trouve fermés les verrous du paganisme. Le peuple grec ne valut jamais grand'chose, toutefois il vous éblouit par la liberté de ses fêtes sensuelles; il attire le cœur de l'homme vers les péchés riants; on trouvera toujours les nôtres sombres. Et maintenant de quoi s'agit-il ?

HOMUNCULUS.

Tu n'es pas d'ordinaire si honteux, et, si je te parle des sorcières de Thessalie, je pense avoir dit quelque chose.

MÉPHISTOPHÉLÈS, *avec convoitise*.

Les sorcières de Thessalie! Bien! ce sont des personnes dont j'ai depuis longtemps demandé des nouvelles. Passer avec elles nuit sur nuit ne serait pas, je crois, fort agréable; mais, comme visite, comme essai....

HOMUNCULUS.

Ici le manteau! Déploie-le autour du chevalier. La guenille vous portera, comme jusqu'à présent, l'un et l'autre. Je vais en éclaireur.

WAGNER, *avec angoisse*.

Et moi?

HOMUNCULUS.

Eh bien, tu restes à la maison pour faire le plus important. Déroule les vieux parchemins; rassemble, selon la règle, les éléments de la vie, et rapproche-les avec précaution ; médite le *quoi?* médite encore plus le *comment?* Cependant je vais parcourir un petit coin du monde; je découvrirai, j'espère, le point sur l'i : alors j'aurai touché le grand but. Un pareil effort mérite une pareille récompense : richesse, honneur, gloire, saine et longue vie, et science et vertu même.... peut-être. Adieu!

WAGNER, *affligé.*

Adieu! Cela me serre le cœur. Je crains déjà de ne jamais te revoir.

MÉPHISTOPHÉLÈS.

Maintenant, vite au Pénée! Monsieur le cousin n'est pas à dédaigner. (*Aux spectateurs.*) Nous finissons toujours par dépendre des créatures que nous avons faites.

NUIT DU SABBAT CLASSIQUE.

Les champs de Pharsale. — Ténèbres.

ÉRICHTHO.

Je viens pour l'horrible fête de cette nuit; je viens, comme je suis souvent venue, moi, la sombre Érichtho; mais non pas aussi effroyable que le disent ces misérables poëtes, dans leurs hyperboles calomnieuses.... Ils n'en finissent jamais dans l'éloge et le blâme.... Déjà la vallée me semble au loin blanchir par le flot des tentes grisâtres, comme ressouvenir d'une nuit d'angoisse et d'horreur. Combien de fois la lutte s'est-elle déjà répétée!... Elle se répétera de même jusqu'à l'éternité.... Nul ne cède l'empire à l'autre; nul ne le cède à celui qui l'a conquis par la force et qui règne avec force. Car chacun, sans savoir se gouverner soi-même, n'aimerait que trop à gouverner la volonté du voisin, selon son propre sens orgueilleux.... Mais ici les armes donnèrent un grand exemple : on vit comment la puissance s'oppose à une puissance plus forte; comment se brise la couronne aux mille fleurs, la belle couronne de la liberté; comment le dur laurier se plie autour de la tête du dominateur. Ici, Magnus[1] rêva les jours florissants de sa première grandeur; là, César veilla, épiant la balance flottante. La question va se juger. Mais le monde sait à qui le succès demeura. Des feux vigilants s'allument, jetant des flammes rouges. Le sol reflète la vapeur du sang répandu, et, attirée par l'éclat merveilleux, étrange, de cette nuit, se rassemble la légion de la tradition hellénique. Autour de tous les feux voltige incertaine, ou s'assied doucement, une image fabu-

---

1. Le grand Pompée. On sait que les Romains le désignèrent de son vivant par cette épithète.

leuse des jours antiques.... La lune incomplète, il est vrai, mais brillante, se lève, répandant partout sa douce clarté; l'illusion des tentes s'évanouit; les feux deviennent bleuâtres. Mais, au-dessus de ma tête, quel météore inattendu! Il brille et il éclaire une sphère corporelle. Je flaire la vie. Il ne me convient pas d'approcher des vivants, à qui je suis funeste. Cela me fait une mauvaise réputation et ne me profite point. Déjà le globe s'abaisse. Je me retire prudemment. (*Elle s'éloigne; les voyageurs aériens sont encore dans l'espace.*)

HOMUNCULUS.

Promène encore une fois ton vol circulaire sur cette scène de flamme et d'épouvante. Dans la profonde vallée on ne voit partout que fantômes.

MÉPHISTOPHÉLÈS.

Je vois, comme par la vieille fenêtre, dans le chaos et l'horreur du Nord, des spectres tout à fait horribles : ici, comme là, je me trouve dans mon domaine.

HOMUNCULUS.

Vois cette longue figure, qui marche à grands pas devant nous.

MÉPHISTOPHÉLÈS.

Il semble qu'elle soit inquiète de nous voir passer dans les airs.

HOMUNCULUS.

Laisse-la courir. Pose à terre ton chevalier, et sur-le-champ la vie lui reviendra, car il la cherche dans l'empire des fables.

FAUST, *touchant le sol.*

Où est-elle?...

HOMUNCULUS.

Nous ne saurions le dire, mais vraisemblablement tu peux t'en informer ici. Vite, avant qu'il soit jour, tu peux aller quêtant de flamme en flamme. Qui s'est aventuré jusque chez les Mères n'a plus d'obstacles à surmonter.

MÉPHISTOPHÉLÈS.

J'ai aussi mon affaire en ce lieu; mais je ne sache rien de mieux pour notre réussite, sinon que chacun soit libre de poursuivre, à travers les feux, sa propre aventure. Ensuite, pour nous réunir de nouveau, petit homme, fais briller ta lanterne avec le bruit du tonnerre.

HOMUNCULUS.

Voici comme elle brillera, comme elle sonnera. (*Le verre brille et tonne violemment.*) Maintenant, courons à de nouveaux prodiges.

FAUST, *seul*.

Où est-elle?... Ne le demande plus maintenant!... Si ce n'est pas ici la terre qui la porta, le flot qui battait au-devant d'elle, c'est l'air qui parlait son langage. Ici, par un prodige, ici, dans le pays de Grèce! J'ai senti soudain quelle terre je foulais. Depuis que, dans mon sommeil, un esprit de vie m'a pénétré de ses feux, je me sens le cœur d'un Antée, et, quand je trouverais ici rassemblé ce qu'il y a de plus étrange, je veux visiter à fond ce labyrinthe de flammes. (*Il s'éloigne.*)

MÉPHISTOPHÉLÈS, *cherchant çà et là*.

Et, quand je me promène à travers ces petits feux, je me trouve absolument dépaysé. Presque tout ce monde est nu, çà et là tout au plus en chemise. Les sphinx impudents, les griffons déhontés, et combien encore, ailés et chevelus, se reflètent dans mes yeux, par devant et par derrière!... Nous aussi nous sommes, il est vrai, impurs dans le cœur, mais je trouve l'antique trop vivant; il faudrait l'assujettir au goût moderne et lui donner les bigarrures et le vernis de la mode.... Quel peuple déplaisant! Mais cela ne doit pas me détourner de les saluer poliment, comme nouveau venu.... Bonjour, belles dames, sages vieilles[1]!

UN GRIFFON, *grondant*.

Non pas vieilles, mais griffons!... Aucune créature n'aime à s'entendre appeler vieille. Chaque mot sonne à l'oreille selon l'origine à laquelle il se rapporte : vil, veillaque, violent, vilain, vilenie, consonnances étymologiques, dissonances pour nous!

MÉPHISTOPHÉLÈS.

Et cependant, pour ne pas nous écarter du sujet, « griffe » nous plaît dans le titre honorable de *griffon*.

---

1. On ne pouvait conserver, dans la traduction, l'assonance *Greisen, Greifen*. En laissant à *Greis* sa signification, nous avons rapproché du mot *vieille* quelques vocables français, qui ont avec lui un rapport accidentel de son, comme *grau*, *graemlich*, etc., avec *Greis*.

LE GRIFFON, *comme plus haut.*

C'est naturel : la parenté est éprouvée; souvent condamnée, il est vrai, mais plus souvent louée. Qu'il porte la griffe sur les belles, les couronnes ou l'or, le *griffeur* a le plus souvent la fortune propice.

FOURMIS, *d'une espèce colossale.*

Vous parlez d'or.... nous en avions beaucoup amassé, entassé secrètement dans les rochers et les cavernes : le peuple des Arimaspes l'a déterré. Ils rient là-bas de l'avoir emporté bien loin.

LES GRIFFONS.

Nous les amènerons bien à confesser la chose.

LES ARIMASPES.

Mais non dans cette libre nuit de fête. D'ici à demain tout sera transporté. Cette fois nous réussirons.

MÉPHISTOPHÉLÈS, *qui s'est mêlé parmi les sphinx.*

Comme aisément et volontiers je m'habitue en ces lieux, car je comprends tout le monde.

UN SPHINX.

Nous exhalons nos voix d'esprits, et puis vous leur donnez un corps. A présent nomme-toi, en attendant que nous te connaissions davantage.

MÉPHISTOPHÉLÈS.

On croit me désigner par une foule de noms. Y a-t-il ici des Anglais?... Ils voyagent tant, à la recherche des champs de bataille, des cascades, des murs écroulés, des lieux classiques les plus sombres! Ici le but serait digne d'eux. Ils pourraient aussi témoigner qu'on m'a vu là-bas, sur le vieux théâtre, dans le rôle de *Old Iniquity*[1].

LE SPHINX.

Comment en est-on venu là?

MÉPHISTOPHÉLÈS.

Je l'ignore moi-même.

LE SPHINX.

C'est possible! As-tu quelque connaissance des étoiles? Que dis-tu de l'heure présente?

---

1. *Vieille iniquité.* Personnage des mystères qu'on jouait en Angleterre, à l'époque de la Réformation, et dans lesquels le diable était bafoué, à la grande joie de la multitude.

MÉPHISTOPHÉLÈS, *levant les yeux au ciel.*

L'étoile court après l'étoile ; la lune, échancrée, brille d'un vif éclat, et je me trouve bien à cette bonne place ; je me réchauffe contre ta peau de lion. Aller s'égarer là-haut, ce serait dommage : propose-nous des énigmes ; propose du moins des charades.

UN SPHINX.

Veuille seulement t'expliquer toi-même : ce sera déjà une énigme. Essaye une fois de démêler le fond de ton être. Nécessaire à l'homme pieux comme au méchant : à l'un, un plastron, pour exercer son ascétisme ; à l'autre, un compagnon de folies : le tout, uniquement pour amuser Jupiter.

PREMIER SPHINX, *grondant.*

Celui-là me déplaît.

DEUXIÈME SPHINX, *grondant plus fort.*

Que nous veut-il ?

LES DEUX SPHINX, *ensemble.*

Ce vilain masque n'est pas des nôtres.

MÉPHISTOPHÉLÈS, *brutalement.*

Tu crois peut-être que les ongles de l'étranger ne chatouillent pas aussi bien que tes griffes aiguës ! Essaye un peu !

LE SPHINX, *doucement.*

Tu peux rester si cela te plaît, mais tu sentiras toi-même le besoin de fuir notre compagnie. Dans ton pays tu prenais du bon temps : sauf erreur, tu es ici d'assez mauvaise humeur.

MÉPHISTOPHÉLÈS.

Tu es très-appétissant à voir d'en haut, mais par en bas la bête me fait horreur.

LE SPHINX.

Hypocrite, tu viens pour ta rude pénitence, car nos griffes sont saines, et toi, avec ton pied de cheval racorni, tu n'es pas à ton aise dans notre société. (*Les sirènes préludent en haut.*)

MÉPHISTOPHÉLÈS.

Quels sont ces oiseaux, balancés dans les rameaux des peupliers du fleuve ?

UN SPHINX.

Prenez garde à vous ! Ces accents ont déjà triomphé des plus vaillants.

LES SIRÈNES, *chantant.*

Ah! pourquoi donc vous gâter parmi ces monstres hideux? Écoutez, nous venons ici par troupes, avec des chants harmonieux, comme il sied aux sirènes.

LES SPHINX. *Ils chantent, avec dérision, sur la même mélodie.*

Forcez-les à descendre! Elles cachent dans les rameaux leurs vilaines griffes d'éperviers, pour vous assaillir et vous déchirer, si vous leur prêtez l'oreille.

LES SIRÈNES.

Arrière la haine! arrière l'envie! Nous rassemblons les plus brillants plaisirs dispersés sous le ciel. Que sur les eaux, sur la terre, on voie les mouvements les plus joyeux par lesquels on fête un hôte bienvenu!

MÉPHISTOPHÉLÈS.

Voilà de jolies nouveautés, où du gosier, des instruments, un son se marie à un autre son. Avec moi la roulade est perdue; cela me chatouille bien autour des oreilles, mais cela ne va pas au cœur.

LES SPHINX.

Ne parle pas du cœur! C'est vanité. Une bourse de cuir toute ridée s'accorde mieux avec ton visage,

FAUST, *s'avançant.*

Quelles merveilles! Ce spectacle me charme. Dans l'horrible, des traits grands et vigoureux : déjà je pressens un sort favorable. Où me transporte ce regard sérieux? (*Il montre les sphinx.*) Devant leurs pareils, Œdipe parut un jour. (*Il montre les sirènes.*) Devant leurs pareilles, Ulysse se tordit dans ses liens de chanvre. (*Il montre les fourmis.*) Leurs pareilles amassèrent le plus riche trésor (*il montre les griffons*), que ceux-ci gardèrent fidèlement et sans faute. Je me sens pénétré d'un esprit nouveau; les figures sont grandes et grands les souvenirs.

MÉPHISTOPHÉLÈS.

Autrefois tu les aurais maudites, mais à présent elles semblent te convenir. Car, aux lieux où l'on cherche la bien-aimée, les monstres même sont bienvenus.

FAUST, *aux sphinx.*

Images de femmes, répondez-moi, une de vous a-t-elle vu Hélène?

FAUST.   341

LES SPHINX.

Nous n'allons pas jusqu'à son temps. Hercule a tué les derniers d'entre nous. Tu pourrais t'adresser à Chiron. Il galope çà et là dans cette nuit enchantée. S'il s'arrête pour toi, tu auras beaucoup gagné.

LES SIRÈNES, *chantant*.

Cela ne te manquerait pas non plus.... Lorsque Ulysse séjourna parmi nous, il ne passa point avec mépris ; il nous raconta beaucoup de choses : tu saurais tout de notre bouche, si tu voulais te rendre dans nos campagnes près de la verte mer.

UN SPHINX.

Noble esprit, ne te laisse pas tromper. Comme Ulysse se fit enchaîner, que nos bons conseils t'enchaînent. Si tu peux trouver le noble Chiron, tu apprendras ce que je t'ai promis. (*Faust s'éloigne.*)

MÉPHISTOPHÉLÈS, *avec humeur*.

Qui passe en croassant et en battant des ailes, si vite qu'on ne peut le voir, et toujours l'un après l'autre ? Ils fatigueraient le chasseur.

LE SPHINX.

Ils sont pareils aux orages d'hiver ; les flèches d'Hercule les atteindraient à peine. Ce sont les rapides oiseaux de Stymphale. Leur salut croassant est à bonne intention : avec leurs becs de vautour et leurs pieds d'oie, ils aimeraient à se montrer dans notre cercle comme parents.

MÉPHISTOPHÉLÈS, *comme effarouché*.

Quelque chose encore siffle là dedans!

LE SPHINX.

N'en ayez point de crainte. Ce sont les têtes de l'hydre de Lerne, séparées du tronc, et qui croient être quelque chose.... Mais dites-moi ce qui vous arrive. Quels gestes d'angoisse! Où voulez-vous aller? Partez donc!... Je le vois : ce chœur là-bas fait de vous un torcol. Ne vous gênez pas! Allez, saluez ces gracieux visages. Ce sont les Lamies, joyeuses et fines gaillardes, aux lèvres souriantes, aux fronts hardis, tels qu'ils plaisent au peuple des satyres. Là un pied de bouc doit tout oser.

MÉPHISTOPHÉLÈS.

Mais vous restez ici, et je vous retrouverai?

LE SPHINX.

Oui, mêle-toi à la troupe aérienne. Nous autres, depuis l'Égypte, nous sommes dès longtemps accoutumés à nous voir trôner des milliers d'années : et, pourvu que vous respectiez notre gîte, nous réglons le cours de la lune et du soleil; nous siégeons devant les pyramides, en juges souverains des peuples, des inondations, de la guerre et de la paix, et nous ne faisons pas la grimace.

LE PÉNÉE.

Le dieu est entouré d'eaux et de nymphes.

LE PÉNÉE.

Éveille-toi, murmure des algues; respire doucement, famille des roseaux; gémissez, légers branchages du saule; rameaux du tremble, parlez tout bas à mes rêves interrompus. Une affreuse tempête, un tremblement mystérieux, universel, m'éveille au sein de ma course ondoyante et paisible.

FAUST, *s'approchant du fleuve.*

Si j'entends bien, il me faut croire que, derrière les berceaux entrelacés de ces branches, de ces buissons, résonnent des accents pareils à la voix humaine; l'onde semble comme un babil et la brise comme un rire folâtre.

NYMPHES, *à Faust.*

Le mieux pour toi serait de descendre, et de restaurer dans la fraîcheur tes membres fatigués, de goûter le repos qui te fuit sans cesse; nous murmurons, nous ruisselons, nous gazouillons pour toi.

FAUST.

Oui, je veille! Oh! laissez-les se déployer ces formes incomparables, telles que mon œil les observe là-bas. Quel ravissement me pénètre? Est-ce un rêve? Sont-ce des souvenirs? Une fois déjà tu goûtas ce bonheur. Les eaux se glissent à travers la fraîcheur des buissons épais, doucement agités; elles ne murmurent point, elles coulent à peine; de tous côtés mille sources se rassemblent en bassins purs et brillants, aplanis, creusés pour le bain. Florissantes et jeunes figures de femmes, offertes à l'œil enchanté, doublées par le miroir liquide!... Elles se baignent ensemble gaiement, nageant avec hardiesse, marchant avec crainte; et les cris enfin et la lutte dans les flots!... Ces belles devraient me suffire, mon œil ici devrait jouir; cependant mon désir va toujours plus avant; mon regard pénètre vivement jusqu'à cette retraite.... Le riche feuillage de la verdure épaisse cache la noble reine.

O merveille! des cygnes aussi viennent à la nage de leurs retraites, avec des mouvements purs et majestueux; ils voguent doucement, tendres et familiers : mais comme fièrement et avec complaisance la tête et le bec se meuvent.... Un d'eux surtout semble se rengorger avec audace, et fait voile rapidement à travers tous les autres; ses plumes se gonflent; poussant les vagues sur les vagues, il s'avance vers l'asile sacré....

Les autres nagent çà et là, avec leur plumage à l'éclat paisible, et bientôt ils engagent un ardent et magnifique combat, pour écarter les timides jeunes filles, en sorte qu'elles ne songent plus à leur service, mais à leur propre sûreté.

NYMPHES.

Mes sœurs, posez l'oreille sur le vert gazon de la rive : si j'entends bien, il me semble reconnaître le pas d'un cheval. Je voudrais bien savoir qui apporte à cette nuit une rapide nouvelle.

FAUST.

Je crois entendre gronder la terre, qui retentit sous un coursier rapide.

Là-bas mon regard!... Un sort favorable déjà vient-il au-devant de mes vœux? O merveille sans égale!...

Un cavalier s'avance au trot.... Il semble doué d'esprit et de courage.... Porté par un cheval d'une blancheur éblouissante.... Je ne me trompe pas; déjà je le reconnais.... L'illustre fils de Philyre!... Arrête, Chiron! arrête! j'ai à te dire....

CHIRON.

Qu'y a-t-il? Que veux-tu?

FAUST.

Modère ta marche.

CHIRON.

Je n'arrête pas.

FAUST.

Alors, je t'en prie, prends-moi.

CHIRON.

Monte sur mon dos, et je pourrai te questionner à mon gré. Où vas-tu? Tu es là sur la rive : je suis prêt à te porter sur l'autre bord.

FAUST, *prenant place.*

Où tu voudras. A toi ma reconnaissance éternelle! Le grand homme, le noble gouverneur, qui, pour sa gloire, éleva un peuple de héros, la belle troupe des nobles Argonautes, et tous ceux qui fondèrent le monde du poëte!

CHIRON.

Laissons cela en son lieu. Pallas elle-même, sous les traits de Mentor, n'en a pas la gloire. Ils finissent par agir à leur manière, comme si on ne les avait pas élevés.

FAUST.

Le médecin, qui nomme chaque plante, qui connaît les racines jusque dans leurs derniers mystères, qui procure au malade la guérison, au blessé le soulagement, je l'embrasse ici en esprit et en corps.

CHIRON.

Lorsqu'un héros était blessé à côté de moi, je savais lui porter secours et conseil; cependant j'ai fini par laisser mon art aux vendeuses de racines et aux prêtres.

FAUST.

Tu es le véritable grand homme, qui ne peut ouïr une parole de louange. Il cherche modestement à s'y dérober, et se conduit comme s'il avait des pareils.

CHIRON.

Tu me parais habile à feindre, à flatter le prince comme le peuple.

FAUST.

Tu me l'avoueras cependant, tu as vu les plus grands personnages de ton temps; tu as rivalisé dans tes exploits avec le plus illustre; tu as passé tes jours avec la dignité d'un demi-dieu. Mais, parmi les personnages héroïques, lequel as-tu considéré comme le plus vaillant?

CHIRON.

Dans la noble phalange des Argonautes, chacun était brave à sa manière, et, selon la force qui l'animait, il pouvait suffire où les autres étaient en défaut. Les Dioscures ont toujours eu l'avantage, où la jeunesse et la beauté l'emportaient; la résolution et la promptitude à secourir les autres fut le beau partage des Boréades; réfléchi, énergique, prudent, modéré dans le conseil, ainsi dominait Jason, agréable aux femmes; Orphée, tendre et toujours doucement circonspect, était sans égal à faire vibrer la lyre; Lyncée, à la vue perçante, guidait jour et nuit le navire sacré, à travers les sables et les écueils. On affronte le péril en commun; quand l'un agit, tous les autres le louent.

FAUST.

Ne veux-tu rien dire d'Hercule?

CHIRON.

Hélas! n'éveille pas mon désir!... Je n'avais jamais vu Phébus, Arès[1], Hermès, quels qu'ils soient. Tout à coup je vis devant mes yeux ce que tous les hommes estiment divin. Il était né roi, jeune homme admirable à voir, soumis à son frère aîné et aussi aux aimables femmes. Jamais la terre n'enfantera son pareil, jamais Hébé ne l'élèvera dans les cieux; vainement s'exerce la poésie, vainement l'on tourmente la pierre.

FAUST.

Les statuaires ont beau se glorifier à son sujet, jamais il ne s'offrit à la vue aussi majestueux. Tu as parlé du plus beau des hommes, parle aussi maintenant de la plus belle des femmes.

CHIRON.

Quoi!... La beauté des femmes est chose frivole; c'est trop souvent une froide image; je ne puis estimer qu'un être qui verse à flots la joie et la vie. La beauté est heureuse en elle-même; la grâce rend irrésistible, comme Hélène, quand je la portai....

FAUST.

Tu l'as portée?

CHIRON.

Oui, sur ce dos.

FAUST.

Ne suis-je pas encore assez troublé? Et la place où je suis doit me combler de joie!

---

1. Mars, chez les Romains.

CHIRON.

Sa main s'attachait à ma chevelure, comme tu fais.

FAUST.

Oh! je m'égare tout à fait! Raconte-moi comment?.... Elle est mon seul désir! De quel endroit, en quels lieux l'as-tu portée?

CHIRON.

Il est facile de répondre à ta question. Dans ce temps-là les Dioscures avaient délivré leur petite sœur de la main des brigands. Mais ceux-ci, qui n'étaient pas accoutumés à se voir vaincus, reprirent courage et les poursuivirent. Les marais d'Éleusis retardaient la course rapide des frères; ils passèrent à gué, je trottai, je nageai jusqu'à l'autre bord. Là elle sauta à terre, et caressa ma crinière humide, et me remercia avec une aimable réserve, avec dignité. Qu'elle était ravissante, jeune, les délices du vieillard !

FAUST.

A peine sept ans....

CHIRON.

Voilà les philologues! Ils t'ont trompé, comme ils se sont trompés eux-mêmes. C'est quelque chose à part que la femme mythologique. Le poëte la présente comme il lui convient. Jamais elle n'est majeure, jamais vieille, toujours d'une forme appétissante; jeune, elle est enlevée; vieille, on la recherche encore : bref, le temps n'enchaîne point le poëte.

FAUST.

Eh bien! qu'elle-même n'en soit pas non plus enchaînée! Achille ne l'a-t-il pas trouvée à Phères, même hors des limites du temps? Quel rare bonheur! Avoir conquis l'amour en dépit de la destinée! Et ne pourrai-je, par la force du plus ardent désir, appeler à la vie cette forme unique, cette créature immortelle, née du sang des dieux, aussi grande que tendre, aussi majestueuse qu'aimable. Tu la vis autrefois : je l'ai vue aujourd'hui, belle autant que charmante, désirée autant que belle. Maintenant, mes sens, mon être, sont fortement possédés : je ne vis plus, si je ne puis l'obtenir.

CHIRON.

Mon cher étranger, comme homme, tu es enchanté, mais chez

les esprits, tu sembleras égaré. Au reste, les choses s'arrangent ici pour toi heureusement : tous les ans, j'ai coutume de passer quelques instants chez Manto, fille d'Esculape. Dans ses prières secrètes, elle demande à son père de vouloir bien, pour son propre honneur, éclairer enfin l'esprit des médecins, et les détourner du téméraire homicide. Elle est ma sibylle la plus chérie : sans convulsions grotesques, elle est douce, bienfaisante; elle réussira sans doute, après quelque attente, à te guérir entièrement par la vertu des simples.

FAUST.

Je ne veux pas être guéri ! Mon esprit est plein d'énergie : je serais avili comme les autres.

CHIRON.

Ne refuse pas ta guérison de cette noble source. Vite, descends. Nous sommes arrivés.

FAUST.

Dis-moi, en quels lieux m'as-tu porté, à travers les rivières graveleuses, dans cette sombre nuit?

CHIRON.

Ici, le Pénée à droite, et à gauche l'Olympe, Rome et la Grèce se disputèrent, les armes à la main, le vaste royaume qui se perd dans le sable. Le roi fuit[1], le citoyen triomphe. Lève les yeux : ici près s'élève, au clair de lune, le temple auguste, éternel.

MANTO, *au dedans. Elle rêve.*

Le sabot d'un cheval fait retentir les marches sacrées; des demi-dieux s'approchent.

CHIRON.

Fort bien ! Seulement, ouvre les yeux !

MANTO, *s'éveillant.*

Bienvenu! Je vois que tu n'es pas en retard.

CHIRON.

Et ton temple est toujours debout?

MANTO.

Tu galopes encore, toujours infatigable?

---

1. Philippe III ou Persée, roi de Macédoine.

CHIRON.

Tu demeures toujours tranquille, au sein de la paix, tandis qu'il me plaît de tourner à l'aventure.

MANTO.

Je reste en place; le temps tourne autour de moi. Et celui-ci?

CHIRON.

La nuit trompeuse ici l'a entraîné dans son tourbillon. Dans son sens égaré, il cherche Hélène, il veut posséder Hélène, et ne sait comment et par où commencer, digne entre tous des soins d'Esculape.

MANTO.

J'aime celui qui demande l'impossible. (*Chiron est déjà bien loin.*) Avance, mortel audacieux. Réjouis-toi : cette sombre avenue conduit chez Proserpine. Dans les cavernes, au pied de l'Olympe, elle épie en secret la visite défendue. Ici je fis un jour entrer Orphée en cachette : sache mieux en profiter. Hâte-toi! courage! (*Ils descendent.*)

LE HAUT PÉNÉE.

Un paysage agreste, rives ombreuses.

LES SIRÈNES.

Plongez-vous dans les eaux du Pénée! C'est là qu'il faut nager en battant les flots, entonner chansons sur chansons, pour amuser les malheureux humains. Sans eau, point de bonheur! Si nous courons, avec notre armée brillante, dans la mer Égée, nous aurons tous les plaisirs en partage. (*Tremblement de terre.*) La vague se retire écumante; elle ne coule plus sur la pente de son lit; le sol tremble, l'onde reflue, le gravier, la rive éclate et fume. Fuyons! venez toutes, venez! Ce prodige n'est favorable à personne. Courez, joyeux et nobles hôtes, à la belle fête marine, aux lieux où, étincelantes et mouillant le rivage, les vagues tremblantes s'enflent doucement; où la lune brille deux fois et nous baigne d'une sainte rosée. Là-bas, une vie qui se déploie librement; ici, un affreux tremblement de terre.... Quiconque est sage prenne la fuite! L'épouvante règne en ce lieu.

SÉISMOS[1], *grondant et mugissant dans les profondeurs.*

Une fois encore poussons avec force. Un bon coup d'épaule, et nous arriverons là-haut, où tout doit plier devant nous!

LES SPHINX.

Quel fâcheux tremblement! Affreuse, terrible tempête! Quelle secousse! quel balancement! quel ébranlement nous pousse et nous repousse! Quelle insupportable souffrance! Mais nous ne quitterons pas la place, quand tout l'enfer volerait en éclats. Maintenant, une voûte s'élève merveilleusement. C'est le même, ce vieillard, dès longtemps blanchi, qui bâtit l'île de Délos; pour l'amour d'une femme errante, il la fit surgir des flots. Lui, pres-

---

1. Le tremblement de terre.

sant, poussant, s'efforçant, les bras tendus, le dos courbé, dans la posture d'un Atlas, il soulève le sol, le gazon, la terre, les cailloux, le gravier, le sable et l'argile, couches paisibles de nos rives. De la sorte, il déchire tout un espace, à travers le tranquille tapis du vallon. Infatigable, colossale caryatide, il porte, avec les plus grands efforts, un effroyable amas de pierres, encore enfoui jusqu'au buste. Mais il n'ira pas plus loin : les sphinx ont pris la place.

SÉISMOS.

C'est moi tout seul qui ai fait cela; il faudra bien enfin qu'on me l'avoue; et, si je ne l'avais ébranlé et secoué, ce monde serait-il si beau?... Vos montagnes, là-haut, se dresseraient-elles dans l'azur de l'éther limpide et magnifique, si je ne les avais soulevées, pour offrir un spectacle pittoresque et ravissant, lorsque, à la vue de nos grands ancêtres, le Chaos et la Nuit, je me comportai bravement, et qu'associé aux Titans, je jouai comme à la balle avec Ossa et Pélion? Nous poursuivîmes nos folies avec une ardeur juvénile, jusqu'à ce qu'enfin, lassés, nous posâmes étourdiment sur le Parnasse les deux montagnes, comme un double bonnet.... Apollon en fait maintenant son joyeux séjour avec le chœur des Muses divines. A Jupiter lui-même et à ses foudres, j'ai dressé un trône dans les airs. Maintenant donc, je me suis soulevé, du fond de l'abîme, avec de prodigieux efforts, et j'invite hautement à une vie nouvelle de joyeux habitants.

LES SPHINX.

Il faudrait croire antique ce qui vient ici de s'élever, si nous n'avions pas vu nous-mêmes comme la terre l'a vomi de ses entrailles. Une forêt touffue s'étend au loin; rochers sur rochers se meuvent et se pressent encore. Un sphinx n'y prendra pas garde : nous ne souffrons pas qu'on nous trouble dans notre demeure sacrée.

LES GRIFFONS.

Je vois de l'or en feuilles, de l'or en paillettes, trembler à travers les crevasses. Ne vous laissez pas dérober un pareil trésor, fourmis : hâtez-vous de le recueillir.

CHŒUR DES FOURMIS.

Puisque les géants en haut l'ont poussé, vous, frétillantes, vite montez! Soyez alertes dehors et dedans. Dans ces crevasses, chaque miette est digne qu'on la recueille. La moindre particule, il faut la déterrer au plus vite dans tous les coins. Soyez assidues, troupes fourmillantes. Apportez seulement de l'or; laissez, laissez la montagne.

LES GRIFFONS.

Entrons, entrons. Partout de l'or à monceaux! Nous y portons nos griffes : ce sont des verrous de la meilleure sorte; le plus grand trésor est bien gardé.

LES PYGMÉES.

Nous avons pris place en effet. Nous ne savons comment cela est arrivé. Ne demandez pas d'où nous venons, puisque enfin nous voilà. Comme joyeux siége de la vie, chaque pays peut être bon. Se montre-t-il une fente de rocher, le nain est là tout prêt; nain et naine sont ardents à l'œuvre; chaque couple est un modèle. J'ignore si dans le paradis les choses allaient déjà de même sorte, mais nous trouvons qu'elles vont ici pour le mieux. Nous bénissons notre étoile avec reconnaissance; car, au levant comme au couchant, la terre, notre mère, produit volontiers.

LES DACTYLES.

Si, dans une seule nuit, elle a enfanté les petits, elle enfantera les très-petits : ils trouveront aussi leurs pareils.

LE PLUS VIEUX DES PYGMÉES.

Hâtez-vous de prendre une place commode. Vite à l'ouvrage! Que l'agilité tienne lieu de la force. La paix règne encore : bâtissez-vous la forge, afin de fabriquer pour l'armée glaives et cuirasses. Vous toutes, fourmis, foule agissante, procurez-nous les métaux. Et vous, dactyles, petits et nombreux, on vous l'ordonne, allez quérir le bois. Disposez, assemblez les secrètes flammes : procurez-nous du charbon.

LE GÉNÉRALISSIME.

Avec l'arc et les flèches, vite en campagne! Vers l'étang là-bas, tirez-moi les hérons, qui nichent sans nombre et se rengorgent fièrement; frappez ensemble, tous comme un seul, et montrons-nous avec casque et panache.

LES FOURMIS ET LES DACTYLES.

Qui nous sauvera?... Nous procurons le fer : ils forgent les chaînes. Il n'est pas temps encore de briser nos fers, aussi soyez dociles.

LES GRUES D'IBYCUS.

Cris de meurtre et sanglots de mort! battements d'ailes inquiètes!... Quels gémissements, quels soupirs s'élèvent jusqu'à nos sommets? Ils sont déjà tous massacrés; le lac est rouge de leur sang; un désir monstrueux ravit le noble ornement du héron. Déjà il flotte sur le casque de ces drôles au large ventre, aux jambes torses. Vous, alliés de notre armée, vous, dont les bataillons volent sur les mers, nous vous appelons à la vengeance, dans une cause qui vous touche de si près. Que nul n'épargne sa force ni son sang! Guerre éternelle à cette engeance! (*Les grues se dispersent dans l'air en poussant des cris.*)

MÉPHISTOPHÉLÈS, *dans la plaine.*

Je savais bien maîtriser les sorcières du Nord : je ne suis pas à mon aise avec ces esprits étrangers. Le Blocksberg est toujours un lieu fort commode : où que l'on soit, on se retrouve à l'instant. Madame *Ilse*[1] veille pour nous sur sa *roche*; sur sa *hauteur*, *Henri* sera dispos; les *ronfleurs*[2] font, il est vrai, la moue à la *misère*, mais tout cela est fait pour mille ans. Qui sait donc ici où il va, où il se trouve? si le sol ne se gonfle pas sous lui? Je marche gaiement à travers une vallée tout unie, et derrière moi se lève tout d'un coup une montagne, qui mérite à peine, il est vrai, qu'on l'appelle montagne, mais assez haute cependant pour me séparer de mes Sphinx.... Ici éclate encore mainte flamme, qui roule dans le vallon et flambe à l'aventure.... Ici encore danse et voltige, en m'attirant, en fuyant devant moi, et folâtrant avec malice, la troupe galante.... Mais allons doucement.... Trop accoutumé aux morceaux friands, où que ce soit, l'on tâche d'attraper quelque chose.

LES LAMIES, *attirant après elles Méphistophélès.*

Vite, plus vite, et toujours plus loin! Puis, de nouveau, balançant, babillant, jasant! C'est chose si gaie d'attirer sur nos pas le vieux pécheur! Pour une sévère pénitence, avec son pied

---

1. ILSENSTEIN (roche d'Ilsen), HEINRICHSHOEHE (cime de Henri), ELEND (misère), lieux divers du Blocksberg.
2. Rochers du Blocksberg.

roide, il vient clochant, trébuchant; tandis que nous le fuyons, il traîne la jambe derrière nous.

MÉPHISTOPHÉLÈS, *s'arrêtant.*

Destinée maudite! Hommes trompés! Imbéciles, séduits depuis Adam! On devient vieux, mais qui devient sage? Déjà n'étais-tu pas assez ensorcelé? On sait qu'il ne vaut rien du tout, ce peuple au corps lacé, au visage fardé; elles n'ont rien de sain à vous offrir en échange; où qu'on les prenne, elles sont pourries dans tous les membres; on le sait, on le voit, on peut toucher au doigt la chose, et pourtant l'on danse, quand sifflent les drôlesses.

LES LAMIES, *s'arrêtant.*

Halte! Il réfléchit; il hésite, il s'arrête. Allez au-devant de lui, de peur qu'il ne vous échappe.

MÉPHISTOPHÉLÈS, *avançant toujours.*

Courage! et ne t'engage pas follement dans les filets du doute. Car, s'il n'y avait pas des sorcières, qui diable voudrait être diable!

LES LAMIES, *du ton le plus gracieux.*

Formons une ronde autour de ce héros : l'amour s'éveillera certainement dans son cœur pour une de nous.

MÉPHISTOPHÉLÈS.

Vraiment, à cette lueur incertaine, vous semblez de jolies dames, et je ne voudrais pas vous offenser.

EMPOUSE[1], *se faisant place.*

Ni moi non plus! Comme telle, souffrez-moi dans votre compagnie.

LES LAMIES.

Elle est de trop dans notre cercle, et trouble toujours notre jeu.

EMPOUSE, *à Méphistophélès.*

Reçois le salut de ta petite cousine Empouse, ton amie au pied d'âne. Tu n'as qu'un pied de cheval, et pourtant, seigneur cousin, je te salue de tout mon cœur!

MÉPHISTOPHÉLÈS.

Je ne croyais trouver ici que des inconnues, et je trouve,

---

1. La déesse au pied d'âne. Elle prenait toute sorte de formes.

par malheur, de proches parentes. C'est un vieux livre à feuilleter : du Harz à l'Hellade toujours des cousins!

EMPOUSE.

Je sais agir soudain avec décision : je pourrais me transformer en mille choses, mais aujourd'hui, en votre honneur, j'ai mis la petite tête d'âne.

MÉPHISTOPHÉLÈS.

Je le vois, chez ces gens la parenté est une grande affaire; mais, quoi qu'il puisse arriver, je désavouerais volontiers la tête d'âne.

LES LAMIES.

Laisse cette vilaine! Elle redoute tout ce qui peut sembler aimable et beau; tout ce qui serait aimable et beau, dès qu'elle approche, n'existe plus.

MÉPHISTOPHÉLÈS.

Ces petites cousines aussi, tendres et langoureuses, elles me sont toutes suspectes; et, derrière les roses de ces joues mignonnes, je crains encore quelques métamorphoses.

LES LAMIES.

Essaye donc : nous sommes nombreuses. Prends, et, si tu as du bonheur au jeu, attrape le meilleur lot. Pourquoi ces amoureuses cantilènes? Tu es un misérable galant : tu viens te rengorger et tu fais le fier!... Le voilà qui se mêle à nos bandes : ôtez vos masques l'une après l'autre, et montrez-lui vos faces nues....

MÉPHISTOPHÉLÈS.

J'ai choisi la plus belle!... (*Il l'embrasse.*) Oh! malheur à moi! Quel manche à balai! (*Il en prend une autre.*) Et celle-ci?... Ignoble figure!

LES LAMIES.

Mérites-tu mieux?... Ne t'en flatte pas....

MÉPHISTOPHÉLÈS.

Je voudrais m'assurer la petite.... Le lézard m'échappe des mains, et, comme un serpent, sa tresse glissante! Eh bien! je m'empare de la longue.... Je tiens un bâton de thyrse, avec sa tête en pomme de pin!... Comment cela finira-t-il?... Encore une dodue, auprès de laquelle je me délecterai peut-être. Risquons une dernière fois!... Allons!... Grasse! mafflue!... Voilà ce que les Orientaux payent bien cher.... Mais paf!... la vessie crève !

LES LAMIES.

Dispersez-vous, flottez et voltigez! Promptes comme l'éclair, enveloppez de votre noir essaim cet intrus, ce fils de sorcière; ronde incertaine, épouvantable, chauves-souris aux ailes silencieuses!... Il s'en tire à trop bon marché.

MÉPHISTOPHÉLÈS, *se secouant.*

Je ne suis pas, à ce qu'il paraît, devenu beaucoup plus sage. Absurdités ici, absurdités dans le Nord ; ici, comme là, des fantômes bizarres, peuple et poëtes insipides. Ici, comme partout, une mascarade est un branle sensuel. J'ai saisi des masques gracieux, et j'embrassais des êtres qui me faisaient horreur.... Je consentirais volontiers à me tromper, si seulement cela durait plus longtemps. (*Il s'égare au milieu des rochers.*) Où suis-je donc? Où cela va-t-il aboutir? C'était un sentier, maintenant c'est un chaos. Je suis venu par des chemins unis, et j'ai maintenant devant moi des roches brisées.... Vainement je grimpe et je descends. Où retrouverai-je mes Sphinx? Je n'aurais pas imaginé de telles extravagances : une pareille montagne en une nuit! J'appelle cela une vive cavalcade de sorcières, qui portent leur Blocksberg avec elles.

ORÉAS, *du haut d'un rocher naturel*[1].

Monte ici! Ma montagne est antique; elle subsiste dans sa forme primitive. Honore ces rapides sentiers de rochers, derniers rameaux du Pinde. J'existais déjà inébranlable, quand Pompée s'enfuit par-dessus mes sommets. A mes côtés, l'œuvre de l'illusion s'évanouira dès le chant du coq. Je vois souvent de ces fantômes naître et disparaître soudain

MÉPHISTOPHÉLÈS.

Honneur à toi, tête vénérable, couronnée de grands chênes! Le plus brillant clair de lune ne pénètre pas dans ces ténèbres.... Mais, à côté des buissons, passe une lumière qui brille discrètement.... Comme tout s'arrange!... En vérité, c'est Homunculus!... D'où viens-tu petit compagnon?

---

1. Par opposition à la montagne que Séismos a soulevée.

HOMUNCULUS.

Je voltige ainsi de place en place, et je voudrais bien exister. Dans le vrai sens du mot : je grille d'impatience de briser mon verre ; mais ce que j'ai vu jusqu'ici, je n'oserais y pénétrer. Seulement, pour te le dire en confidence, je suis sur la trace de deux philosophes ; j'ai prêté l'oreille ; ils disaient : « Nature, nature ! » Je ne veux pas me séparer d'eux. Ils doivent connaître le monde terrestre, et je finirai bien par apprendre de quel côté il sera plus sage de me tourner.

MÉPHISTOPHÉLÈS.

Fais comme tu voudras : car, dans les lieux où les fantômes se montrent, le philosophe est aussi bienvenu. Pour qu'on jouisse de son art et de sa faveur, il en produit sur-le-champ une douzaine de nouveaux. Si tu ne t'égares, tu n'arriveras jamais à la raison : tu veux naître, prends naissance par toi-même.

HOMUNCULUS.

Un bon conseil n'est pas non plus à dédaigner.

MÉPHISTOPHÉLÈS.

Va donc. Nous verrons la suite. (*Ils se séparent.*)

ANAXAGORE, *à Thalès.*

Ton sens obstiné ne veut pas céder ! En faut-il davantage pour te convaincre ?

THALÈS.

La vague se courbe volontiers sous chaque vent, mais elle se tient éloignée des rocs escarpés.

ANAXAGORE.

C'est par la vapeur du feu que ce rocher se trouve là.

THALÈS.

C'est dans l'humide que la vie a pris naissance.

HOMUNCULUS, *qui se place entre eux.*

Souffrez que je marche à vos côtés : j'ai moi-même grande envie de naître.

ANAXAGORE.

As-tu jamais, ô Thalès, tiré du limon, en une seule nuit, une pareille montagne ?

THALÈS.

Jamais la nature et son courant de vie ne furent limités au jour, à la nuit et à l'heure ; elle forme réglément tous les corps, et, même dans le grand, il ne se fait rien par violence.

ANAXAGORE.

Mais ici elle a paru! Un feu terrible, plutonien, la force tonnante, prodigieuse, de vapeurs éoliennes, a brisé la vieille croûte de la plaine, en sorte qu'une montagne nouvelle a dû naître à l'instant.

THALÈS.

Cela nous avance-t-il davantage? La montagne est là : à la bonne heure!... Avec de pareils débats, on perd son temps et son loisir, et l'on ne fait que mener le bon peuple par le nez.

ANAXAGORE.

Aussitôt la montagne pullule de Myrmidons, qui se logent dans les crevasses des rochers : ce sont Pygmées, fourmis, marmousets et autres petits êtres agissants. (*A Homunculus.*) Tu n'as jamais aspiré aux grandeurs; tu as vécu confiné dans la solitude : si tu peux t'habituer au commandement, je te fais couronner roi.

HOMUNCULUS.

Que dit à cela mon Thalès ?

THALÈS.

Je ne saurais te le conseiller : avec les petits, on fait de petites choses; avec les grands, le petit devient grand. Regarde là haut cette noire nuée de grues : elle menace le peuple révolté, et menacerait également le roi. Avec leurs becs aigus, leurs pieds armés de griffes, elles fondent sur les petits. Déjà l'orage fatal les menace. Des mains criminelles ont égorgé les hérons autour du marais paisible et tranquille, mais cette pluie de flèches meurtrières provoque une vengeance cruelle et sanglante, excite chez les parents la fureur de répandre le sang des coupables Pygmées. Que servent maintenant le bouclier et le casque et la lance? Que sert à ce peuple de nains l'aigrette de héron? Comme les Dactyles et les fourmis se cachent! Déjà l'armée s'ébranle, elle fuit, elle se disperse.

ANAXAGORE, *solennellement, après une pause.*

Si j'ai pu jusqu'à présent honorer les puissances souterraines, je me tourne cette fois vers celles d'en haut.... O toi, qui brilles aux cieux dans une éternelle jeunesse, déesse aux trois formes, aux trois noms, je t'invoque, dans la détresse de mon peuple, Diane, Lune, Hécate! toi qui dilates le cœur, toi qui es plongée dans les plus profondes rêveries, toi, paisible en apparence et violente en secret, ouvre l'effrayant abîme de tes ombres; que ton antique puissance se manifeste sans magie! (*Une pause.*) Suis-je trop vite exaucé? Ma prière, élancée vers ces hauteurs, a-t-elle troublé l'ordre de la nature?...

Plus grand, toujours plus grand, déjà s'approche le trône circulaire de la déesse, terrible, formidable à l'œil. Son feu devient d'un rouge sombre.... N'approche pas davantage, disque terrible et puissant, tu nous ferais périr avec la terre et la mer. Il serait donc vrai que des femmes thessaliennes, avec leur audacieuse et criminelle magie, t'ont fait descendre de ta route par leurs enchantements; qu'elles t'ont dérobé, par force, tes plus funestes influences?... Le disque brillant s'est obscurci; tout à coup il se déchire, flamboie, étincelle.... Quel fracas! Quel sifflement, mêlé de tonnerres et de tempêtes!... Prosterné devant les marches du trône.... Pardonne : c'est moi qui t'ai évoquée! (*Il se prosterne, la face contre terre.*)

THALÈS.

Tout ce que cet homme a pu voir et entendre!... Je ne sais trop ce qui nous est arrivé; je ne l'ai pas ressenti avec lui. Avouons-le, ce sont de folles heures, et la lune se berce doucement à sa place, comme auparavant.

HOMUNCULUS.

Regardez la demeure des Pygmées! La montagne était ronde : à présent elle est pointue. J'ai senti un choc épouvantable : le rocher était tombé de la lune, et, incontinent, sans autre façon, il a écrasé, assommé, les amis et les ennemis. Mais je ne puis m'empêcher d'admirer l'art créateur qui, en une seule nuit, à la fois d'en bas et d'en haut, a su bâtir cette montagne.

THALÈS.

Sois tranquille, ce n'était qu'une idée. Qu'elle vide la place, cette hideuse engeance! Tu es heureux de n'avoir pas régné sur elle. Passons maintenant à la joyeuse fête de mer. Là on attend et l'on vénère des hôtes merveilleux. (*Ils s'éloignent.*)

MÉPHISTOPHÉLÈS, *grimpant du côté opposé.*

Il faut que je me traîne à travers ces rampes de roches escarpées, à travers les rudes racines des vieux chênes. Sur mon

Harz les vapeurs résineuses[1] ont quelque chose de la poix, et cela me plaît; ensuite le soufre.... ici, chez ces Grecs, c'est à peine si l'on en flaire quelque trace. Mais je serais curieux de rechercher avec quoi ils attisent les tortures et les flammes de l'enfer.

UNE DRYADE.

Dans ton pays, sois sage à votre manière.... dans l'étranger, tu n'es pas assez habile. Tu ne devrais pas tourner tes pensées vers la patrie, mais honorer ici la dignité des chênes sacrés.

MÉPHISTOPHÉLÈS.

On pense à ce qu'on a quitté; les choses auxquelles on était accoutumé semblent toujours un paradis. Mais là-bas, dans la caverne, à cette faible clarté, dites-moi quelle triple forme s'est accroupie.

LA DRYADE.

Les Phorcyades. Ose approcher, et parle avec elles, si elles ne te font pas horreur.

MÉPHISTOPHÉLÈS.

Pourquoi pas?... Je vois quelque chose et j'admire! Si fier que je sois, je dois me l'avouer à moi-même, je ne vis jamais des monstres pareils; elles sont plus affreuses que les Mandragores.... Trouve-t-on encore la moindre laideur aux péchés de tout temps maudits, quand on voit ce triple monstre? Nous ne les souffririons pas sur le seuil du plus horrible de nos enfers, et cela prend racine dans la terre de la beauté! cela est pompeusement nommé antique!... Elles se remuent, elles semblent me flairer; elles jargonnent en sifflant, chauves-souris-vampires.

LES PHORCYADES.

Donnez-moi l'œil, mes sœurs, afin qu'il observe qui se hasarde si près de notre temple.

MÉPHISTOPHÉLÈS.

Mes très-honorées, permettez que je vous approche, et que je reçoive votre triple bénédiction. Je me présente, il est vrai, comme inconnu, mais, si je ne me trompe, comme parent éloigné. J'ai déjà vu les vénérables dieux antiques; je me suis incliné profondément devant Ops et Rhéa; les Parques même,

---

1. *Harz* signifie résine, et Gœthe joue sur le mot.

sœurs du Chaos, vos sœurs, je les vis hier.... ou avant-hier; mais je n'ai jamais vu vos pareilles. Je me tais maintenant et je me sens ravi.

LES PHORCYADES.

Cet esprit semble avoir du bon sens.

MÉPHISTOPHÉLÈS.

Je m'étonne seulement que nul poëte ne vous célèbre.... Et, dites-moi, d'où cela est-il venu? comment cela s'est-il pu faire? très-vénérables, je ne vous vis jamais en statues. Que le ciseau essaye de vous reproduire, et non pas Junon, Pallas, Vénus et les autres.

LES PHORCYADES.

Ensevelies dans la solitude et la plus tranquille nuit, jamais encore aucune de nous trois ne s'en est avisée.

MÉPHISTOPHÉLÈS.

Et comment le pourrait-elle, puisque, éloignées du monde, ici vous ne voyez personne et que personne ne vous voit? Vous devriez habiter dans ces lieux où l'art et la magnificence trônent sur le même siége; où, chaque jour, d'un pas leste et redoublé, un bloc de marbre entre dans la vie, sous la figure d'un héros; où....

LES PHORCYADES.

Silence! Ne nous donne pas des désirs! Que nous servirait-il d'en savoir davantage? Nées dans la nuit, parentes des ténèbres, presque inconnues à nous-mêmes, aux autres absolument.

MÉPHISTOPHÉLÈS.

En pareil cas, la ressource est facile : on peut aussi se transmettre soi-même aux autres. A vous trois un œil suffit, une dent suffit : il serait assez mythologique de concentrer en deux l'existence des trois et de me confier, pour un peu de temps, la figure de la troisième.

UNE DES PHORCYADES.

Que vous en semble? Faut-il accepter?

LES AUTRES.

Essayons.... mais sans l'œil et la dent.

MÉPHISTOPHÉLÈS.

Alors, vous avez retranché justement le meilleur. Comment l'image serait-elle exacte et complète?

UNE DES PHORCYADES.

Tu fermeras un œil, c'est facile.... Laisse voir ensuite une incisive, et, de profil, tu parviendras aussitôt à nous ressembler parfaitement, comme frère et sœur.

MÉPHISTOPHÉLÈS.

C'est beaucoup d'honneur! Soit!

LES PHORCYADES.

Soit!

MÉPHISTOPHÉLÈS, *en Phorcyade, de profil.*

M'y voilà! Fils bien-aimé du Chaos!

LES PHORCYADES.

Nous-sommes incontestablement les filles du Chaos.

MÉPHISTOPHÉLÈS.

O honte, on me traitera maintenant d'hermaphrodite!

LES PHORCYADES.

Dans le nouveau trio des sœurs, quelle beauté! nous avons deux yeux, nous avons deux dents!

MÉPHISTOPHÉLÈS.

Il faut que je me cache à tous les yeux, pour effrayer les diables dans le gouffre infernal. (*Il s'éloigne.*)

LA MER ÉGÉE.

Baies entourées de rochers. La lune est immobile au zénith.

SIRÈNES, *établies çà et là sur les rochers, jouant de la flûte et chantant.*

Parfois, dans l'horreur de la nuit, les criminels enchantements des sorcières thessaliennes t'ont fait descendre sur la terre; de ton cercle nocturne, jette un regard paisible sur la multitude brillante et doucement enflammée des vagues tremblantes; éclaire le tumulte qui s'élève des flots : belle lune, sois-nous favorable, à nous, toujours prêtes à te servir!

NÉRÉIDES ET TRITONS, *en monstres marins.*

Faites entendre des accents plus sonores, qui traversent la vaste mer; appelez les habitants de l'abîme!... Devant les gouffres horribles de la tempête, nous avions fui dans les plus tranquilles profondeurs : votre doux chant nous attire. Voyez comme, dans notre ravissement, nous nous sommes parés de chaînes d'or; aux couronnes et aux pierreries nous joignons aussi les agrafes et les ceintures. Tout cela nous vient de vous: les trésors ici engloutis par les naufrages, vous nous les avez attirés par vos chants, vous, déesses de notre baie.

LES SIRÈNES.

Nous savons bien que, dans la fraîcheur de la mer, les poissons luisants se plaisent à leur vie flottante et sans douleurs, mais vous, en foule accourus pour la fête, nous aimerions à voir aujourd'hui que vous êtes plus que des poissons.

LES NÉRÉIDES ET LES TRITONS.

Avant de venir en ce lieu, nous avons songé à la chose. Frères et sœurs, alerte maintenant! Aujourd'hui le plus petit voyage suffira, pour preuve irrécusable que nous sommes plus que des poissons. (*Ils s'éloignent.*)

LES SIRÈNES.

Ils sont partis en un clin d'œil. Pour voguer droit à Samothrace, ils ont disparu avec un vent favorable. Que songent-ils à faire dans le royaume des puissants Cabires? Ce sont des dieux merveilleusement singuliers, qui se reproduisent eux-mêmes incessamment, et ne savent jamais ce qu'ils sont.

Au sommet des cieux, douce lune, suspends ta course propice; que la nuit nous reste fidèle; que le jour ne nous chasse pas!

THALÈS, *sur le rivage, à Homunculus.*

Je te conduis volontiers vers le vieux Nérée. A la vérité, nous ne sommes pas loin de sa grotte, mais il a la tête dure, le maussade rêveur. Le genre humain tout entier ne fait jamais rien qui vaille, aux yeux de ce grondeur. Cependant l'avenir lui est dévoilé : c'est pourquoi chacun le respecte et l'honore dans sa retraite. Il a fait aussi du bien à plusieurs.

HOMUNCULUS.

Faisons une tentative, et frappons à sa porte. Il ne m'en coûtera pas, je pense, le verre et la flamme.

NÉRÉE.

Sont-ce des voix humaines qui frappent mon oreille? Comme la colère me saisit soudain au fond du cœur! Images, qui voudraient égaler les dieux, et pourtant condamnées à se ressembler toujours à elles-mêmes. Depuis de longues années je pouvais goûter le repos des dieux, mais je fus poussé du désir de faire du bien aux bons, et, lorsque plus tard je voyais enfin les faits accomplis, c'était absolument comme si je n'eusse pas conseillé.

THALÈS.

Cependant, ô vieillard de la mer, on se confie à toi, tu es le sage; ne nous repousse pas. Vois cette flamme, semblable, il est vrai, à la figure humaine : elle s'abandonne absolument à tes conseils.

NÉRÉE.

Que parles-tu de conseils? Le conseil eut-il jamais quelque valeur chez les hommes? Une parole sage se glace dans l'oreille dure. Si souvent que les faits se soient cruellement condamnés eux-mêmes, le peuple demeure obstiné comme auparavant. Quels avertissements paternels n'ai-je pas donnés à Pâris, avant que sa passion enchaînât une femme étrangère! Il était là hardiment sur le rivage grec ; je lui annonçai ce que je voyais en esprit, les airs chargés de fumée, un déluge de flammes, les poutres embrasées, au-dessous, le carnage et la mort, le dernier jour de Troie, consacré par la poésie, aussi affreux que célèbre dans tous les âges... Les paroles du vieillard semblèrent un jeu au téméraire; il suivit son désir et Ilion tomba.... Cadavre gigantesque, glacé après de longues tortures, joyeux festin pour les aigles du Pinde.... Et Ulysse, ne lui prédisais-je pas les ruses de Circé, les fureurs du Cyclope, ses propres hésitations, la légèreté de ses compagnons, que sais-je encore?... Cela lui a-t-il profité, jusqu'au jour, assez tardif, où, après mille traverses, les ondes propices le portèrent sur un rivage hospitalier?

THALÈS.

Une telle conduite est un tourment pour l'homme sage : toutefois celui qui est bon fait encore une tentative. Une drachme de reconnaissance le comblera de joie, et pèsera plus dans la balance que le centuple d'ingratitude. Car ce que nous implorons n'est pas peu de chose : l'enfant que voici a le sage désir de naître.

NÉRÉE.

Ne troublez pas les rares dispositions où je suis. Une tout autre chose m'occupe aujourd'hui. J'ai appelé auprès de moi toutes mes filles, les Grâces de la mer, les Dorides. Ni l'Olympe ni votre monde n'offrent un aussi beau spectacle, qui se déploie avec autant d'élégance. Avec les gestes les plus gracieux, elles s'élancent du dragon marin sur les chevaux de Neptune, si délicatement unies au liquide élément, qu'il semble que l'écume elle-même les soulève. Portée sur la conque de Vénus, aux couleurs chatoyantes, arrive Galatée, maintenant la plus belle, et qui, dès le jour où Cypris nous a délaissés, est elle-même adorée à Paphos comme une déesse; ainsi la nymphe charmante dès longtemps possède, comme héritière, la cité du temple et le trône du char. Retirez-vous! A l'heure de la joie paternelle, il ne sied pas d'avoir la haine au cœur, l'invective à la bouche.

Allez chez Protée; demandez à ce magicien comment on peut naître et se transformer. (*Il s'éloigne du côté de la mer.*)

THALÈS.

Nous n'avons rien gagné par cette démarche. Si vous venez à joindre Protée, aussitôt il s'évapore, et, s'il demeure, il ne vous dit enfin que des choses qui vous étonnent et vous confondent. Mais tu as besoin de ses conseils, faisons la tentative et suivons notre chemin. (*Ils s'éloignent.*)

LES SIRÈNES, *au haut des rochers.*

Que voyons-nous de loin glisser à travers l'empire des ondes? Comme de blanches voiles s'avanceraient, poussées par le vent, ainsi sont brillantes à voir les nymphes radieuses de la mer. Descendons de ces roches escarpées: vous entendez les voix.

LES NÉRÉIDES ET LES TRITONS.

Ce que nous portons dans nos mains doit vous plaire à tous. Dans l'écaille gigantesque de Chélone [1] brillent de sévères images. Ce sont des dieux que nous portons: entonnez de nobles chants.

LES SIRÈNES.

Petits de stature, grands en puissance, sauveurs des naufragés, dieux adorés dès les plus anciens âges.

LES NÉRÉIDES ET LES TRITONS.

Nous amenons les Cabires [2] pour célébrer une paisible fête; car, aux lieux où ils règnent saintement, Neptune se montrera favorable.

LES SIRÈNES.

Nous vous cédons le pas: quand un vaisseau s'est brisé, avec une force irrésistible, vous sauvez l'équipage.

LES NÉRÉIDES ET LES TRITONS.

Nous en avons pris trois avec nous; le quatrième n'a pas voulu venir. Il a dit qu'il était le véritable, qui pensait pour eux tous.

LES SIRÈNES.

Un dieu peut se moquer d'un autre dieu: honorez toutes les faveurs, craignez tous les dommages.

---

1. Prononcez *Kélone*. La tortue.
2. Mystérieuses divinités, venues, dit-on, de Phénicie, et adorées surtout dans Imbros et Samothrace. Les Cabires étaient au nombre de quatre.

LES NÉRÉIDES ET LES TRITONS.

Ces dieux sont proprement au nombre de sept.

LES SIRÈNES.

Où sont restés les trois autres?

LES NÉRÉIDES ET LES TRITONS.

Nous ne saurions le dire. Il faut les chercher dans l'Olympe. Là existe aussi le huitième, auquel personne encore ne pensait[1]. Ils nous attendaient propices ; mais tous n'étaient pas prêts. Ces incomparables veulent avancer toujours plus loin, désireux, affamés de l'inaccessible.

LES SIRÈNES.

Nous sommes accoutumées, où que s'élève un trône, dans le soleil et la lune, d'y faire monter nos prières : cela profite.

LES NÉRÉIDES ET LES TRITONS.

Oh ! pour nous quelle gloire éclatante, de mener cette fête !

LES SIRÈNES.

Les héros de l'antiquité n'ont pas eu cette gloire, si brillants que fussent leurs exploits : s'ils ont conquis la Toison d'or, vous avez conquis les Cabires.

CHOEUR GÉNÉRAL.

S'ils ont conquis la Toison d'or, nous avons, vous avez conquis les Cabires.

HOMUNCULUS.

Ces monstres difformes me paraissent comme de méchants pots de terre : les sages s'y heurtent maintenant et brisent leurs têtes dures.

THALÈS.

C'est justement ce qu'on demande : la rouille fait le prix de la monnaie.

PROTÉE, *inaperçu*.

Ces choses-là me réjouissent, moi, vieux rêveur. Plus c'est bizarre, plus c'est respectable.

THALÈS.

Où es-tu, Protée?

PROTÉE, *d'une voix de ventriloque, tantôt près, tantôt loin*.

Ici et ici !

---

1. Si les sept Cabires représentent les sept planètes, le huitième serait probablement Uranus, la planète d'Herschell.

THALÈS.

Je te passe cette vieille plaisanterie; mais à un ami, point de paroles vaines! Je sais que tu parles d'un lieu où tu n'es pas.

PROTÉE, *comme de loin.*

Adieu!

THALÈS, *bas à Homunculus.*

Il est tout près. Vite, jette une clarté vive! Il est curieux comme un poisson : où qu'il se cache, transformé, il sera attiré par les flammes.

HOMUNCULUS.

Je répands soudain les flots de ma lumière, mais avec précaution, de peur de faire sauter le verre.

PROTÉE, *sous la forme d'une tortue colossale.*

Que vois-je briller d'un éclat si agréable?

THALÈS, *cachant Homunculus.*

Bon, si tu le désires, tu peux le voir de plus près. Ne regrette pas cette petite peine, et montre-toi, sous figure humaine, sur tes deux pieds. Si quelqu'un veut voir ce que nous cachons, que ce soit par notre faveur, par notre volonté.

PROTÉE, *sous une forme noble.*

Les ruses philosophiques te sont encore familières.

THALÈS.

Changer de forme est encore ton plaisir. (*Il découvre Homunculus.*)

PROTÉE, *surpris.*

Un petit nain lumineux! Je n'ai jamais vu cela.

THALÈS.

Il demande conseil, et il est fort désireux de naître. Comme je l'ai appris de lui-même, il est très-merveilleusement venu au monde, mais seulement à moitié. Il ne manque pas de qualités spirituelles, mais beaucoup trop de capacités saisissables. Jusqu'ici le verre lui a seul donné de la pesanteur, et il serait charmé de prendre corps au plus vite.

PROTÉE.

Tu es un vrai fils de vierge : avant que tu doives exister, déjà tu existes.

THALÈS, *à voix basse.*

Il me paraît aussi critique sur un autre point: il est, ce me semble, hermaphrodite.

FAUST.

PROTÉE.

La chose n'en réussira que plus tôt. Comme qu'il se présente, cela s'arrangera. Mais il ne s'agit pas ici de beaucoup méditer ; il faut que tu commences dans la vaste mer. Là on débute d'abord en petit, et l'on se plaît à engloutir les plus petits, puis on s'accroît peu à peu, et l'on se forme pour une plus haute fin.

HOMUNCULUS.

Ici souffle un air très-doux ; tout verdoie et la senteur me plaît.

PROTÉE.

Je le crois bien, très-aimable jeune homme ! Et plus loin tu trouveras plus de plaisir encore : sur cette étroite langue du rivage, l'atmosphère est encore plus délectable. De ce poste avancé, nous verrons d'assez près la troupe flottante, qui justement s'approche. Venez donc avec moi.

THALÈS.

Je te suis.

HOMUNCULUS.

Trois fois merveilleuse allure des esprits !

LE RIVAGE.

Les Telchines[1] de Rhodes s'avancent montés sur des hippocampes et des dragons marins, et tenant en main le trident de Neptune.

CHŒUR DES TELCHINES.

Nous avons forgé le trident de Neptune, avec lequel il apaise les flots les plus agités. Si le maître du tonnerre déploie les nuages pesants, Neptune répond au roulement terrible, et, tandis que des cieux brillent les traits de la foudre, flots après flots jaillissent de la mer; et, dans l'intervalle, tout ce qui essuie la tourmente, ballotté longtemps, est englouti par l'abîme. C'est pourquoi il nous a confié le sceptre aujourd'hui.... Et maintenant nous voguons en appareil de fête, apaisés et faciles.

LES SIRÈNES.

Ministres sacrés d'Hélios[2], favoris du jour serein, salut à vous dans cette heure émue, qui demande pour la Lune un respectueux hommage.

LES TELCHINES.

O la plus aimable des déesses, de ton arc céleste, tu entends avec ravissement les louanges de ton frère; tu prêtes l'oreille à Rhodes, la fortunée; de là monte jusqu'à lui un hymne éternel. Qu'il commence ou qu'il achève sa course journalière, il nous regarde de son œil rayonnant, enflammé. Les montagnes, les cités, les rivages, les flots, plaisent au dieu, sont aimables et brillants. Aucun brouillard ne nous enveloppe, et, s'il s'en glisse jusqu'à nous, un rayon, une brise, et l'île est purifiée! Là se

---

1. Génies ou hommes surnaturels, que les Grecs donnent comme métallurgistes et sorciers. Ils habitèrent d'abord le Péloponèse, puis l'île de Rhodes.
2. Le soleil.

voit le dieu dans cent images, en jeune homme, en géant, imposant, gracieux. C'est nous qui les premiers avons représenté la puissance des dieux sous la noble forme humaine.

PROTÉE.

Laisse-les chanter, laisse-les se glorifier! Pour la clarté sainte et vivante du soleil, les œuvres mortes ne sont que moquerie. On modèle, à grand'peine, la matière fondue, et, lorsqu'on a coulé l'image en bronze, on pense avoir fait quelque chose. Qu'arrive-t-il enfin à ces superbes? Les images des dieux se dressaient fièrement.... une secousse de la terre les a détruites. Depuis longtemps elles sont refondues. L'œuvre terrestre, quelle qu'elle soit, n'est jamais que tourment. L'onde est plus propice à la vie.... Protée-dauphin te portera dans les eaux éternelles. (*Il se métamorphose.*) Voilà qui est fait! Là tu réussiras au mieux. Je te prends sur mon dos; je te marie à l'Océan.

THALÈS.

Cède au louable désir de commencer la création par le principe. Sois prêt à l'action rapide. Là tu traverseras, selon des lois éternelles, mille et mille formes, et, jusqu'à l'homme, tu as du temps. (*Homunculus monte sur le dos de Protée-dauphin.*)

PROTÉE.

Viens avec moi, pur esprit, dans l'humide étendue. Là tu vivras aussitôt dans un vaste domaine; là tu pourras te mouvoir à ton gré. Seulement n'aspire pas aux ordres élevés, car, si une fois tu deviens un homme, c'en est fait de toi.

THALÈS.

C'est selon : il est aussi fort agréable d'être, en son temps, un homme de mérite.

PROTÉE, *à Thalès.*

Fort bien! un homme de ta trempe! Cela dure assez longtemps : car je te vois déjà dans les pâles phalanges des esprits, depuis bien des siècles.

LES SIRÈNES, *sur les rochers.*

Quel cercle de petits nuages forme autour de la Lune une si riche ceinture? Ce sont des colombes enflammées d'amour, aux ailes blanches comme la lumière. Paphos nous envoie la troupe amoureuse de ses oiseaux. Notre fête est désormais complète : allégresse entière et pure!

NÉRÉE, *s'approchant de Thalès.*

Un voyageur nocturne appellerait peut-être cette cour de la lune une vision aérienne ; mais, nous autres esprits, nous sommes d'un avis tout différent et le seul juste. Ce sont des colombes, qui accompagnent ma fille, portée sur sa conque, et la suivent, d'un vol étrange, merveilleux, instruites dès les anciens âges.

THALÈS.

Moi aussi, je tiens pour le meilleur ce qui plaît à l'homme vertueux : dans un nid tiède et tranquille, une sainte vie retirée !

PSYLLES et MARSES, *montés sur des taureaux, des veaux et des béliers marins.*

Dans les sauvages et profondes cavernes de Chypre, que le dieu de la mer n'a pas encombrées de sables, que Séismos n'a pas renversées, caressés par les brises éternelles, et, comme aux plus anciens jours, dans le sentiment d'un bonheur tranquille, nous gardons le char de Cypris, et, dans le murmure des nuits, à travers le gracieux entrelacement des ondes, nous amenons, invisible à la race nouvelle, ton aimable fille auprès de toi. Dans ce doux travail, nous ne craignons ni l'Aigle, ni le Lion ailé, ni la Croix, ni la Lune, tels qu'ils résident et trônent dans les cieux, se balancent et se meuvent avec alternative, se repoussent et se détruisent, et couchent par terre cités et moissons. Nous poursuivons notre œuvre, et nous amenons ici la plus aimable souveraine.

LES SIRÈNES.

D'une marche légère, avec un empressement mesuré, autour du char, un cercle dans l'autre, quelquefois entrelacées, file par file, en spirale, ainsi que des serpents, approchez-vous, agiles Néréides, femmes robustes, d'une grâce sauvage ; et vous, tendres Dorides, offrez à Galatée l'image de sa mère : sévères, semblables aux dieux, vénérables immortelles, et pourtant, comme les douces filles des hommes, pleines d'un charme séducteur.

LES DORIDES, *en chœur, passant devant Nérée, toutes portées par des dauphins.*

O Lune, prête-nous ta lumière et ton ombre, ta clarté pour cette fleur de jeunesse : car nous présentons des époux chéris à notre père, en l'implorant. (*A Nérée :*) Ce sont des enfants, que nous avons arrachés à la dent furieuse de l'incendie, couchés sur les roseaux et la mousse, réchauffés aux rayons du jour, et qui doivent maintenant, par des baisers de flamme, nous remercier tendrement. Regarde avec faveur ces gracieux enfants.

NÉRÉE.

Il faut estimer bien haut le double avantage d'être compatissant et de goûter en même temps du plaisir.

LES DORIDES.

Père, si tu approuves notre conduite, si tu nous permets un plaisir bien acquis, laisse-nous les garder, les presser à jamais sur notre sein d'une jeunesse éternelle.

NÉRÉE.

Vous pouvez prendre plaisir à cette belle capture, et de l'adolescent vous ferez un homme, mais je ne saurais vous permettre ce que Jupiter peut seul accorder. Le flot, qui vous balance et vous berce, ne laisse point non plus de constance à l'amour, et, quand le caprice aura fini de jouer, déposez-les doucement sur la rive.

LES DORIDES.

Aimables enfants, vous nous êtes chers, mais il faut nous séparer de vous tristement; nous avons désiré une fidélité éternelle : les dieux ne veulent pas la souffrir.

LES ADOLESCENTS.

Que nous soyons encore l'objet de vos soins propices, nous vaillants jeunes mariniers! Nous n'avons eu jamais aussi bien, et ne voulons pas avoir mieux. (*Galatée s'avance sur la conque.*)

NÉRÉE.

C'est toi, ma bien-aimée!

GALATÉE.

O mon père! ô bonheur! Dauphins, arrêtez! ce regard m'enchaîne.

NÉRÉE.

Déjà loin!... Ils passent comme un tourbillon. Que leur importe le secret mouvement du cœur? Ah! s'ils me prenaient avec elle! Mais un seul regard enchante, jusqu'à tenir lieu d'une année entière.

THALÈS.

Salut! salut encore! Comme je m'épanouis de joie, pénétré par le beau, le vrai! Tout est sorti de l'eau; l'eau maintient toute chose. Océan, exerce en notre faveur ton éternelle activité! Si tu n'envoyais les nuages, si tu n'épanchais les ruisseaux abondants, si tu ne promenais çà et là les rivières, si tu ne faisais couler les fleuves à pleins bords, que seraient les montagnes, les plaines et le monde? C'est toi qui entretiens la fraîcheur de la vie.

ÉCHO. (*Chœur général de tous les groupes.*)

C'est de toi que découle la fraîcheur de la vie.

NÉRÉE.

Ils se retirent, balancés sur les ondes; leurs regards ne rencontrent plus le mien; développée en cercles étendus, pour se produire avec un air de fête, se replie la troupe innombrable; mais la conque triomphale de Galatée, je la vois, je la vois encore : elle resplendit comme une étoile parmi la foule. L'objet chéri brille à travers la presse. Si loin qu'il soit, il rayonne clair et lumineux, toujours proche, toujours présent.

HOMUNCULUS.

Dans l'humide charmant, tout ce qu'ici j'éclaire est d'une ravissante beauté.

PROTÉE.

Dans l'humide vital ta lanterne commence à luire avec des sons magnifiques.

NÉRÉE.

Quel nouveau mystère, au milieu des groupes, vient se révéler à nos yeux? Qu'est-ce qui flamboie autour de la conque, autour des pieds de Galatée? Cela flambe tour à tour avec force, avec grâce, avec douceur, comme agité par les pulsations de l'amour.

THALÈS.

C'est Homunculus, séduit par Protée!... Ce sont les symptômes du désir impérieux. Je pressens les gémissements d'une secousse douloureuse; il se brisera contre le trône éblouissant. Voyez! il s'embrase, il jette des éclairs et déjà s'écoule.

LES SIRÈNES.

Quelle merveilleuse flamme nous illumine les flots, qui se

brisent étincelants les uns contre les autres? Cela rayonne et vacille et resplendit! Les corps s'embrasent dans la nocturne carrière, et alentour tout ruisselle de feu. Ainsi règne l'amour, principe des choses! Gloire à la mer! gloire à ses flots, environnés du feu sacré! gloire à l'onde! gloire au feu! gloire à l'étrange aventure!

TOUS ENSEMBLE.

Gloire aux airs doucement bercés! gloire aux antres mystérieux! Soyez ici hautement célébrés, ô vous, quatre élements!

ACTE TROISIÈME.

UNE PLACE.

On voit en face le palais de Ménélas à Sparte.

HÉLÈNE, TROYENNES, PANTHALIS. *Hélène s'avance, suivie d'un chœur de Troyennes captives; Panthalis est coryphée.*

HÉLÈNE.

Je suis Hélène, tant admirée, et tant décriée; je viens du rivage, où nous sommes débarqués aujourd'hui, ivre encore du balancement des flots, qui, par la faveur de Neptune et la force d'Eurus, nous ont portés ici, sur leur croupe hérissée, des plaines phrygiennes dans les golfes de la patrie. Là-bas le roi Ménélas fête son retour avec ses plus vaillants guerriers. Mais toi, souhaite-moi la bienvenue, haute maison, que Tyndare, mon père, se bâtit, à son retour, vers le penchant de la colline de Pallas, et qu'il décora plus magnifiquement que toutes les maisons de Sparte, dans le temps où je grandissais ici avec ma sœur Clytemnestre, avec Castor et Pollux, compagnons de mes jeux. Je vous salue, battants de la porte d'airain! Par votre large entrée, qui conviait les hôtes, un jour Ménélas, choisi d'entre un grand nombre, vint à moi, radieux, en appareil de fiancé. Ouvrez-moi de nouveau cette porte, afin que je remplisse fidèlement, comme il convient à l'épouse, un pressant message du roi. Laissez-moi entrer, et que derrière moi demeure tout ce qui fatalement m'assaillit jusqu'à ce jour! Car, depuis que, sans inquiétude, je quittai cette place, pour visiter le temple de Cythérée, où m'appelait un devoir sacré, et où le ravisseur phrygien m'enleva, bien des choses se sont passées, que les hommes se plaisent à publier au loin, mais que n'entend pas avec plaisir celui sur lequel la tradition croissante s'est déroulée en récits fabuleux.

LE CHOEUR.

Ne dédaigne pas, ô noble femme, la glorieuse possession du bien suprême! Car le plus grand bonheur te fut dispensé uniquement, la gloire de la beauté, qui s'élève au-dessus de toutes les autres. Le héros est précédé du bruit de son nom et s'avance avec fierté, mais l'homme le plus inflexible plie soudain devant la beauté, qui triomphe de tout.

HÉLÈNE.

Je suis donc enfin débarquée avec mon époux, et maintenant il m'envoie devant lui dans sa ville : mais je ne devine pas quelle pensée il peut nourrir. Est-ce comme épouse, est-ce comme reine que je viens, ou comme une victime, immolée à la douleur amère des princes et aux malheurs que les Grecs ont longtemps endurés? Je suis conquise : suis-je prisonnière? je l'ignore. Car assurément les immortels m'ont départi une renommée et un sort équivoques, dangereux satellites de la beauté, qui, même devant ce seuil, m'assiégent de leur menaçante et sombre présence. Déjà dans le profond navire mon époux ne me regardait que rarement, et ne prononçait aucune parole rassurante. Comme méditant un dessein funeste, il était assis devant moi. Et lorsque, parvenus au profond rivage du golfe de l'Eurotas, les éperons des premiers navires saluaient à peine la terre, il dit, comme inspiré par le dieu : « Ici mes guerriers débarqueront suivant l'ordre; je les passerai en revue, rangés sur le rivage de la mer : mais toi, poursuis ta route, remonte constamment la rive du divin Eurotas, dirigeant les coursiers sur l'émail de l'humide prairie, jusqu'à ce que tu sois arrivée à la belle plaine où Lacédémone, jadis fertile et vaste campagne, fut bâtie, environnée de près de montagnes sévères. Pénètre ensuite dans la maison royale, aux murs élevés, et passe en revue les servantes que j'y laissai avec la vieille et sage intendante. Qu'elle te produise le riche amas des trésors que ton père a laissés, et que j'ai moi-même accumulés dans la paix et la guerre, les augmentant sans cesse. Tu trouveras tout en ordre : c'est le privilége du prince qu'à son retour, il trouve fidèlement, dans sa maison, chaque chose à sa place, comme il l'avait laissée : car, par lui-même, le serviteur n'a pas le pouvoir de rien changer. »

LE CHOEUR.

Réjouis maintenant tes yeux et ton cœur, à la vue du magnifique trésor, augmenté sans cesse; car la chaîne élégante, la riche couronne, reposent fièrement et se croient quelque chose; mais, si tu entres seulement et si tu les appelles, elles seront prêtes aussitôt. Je me plais à voir la beauté aux prises avec l'or, les perles et les pierreries.

HÉLÈNE.

Puis le maître continua en ces termes à faire connaître sa volonté : « Quand tu auras tout visité avec ordre, prends autant de trépieds que tu le croiras nécessaire et les différents vases que le sacrificateur veut avoir sous la main, en accomplissant une sainte cérémonie, les bassins et les coupes et le plateau : que l'eau la plus pure de la source sacrée remplisse les grandes cruches; prépare ensuite le bois sec, où la flamme trouve un aliment facile; qu'enfin un couteau bien aiguisé ne manque pas : pour tout le reste, je le remets à tes soins. » Ainsi dit-il, en me pressant de partir; mais l'ordonnateur ne me désigne aucun être vivant, qu'il veuille immoler en l'honneur des dieux de l'Olympe. Cela est suspect : toutefois je n'en prends aucun souci. Que tout demeure dans la main des grands dieux, qui accomplissent ce que leur pensée trouve à propos. Que cela soit jugé bon ou mauvais par les hommes, nous autres mortels nous le souffrons. Déjà maintes fois le sacrificateur, dévorant la victime, leva la hache pesante sur le cou de l'animal courbé vers la terre, et il ne put achever, empêché par l'approche et l'entremise d'un ennemi ou d'un dieu.

LE CHOEUR.

Ce qui doit survenir, tu ne peux le deviner. Reine, avance avec courage. Le bien et le mal arrivent à l'homme sans être attendus. Nous sont-ils même annoncés, nous n'y croyons pas. Troie a brûlé, nous avons vu la mort devant nos yeux, une mort infâme, et ne sommes-nous pas ici attachées à toi, te servant avec joie? Ne voyons-nous pas l'éblouissant soleil des cieux et l'objet le plus beau de la terre, toi, si bienveillante pour nous, heureuses que nous sommes?

HÉLÈNE.

Que les destinées s'accomplissent! Quelque sort qui m'attende, il convient que je monte sans retard dans la maison royale, qui, longtemps regrettée et vivement désirée et presque perdue, se trouve de nouveau devant mes yeux, je ne sais comment. Mes pieds ne me portent plus si vivement sur les hautes marches, que je franchissais d'un pas enfantin.

LE CHOEUR.

O mes sœurs, tristes captives, rejetez bien loin toutes les douleurs; partagez le bonheur de notre maîtresse, partagez le bonheur d'Hélène, qui revient joyeusement au foyer paternel, d'un pied tardif sans doute, mais d'autant plus sûr.

Célébrez les dieux saints, qui rétablissent le bonheur et qui ramènent dans la patrie. Celui qu'on délivre de ses chaînes plane, comme avec des ailes, sur les lieux les plus sauvages, tandis que le prisonnier, dévoré de désirs, se consume en vain, étendant les bras par-dessus les créneaux de sa prison.

Mais un dieu l'a prise dans ses bras, l'exilée, et, des ruines d'Ilion, il l'a rapportée en ces lieux dans l'antique maison paternelle, nouvellement décorée, après des joies et des douleurs ineffables, pour se rappeler, au sein d'une vie nouvelle, le premier temps de sa jeunesse.

PANTHALIS, *remplissant le rôle de coryphée.*

Quittez les joyeux sentiers du chant, et tournez vos regards vers les battants de la porte. Que vois-je, mes sœurs? La reine ne revient-elle pas vers nous à pas précipités? Qu'est cela, grande reine? Au lieu de l'hommage des tiens, quel objet effrayant a pu s'offrir à ta vue dans les salles de ton palais? Tu ne saurais le cacher, car je vois l'horreur sur ton front, et un noble courroux, qui lutte avec la surprise.

HÉLÈNE, *émue. Elle a laissé ouverts les battants de la porte.*

Une crainte vulgaire ne sied pas à la fille de Jupiter, et la main légère et fugitive de la frayeur ne saurait l'atteindre. Mais elle ébranle même la poitrine du héros, l'épouvante qui, sortie, dès l'origine, du sein de l'antique nuit, monte et se roule sous mille formes, comme des nuages brûlants s'élancent du gouffre enflammé de la montagne. Les dieux du Styx ont marqué aujourd'hui par de telles horreurs mon entrée dans la maison, que, semblable à l'hôte congédié, je fuirais volontiers le seuil souvent foulé et longtemps souhaité. Mais non, j'ai reculé jusqu'ici à la lumière, et, qui que vous soyez, puissances, vous ne me repousserez pas plus loin. Je veux songer au sacrifice, après quoi, purifiée, la flamme du foyer pourra saluer la maîtresse comme le maître.

PANTHALIS.

Noble femme, révèle à tes servantes, qui t'assistent avec respect, ce qui t'est arrivé.

HÉLÈNE.

Ce que j'ai vu, vous le verrez vous-mêmes de vos yeux, si l'antique nuit n'a pas englouti soudain son ouvrage dans son sein fécond en prodiges. Mais, afin que vous le sachiez, je vous l'annoncerai par mes paroles. Comme j'entrais solennellement dans l'auguste enceinte de la maison royale, songeant à mon plus pressant devoir, je fus surprise du silence des galeries désertes. Un bruit de gens qui vont et viennent diligemment ne frappa point mon oreille, ni l'activité vigilante mes regards; aucune servante ne parut devant moi, aucune intendante, qui d'ordinaire saluent amicalement chaque étranger. Mais, quand je m'approchai du foyer, je vis, devant un reste tiède de cendres éteintes, assise à terre, une grande femme voilée, qui me parut, non pas endormie, mais plongée dans la méditation. D'une voix impérieuse, je l'appelle au travail, la supposant l'économe, que la prévoyance de mon époux avait peut-être établie à son départ; mais cette femme immobile demeure assise et voilée. Enfin, sur ma menace, elle remue le bras droit, comme pour me chasser du foyer et de la salle. Je me détourne avec colère, et je monte à la hâte les degrés, au-dessus desquels s'élève le riche lit nuptial, et, près de là, la chambre du trésor : tout à coup la vision se lève, me fermant le passage d'un air impérieux; elle se montre, avec sa haute taille décharnée, avec son œil creux, sombre et sanglant; étrange fantôme, qui trouble la vue et l'esprit. Mais je parle en vain, car la parole s'efforce inutilement de construire et de créer des formes. Vous la voyez de vos yeux ! Elle ose se produire même à la lumière. Ici nous sommes maîtres, jusqu'à l'arrivée du seigneur et roi. Phébus, ami de la beauté, repousse dans les cavernes ou bien il enchaîne les horribles enfants de la nuit. (*Phorcis[1] paraît sur le seuil de la porte.*)

LE CHOEUR.

J'ai vu beaucoup de choses, quoique la chevelure qui caresse mes tempes annonce la jeunesse; j'ai vu beaucoup d'objets affreux, les horreurs de la guerre, la nuit d'Ilion, lorsqu'il tomba ;

A travers les nuages de poussière, que soulevait le tumulte des guerriers assaillants, j'ai entendu les dieux élever leur voix terrible; j'ai entendu la Discorde à la voix d'airain tonner, à travers la campagne, du côté des remparts :

Hélas! ils étaient encore debout les murs d'Ilion, mais l'embrasement gagnait déjà de proche en proche, se répandant de tous côtés, au souffle de sa propre tempête, sur la ville ensevelie dans la nuit;

En fuyant, j'ai vu, à travers la fumée et l'incendie et les langues de flammes, l'approche terrible des dieux irrités ; j'ai vu des formes prodigieuses, gigantesques, marcher à travers la vapeur sombre, environnée de feux étincelants :

L'ai-je vu, ou bien mon esprit, dans les liens de l'angoisse, m'a-t-il figuré ce bouleversement? Je ne pourrai jamais le dire ; mais qu'ici je voie de mes yeux cet objet horrible, cela je le sais certainement; je pourrais même le saisir de mes mains, si la frayeur ne m'éloignait de ce monstre menaçant.

Laquelle es-tu des filles de Phorcus? Car je te crois de cette race. Es-tu peut-être une de ces Grées, nées en cheveux blancs, qui n'ont entre elles qu'un œil et une dent, qu'elles se passent tour à tour?

Oses-tu, hideux fantôme, te montrer, près de la beauté, à l'œil clairvoyant de Phébus? N'importe, avance toujours, car il ne voit pas la laideur, comme son œil sacré n'a jamais vu l'ombre.

---

1. Nous employons la forme latine, par laquelle est désignée la fille de Phorcus, savoir la Gorgone.

Mais nous, mortelles, hélas! une triste fatalité condamne nos yeux à l'inexprimable douleur que la difformité, l'éternelle disgrâce, éveille chez ceux qui aiment la beauté.

Oui, entends, si tu nous affrontes insolemment, entends les imprécations, entends la menace et l'insulte sortir, avec malédiction, de la bouche des heureux, que les dieux ont formés.

PHORCIS.

C'est une vieille maxime, mais d'un sens toujours profond et vrai, que la pudeur et la beauté ne parcourent jamais ensemble, la main dans la main, le vert sentier de la terre. Chez l'une et l'autre habite une vieille haine profondément enracinée : aussi, en quelque lieu qu'elles se rencontrent, chacune tourne le dos à son ennemie, et poursuit sa route d'une marche plus vive, la pudeur avec tristesse, la beauté avec orgueil, jusqu'à ce qu'enfin la profonde nuit de l'Érèbe les environne, si l'âge ne les a pas domptées auparavant. Pour vous, effrontées, je vous trouve ici débarquées de l'étranger avec arrogance, pareilles à une volée de grues criardes et bruyantes, qui, passant sur nos têtes comme une longue nuée, nous envoient du haut des airs leurs voix croassantes, et invitent le paisible voyageur à regarder là-haut; mais elles passent leur chemin, il poursuit le sien : il en sera pour nous de même. Qui donc êtes-vous, pour oser, sauvages comme des Ménades, pareilles à des personnes ivres, entourer de tumulte le haut palais du roi? Qui donc êtes-vous, pour hurler contre l'intendante de la maison, comme une troupe de chiens contre la lune? Imaginez-vous que j'ignore quelle engeance vous êtes? Jeune race, enfantée pendant la guerre, élevée au milieu des batailles, luxurieuse, séductrice autant que séduite, énervant à la fois la vigueur du guerrier et celle du citoyen! Quand je vous vois en troupe, vous me semblez un essaim de sauterelles, qui se précipitent pour couvrir les blés verdoyants. Dissipatrices du travail étranger, gourmandes, qui dévorez la prospérité naissante, marchandise pillée, vendue, troquée!

HÉLÈNE.

Qui réprimande les servantes en présence de la maîtresse, usurpe témérairement le droit domestique de celle qui règne dans la maison; car à elle seule appartient d'approuver ce qui est louable, comme de punir ce qui est répréhensible. J'ai été satisfaite de leur service, quand la haute puissance d'Ilion assiégé subsista, et tomba, et fut couchée dans la poussière, et non moins quand nous endurâmes les pénibles vicissitudes de la vie errante, où d'ordinaire chacun songe d'abord à soi. Ici encore, je n'attends pas moins de leur empressement. Le maître ne demande pas ce que sont les serviteurs, mais comment ils servent. C'est pourquoi, fais silence, et ne les provoque plus par tes rires insultants. Si tu as bien gardé jusqu'ici la maison du roi à la place de la maîtresse, cela tournera à ta gloire. Mais aujourd'hui elle revient elle-même; retire-toi donc, pour ne pas recevoir un châtiment, au lieu de la récompense méritée.

PHORCIS.

Menacer les gens de la maison est toujours un grand privilége, que la noble épouse du maître béni des dieux mérite par une sage direction durant de longues années. Puisque aujourd'hui, reconnue, tu rentres dans ton ancienne place de maîtresse et de reine, prends les guides longtemps relâchées, commande désormais; prends possession du trésor et de nous tous en même temps : mais, avant tout, songe à me protéger, moi, la plus âgée, contre ces créatures, qui, devant ta beauté de cygne, ne sont que des oies babillardes, mal emplumées.

LA CORYPHÉE.

Que la laideur se montre laide auprès de la beauté!

PHORCIS.

Que la sottise se montre sotte auprès de la sagesse! *(Dès ce moment, les chorétides répliquent en sortant du chœur une à une.)*

PREMIÈRE CHORÉTIDE.

Parle-nous de l'Érèbe ton père, parle de la Nuit ta mère.

PHORCIS.

Et toi, parle de Scylla, ta cousine germaine.

DEUXIÈME CHORÉTIDE.

Plus d'un monstre grimpe à ton arbre généalogique.

PHORCIS.

Va chez Orcus chercher ta parenté.

TROISIÈME CHORÉTIDE.

Ceux qui y demeurent sont tous beaucoup trop jeunes pour toi.

PHORCIS.

Va faire la coquette auprès du vieux Tirésias.

QUATRIÈME CHORÉTIDE.

La nourrice d'Orion était ton arrière-petite-fille.

PHORCIS.

Les Harpyes, j'imagine, t'ont nourrie dans l'ordure.

CINQUIÈME CHORÉTIDE.

Avec quoi nourris-tu cette maigreur si soignée?

PHORCIS.

Ce n'est pas avec le sang, dont tu es par trop friande.

SIXIÈME CHORÉTIDE.

Toi, tu es friande de cadavres, affreux cadavre toi-même.

PHORCIS.

Des dents de vampire brillent dans ta gueule insolente.

LA CORYPHÉE.

Je fermerai la tienne, si je dis qui tu es.

PHORCIS.

Commence par te nommer, l'énigme sera résolue.

HÉLÈNE.

Ce n'est pas avec colère, c'est avec douleur que je m'interpose entre vous, en vous défendant la violence d'un pareil débat; car il n'est rien de plus nuisible au maître que la discorde secrète, acharnée, de ses fidèles serviteurs. L'écho de ses ordres ne lui revient plus alors avec harmonie, dans l'acte promptement accompli. Non, un tumulte rebelle éclate autour de lui, égaré lui-même, et qui menace en vain. Ce n'est pas tout : dans votre indécente colère, vous avez évoqué les formes épouvantables de funestes visions, qui se pressent autour de moi, en sorte que je me sens entraînée chez Orcus, même en présence des campagnes paternelles. Est-ce un souvenir? Était-ce une illusion qui m'a saisie? Étais-je tout cela? Le suis-je? Le serai-je à l'avenir, le rêve et l'épouvantail de ces destructeurs de villes? Ces jeunes filles frémissent; mais toi, la plus âgée, tu restes tranquille : fais-moi entendre des paroles intelligibles.

PHORCIS.

A celui qui se rappelle les diverses félicités de longues années, la plus grande faveur des dieux finit par sembler un songe. Mais toi, hautement favorisée, sans mesure et sans fin, tu n'as vu, dans le cours de ta vie, que des amants passionnés, excités par leur flamme aux plus audacieuses entreprises de tout genre. Toute jeune, tu fus ravie par Thésée, brûlant de désir, puissant comme Hercule, et d'une admirable beauté.

HÉLÈNE.

Il m'enleva, svelte gazelle, à l'âge de dix ans, et le bourg d'Aphnides, en Attique, fut ma prison.

PHORCIS.

Mais bientôt, délivrée par Castor et Pollux, tu fus recherchée par une élite de héros.

HÉLÈNE.

Cependant, je l'avoue volontiers, Patrocle, image du fils de Pélée, gagna entre tous ma faveur secrète.

PHORCIS.

Mais la volonté paternelle te fiança avec Ménélas, à la fois audacieux coureur de mers et gardien de la maison.

HÉLÈNE.

Il lui donna sa fille, il lui donna l'administration du royaume. De notre union naquit Hermione.

PHORCIS.

Mais, tandis qu'au loin il conquérait vaillamment l'héritage de Crète, un hôte d'une trop grande beauté parut devant toi, épouse solitaire.

HÉLÈNE.

Pourquoi rappelles-tu ce demi-veuvage et les maux affreux qui en sont résultés pour moi?

PHORCIS.

Cette expédition me valut aussi à moi, libre Crétoise, la captivité et un long esclavage.

HÉLÈNE.

Il t'établit dès lors ici comme intendante, te confiant beaucoup de choses, son palais et son trésor vaillamment conquis.

PHORCIS.

Que tu abandonnas pour les remparts d'Ilion et les joies inépuisables de l'amour.

HÉLÈNE.

Ne me rappelle pas ces joies : une mer de douleurs trop cruelles inonda mon esprit et mon cœur.

PHORCIS.

On dit cependant que tu parus sous une double image, et te montras dans Troie et dans l'Égypte.

HÉLÈNE.

Ne trouble pas absolument mes sens éperdus : à présent même je ne sais quelle je suis.

PHORCIS.

On dit ensuite qu'échappé du spacieux royaume des mânes, Achille, brûlant d'ardeur, s'unit encore à toi, qu'il avait autrefois aimée, contre tous les arrêts du destin.

HÉLÈNE.

Ombre vaine, je m'unis à lui, qui n'était qu'une ombre ainsi que moi. Ce fut un songe: ainsi le rapporte l'histoire elle-même. Je m'évanouis et deviens pour moi-même une ombre. (*Elle tombe dans les bras de quelques-unes des chorétides.*)

LE CHOEUR.

Silence, silence, ô toi, dont les regards, les paroles sont funestes! Cette bouche horrible, édentée, que pourrait-elle exhaler de son épouvantable gouffre?

Car le méchant qui a les dehors de la bienfaisance, la rage du loup sous la toison de la brebis, m'est beaucoup plus effroyable que la gueule du chien à trois têtes. Nous sommes là, cherchant avec angoisse quand et comment et de quels lieux a pu se produire ce monstre perfide au regard pénétrant.

Car maintenant, au lieu de paroles abondantes en consolation, douces, bienveillantes et qui versent l'oubli, tu réveilles dans tout le passé le mal plutôt que le bien, et tu assombris à la fois la splendeur du présent et le rayon d'espérance qui doucement éclaire l'avenir.

Tais-toi! tais-toi! que l'âme de la reine, déjà prête à s'envoler, s'arrête encore, et maintienne la plus belle des formes que le soleil éclaira jamais. (*Hélène est revenue à elle-même, et se tient debout au milieu du Chœur.*)

PHORCIS.

Sors des nuées fugitives, magnifique soleil de ce jour; sous le voile, déjà tu ravissais les yeux : maintenant tu règnes avec un éclat éblouissant. Toi-même, tu vois, d'un gracieux regard,

comme le monde se déploie devant toi. Bien qu'elles insultent à ma laideur, je connais pourtant la beauté.
HÉLÈNE.
Quand je reviens chancelante du vide, qui m'entourait dans le vertige, je voudrais bien me livrer au repos, car mes membres sont fatigués; mais il sied aux reines, il sied même à tous les hommes de se posséder, de se raffermir, quelque menace qui les surprenne.
PHORCIS.
Te voilà devant nous dans ta grandeur, dans ta beauté; ton regard nous dit que tu commandes : que commandes-tu? Parle.
HÉLÈNE.
Soyez prêtes à réparer le coupable retard causé par votre querelle. Hâtez-vous de préparer un sacrifice, comme le roi me l'a ordonné.
PHORCIS.
Tout est prêt dans la maison, la coupe, le trépied, la hache tranchante, l'eau lustrale, l'encens : désigne la victime.
HÉLÈNE.
Le roi ne l'a pas désignée.
PHORCIS.
Il ne l'a pas fait connaître? O fatale parole!
HÉLÈNE.
Quelle fatalité te surprend?
PHORCIS.
Reine, c'est toi qui es désignée.
HÉLÈNE.
Moi?
PHORCIS.
Et ces femmes.
LE CHOEUR.
Malheur à nous!
PHORCIS.
Tu tomberas sous la hache.
HÉLÈNE.
C'est affreux! Mais je le prévoyais. Infortunée!
PHORCIS.
Cela me semble inévitable.

LE CHŒUR.

Hélas! et nous, quel sera notre sort?

PHORCIS.

Elle périra d'un noble trépas, mais vous, là dedans, à une poutre élevée, qui porte le faîte du toit, comme les grives dans le piége, vous vous débattrez à la file. (*Hélène et le Chœur, saisis de surprise et d'effroi, forment un groupe expressif et bien disposé.*) Fantômes!... Vous voilà comme des images glacées, effrayées de quitter le jour, qui ne vous appartient pas! Les hommes, qui sont tous des fantômes comme vous, ne renoncent pas non plus volontairement à l'auguste clarté du soleil, mais personne ne prie pour eux ou ne les sauve de l'arrêt. Ils le connaissent tous, et il en est peu qui s'en accommodent. Bref, vous êtes perdues : ainsi donc vite à l'ouvrage! (*Phorcis frappe des mains. A ce signal, paraissent à la porte des nains déguisés, qui exécutent sur-le-champ, avec promptitude, les ordres prescrits.*) Approchez, monstres ténébreux, ronds comme boules, roulez ici; il y a du mal à faire à cœur joie. Faites place à l'autel portatif aux cornes d'or; que la hache repose, brillante, sur le bord d'argent; remplissez les cruches à eau : il faudra laver l'affreuse souillure du sang noir; étendez ici, sur la poussière, le précieux tapis, afin que la victime s'agenouille royalement; et qu'aussitôt enveloppée, la tête séparée, il est vrai, elle soit décemment, dignement, mais enfin elle soit ensevelie.

LA CORYPHÉE.

La reine demeure pensive à l'écart; les jeunes filles courbent la tête, pareilles à l'herbe fauchée; il me semble que c'est un devoir sacré pour moi, la plus âgée, de conférer avec toi, bien plus âgée encore. Tu es expérimentée et sage, tu parais bien disposée pour nous, quoique cette troupe écervelée, ne te connaissant pas, ait pu te blesser. C'est pourquoi, parle, dis ce que tu crois possible encore pour nous sauver.

PHORCIS.

La chose est facile à dire : il ne dépend que de la reine de se sauver elle-même et vous aussi par-dessus. Une résolution hardie est nécessaire, et la plus prompte.

LE CHŒUR.

O la plus vénérable des Parques, la plus sage des Sibylles,

tiens fermés les ciseaux d'or, et annonce-nous le jour du salut. Car nous sentons déjà flotter, balancer, pendiller douloureusement nos membres délicats, qui aimeraient mieux se réjouir à la danse, et reposer ensuite sur le sein du bien-aimé.
HÉLÈNE.
Laisse ces femmes trembler. Je sens de la douleur, je ne sens aucune crainte. Mais, si tu sais un moyen de salut, qu'il soit reçu avec reconnaissance! Souvent à l'esprit sage, et qui embrasse un vaste horizon, l'impossible se montre, il est vrai, comme possible encore. Parle, explique-toi.
LE CHOEUR.
Parle, et dis-nous bien vite comment nous pourrons échapper aux lacets horribles, affreux, qui menacent, comme les plus détestables joyaux, de se serrer autour de notre gorge. Malheureuses que nous sommes, nous le sentons d'avance, jusqu'à étouffer, jusqu'à suffoquer, ô Rhéa, grande mère de tous les dieux, si tu n'as pitié de nous.
PHORCIS.
Aurez-vous la patience d'écouter tranquillement le fil de ce long discours? Ce sont diverses histoires.
LE CHOEUR.
Nous aurons assez de patience : en écoutant, nous vivons toujours.
PHORCIS.
Celui qui, sans quitter la maison, garde un noble trésor, et sait cimenter les murs de la haute demeure, comme aussi garantir le toit contre les assauts de la pluie, celui-là passera heureusement de longs jours; mais celui qui, avec légèreté, avec étourderie, franchit, d'un pied fugitif, le seuil sacré de sa porte, trouve peut-être, à son retour, l'ancienne place, mais il trouve tout changé, sinon détruit.
HÉLÈNE.
A quoi bon, dans ce moment, ces maximes connues? Tu veux raconter : n'éveille pas de pénibles souvenirs.
PHORCIS.
C'est du récit, ce n'est point un reproche. Ménélas navigua en pirate, de golfe en golfe; îles et rivages, il côtoya tout en ennemi, revenant avec du butin, qui est là dedans entassé; il

passa dix longues années devant Ilion : le retour, je ne sais combien de temps il a pris. Cependant que devient l'illustre maison de Tyndare ? Que devient le royaume ?

HÉLÈNE.

L'invective est-elle donc en toi tellement incarnée, que tu ne puisses remuer les lèvres sans blâmer ?

PHORCIS.

Durant de si longues années, il resta délaissé, le vallon montagneux qui s'élève au nord de Sparte, adossé au Taygète, d'où l'Eurotas se précipite, comme un agréable ruisseau, et, déployant ensuite son cours le long des roseaux, à travers notre vallée, vient nourrir vos cygnes. Là derrière, dans la vallée de montagne, une race audacieuse s'est établie sans bruit, accourue de la nuit cimmérienne; elle s'est élevé une forteresse inaccessible : de là elle foule, comme il lui plaît, le pays et les habitants.

HÉLÈNE.

Ils ont pu accomplir une chose pareille ? Cela semble impossible.

PHORCIS.

Ils avaient du temps, peut-être vingt années !

HÉLÈNE.

Ont-ils un chef ? Sont-ce des brigands nombreux, ligués ensemble ?

PHORCIS.

Ce ne sont pas des brigands, mais l'un d'eux est le maître. Je ne l'accuserai point, quoiqu'il m'ait déjà envahi. Il pouvait tout prendre, cependant il s'est contenté de quelques dons volontaires : c'est ainsi qu'il les nomme, et non point tribut.

HÉLÈNE.

Quelle est sa figure ?

PHORCIS.

Il n'est pas mal ; il me plaît assez. C'est un homme alerte, hardi, bien fait, habile, comme il en est peu chez les Grecs. On traite ce peuple de barbare ; je ne crois pas toutefois qu'un des leurs fût aussi cruel que tant de héros qui se sont conduits devant Ilion comme des anthropophages. J'ai eu foi en sa générosité ; je me suis fiée à lui. Et son château !... Il vous faudrait le voir de vos yeux! C'est autre chose que ces murailles massives, élevées sans art par vos pères, à la manière des Cyclopes, entassant les pierres brutes les unes sur les autres : là, au contraire, là tout est d'aplomb, de niveau et régulier. Voyez-le du dehors! Il aspire vers le ciel; il se dresse, bien construit, clair et poli comme l'acier. De grimper là-haut.... la pensée même y succombe. Et, au dedans, des cours spacieuses, environnées de constructions de tout genre et pour tout usage. Là vous voyez, dedans et dehors, des colonnes, des colonnettes, des arcs, des arceaux, des balcons, des galeries, et des blasons....

LE CHOEUR.

Qu'est cela? des blasons?...

PHORCIS.

Ajax avait, on le sait, des serpents entrelacés sur son bouclier, comme vous l'avez vu vous-mêmes ; les sept chefs devant Thèbes portaient chacun, sur leur bouclier, des peintures symboliques; là on voyait la lune et les étoiles dans le ciel nocturne, une déesse, un héros, des échelles, des glaives, des flambeaux et tout l'appareil terrible qui menace les bonnes villes : notre armée de héros porte aussi des insignes pareils, de couleurs éclatantes, héritage de leurs aïeux antiques. Là vous voyez lions, aigles, becs et griffes aussi, puis cornes de buffles, ailes, roses, queues de paon, puis des bandes or et noir et argent, bleu et rouge. Ces images sont suspendues dans les salles à la file, dans des salles immenses, aussi vastes que le monde. Là vous pourrez danser.

LE CHOEUR.

Parle, y a-t-il aussi des danseurs?

PHORCIS.

Excellents! une troupe d'adolescents, fraîche, aux boucles dorées, qui respire la jeunesse. Le seul Pâris exhalait ce parfum, quand il s'approcha trop près de la reine.

HÉLÈNE.

Tu sors tout à fait de ton rôle : dis-moi le dernier mot.

PHORCIS.

A toi de le dire. Prononce sérieusement un oui intelligible : aussitôt je t'environne de cette forteresse.

LE CHOEUR.

Oh! prononce-la cette courte parole, et sauve-toi et nous en même temps!

HÉLÈNE.

Comment? Me faudrait-il craindre que le roi Ménélas me fît souffrir un traitement si cruel?

PHORCIS.

As-tu donc oublié comme il mutila, d'une manière inouïe, le frère de Pâris, tué dans le combat, ton Déiphobe, qui, à force de persévérance, fit ta conquête, et, veuve, te posséda heureusement? Ménélas lui coupa le nez et les oreilles, et le mutila davantage encore : objet horrible à voir!

HÉLÈNE.

Voilà comme il le traita, et ce fut à cause de moi.

PHORCIS.

A cause de lui, il te traitera de même. La beauté est indivisible : qui la posséda tout entière aime mieux la détruire, maudissant tout partage. (*On entend des fanfares dans le lointain : le Chœur tressaillit.*) Comme les sons aigus de la trompette saisissent, déchirent l'oreille et les entrailles, ainsi la jalousie saisit fortement, avec ses griffes, le cœur de l'homme, qui jamais n'oublie ce qu'un jour il posséda, et qu'il a perdu désormais et ne possède plus.

LE CHOEUR.

N'entends-tu pas les clairons retentir? Ne vois-tu pas les éclairs des armes?

PHORCIS.

Sois le bienvenu, seigneur et roi : je suis prête à te rendre compte.

LE CHOEUR.

Mais nous?

PHORCIS.

Vous le savez clairement, vous voyez devant vos yeux la mort de la reine ; vous pressentez la vôtre là dedans : non, il n'est point de salut pour vous. (*Une pause.*)

HÉLÈNE.

J'ai réfléchi à ce que je dois risquer d'abord. Tu es un démon fatal, je le sens, et je crains que tu ne changes le bien en mal.

Mais, avant tout, je veux te suivre dans le château. Le reste, je le sais : ce que la reine veut ensevelir au fond de son cœur, que cela soit impénétrable à chacun. Vieille, marche en avant!

LE CHOEUR.

Oh! que volontiers nous allons, d'une marche rapide, derrière nous la mort, et devant nous le mur impénétrable de la haute forteresse! Qu'il nous protége aussi bien que les remparts d'Ilion, qui ne sont tombés enfin que par une ruse infâme! (*Des nuages se répandent; ils couvrent le fond de la scène et, si l'on veut, le devant même du théâtre.*) Que vois-je? que vois-je donc? Mes sœurs, regardez autour de vous! Le jour n'était-il pas serein? Des vapeurs glissent vacillantes et s'élèvent des flots sacrés de l'Eurotas. Déjà la rive charmante, couronnée de roseaux, s'est dérobée à la vue, et les cygnes, libres, gracieux, superbes, qui rasaient doucement les eaux, heureux de nager en troupe, hélas! je ne les vois plus!

Mais du moins je les entends, j'entends au loin retentir leurs voix rauques, présage de mort, dit-on. Ah! puissent-elles, au lieu de la délivrance et du salut promis, ne pas nous annoncer aussi notre perte, à nous, les égales du cygne, sveltes beautés au col de neige, hélas! et à notre souveraine, la fille du cygne! Malheur à nous! malheur!

Déjà autour de nous tout s'est couvert de nuages. Nous ne pouvons nous voir l'une l'autre. Que se passe-t-il? Marchons-nous? Ne faisons-nous que tournoyer sur le sol en piétinant? Ne vois-tu rien? Hermès peut-être ne vole-t-il point devant nous? Le sceptre d'or ne brille-t-il pas, nous appelant, nous ordonnant de rentrer chez le triste, le ténébreux Hadès, peuplé d'insaisissables fantômes, toujours comble, toujours vide?

Oui, tout à coup l'air devient obscur; sans éclat se dissipe la nue grisâtre, sombre comme une muraille. Des murs opposent à mes regards, à mes libres regards, leur masse immobile. Est-ce une cour? Est-ce une fosse profonde? Affreux objet, quel qu'il soit! Mes sœurs, hélas! nous sommes captives, aussi captives que jamais. (*On voit la cour intérieure du château, environnée de riches et fantastiques bâtiments, dans le goût du moyen âge.*)

LA CORYPHÉE.

Étourdies et folles, véritable engeance de femmes! Esclaves

du moment, jouets des caprices du bonheur et du malheur! Vous ne savez jamais supporter ni l'un ni l'autre avec une âme égale. Sans cesse l'une contredit l'autre violemment; les autres viennent à la traverse. Dans la joie et dans la douleur, vous riez et gémissez toujours du même ton. Maintenant taisez-vous, et, prêtant l'oreille, attendez ce que la reine magnanime voudra résoudre pour elle et pour nous.

HÉLÈNE.

Où es-tu, pythonisse? Quel que soit ton nom, sors de ces voûtes du sombre château. Si tu es allée peut-être m'annoncer au merveilleux héros, pour me préparer un bon accueil, je t'en remercie, mais conduis-moi promptement auprès de lui. Je désire la fin de ma course errante; je ne désire que le repos.

LA CORYPHÉE.

O reine, c'est en vain que tu regardes de toutes parts autour de toi : le funeste fantôme a disparu. Peut-être est-il resté dans le nuage, hors duquel nous sommes venues ici, je ne sais comment, vite et sans marcher; peut-être aussi s'égare-t-il dans le labyrinthe du château, édifice unique, merveilleusement formé de plusieurs, demandant le maître, pour qu'il te rende l'hommage dû aux princes. Mais là-haut déjà s'ébranle, dans les galeries, aux fenêtres, sous les portails, une foule de serviteurs, qui s'agite, qui va et vient rapidement. Cela nous annonce une réception à la fois distinguée et favorable.

LE CHOEUR.

Mon cœur s'épanouit! Oh! voyez là-bas comme, avec modestie, à pas mesurés, la jeune et gracieuse troupe déploie décemment son cortége réglé! Comment et sur l'ordre de qui paraît-elle, sitôt rangée et formée, cette foule magnifique de tendres adolescents? Que dois-je admirer le plus? est-ce leur démarche élégante, les cheveux bouclés autour des fronts éblouissants, ces joues vermeilles comme la pêche et comme elle moelleusement veloutées? J'y mordrais volontiers, mais je frissonne d'y songer: car, en pareil cas, chose horrible à dire, la bouche se remplit de cendres.

Mais ils s'avancent, ces beaux jeunes hommes! Que portent-ils donc? Les marches du trône, un tapis, un siége, une draperie et un ornement en forme de tente. Là-haut il se déploie, formant des couronnes flottantes, sur la tête de notre reine; car, déjà conviée, elle a franchi les marches, elle s'est assise sur les coussins magnifiques. Approchez-vous, degré par degré, rangez-vous d'un air solennel. Soit bénie dignement, trois fois bénie, une réception si belle! (*Toutes les choses exprimées par le Chœur s'accomplissent successivement. Après que les pages et les écuyers sont descendus en longue file, Faust paraît au haut de l'escalier, en habit de cour, comme un chevalier du moyen âge, et il descend avec lenteur et dignité.*)

LA CORYPHÉE, *qui l'observe avec attention.*

Si les dieux, comme ils font souvent, n'ont pas prêté, pour peu de temps et d'une façon passagère, à celui qui s'avance, cette admirable figure, cette majestueuse dignité, cette aimable présence, ce qu'il pourra entreprendre lui réussira toujours, soit dans les batailles avec les hommes, soit dans la petite guerre avec les plus belles femmes. En vérité, il est préférable à beaucoup d'autres, que j'ai vus de mes yeux hautement estimés. D'un pas lent et solennel, mesuré, respectueux, je vois s'avancer le prince : ô reine, tourne vers lui les yeux!

FAUST, *qui s'approche, ayant à ses côtés un homme enchaîné.*

Au lieu d'une salutation solennelle, que prescrivait la convenance, au lieu d'un respectueux compliment de bienvenue, je t'amène, chargé de chaînes pesantes, ce serviteur, qui, ayant oublié son devoir, m'a empêché de remplir le mien.... Ici tombe à genoux, pour faire à cette illustre femme l'aveu de ta faute! Auguste souveraine, cet homme, à la vue perçante, est chargé de veiller à la ronde, du haut de la tour; d'observer avec vigilance, dans l'espace du ciel et l'étendue de la terre, ce qui peut çà et là s'annoncer, ce qui, du cercle des collines, peut s'avancer dans la vallée, vers le château fort, que ce soit le flot des troupeaux ou peut-être la marche d'une armée : nous protégeons ceux-là; celle-ci, nous lui faisons tête. Aujourd'hui.... quelle négligence! Tu arrives, il ne l'annonce pas. Elle est manquée, la réception honorable à laquelle avait tant de droits une si noble étrangère. Ce serviteur a témérairement joué sa vie; déjà, baigné dans son sang, il aurait subi une juste mort, mais toi seule tu puniras, tu feras grâce, selon ton plaisir.

HÉLÈNE.

Quelque haute dignité que tu me confères, comme juge, comme souveraine, ne fût-ce que pour me mettre à l'épreuve, ainsi que je dois le supposer.... je remplis maintenant le premier devoir du juge, qui est d'entendre les accusés. Parle donc!

LYNCÉE, *le gardien de la tour.*

Laisse-moi tomber à genoux, laisse-moi contempler, laisse-moi mourir, laisse-moi vivre, car je suis déjà dévoué à cette femme, que le ciel nous donne.

J'attendais la joyeuse lumière du matin; je guettais à l'orient sa course : tout à coup je vis, quel prodige! le soleil se lever au midi.

Je portai mes regards de ce côté : au lieu des ravins, au lieu des montagnes, au lieu de la terre et du ciel, je contemplai cette unique merveille.

Une vue perçante m'a été donnée, comme au lynx posté sur les grands arbres; mais, cette fois, j'ai dû faire effort, comme pour sortir d'un rêve sombre et profond.

Savais-je seulement me reconnaître, et les créneaux et la tour et la porte fermée? Les nuages flottent, les nuages se dissipent, et cette déesse paraît!

Les yeux et le cœur tournés vers elle, je m'enivrai de son doux éclat; cette beauté éblouissante, malheureux, j'en fus absolument ébloui!

J'oubliai les devoirs du garde; j'oubliai le cor sur lequel j'ai juré. Tu peux menacer de m'anéantir.... La beauté enchaîne toute colère.

HÉLÈNE.

Le mal que j'ai causé, je ne dois pas le punir. Malheur à moi! Quelle fatale destinée me poursuit, qu'il faille que partout je trouble le cœur des hommes, au point qu'ils ne ménagent plus ni eux-mêmes ni rien de respectable! Par la violence ou la séduction ou les armes, me ravissant tour à tour, les demi-dieux, les héros, les dieux et les démons eux-mêmes m'ont entraînée çà et là dans leurs courses errantes. Simple, j'ai troublé le monde, et double, encore davantage; triple, quadruple maintenant, je cause malheurs sur malheurs. Éloigne ce bon serviteur;

rends-lui la liberté ; que nul opprobre n'atteigne l'homme égaré par les dieux.

FAUST.

O reine, je vois tout ensemble, avec étonnement, celle qui frappe d'un trait inévitable et ici celui qui est frappé ; je vois l'arc qui a lancé la flèche et là le blessé. Les traits suivent les traits et me percent. De toutes parts je crois entendre les flèches empennées siffler à travers le château et l'espace. Que suis-je maintenant ? Tu rends tout d'un coup les plus fidèles serviteurs rebelles à mes lois et mes murailles mal sûres. Aussi, déjà je le crains, mon armée obéit à la femme victorieuse, invincible. Que me reste-t-il à faire que de te livrer et ma personne et tout ce que je croyais être à moi ? A tes pieds, laisse-moi, libre et fidèle, te reconnaître pour souveraine, toi qui n'as eu qu'à paraître pour conquérir l'empire et le trône.

LYNCÉE, *portant une cassette, et suivi d'hommes qui en portent d'autres.*

O reine, tu me vois revenir. Le riche mendie un regard : il te voit, et il se sent aussitôt pauvre comme un mendiant et riche comme un prince.

Qu'étais-je d'abord ? Que suis-je maintenant ? Que faut-il vouloir ? Que faut-il faire ? Que sert l'éclair du regard le plus perçant ? Il rejaillit de ton trône.

Nous arrivâmes de l'orient, et l'occident succomba. C'était un long et large torrent de peuples.... le premier ne savait rien du dernier.

Le premier tomba, le second resta debout, le troisième tenait sa lance prête ; chacun était soutenu par cent autres ; mille succombaient inaperçus.

Nous avancions, nous poursuivions notre course orageuse ; nous fûmes maîtres de lieux en lieux ; où je commandais en maître aujourd'hui, un autre pillait et volait demain.

Nos yeux passaient tout en revue ; c'était vite fait : l'un prenait la plus belle femme, l'autre le taureau à la marche assurée ; tous les chevaux devaient nous suivre.

Pour moi, j'aimais à déterrer ce qui s'était jamais vu de plus rare ; et ce qu'un autre possédait aussi était pour moi de l'herbe sèche.

J'étais en quête des trésors; je me laissais conduire par mes yeux perçants : je regardais dans toutes les poches; toute armoire était transparente pour moi.

Et je m'appropriai des monceaux d'or et les plus magnifiques pierreries. L'émeraude seule mérite de verdoyer sur ton sein.

Que maintenant se balance entre l'oreille et la bouche la perle arrondie, tirée du fond des mers; les rubis seront confus : l'éclat de tes joues les fait pâlir.

Ainsi j'apporte devant toi le plus grand des trésors. A tes pieds soit déposée la moisson de maintes batailles sanglantes.

Si nombreux qu'ils soient, les coffrets qu'ici je traîne, j'ai plus encore de coffres de fer. Souffre-moi sur ta trace, et je remplirai tes caveaux.

Car tu montes à peine sur le trône, que déjà s'inclinent, déjà se prosternent l'esprit et la richesse et la force devant l'unique beauté.

Tous ces trésors, je les tenais en réserve pour moi : maintenant je les abandonne; ils sont à toi. Je les croyais estimables, grands et précieux : maintenant je vois qu'ils n'étaient rien.

Ce que je possédais a disparu, comme une herbe fauchée et flétrie : oh! daigne, avec un regard serein, lui rendre tout son prix !

FAUST.

Éloigne promptement ce trésor hardiment conquis; retire-toi sans blâme, mais sans récompense. Déjà lui appartient tout ce que le château recèle dans son enceinte: lui offrir quelque chose à part est inutile. Va, entasse avec ordre trésor sur trésor; étale le spectacle imposant d'une magnificence infinie; que les voûtes resplendissent comme le ciel pur; arrange des paradis de choses inanimées; cours, devance ses pas, et déroule, à la suite l'un de l'autre, les tapis semés de fleurs; que son pied trouve un marcher moelleux et doux, son regard un éclat suprême, dont les dieux seuls ne soient pas éblouis.

LYNCÉE.

Ce que le maître ordonne est peu de chose; le serviteur l'exécute : c'est un jeu. Mais elle règne sur nos biens et notre vie, cette orgueilleuse beauté. Déjà toute l'armée est soumise; tous les glaives sont émoussés, impuissants. Devant l'admirable figure, le soleil même est terne et froid ; devant les splendeurs de ce visage, tout est vide, tout est néant.

HÉLÈNE, à Faust.

Je désire te parler : monte, viens à mon côté. Cette place vide appelle le maître et me garantit la mienne.

FAUST.

Permets d'abord, femme sublime, que je t'offre à genoux mon fidèle hommage ; la main qui m'élève à ton côté, laisse-moi la baiser. Fortifie-moi, comme associé au gouvernement de ton empire sans bornes ; assure-toi, en un seul homme, un adorateur, un serviteur, un gardien.

HÉLÈNE.

Je vois, j'entends merveilles sur merveilles. L'étonnement me saisit ; je voudrais faire mille questions. Mais je voudrais apprendre pourquoi le langage de cet homme[1] a paru étrange à mon oreille, étrange et charmant. Un son semble se marier à l'autre ; un mot a-t-il frappé l'oreille, un autre mot vient caresser le premier.

FAUST.

Si le simple langage de nos peuples sait te plaire, oh ! certes tu seras aussi ravie par le chant ; ton oreille et ton cœur en seront profondément émus. Mais le plus sûr est d'essayer nous-mêmes la chose à l'instant : le dialogue l'attire et la provoque.

HÉLÈNE.

Mais comment le parler, ce langage enchanteur[2] ?

FAUST.

La chose est bien facile, il doit couler du cœur.
Lorsque dans notre sein le désir surabonde,
Il cherche autour de lui quelqu'un....

HÉLÈNE.
      Qui lui réponde.

FAUST.

En arrière, en avant, l'esprit ne voit plus rien.
L'heure présente est seule....

HÉLÈNE.
    Est seule notre bien.

---

1. Lyncée, qui s'est exprimé en vers rimés, tandis qu'elle-même parle en vers rhythmiques.
2. Il fallait rimer ce morceau, puisqu'il roule sur la rime.

FAUST.

C'est le trésor, le gage et la haute couronne :
Mais l'assurance enfin ?...

HÉLÈNE.

Cette main te la donne !

LE CHOEUR.

Qui blâmerait notre princesse d'accorder au maître du château des témoignages de bienveillance? Avouez-le, nous sommes toutes captives, comme nous l'avons été déjà souvent, depuis la chute injurieuse d'Ilion, et depuis nos courses pénibles, inquiètes, vagabondes.

Les femmes accoutumées à l'amour des hommes ne sont pas exclusives, mais connaisseuses, et, comme aux bergers à chevelure blonde, selon la conjoncture, elles accordent aux faunes bruns et velus même droit sur leurs membres potelés. Déjà ils sont assis plus près, plus près, l'un contre l'autre appuyés, épaule contre épaule, genou contre genou; la main dans la main, ils se bercent sur le trône aux coussins magnifiques. La majesté ne se refuse pas l'orgueilleuse manifestation de ses plaisirs secrets devant les yeux du peuple.

HÉLÈNE.

Je me sens si loin et cependant si près, et ne dis que trop volontiers : « Je suis là! je suis là! »

FAUST.

Je respire à peine, ma voix tremble, elle hésite. C'est un songe : le jour et le lieu ont disparu.

HÉLÈNE.

Je me sens comme vieillie, et cependant nouvelle; identifiée avec toi, fidèle à l'inconnu.

FAUST.

Veuille ne pas approfondir cette destinée sans pareille! Vivre est un devoir, ne fût-ce qu'un instant.

PHORCIS, *entrant avec violence.*

Vous épelez dans l'alphabet des amants; vous ne faites que raffiner frivolement sur l'amour; vous perdez le temps à faire l'amour avec subtilité; mais ce n'est pas le moment. Ne sentez-vous pas qu'un orage gronde sourdement? Écoutez donc sonner la trompette! Votre perte n'est pas loin. Ménélas, avec des flots de guerriers, s'avance contre vous. Préparez-vous à un rude combat. Enveloppé de sa troupe victorieuse, mutilé comme Déiphobe, tu expieras ton cortége de femmes. Aussitôt que sera pendue cette légère marchandise, pour celle-ci, la hache fraîche aiguisée sera prête sur l'autel.

FAUST.

Interruption téméraire! Fâcheuse importunité! Même dans les périls, je ne puis souffrir un aveugle emportement. Un message de malheur enlaidit le plus beau messager : toi, le plus difforme des monstres, tu n'apportes volontiers que de fâcheuses nouvelles. Mais cette fois tu ne réussiras point. Ébranle les airs de tes vaines clameurs. Il n'est point ici de danger, et le danger même ne paraîtrait qu'une frivole menace. (*Signaux, explosions sur les tours, trompettes et clairons, musique guerrière, défilé de forces imposantes.*)

Non, tu verras bientôt rassemblée la troupe inséparable des héros. Celui-là mérite seul la faveur des femmes, qui sait les défendre vaillamment. (*Aux chefs, qui sortent des rangs et s'approchent.*)

Marchez avec la fureur contenue et tranquille qui vous assure la victoire, vous, jeunes gens, la fleur du Nord; vous, élite brillante de l'Orient.

Bardés de fer, étincelants de lumière, ces bataillons, qui ont renversé empire sur empire, ils avancent, et la terre frémit; ils passent, et derrière eux elle gronde encore.

Nous abordâmes à Pylos : le vieux Nestor n'est plus, et tous les faibles appuis du roi, l'armée indomptable les brise.

Repoussez sur-le-champ de ces murailles Ménélas vers la mer! Là, il peut courir à l'aventure, piller, guetter la proie : c'était son goût et son sort.

Je dois vous proclamer ducs : la reine de Sparte l'ordonne. Mettez à ses pieds vallée et montagne, et que l'avantage du royaume soit le vôtre.

Toi, Germain, défends les golfes de Corinthe avec des retranchements et des remparts; l'Achaïe aux mille défilés, Goth, je la recommande à ton courage.

Que les bataillons des Francs marchent sur Élis; que Messène soit la part des Saxons; que le Normand purge les mers, et qu'il agrandisse Argos.

Alors chacun habitera ses demeures, et tournera au dehors ses forces et ses tonnerres : mais sur vous dominera Sparte, antique résidence de la reine.

Elle vous verra jouir, chacun à part, du territoire auquel nul bien ne manque; vous chercherez à ses pieds, avec confiance, la garantie et le droit et la lumière. (*Faust descend; les princes forment un cercle autour de lui, pour recevoir plus amplement ses ordres et ses instructions.*)

LE CHOEUR.

Qui veut posséder la plus belle, brave et prudent, doit, avant toute chose, s'assurer des armes. Ses prévenances ont pu lui conquérir le suprême bien de la terre, mais il ne le possède pas tranquillement : des trompeurs le lui dérobent par l'adroite flatterie; des brigands le lui ravissent hardiment. Qu'il veille à les repousser.

Aussi je loue notre prince, je l'estime plus que les autres, d'avoir su, courageux et prudent, former cette alliance, en sorte que les puissants lui obéissent, prêts à chaque signal. Ils accomplissent fidèlement ses ordres, chacun pour son propre avantage, comme pour payer au maître le tribut de la reconnaissance et pour la gloire de tous deux.

Car qui ravira maintenant cette belle au redoutable possesseur? Elle lui appartient. Qu'elle lui soit donnée, deux fois donnée par nous, qu'il entoura, comme elle, au dedans, des plus fortes murailles, au dehors, de la plus vaillante armée.

FAUST.

Les largesses que nous venons de leur dispenser, à chacun un riche pays, sont grandes et magnifiques. Qu'ils partent : nous garderons le centre de l'empire.

Et ils te défendront à l'envi, péninsule, de toutes parts baignée par les flots, attachée par une chaîne légère de collines au dernier rameau des montagnes d'Europe.

Plus que toutes les régions que le soleil éclaire, qu'il soit à jamais heureux pour chaque race, ce pays, soumis désormais à ma reine, et qui d'abord leva les yeux sur elle,

Lorsqu'aux murmures des roseaux d'Eurotas, rayonnante,

elle sortit de la coquille, et que sa noble mère et son frère furent éblouis à sa vue.

Ce pays, tourné vers toi seule, étale sa plus belle floraison : à l'univers, qui t'appartient, veuille préférer ta patrie !

Et bien que, sur le dos de ses montagnes, la cime dentelée reçoive à peine un froid rayon de soleil, dès que la roche se montre verdoyante, la chèvre friande broute sa maigre pâture.

La source jaillit, les ruisseaux réunis se précipitent, et déjà les ravines, les pentes, les prairies sont vertes; sur cent collines, éparses dans les plaines, tu vois se répandre les troupeaux de brebis.

Dispersés, circonspects, les bœufs cornus marchent lentement le long des bords escarpés; mais un abri est préparé pour tous : la muraille de rochers se creuse en cent cavernes.

Pan les protége en ces lieux; les nymphes nourricières habitent dans l'espace humide et frais des gorges buissonneuses, et, aspirant à de plus hautes régions, l'arbre rameux s'élève, contre l'arbre pressé.

Ce sont des bois antiques ! Le chêne se dresse vigoureux, et il croise avec caprice ses rameaux tortueux; l'érable gracieux, gonflé d'une douce séve, s'élève librement et joue avec son fardeau.

Et, sous le silencieux ombrage, le sein maternel épanche un lait tiède, préparé pour l'enfant et pour l'agneau; le fruit n'est pas loin : les plaines le mûrissent, et le miel distille des arbres creux.

Ici le bien-être est héréditaire; la joue est vermeille comme la bouche; chacun est immortel à sa place : ils ont la joie et la santé.

Ainsi se développe sous un ciel pur l'aimable enfant, pour atteindre à la force paternelle. Ce spectacle nous surprend et nous demandons encore : « Sont-ils des dieux, sont-ils des hommes ? »

C'est ainsi qu'Apollon s'était transformé en berger, en sorte qu'un des plus beaux lui ressemblait, car, où la nature règne librement, tous les mondes s'enchaînent. (*Il prend place à côté d'Hélène.*)

Tel est ton bonheur, tel est aussi le mien. Laissons le passé dans l'oubli ! Oh ! reconnais en toi la fille du dieu suprême ! Tu appartiens uniquement au premier âge du monde.

Un château ne doit pas t'enfermer dans ses murailles. Voisine de Sparte, l'Arcadie, pour nous offrir un délicieux séjour, fleurit encore dans une éternelle jeunesse.

Attirée dans cette heureuse retraite, tu t'es réfugiée au sein du bonheur le plus pur. Les trônes se changent en berceaux de feuillage : goûtons dans notre bonheur la liberté d'Arcadie.

L'ARCADIE.

Paysage agreste.

PHORCIS, LE CHOEUR. *La scène change. A une suite de grottes s'appuient des berceaux fermés; un bois touffu s'élève jusqu'aux rochers escarpés qui règnent alentour; Faust et Hélène ne sont pas vus. Les femmes qui composent le chœur sommeillent, couchées çà et là.*

PHORCIS.

Combien de temps ces jeunes filles ont-elles dormi, je l'ignore. Ont-elles rêvé ce que j'ai vu clairement devant mes yeux, je l'ignore également. C'est pourquoi je les éveillerai. Il s'étonnera ce jeune peuple, et vous aussi, barbons, qui êtes assis là-bas, attendant de voir enfin l'explication de prodiges croyables. (*Aux jeunes filles.*) Debout! debout! et secouez vite vos chevelures! Chassez de vos yeux le sommeil. Ne clignotez pas ainsi et écoutez-moi.

LE CHOEUR.

Parle toujours, raconte ce qui s'est passé d'étrange. Nous écouterions surtout volontiers ce que nous ne pouvons pas croire du tout : car il nous ennuie de contempler ces rochers.

PHORCIS.

Enfants, à peine vous êtes vous frotté les yeux et déjà il vous ennuie? Écoutez donc : dans ces antres, ces grottes, ces berceaux, une retraite, un asile, ont été donnés, comme aux amants des idylles, à notre maître et à notre maîtresse.

LE CHOEUR.

Eh quoi? là dedans?

PHORCIS.

Séparés du monde, ils m'ont appelée, moi seule, à les servir.

Très-flattée de cet honneur, je me tenais auprès d'eux, mais, comme il convient aux confidents, je regardais ailleurs, je tournais çà et là; je cherchais des racines, de la mousse et des écorces, dont je connais toutes les vertus. Ainsi ils restaient seuls.

LE CHOEUR.

On dirait, à t'entendre, qu'il y ait là dedans tout un monde, des bois et des prairies, des ruisseaux et des lacs : quels contes nous débites-tu là?

PHORCIS.

Sans doute, jeunes ignorantes! Ce sont des profondeurs inexplorées, des salles et des salles, des cours et des cours, que j'ai découvertes en poursuivant mes rêveries. Mais tout à coup un éclat de rire retentit dans les vastes cavernes. Je regarde : un enfant s'élance du sein de la femme vers le mari, du père vers la mère; les caresses, les badinages, les agaceries d'un fol amour, les cris badins et les éclats de la joie m'étourdissent tour à tour. Un génie, nu et sans ailes, faune sans bestialité, bondit sur le sol; mais le sol, qui réagit, le lance dans l'air, et, au deuxième, au troisième saut, il touche à la haute voûte. La mère lui crie avec angoisse : « Tu peux bondir, bondir encore, au gré de ton envie, mais garde-toi de voler : le libre vol t'est défendu. » Et son tendre père l'avertit à son tour : « C'est dans la terre que réside le ressort qui te pousse en haut : touche de l'orteil seulement le sol, tu seras soudain fortifié comme Antée, le fils de la terre. » Alors il bondit sur la masse de ce rocher, d'un côté à l'autre et alentour, comme bondit une balle qu'on frappe. Mais tout à coup il disparaît dans la crevasse d'un sauvage abîme, et nous le croyons perdu. La mère gémit, le père la rassure : je tressaille et demeure dans l'angoisse. Et soudain, quelle apparition nouvelle! Des trésors sont-ils cachés là-bas? Il paraît avec dignité, en vêtements semés de fleurs. Des franges se balancent à ses bras, des bandelettes voltigent autour de son sein; il porte à la main la lyre d'or, tout semblable à un petit Phébus; il marche joyeux vers le bord, vers la saillie. Nous sommes surpris, et les parents ravis tombent dans les bras l'un de l'autre. Car quelle est cette clarté sur sa tête? Que voyons-nous briller? Il est difficile de le dire. Est-ce une parure d'or, est-ce la flamme d'un puissant génie?... Et puis il se présente, il s'annonce, dès son enfance, comme devant être un jour, dans le domaine du beau, un maître accompli, au sein duquel se bercent les éternelles mélodies, et c'est ainsi que vous l'entendrez, ainsi que vous le verrez, avec une admiration sans égale.

LE CHŒUR.

Voilà ce que tu nommes un prodige, ô fille de Crète? N'as-tu donc jamais prêté l'oreille aux leçons de la poésie? N'as-tu jamais exploré le trésor des vieilles traditions héroïques, divines, d'Ionie et d'Hellas?

Tout ce qui arrive aujourd'hui est le triste ressouvenir des jours glorieux de nos ancêtres. Ton récit ne se peut comparer à celui qu'un aimable mensonge, plus croyable que la vérité, nous chantait sur le fils de Maïa.

Ce nourrisson charmant et vigoureux, à peine venu au monde, la troupe de ses bavardes gardiennes l'enveloppe dans le duvet des langes les plus purs, et, suivant une folle habitude, le presse dans la parure de précieuses bandelettes. Cependant, leste et vigoureux, le fripon dégage bientôt, avec adresse, ses membres souples mais élastiques, laissant doucement à sa place l'enveloppe de pourpre incommode et gênante, semblable au papillon parfait, qui, déployant ses ailes, s'échappe vivement des liens de l'inerte chrysalide, et voltige, audacieux et folâtre, dans l'éther, où le soleil rayonne.

Et lui aussi, le plus agile des dieux, il est à jamais le démon propice à tous les voleurs et les fripons cherchant fortune, et le prouve aussitôt par les tours les plus lestes. Il dérobe soudain au dominateur des mers son trident; à Mars lui-même son glaive, qu'il tire subtilement du fourreau; à Phébus son arc et ses flèches, comme à Vulcain ses tenailles; il déroberait même la foudre à Jupiter, son père, s'il n'avait peur du feu; il lutte contre l'Amour et il en triomphe par adresse; enfin, tandis que Cypris le caresse, il lui ravit sa ceinture. (*Une musique mélodieuse et ravissante d'instruments à cordes se fait entendre de la grotte : tous prêtent l'oreille et paraissent bientôt profondément émus. Dès ce moment, jusqu'à la pause définitive, indiquée plus bas, une musique harmonieuse accompagne les paroles.*)

PHORCIS.

Écoutez ces aimables sons! Vite délivrez-vous des fables; laissez la foule antique de vos dieux : elle est passée.

Nul ne veut plus vous comprendre; nous exigeons un plus haut tribut : il faut que le cœur inspire ce qui doit agir sur les cœurs. (*Elle se retire vers le rocher.*)

LE CHOEUR.

Si toi-même, effroyable créature, tu trouves du charme à ces accents flatteurs, nous, il nous semble renaître, et nous sommes attendries jusqu'aux larmes.

La clarté du soleil peut s'évanouir, quand le jour brille dans notre âme : nous trouvons dans notre propre cœur ce que refuse le monde entier. (*Hélène, Faust et Euphorion paraissent; Euphorion, dans le costume décrit plus haut.*)

EUPHORION.

Si vous entendez mes chansons enfantines, vous en faites aussitôt votre amusement; si vous me voyez bondir en cadence, votre cœur paternel palpite.

HÉLÈNE.

L'amour, pour donner le bonheur terrestre, rapproche deux nobles cœurs; mais, pour les célestes délices, il forme une heureuse trinité.

FAUST.

Alors tout est trouvé : je suis à toi et tu es à moi, et nous restons unis. Si cela pouvait ne jamais changer!

LE CHOEUR.

Le bonheur de longues années se rassemble sur ce couple, sous la douce figure de cet enfant. Oh! combien me touche cette union!

EUPHORION.

A présent laissez-moi bondir! A présent laissez-moi sauter! M'élancer dans les airs est mon désir : déjà il me prend.

FAUST.

Modère-toi! Modère-toi! Point de témérité, de crainte qu'il ne t'arrive chute et malheur, et que notre cher fils ne périsse!

EUPHORION.

Je ne veux pas fouler la terre plus longtemps. Laissez mes

mains, laissez ma chevelure, laissez mes vêtements : ils sont à moi.

HÉLÈNE.

Oh! songe, songe à qui tu appartiens! Quelle serait notre douleur, si tu détruisais notre charmante conquête, notre bonheur à trois!

LE CHOEUR.

Bientôt, je le crains, se rompra l'union.

HÉLÈNE et FAUST.

Modère, modère, pour l'amour de tes parents, cette ardeur trop vive et violente. Dans un repos champêtre, fais l'ornement de la plaine.

EUPHORION.

Pour vous complaire, je m'arrête. (*Il se glisse parmi le chœur et l'entraîne à la danse.*) Ici, plus aisément, je voltige autour de la troupe riante. Maintenant, la mélodie, le mouvement, sont-ils bien?

HÉLÈNE.

Oui, c'est fort bien : conduis les belles dans la ronde élégante.

FAUST.

Que n'est-elle finie! Ces jeux folâtres ne sauraient me plaire.

EUPHORION et le CHOEUR. *Ils dansent et chantent et forment des entrelacements.*

Lorsque tes bras se balancent avec grâce ; qu'aux rayons du soleil tu secoues les boucles de ta chevelure ; lorsque ton pied rase légèrement la terre ; que çà et là tes mouvements se suivent et s'enchaînent, tu as atteint ton but, aimable enfant : tous nos cœurs sont à toi. (*Une pause.*)

EUPHORION.

Vous êtes autant de gazelles aux pieds légers : pour un jeu nouveau, vite il faut courir! Je suis le chasseur, vous êtes le gibier.

LE CHOEUR.

Si tu veux nous prendre, que sert ta vitesse? Bel enfant, tout notre désir est de t'embrasser.

EUPHORION.

Eh bien! à travers les bois, les buissons et les roches! Les succès faciles me déplaisent : ce qu'il faut conquérir a presque seul des charmes pour moi.

HÉLÈNE et FAUST.

Quelle espièglerie! quelle fureur! Nul espoir de le modérer. On dirait le son du cor, qui fait retentir les monts et les vallées. Quel désordre! quels cris!

LE CHOEUR. *Les jeunes filles reviennent, en courant, une à une.*

Il nous a devancées, et, nous raillant avec dédain, il entraîne ici la plus sauvage de la troupe.

EUPHORION, *portant une jeune fille.*

Lorsque j'entraîne la petite indocile, pour emporter de force le plaisir; lorsque, pour mes délices, pour ma joie, je presse cette poitrine rebelle, je baise cette bouche révoltée, je fais paraître ma force et ma volonté.

LA JEUNE FILLE.

Laisse-moi! Sous ces dehors, il est aussi du courage et de la force d'esprit. Notre volonté n'est pas aussi aisément entraînée que la tienne. Me crois-tu donc embarrassée? Tu comptes beaucoup sur ton bras! Tiens-moi ferme, et je te brûle, insensé, pour me jouer de toi. (*Elle s'embrase et flambe dans l'espace.*) Suis-moi dans les airs légers; suis-moi dans les froides sépultures : saisis le but évanoui.

EUPHORION, *secouant les dernières flammes.*

Ici des roches entassées entre les bocages touffus! Que me veut cet étroit espace? Je suis jeune et hardi : les vents murmurent, les flots mugissent, j'entends les vents, les flots au loin.... Je voudrais en être voisin! (*Il s'élance toujours plus haut sur les rochers.*)

HÉLÈNE, FAUST et LE CHOEUR.

Veux-tu ressembler aux chamois? Nous tremblons de te voir tomber.

EUPHORION.

Toujours plus haut il faut que je monte; toujours plus loin il faut que je voie....

Maintenant je sais où je suis! Au milieu de l'île, au milieu de pays de Pélops, qui tient de la terre et de la mer.

LE CHOEUR.

Si tu ne veux pas séjourner en paix dans les bois et les montagnes, cherchons, sans tarder, les vignes rangées au penchant des coteaux, les figues et les pommes d'or. Ah! dans cet aimable pays, reste, aimable enfant!

EUPHORION.

Rêvez-vous les jours de la paix? Rêve qui voudra rêver! Guerre! est le mot de ralliement; victoire! et il en sera toujours ainsi.

LE CHOEUR.

Qui, dans la paix, regrette la guerre, a rejeté le bonheur de l'espérance.

EUPHORION.

A ceux que cette terre enfanta, de péril en péril, libres, animés d'un courage sans bornes, prodigues de leur sang, dans une sainte, une indomptable pensée : à tous ces combattants, que cette terre assure de la victoire!

LE CHOEUR.

Voyez là haut comme il s'est élevé, et sans nous paraître petit! Comme il brille sous le harnois, prêt à la victoire, couvert de bronze et d'acier.

EUPHORION.

Point de remparts, point de murailles! Que chacun se repose sur lui seul! La forteresse inexpugnable, c'est la poitrine du guerrier.

Voulez-vous défier la conquête? Armés à la légère, volez au combat! Les femmes deviennent des amazones, et chaque enfant un héros.

LE CHOEUR.

Sainte poésie!... Qu'elle monte aux cieux! Qu'elle brille, la belle étoile, loin, plus loin toujours! Et pourtant jusqu'à nous elle arrive; on l'écoute encore, on se plaît à l'entendre.

EUPHORION.

Non, ce n'est point un enfant qui se présente à vous, c'est un jeune homme sous les armes! Associé aux forts, aux libres, aux vaillants, déjà, dans sa pensée, il agissait. En avant! Là-bas s'ouvre la carrière de la gloire.

HÉLÈNE *et* FAUST.

A peine appelé à la vie, à peine donné au jour serein, tu aspires, des degrés du vertige, à la sphère des douleurs. Ne sommes-nous donc rien, rien pour toi? Le doux lien est-il un songe?

EUPHORION.

Entendez-vous sur la mer le tonnerre? L'entendez-vous retentir de vallons en vallons? Dans la poussière et sur les flots, armée contre armée, dans la foule qui se presse, pour la douleur et le martyre.... Et la loi, c'est la mort!... Je comprends cette fois.

HÉLÈNE, FAUST et LE CHOEUR.

Quelle épouvante! quelle horreur! La mort est-elle donc ta loi?

EUPHORION.

Devrais-je regarder de loin? Non, je partagerai les alarmes et le péril.

LES PRÉCÉDENTS.

Orgueil et danger! Mortelle destinée!

EUPHORION.

Mais quoi! deux ailes se déploient! Là-bas! Il le faut! Il le faut! Laissez-moi prendre mon vol! (*Il s'élance dans les airs, ses vêtements le portent un instant, sa tête rayonne, un sillon de lumière brille sur sa trace.*)

LE CHOEUR.

Icare! Icare! Assez de douleurs. (*Un beau jeune homme tombe aux pieds des parents. On croit distinguer dans le mort une figure connue*[1]; *mais l'élément corporel s'évanouit soudain; l'auréole monte au ciel, sous la forme d'une comète; il ne reste sur la terre que les vêtements, le manteau et la lyre.*)

HÉLÈNE et FAUST.

La joie est suivie soudain d'une peine cruelle.

EUPHORION, *des profondeurs de la terre.*

Mère, dans le royaume sombre ne me laisse pas seul! (*Une pause.*)

LE CHOEUR. *Chant funèbre.*

Non pas seul, quelle que soit ta demeure, car nous croyons te connaître! Ah! quand tu fuis le jour, il n'est pas un cœur qui

---

[1]. Celle de lord Byron, car on devine par l'ouvrage, et l'on sait de Goethe lui-même, que c'est le poëte anglais, qu'il a mis en scène sous le nom d'Euphorion.

se sépare de toi. Cependant nous saurions à peine te plaindre; ton sort, que nous célébrons, nous fait envie. Dans les jours sereins et les jours sombres, tes chants et ton courage furent beaux et grands.

Hélas! né pour le bonheur terrestre, d'illustres aïeux, d'une puissante énergie, sitôt perdu pour toi-même, jeune fleur moissonnée; regard perçant pour contempler le monde, sympathie pour toute angoisse de l'âme, ardent amour des plus nobles femmes, chants sortis de ton cœur!...

Cependant, irrésistible, tu courus librement dans le piége fatal; ainsi tu rompis violemment avec les mœurs, avec la loi; mais enfin la plus haute pensée donne du poids à ton noble courage : tu voulais conquérir un prix magnifique.... le succès ne fut pas heureux.

Pour qui le sera-t-il?... Question obscure, devant laquelle le destin se voile le visage, lorsque, dans le jour le plus funeste, tout un peuple sanglant reste muet. Mais modulez de nouveaux chants; ne restez pas plus longtemps abattus; car la terre en produit de nouveaux, comme elle en a produit toujours. (*Pause définitive. La musique cesse.*)

HÉLÈNE.

Hélas! mon exemple aussi vérifie cette antique parole, que le bonheur et la beauté ne restent pas longtemps unis. Il est brisé le lien de la vie, comme celui de l'amour. En les déplorant l'un et l'autre, je dis un douloureux adieu, et je me jette encore une fois dans tes bras. Proserpine, reçois l'enfant et la mère! (*Elle embrasse Faust; l'élément corporel disparaît; les vêtements et le voile restent dans les bras de Faust.*)

PHORCIS, à Faust.

Garde bien les seuls débris qui te restent; le vêtement, ne le laisse pas échapper. Déjà les démons le tirent par les bouts, et voudraient l'emporter dans le monde souterrain. Tiens ferme! Ce n'est plus la déesse que tu as perdue, mais c'est une chose divine. Profite de la suprême, de l'inestimable faveur; élève-toi dans l'espace. Ces voiles t'emporteront, d'un vol rapide, au-dessus des choses vulgaires, dans la plaine éthérée, aussi longtemps que tu pourras persister. Nous nous reverrons loin, bien loin d'ici. (*Les vêtements d'Hélène s'évaporent en nuages; ils envelop-*

pent Faust, l'enlèvent dans le ciel et passent avec lui. Phorcis ramasse le vêtement, le manteau et la lyre d'Euphorion, s'avance vers le proscenium, et, tenant en l'air ces dépouilles, elle poursuit :)
C'est encore une heureuse trouvaille! La flamme est, il est vrai, disparue; mais je n'en ai pas de regrets pour le monde : il en reste assez ici pour consacrer les poëtes, pour fonder la jalousie de corps et de métier. Et, si je ne puis conférer le talent, du moins je prêterai l'habit. (*Elle s'assied dans le proscenium au pied d'une colonne.*)

PANTHALIS.

Allons, vite, jeunes filles! Nous sommes enfin délivrées des enchantements, de l'affreuse angoisse où nous tenait la vieille gueuse thessalienne, comme de l'étourdissant cliquetis des sons discordants, qui troublent l'oreille et plus encore le sens intérieur. Descendons chez Hadès. La reine y est descendue d'une marche solennelle. Que, sans tarder, les pas de ses fidèles servantes suivent sa trace. Nous la trouverons auprès du trône des dieux impénétrables.

LE CHOEUR.

Les reines, il faut le dire, sont partout à leur gré. Même chez Hadès, elles tiennent le haut rang, fièrement groupées avec leurs pareilles, intimement unies avec Proserpine; mais nous, dans le fond des vastes prairies semées d'asphodèles, parmi les longs peupliers et les saules stériles, quels passe-temps avons-nous? Gémir comme des chauves-souris : chuchotement lugubre, fantastique!

LA CORYPHÉE.

Qui ne s'est pas fait un nom et qui n'aspire à rien de noble, appartient aux éléments. Adieu donc! adieu! Moi, je désire ardemment d'être auprès de ma reine : non moins que le mérite, la fidélité sauve la personne. (*Elle disparaît.*)

TOUT LE CHOEUR.

Nous sommes rendues à la lumière du jour. Nous ne sommes plus, il est vrai, des personnes; nous le sentons, nous le savons, mais nous n'irons jamais chez Hadès. La nature vivante, éternelle, réclame son droit sur nous autres esprits, et nous sur elle.

UNE PARTIE DU CHOEUR.

Nous, parmi les soupirs tremblants et les vagues murmures

de ces mille rameaux, jouant avec délices, nous attirons doucement les sources de la vie des racines aux branches ; nous ornons en abondance, tantôt de feuilles, tantôt de fleurs, les ondoyantes chevelures, abandonnées aux vents qui les nourrissent. Quand le fruit tombe, aussitôt se rassemblent avec allégresse les hommes et les troupeaux, qui viennent à la hâte, se pressent à l'envi de cueillir, de savourer ; et, comme devant les plus grands dieux, tout s'incline devant nous.

DEUXIÈME PARTIE DU CHOEUR.

Nous, le long du miroir poli, au loin étincelant, de ces pentes rocheuses, nous glissons mollement, coulant à flots paisibles ; nous écoutons, nous épions chaque bruit, le chant des oiseaux, la flûte champêtre. Que le dieu Pan fasse entendre sa voix terrible, aussitôt la réponse est prête ; au murmure, nous répondons par un murmure ; s'il tonne, aussitôt roulent nos tonnerres, avec d'effroyables redoublements, trois fois et dix fois.

TROISIÈME PARTIE DU CHOEUR.

Nous, mes sœurs, d'une humeur plus mobile, nous courons avec les ruisseaux ; car elles nous attirent, ces lointaines collines richement émaillées. Toujours suivant la pente, toujours plus bas, nous arrosons, méandres flottants, ici la prairie, là les pâturages, puis le jardin autour de la maison. Là-bas ils marquent notre cours, les cyprès aux cimes élancées, qui montent vers le ciel par-dessus les campagnes, les contours des rives et le miroir des flots.

QUATRIÈME PARTIE DU CHOEUR.

Courez, vous autres, où il vous plaît : nous entourons, nous assiégeons en tumulte la colline, partout plantée, où verdit le pampre autour de l'échalas. Là, tout le jour, l'ardeur du vigneron montre à nos yeux le succès douteux d'un labour plein d'amour. Tantôt avec la houe, tantôt avec la pelle, tour à tour il butte, il taille, il attache ; il invoque tous les dieux, mais surtout le dieu du soleil. Bacchus, l'efféminé, se soucie peu de son fidèle serviteur ; il repose dans les berceaux ; il se couche dans les grottes, folâtrant avec le plus jeune faune. Ce qu'il faut à la légère ivresse de ses rêveries est toujours près de lui dans des outres, des cruches et des vases, gardé sans cesse, rangé de part et d'autre dans les fraîches cavernes. Mais, lorsque tous les dieux, et surtout le soleil, avec les brises, les rosées, la chaleur et la flamme, ont amassé le trésor des raisins : aux lieux où le vigneron travaillait en silence, tout à coup s'éveille la vie ; chaque berceau devient bruyant ; de cep en cep, on frôle le feuillage ; les corbeilles crient, les seaux cliquettent, les hottes gémissent ; tout se porte à la grande cuve, pour la forte danse des vignerons. Alors la sainte abondance des raisins purs et savoureux est hardiment foulée ; écumant, jaillissant, tout se mêle, affreusement écrasé. Puis les cymbales et les coupes font retentir leurs voix d'airain ; car Bacchus est sorti sans voile des mystères ; il s'avance avec les chèvre-pieds ; il chancelle, appuyé sur leurs femelles ; et, d'une voix déchaînée, crie, dans les rangs, crie l'animal aux longues oreilles, le coursier de Silène. Point de gêne ! Les pieds fourchus foulent toute bienséance ; tous les sens tourbillonnent dans l'ivresse ; l'oreille est affreusement assourdie ; les ivrognes cherchent leur coupe en tâtonnant ; les têtes, les panses sont pleines. Quelques-uns hésitent encore, mais ils augmentent le tumulte ; car, pour faire place au vin nouveau, on vide promptement les vieilles outres. (*Le rideau tombe. Sur le proscenium, Phorcis se lève et prend des proportions colossales. Elle quitte le cothurne, jette son masque et son voile, et se montre sous la figure de Méphistophélès, afin de commenter la pièce dans l'épilogue, autant que cela serait nécessaire.*)

ACTE QUATRIÈME.

HAUTES MONTAGNES.

On voit des masses de rochers aux cimes dentelées. Un nuage s'approche, s'appuie à la montagne, s'abaisse sur un plateau en saillie ; le nuage se divise et Faust paraît.

FAUST.

Je contemple sous mes pieds la plus profonde solitude, et je marche avec précaution au bord de ces sommets, quittant le char de nuages qui, au milieu de jours sereins, m'a porté doucement par-dessus la terre et la mer. Le nuage s'éloigne de moi lentement sans se dissiper ; la masse, roulée en sphère, se dissipe vers l'orient ; mon œil étonné la poursuit avec admiration. Dans sa course, elle se divise, onduleuse, changeante. Mais elle veut se modeler.... Oui, mon œil ne se trompe pas!... Majestueuse, couchée sur des coussins illuminés par le soleil, colossale, il est vrai, une figure de femme pareille aux dieux.... je la vois. On dirait Junon, Léda, Hélène. Comme, imposante et gracieuse, elle flotte devant mes yeux! Ah! déjà l'objet se trouble! Étendu, amoncelé sans forme, il repose à l'orient, pareil à des glaciers lointains, et reflète, éblouissant, la grande pensée de jours passagers. Cependant une vapeur douce et brillante environne encore mon front et ma poitrine ; et, fraîche et caressante, elle me rend la sérénité. Maintenant elle monte, indécise et légère, plus haut, plus haut encore ; elle se rassemble.... Suis-je abusé par une image ravissante, sous les traits du bien suprême, le premier de ma jeunesse et longtemps regretté?...

Ils s'épanchent, les plus anciens, les plus intimes trésors de mon cœur! Dans son léger vol, cette image me retrace l'amour de mon aurore, ce premier regard, promptement senti, compris à peine, qui, fidèlement gardé, surpassait tous les trésors. Comme la beauté de l'âme, elle s'élève la vision charmante; elle subsiste entière, elle monte dans les cieux, et emporte avec elle la meilleure part de mon cœur. (*Une botte de sept lieues marche lourdement, une autre la suit; Méphistophélès met pied à terre. Les bottes s'éloignent à la hâte.*)

MÉPHISTOPHÉLÈS.

Voilà, cette fois, ce que j'appelle marcher! A présent, dis-moi quelle idée te prend. Tu descends au milieu de ces horreurs, parmi ces roches affreusement béantes! Je les connais bien, mais non pas à cette place : car ceci était proprement le fond de l'enfer.

FAUST.

Tu ne manques jamais de légendes folles : tu recommences à en débiter.

MÉPHISTOPHÉLÈS, *d'un ton sérieux*.

Lorsque Dieu, le Seigneur.... et je sais bien pourquoi.... nous précipita des régions de l'air dans l'abîme des abîmes, où, brûlant au centre du monde, un feu éternel dévorait tout dans ses flammes, nous nous trouvâmes, vu la trop grande illumination, dans une position très-gênée et très-incommode. Les diables commencèrent à tousser tous ensemble, à éternuer par en haut et par en bas. L'enfer se gonfla d'une puanteur sulfureuse et de vapeurs acides. Cela produisit un gaz!... Quelque chose de prodigieux! En sorte que bientôt l'écorce des plaines, si épaisse qu'elle fût, dut craquer et se rompre avec fracas. Maintenant nous tenons la chose par un autre bout : ce qui autrefois était profondeur est maintenant sommet. Ils fondent aussi là-dessus la sage doctrine d'élever au plus haut point ce qui est au plus bas. Car nous nous élançâmes de ce tombeau, notre prison brûlante, dans l'empire sans bornes de l'air libre; mystère manifeste, bien gardé, et qui ne sera révélé aux peuples que bien tard[1].

(Éphés., VI, 12.)

---

1. Gœthe, qui était partisan du neptunisme, se moque ici, comme il l'a fait dans la nuit du sabbat classique, du système plutonien.

FAUST.

La masse des montagnes garde pour moi un noble silence. Je ne demande ni pourquoi ni comment.... Quand la nature se fonda en elle-même, elle arrondit nettement le globe terrestre ; elle se plut à former les sommets, les abîmes ; elle enchaîna rochers à rochers et montagnes à montagnes, puis elle dessina les faciles collines, les étendit doucement jusque dans la vallée : là tout verdoie et prospère, et, pour se réjouir, elle n'a pas besoin de bouleversements insensés.

MÉPHISTOPHÉLÈS.

Vous le dites ainsi ; cela vous paraît clair comme le soleil ; mais celui qui était présent sait le contraire. J'étais là lorsque l'abîme, bouillonnant là-bas, s'enfla et versa des torrents de flammes ; quand le marteau de Moloch, forgeant rochers sur rochers, lança au loin les débris des montagnes. La terre est encore hérissée de ces masses étrangères. Qui donnera l'explication d'une pareille force explosive ? Le philosophe ne peut la concevoir. Le rocher est là, il faut le laisser à sa place. Nous y avons déjà réfléchi, à notre confusion. Le peuple fidèle et grossier le comprend seul, et ne se laisse pas troubler dans sa croyance. Pour lui la sagesse est dès longtemps mûrie. Parle-t-on d'un prodige, on en fait honneur à Satan. Mon pèlerin s'en va, clopin-clopant, sur la béquille de sa foi, à la Pierre du diable, au Pont du diable[1].

FAUST.

Il est aussi, je l'avoue, intéressant de juger, de voir, comment les diables considèrent la nature.

MÉPHISTOPHÉLÈS.

Que m'importe cela ? Que la nature soit ce qu'elle voudra ! C'est une question d'honneur : le diable était présent. Nous sommes gens à atteindre aux grandes choses. Tumulte, violence et fureur, voilà des preuves !... Cependant, pour parler enfin avec une entière clarté, rien ne te plaît-il de notre surface ? Tu contemplais, dans les espaces infinis, les royaumes du monde et leur gloire.

(Matth., IV.)

---

1. La géographie en connaît plusieurs.

Mais, insatiable comme tu l'es, n'as-tu donc ressenti aucune convoitise ?

FAUST.

Oui, certes ! Une grande chose m'attirait. Devine.

MÉPHISTOPHÉLÈS.

C'est bientôt fait. Je me choisirais une capitale comme voici : au centre, le vieux quartier des bourgeois et des approvisionnements ; ruelles tortueuses, pignons pointus, marché circonscrit, choux, raves, oignons, étaux de bouchers, où séjournent les mouches, pour se régaler, les premières, des viandes grasses. Là tu trouveras, en tout temps, sans faute, puanteur et activité. Puis de vastes places, de larges rues, pour se donner une belle apparence. Enfin, là où nulle porte ne borne plus l'espace, des faubourgs prolongés sans limite. Là je me plairais au roulement des carrosses, au bruyant va-et-vient, à l'éternel mouvement de çà et de là, au tourbillonnement de ces fourmis éparses ; et, quand je passerais en voiture ou à cheval, je paraîtrais toujours le centre de ce peuple, et honoré par des milliers d'hommes.

FAUST.

Cela ne saurait me contenter. On s'applaudit de voir le peuple se multiplier, vivre heureux à sa manière, se cultiver même et s'instruire.... et l'on ne fait que des rebelles.

MÉPHISTOPHÉLÈS.

Je bâtirais ensuite, d'un style grandiose, selon mes propres vues, dans un site agréable, un château de plaisance. Bois, collines, plaines, prairies et champs seraient disposés alentour en jardin magnifique. Devant les vertes clôtures, des gazons veloutés, des sentiers alignés au cordeau, des ombrages artistement taillés, des cascades tombant par couples de rochers en rochers et des jets d'eau de toute sorte ; ici l'onde s'élève majestueuse ; mais, sur les côtés, elle gazouille, elle jaillit de mille petites façons. Ensuite je ferais bâtir, pour les plus belles femmes, de petites maisons coites et commodes ; là je passerais des heures infinies dans la plus douce intimité. Je dis les femmes, car, une fois pour toutes, je ne rêve de femmes qu'au pluriel.

FAUST.

Mauvais et moderne !... Sardanapale !...

MÉPHISTOPHÉLÈS.

Pourrait-on deviner ce que tu poursuivais? C'était assurément quelque chose grande et hardie?... Toi qui as volé si près de la lune, ta manie t'y entraînait peut-être?

FAUST.

Nullement. Ce globe de la terre offre encore de l'espace aux grandes actions. Il faut que s'accomplissent des choses dignes d'étonnement. Je me sens des forces pour de hardis travaux.

MÉPHISTOPHÉLÈS.

Tu veux donc mériter la gloire? On voit bien que tu viens de chez les héroïnes.

FAUST.

Je veux l'empire, la possession. L'action est tout, la gloire n'est rien.

MÉPHISTOPHÉLÈS.

Cependant il se trouvera des poëtes, pour annoncer ta splendeur à la postérité, pour enflammer la folie par la folie.

FAUST.

Tout cela est pour toi lettre close. Sais-tu seulement ce que l'homme désire? Ton naturel ingrat, amer et mordant sait-il ce qu'il faut à l'homme?

MÉPHISTOPHÉLÈS.

Qu'il soit fait selon ta volonté! Confie-moi l'étendue de tes caprices.

FAUST.

Mon œil était dirigé vers la haute mer. Elle s'enflait, pour s'amonceler sur elle-même, puis elle cédait et secouait ses vagues, pour assaillir l'étendue de la plage, et je m'indignais de voir comme, par le mouvement d'un sang passionné, l'orgueil provoque le mécontentement du libre esprit qui respecte tous les droits. Je pris la chose pour un accident, j'aiguisai mon regard : le flux s'arrêta et roula en arrière, s'éloigna du but qu'il avait touché fièrement : l'heure vient et le jeu se renouvelle.

MÉPHISTOPHÉLÈS, *aux spectateurs.*

Je n'apprends ici rien de neuf : je connais cela depuis cent mille ans.

FAUST, *poursuivant avec passion.*

Il approche en rampant, stérile. lui-même, pour répandre

sur mille et mille bords la stérilité; puis il s'enfle et grandit, et roule, et couvre l'affreuse étendue de la plage déserte. Là règnent flots sur flots impétueux; ils se retirent.... et n'ont rien fait. Elle pourrait me tourmenter jusqu'au désespoir, cette force aveugle des éléments déchaînés! Alors mon esprit ose s'élever au-dessus de lui-même. Voilà où je voudrais lutter! C'est là ce que je voudrais vaincre! Et c'est possible!... Si violent qu'il soit, le flot se courbe devant toute colline; il a beau s'avancer avec orgueil, la moindre éminence l'affronte fièrement; la moindre profondeur l'entraîne victorieusement. Aussi ai-je formé d'abord dans mon esprit projet sur projet. Assure-toi cette rare jouissance! Repousser du rivage la mer impérieuse, resserrer les limites de l'humide étendue et la refouler bien loin sur elle-même!... Pas à pas j'ai su tout disposer. Voilà mon désir : ose le seconder. (*Derrière les spectateurs, on entend au loin, vers la droite, les sons du tambour et une musique guerrière.*)

MÉPHISTOPHÉLÈS.

C'est bien facile.... Entends-tu là-bas le tambour?

FAUST.

Encore la guerre!... Le sage n'entend pas ce bruit avec plaisir.

MÉPHISTOPHÉLÈS.

En guerre comme en paix, c'est une sage entreprise de mettre à profit toute circonstance. On observe, on guette chaque instant favorable. L'occasion est là : Faust, sache la saisir.

FAUST.

Épargne-moi ces sottes énigmes. En deux mots, que signifie cela? Explique-toi.

MÉPHISTOPHÉLÈS.

Pendant mon expédition, il ne m'a pas échappé que le bon empereur est plongé dans de grands soucis. Tu le connais : lorsque nous le divertîmes, et que nous fîmes tomber dans ses mains une fausse richesse, le monde entier se serait vendu à lui. Car il était jeune quand il hérita du trône, et il lui plut de conclure faussement que l'on pouvait tout faire marcher ensemble, et que ce serait une chose belle et digne d'envie, de régner et de jouir en même temps.

FAUST.

Grande erreur! Celui qui est appelé à commander doit trouver le bonheur dans le commandement. Son cœur est plein d'une haute volonté; mais, ce qu'il veut, nul homme ne doit l'approfondir. Ce qu'il a soufflé à l'oreille de ses plus fidèles s'accomplit, et tout le monde s'étonne. De la sorte il sera toujours le très-auguste, le plus digne.... La jouissance rend vulgaire.

MÉPHISTOPHÉLÈS.

Ce n'est pas là notre homme! Il a joui de la vie et comment!... Cependant l'empire est tombé dans une anarchie, où grands et petits se sont fait la guerre de tous côtés; les frères se chassaient, s'égorgeaient; château contre château, ville contre ville; les corporations en guerre avec la noblesse, l'évêque avec le chapitre et la commune. Tout ce que je voyais n'était qu'ennemis. Dans les églises, le meurtre et l'assassinat; devant les portes, tout marchand et tout voyageur perdu; et chez tous l'audace ne faisait pas peu de progrès, car c'était vivre que de se défendre. Enfin cela marchait.

FAUST.

Cela marcha, boita, tomba, se releva, puis cela fit la culbute, et roula pêle-mêle lourdement.

MÉPHISTOPHÉLÈS.

Et nul n'osait blâmer cet état de choses. Chacun pouvait, chacun voulait avoir du crédit. Le plus petit lui-même passait pour un grand personnage. Mais enfin cela parut aux meilleurs par trop extravagant. Les habiles se levèrent en force et dirent : « Le souverain, c'est celui qui nous donne le repos; l'empereur ne le peut, ne le veut pas : élisons un nouvel empereur; rendons la vie à l'empire. Tandis que le maître donnera à chacun la sécurité, unissons ensemble, dans un monde renouvelé, la paix et la justice. »

FAUST.

Cela sent bien le prêtre.

MÉPHISTOPHÉLÈS.

Aussi étaient-ce des prêtres. Ils mettaient à l'abri leurs ventres bien nourris; ils étaient plus intéressés à l'affaire que les autres. La révolte grandit, la révolte fut sanctifiée; et notre empereur, que nous avions réjoui, s'avance de ce côté, peut-être pour la dernière bataille.

FAUST.

Il me fait pitié : il était si bon, si ouvert !

MÉPHISTOPHÉLÈS.

Viens, observons : qui est vivant doit espérer. Délivrons-le de cet étroit défilé. Une fois sauvé, il le sera pour mille fois. Qui sait encore comment les dés tomberont? Et, s'il a pour lui la fortune, il aura aussi des vassaux. (*Ils franchissent la montagne intermédiaire, et voient la disposition des troupes dans la vallée, d'où s'élève le bruit des tambours et de la musique.*)

MÉPHISTOPHÉLÈS.

La position, je le vois, est bien choisie. Nous le soutenons et la victoire est assurée.

FAUST.

Qu'attendre de cela? Tromperie, illusion magique, vaine apparence.

MÉPHISTOPHÉLÈS.

Ruse de guerre, pour gagner les batailles! Affermis-toi dans tes grandes pensées, en songeant à ton but. Si nous conservons à l'empereur son trône et ses États, tu n'as qu'à mettre le genou en terre, et tu recevras en fief une plage sans bornes.

FAUST.

Tu as accompli déjà beaucoup de choses : eh bien! gagne aussi une bataille.

MÉPHISTOPHÉLÈS.

Non, c'est toi qui la gagneras. Cette fois, tu seras le général en chef.

FAUST.

Ce serait pour moi une dignité bien méritée, de commander où je n'entends rien !

MÉPHISTOPHÉLÈS.

Laisse agir le bâton du maréchal, et je te garantis le maréchal lui-même. J'ai prévu dès longtemps les maux de la guerre, et j'ai formé d'avance un conseil de vaillants hommes primitifs des montagnes primitives. Heureux qui les enrôlera !

FAUST.

Qui vois-je là-bas portant des armes? As-tu soulevé le peuple de la montagne?

MÉPHISTOPHÉLÈS.

Non; mais, semblable à Peter Squenz [1], de tout le ramas j'ai tiré la quintessence. (*Les trois vaillants s'avancent.*)

(Sam., ii, 23, 8.)

Tiens, voici mes gaillards! Tu le vois, ils sont d'âge très-différent, différents de vêtements et d'armures : avec eux tes affaires n'iront pas mal. (*Aux spectateurs.*) Aujourd'hui chaque enfant aime le harnois et le collet de chevalier, et ces guenilles, pour être allégoriques, n'en plairont que mieux.

RAUFEBOLD [2], *jeune, armé à la légère, en vêtements bariolés.*

Si quelqu'un me regarde au visage, je lui donnerai aussitôt du poing sur la gueule, et le poltron qui me fuira, je le prendrai aux cheveux par derrière.

HABEBALD, *homme d'âge mûr, bien armé, richement vêtu.*

Les vains débats ne sont que bagatelles; on y perd son temps. Sois seulement infatigable à piller : de tout le reste, tu t'informeras après.

HALTEFEST, *âgé, pesamment armé, sans habits.*

Avec cela, on n'a pas non plus beaucoup gagné. Un grand avoir est bientôt dissipé; il est emporté par le torrent de la vie. Prendre est fort bon, mais garder vaut mieux encore : laisse seulement agir la barbe grise, et nul ne te prendra rien. (*Ils descendent tous ensemble dans la vallée.*)

---

1. Le charpentier que Shakspeare fait figurer dans le *Songe d'une nuit d'été*.
2. *Raufebold* (le spadassin), *Habebald* (le pillard), et *Haltefest* (celui qui tient ferme); allusion aux trois vaillants hommes dont il est fait mention dans Samuel, ii, 23, 8.

UNE ESPLANADE DANS LA MONTAGNE.

On entend d'en bas les tambours et une musique guerrière. La tente de l'empereur est déployée.

L'EMPEREUR, LE GÉNÉRAL EN CHEF, *devant la tente*, TRABANS.

LE GÉNÉRAL EN CHEF.

Il me semble toujours que nous avons fait sagement de retirer et de rassembler toute l'armée dans ce vallon bien situé. J'espère fermement que ce choix nous portera bonheur.

L'EMPEREUR.

Comment les choses tourneront, nous allons le voir : mais je n'aime pas cette apparence de fuite, cette retraite.

LE GÉNÉRAL EN CHEF.

Vois ici, mon prince, notre aile droite ! Un semblable terrain est à souhait pour le tacticien : la colline n'est pas escarpée, et pourtant elle n'est pas trop accessible; avantageuse aux nôtres, décevante pour l'ennemi; nous, à demi cachés, dans une plaine onduleuse, la cavalerie n'osera s'aventurer jusqu'ici.

L'EMPEREUR.

Il ne me reste qu'à louer : ici le bras et la poitrine pourront être mis à l'épreuve.

LE GÉNÉRAL EN CHEF.

Ici, dans le centre de cette plaine, vois-tu la phalange animée au combat? Les piques brillent dans l'air, et resplendissent, à la clarté du soleil, à travers les vapeurs du matin. Comme il roule des flots sombres, ce carré puissant! Là des milliers d'hommes brûlent de se signaler. A cela tu peux reconnaître la force de la masse : je compte sur elle pour disperser les ennemis

L'EMPEREUR.

Je jouis de ce beau spectacle pour la première fois. Une pareille armée en vaut deux de même force.

LE GÉNÉRAL EN CHEF.

De notre gauche je n'ai rien à t'annoncer. De vaillants héros occupent le rocher ardu. L'escarpement, qui brille maintenant d'armes étincelantes, défend l'important passage de l'étroit défilé. Déjà je le pressens, là se briseront imprudemment les forces de l'ennemi dans un sanglant combat.

L'EMPEREUR.

Là-bas ils s'avancent, ces faux parents qui m'appelaient oncle, cousin et frère, qui se permettaient toujours, toujours davantage; ravissaient au sceptre la force, au trône le respect, puis, divisés entre eux, dévastaient l'empire, et se sont maintenant soulevés tous ensemble contre moi. La multitude flotte indécise, puis elle se précipite où le torrent l'entraîne.

LE GÉNÉRAL EN CHEF.

Un homme fidèle, envoyé à la découverte, descend à la hâte les rochers. Puisse-t-il avoir été heureux!

PREMIER ÉCLAIREUR.

Il nous a bien réussi, notre artifice habile et courageux, en sorte que nous avons pénétré çà et là; mais nous apportons peu de bonnes nouvelles. Un grand nombre te prête un pur hommage, comme mainte troupe fidèle; mais on s'excuse de son inaction sur la fermentation intérieure, sur le danger du peuple.

L'EMPEREUR.

Se conserver soi-même est toujours la leçon de l'égoïsme; ce n'est pas la reconnaissance et l'inclination, le devoir et l'honneur. Ne songez-vous pas, quand votre mesure sera pleine, que l'incendie du voisin vous consumera?

LE GÉNÉRAL EN CHEF.

Voici le second : il descend à pas lents; il est fatigué et tremble de tous ses membres.

DEUXIÈME ÉCLAIREUR.

D'abord nous avons observé avec joie une course tumultueuse

et vagabonde : soudain, à l'improviste, un nouvel empereur s'est avancé, et, par les chemins prescrits, la multitude marche à travers la plaine ; tous suivent les drapeaux menteurs qui se déploient.... Nature de moutons !

L'EMPEREUR.

Un anti-César s'avance pour mon avantage. Maintenant, pour la première fois, je sens que je suis empereur. C'est seulement comme soldat que j'avais pris les armes : à cette heure, j'en suis revêtu pour un but plus élevé. Dans chaque fête, si brillante qu'elle fût, et quoiqu'on n'eût épargné rien, le danger me manquait. Tous tant que vous êtes, vous me conseilliez les courses de bagues : le cœur me battait ; je ne respirais que tournois, et, si vous ne m'aviez pas déconseillé la guerre, je serais illustre aujourd'hui par d'éclatants exploits. Je sentis sur mon cœur le sceau de l'indépendance, quand je vis mon image dans le royaume du feu. L'élément s'élança sur moi avec fureur : ce n'était qu'une illusion, mais l'illusion était sublime. Dans mon trouble, je rêvai de victoire et de renommée : je répare ce que j'ai à grand tort négligé. (*Les hérauts sont expédiés pour aller provoquer l'anti-César. Faust paraît, couvert d'une armure et la visière à demi baissée ; les trois vaillants le suivent, équipés et vêtus comme on l'a dit plus haut.*)

FAUST.

Nous paraissons devant toi, et nous espérons n'encourir aucun blâme. Même sans nécessité, la prévoyance a son prix. Tu sais que le peuple des montagnes est subtil et réfléchi ; qu'il est versé dans le langage de la nature et des rochers. Les esprits, dès longtemps ravis à la plaine, sont plus que jamais voués à la montagne. Ils agissent en silence à travers les tortueuses crevasses, dans le noble gaz des riches vapeurs métalliques ; dans leurs analyses, leurs tentatives, leurs combinaisons perpétuelles, leur unique désir est de trouver du nouveau. Avec la main subtile des puissances invisibles, ils construisent des formes transparentes ; puis, dans le cristal et son éternel silence, ils voient les événements du monde supérieur.

L'EMPEREUR.

J'ai compris et je te crois. Mais, vaillant homme, dis-moi, que nous fait ici tout cela ?

FAUST.

Le nécromant de Norcie[1], le Sabin, est ton fidèle et honorable serviteur. Un sort affreux, épouvantable, le menaçait ; les fagots petillaient ; déjà le feu dardait ses langues ; les bûches de bois sec étaient croisées alentour, entremêlées de poix et de baguettes soufrées ; homme ni Dieu ni diable ne pouvaient le sauver : Ta Majesté brisa ses chaînes brûlantes. C'était à Rome. Il te reste profondément obligé ; il suit constamment ta marche avec sollicitude ; dès ce jour, il s'est oublié tout à fait lui-même ; il n'interroge les astres, les profondeurs, que pour toi. Il nous a chargés, toute affaire cessante, de t'assister. Elles sont grandes les forces de la montagne ; la nature y déploie librement sa puissance irrésistible. La sotte prêtraille traite cela de sorcellerie.

L'EMPEREUR.

Aux jours de fête, quand nous saluons les hôtes, qui arrivent joyeux, pour se livrer au plaisir, nous aimons à voir comme chacun se pousse et se presse, et les conviés combler à la file l'espace des salles ; mais il doit être surtout bien accueilli le vaillant homme, venu hardiment pour nous assister à l'heure matinale, qui agit avec circonspection, parce que la balance du destin va prononcer sur elle. Toutefois, dans ce moment solennel, écartez votre main valeureuse de l'épée impatiente ; respectez le moment où des milliers d'hommes s'avancent, afin de combattre pour ou contre moi. L'homme est tout en lui-même. Qui prétend le trône et la couronne doit être personnellement digne de tels honneurs. Que le fantôme qui s'est levé contre nous, qui se nomme empereur, et maître de nos États, duc de l'armée, suzerain de nos grands vassaux, soit précipité, de notre propre main, dans l'empire des morts !

FAUST.

Si glorieux qu'il soit d'accomplir cette grande action, tu ne fais pas bien d'exposer ainsi ta tête. Le casque n'est-il pas décoré du cimier et du panache ? Il protége la tête, qui exalte notre courage. Mais, sans tête, que serviraient les membres ? Quand elle sommeille, tous succombent. Est-elle atteinte, aussitôt ils sont tous blessés ; ils se relèvent pleins d'ardeur, dès

---

[1]. George Sabellicus, qui vivait au commencement du xvie siècle.

qu'on la voit saine et sauve; le bras sait promptement faire valoir son bon droit; il lève le bouclier, pour protéger le front; soudain l'épée, attentive à son devoir, sait détourner puissamment et rendre le coup; le pied solide prend part à leur succès, et se pose vivement sur la nuque de l'ennemi terrassé.

L'EMPEREUR.

Tel est mon courroux, ainsi voudrais-je le traiter, et me faire un marchepied de sa tête orgueilleuse!

LES HÉRAUTS, *qui reviennent.*

Nous avons trouvé là-bas peu d'honneur, peu de crédit. Ils ont ri de notre hardi et noble message, comme d'une vaine parade. « Votre empereur, disent-ils, est expiré, comme un écho dans l'étroite vallée; quand nous voulons parler de lui, nous disons, comme le conte : Il était une fois.... »

FAUST.

L'événement répond aux vœux de tes meilleurs sujets, qui, fermes et fidèles, se tiennent à tes côtés. L'ennemi s'approche, les tiens attendent, brûlants d'ardeur. Commande l'attaque : le moment est favorable.

L'EMPEREUR.

Ici je renonce au commandement. (*Au général en chef.*) A toi, prince, de faire ton devoir!

LE GÉNÉRAL EN CHEF.

Eh bien! que l'aile droite marche en avant! La gauche de l'ennemi, qui monte maintenant, doit, avant d'avoir fait le dernier pas, céder à la fidélité éprouvée de notre vaillante jeunesse.

FAUST.

Permets donc que ce joyeux héros se place sans tarder dans tes rangs, s'incorpore à tes bataillons, et qu'avec eux il déploie sa puissante nature. (*Il indique la droite.*)

RAUFEBOLD, *s'avançant.*

Qui me montre sa face ne s'en retourne qu'avec les mâchoires brisées; qui me tourne le dos, bientôt son cou, sa tête et son toupet flotteront horriblement sur ses épaules; et, si tes hommes jouent ensuite de l'épée et de la massue avec la même furie que moi, les ennemis tomberont, homme sur homme, noyés dans leur propre sang. (*Il s'éloigne.*)

LE GÉNÉRAL EN CHEF.

Que la phalange de notre centre suive doucement. Qu'elle se présente prudemment à l'ennemi avec toute sa force. Là-bas, un peu à droite, l'acharnement des nôtres a déjà troublé leurs combinaisons.

FAUST, *indiquant le centre.*

Que cet homme obéisse donc aussi à tes ordres.

HABEBALD, *s'avançant.*

Au courage héroïque des troupes impériales doit s'unir la soif du butin. Soit donc proposé pour but à tout le monde la riche tente de l'anti-César. Il ne s'étalera pas longtemps sur son trône : je me place à la tête de la phalange.

EILEBEUTE[1], *vivandière, se joignant à Habebald.*

Bien que je ne sois pas sa femme, il est toujours mon plus cher favori. C'est pour nous que cette vendange est mûre! La femme est furieuse quand elle prend ; elle est sans pitié quand elle pille. A la victoire donc! et tout est permis. (*Ils s'éloignent tous deux.*)

LE GÉNÉRAL EN CHEF.

Leur droite s'élance avec vigueur sur notre gauche, comme on pouvait le prévoir. On résistera corps à corps à leur furieuse tentative pour enlever l'étroit passage du défilé.

FAUST, *indiquant la gauche.*

Eh bien, sire, je te prie de remarquer encore celui-ci. Ce n'est pas un mal que les forts se renforcent.

HALTEFEST, *s'avançant.*

Sois sans crainte pour l'aile gauche. Où je suis, la possession est assurée. Le vieux s'y maintiendra. Point de foudre qui brise ce que je tiens. (*Il s'en va.*)

MÉPHISTOPHÉLÈS, *descendant de la montagne.*

Voyez maintenant comme, dans le fond, des gens armés sortent en foule de chaque roche dentelée, pour fermer les étroits sentiers; avec le casque et la cuirasse, les glaives et les boucliers, ils forment, sur nos derrières, une muraille, attendant le signal de l'attaque. (*Bas aux initiés.*) D'où vient cela, ne le demandez pas. Certes, je n'ai pas perdu mon temps ; j'ai vidé, aux

---

1. Celle qui court au butin.

environs, les salles d'armes : ils étaient là à pied, à cheval, comme s'ils fussent encore les maîtres de la terre. Autrefois ils étaient chevaliers, rois, empereurs : maintenant ce ne sont plus que vaines coquilles d'escargots. Maint fantôme s'en est affublé; le moyen âge, tout vivant, a fait sa toilette. Quelques diablotins qui soient nichés là dedans, pour cette fois, cela produira de l'effet. (*Haut.*) Écoutez comme d'avance ils se courroucent et s'entre-choquent avec un bruit d'armures ! Auprès des étendards flottent des lambeaux de bannières, qui attendaient avec impatience les fraîches brises. Écoutez, voici un ancien peuple tout prêt, qui volontiers prendrait part à la nouvelle bataille. (*De formidables fanfares éclatent sur les hauteurs : l'armée ennemie est visiblement ébranlée.*)

FAUST.

L'horizon s'est obscurci; çà et là seulement étincelle avec force une rouge et menaçante clarté; déjà les armes brillent sanglantes; le rocher, le bois, l'atmosphère, le ciel entier se confondent.

MÉPHISTOPHÉLÈS.

L'aile droite tient ferme ; mais je vois entre eux s'élever Hans Raufebold, le rapide géant, vivement occupé à sa manière.

L'EMPEREUR.

D'abord j'ai vu un bras levé; maintenant j'en vois déjà une douzaine batailler : cela n'est pas naturel.

FAUST.

N'as-tu pas entendu parler de ces brouillards qui se promènent sur les côtes de Sicile ? Là, brillante et bercée à la lumière du jour, élevée dans la moyenne région de l'air, réfléchie dans certaines vapeurs, paraît une image singulière : les villes flottantes passent et repassent; les jardins montent et descendent, selon qu'une image, après une autre, traverse l'éther.

L'EMPEREUR.

Mais voici qui est bien suspect! Je vois toutes les pointes des hautes piques jeter des éclairs; sur les lances luisantes de notre phalange, je vois danser des flammes rapides : cela me semble par trop fantastique.

FAUST.

Pardonne, sire, ce sont les vestiges de natures spirituelles, évanouies, un reflet des Dioscures, par lesquels juraient tous les navigateurs. Ils rassemblent ici leurs dernières forces.

L'EMPEREUR.

Mais parle, à qui sommes-nous redevables de ce que la nature, qui veille sur nous, rassemble les plus rares prodiges?

MÉPHISTOPHÉLÈS.

A qui, si ce n'est à cet illustre maître qui porte ta destinée dans son cœur? Les violentes menaces de tes ennemis l'ont ému jusqu'au fond de l'âme. Sa reconnaissance veut te voir sauvé, dût-il y périr lui-même.

L'EMPEREUR.

Ils triomphaient de me promener en grande pompe; j'étais alors quelque chose : je voulus aussi en faire l'épreuve, et je trouvai bon, sans beaucoup réfléchir, de rendre l'air frais à cette barbe blanche. Je gâtai au clergé une fête, et certes cela ne m'a pas gagné sa faveur. Devrais-je maintenant, après tant d'années, ressentir l'effet d'une bonne action?

FAUST.

Un bienfait spontané porte des fruits en abondance. Lève les yeux en haut : il me semble qu'il veut nous envoyer un augure. Prends garde! celui-là s'explique d'abord.

L'EMPEREUR.

Un aigle plane dans les cieux; un griffon le poursuit avec de furieuses menaces!

FAUST.

Prends garde! cela me paraît très-favorable. Le griffon est un animal fabuleux : comment peut-il s'oublier au point de se mesurer avec un aigle véritable?

L'EMPEREUR.

A présent, en vastes spirales, ils tournent autour l'un de l'autre.... En un clin d'œil, ils s'attaquent tous deux pour se déchirer le cou et la poitrine.

FAUST.

Vois maintenant comme le pernicieux griffon, houspillé, déchiré, ne trouve que défaite, et, laissant tomber sa queue de lion, précipité sur les cimes boisées, disparaît aux regards!

L'EMPEREUR.

Que l'augure s'accomplisse comme il est expliqué ! Je l'accepte avec admiration.

MÉPHISTOPHÉLÈS, *regardant la droite.*

Aux coups répétés et pressants, nos ennemis doivent céder, et, combattant sans assurance, ils se jettent vers leur droite, et troublent ainsi, dans le combat, l'aile gauche de leurs forces principales. La tête solide de notre phalange marche vers la droite, et, aussi prompte que l'éclair, elle tombe sur l'endroit faible.... Maintenant, comme le flot soulevé par l'orage, des forces égales rejaillissent, se heurtent avec fureur dans un double combat. On n'a rien imaginé de plus magnifique. Nous avons gagné la bataille !

L'EMPEREUR, *à Faust, en regardant à gauche.*

Vois, ce point me semble menacé. Notre position est dangereuse. Je ne vois point voler de pierres ; les roches inférieures sont escaladées ; déjà les supérieures sont abandonnées. Maintenant.... l'ennemi, en grandes masses, pénétrant toujours plus avant, a peut-être conquis le passage. Conclusion d'une sacrilége tentative ! Vos artifices sont inutiles. (*Une pause.*)

MÉPHISTOPHÉLÈS.

Voici mes deux corbeaux. Quel message peuvent-ils m'apporter ? Je crains fort que cela ne tourne mal pour nous.

L'EMPEREUR.

Que nous veulent ces oiseaux de malheur ? Ils dirigent vers nous leurs noires ailes, de l'ardente mêlée sur le rocher.

MÉPHISTOPHÉLÈS, *aux corbeaux.*

Placez-vous tout près de mon oreille. Celui que vous défendez n'est pas perdu, car votre conseil est sage.

FAUST, *à l'Empereur.*

Tu as entendu parler de colombes qui, des plus lointains pays, reviennent à leur couvée et leur pâture : c'est ce que tu vois ici, avec une différence importante. Les colombes messagères sont au service de la paix ; la guerre veut pour messagers des corbeaux.

MÉPHISTOPHÉLÈS.

Il s'annonce un fâcheux événement. Voyez, observez le danger pressant, autour de la roche escarpée que défendent nos guerriers! Les hauteurs voisines sont escaladées, et, si les ennemis s'emparaient du passage, nous serions dans une situation difficile.

L'EMPEREUR.

Je suis donc enfin trompé! Vous m'avez attiré dans le filet : je frémis depuis qu'il m'enveloppe.

MÉPHISTOPHÉLÈS.

Courage! La partie n'est pas encore perdue. De la patience et de la ruse, pour le dernier nœud. D'ordinaire, la fin est difficile. J'ai mes messagers fidèles : commande que je puisse commander moi-même!

LE GÉNÉRAL EN CHEF, *qui survient.*

Tu t'es ligué avec ceux-ci; cela m'a peiné dès le commencement : la sorcellerie ne produit aucun bien solide. Je ne sais que faire à la bataille. Ils ont commencé : qu'ils finissent. Je dépose mon bâton.

L'EMPEREUR.

Garde-le jusqu'à des jours meilleurs, que la fortune nous accordera peut-être. J'ai horreur de ce vilain compagnon et de ses noirs confidents. (*A Méphistophélès.*) Je ne puis te confier le bâton; tu ne me sembles pas l'homme qu'il faut. Commande, et tâche de nous délivrer. Arrive ce qui pourra! (*Il se retire dans la tente avec le général en chef.*)

MÉPHISTOPHÉLÈS.

Que son vieux bâton le protége! Nous autres, il ne pourrait guère nous servir : il s'y trouvait quelque chose de la croix.

FAUST.

Que faire?

MÉPHISTOPHÉLÈS.

C'est déjà fait.... Maintenant, mes noirs cousins, vite à l'œuvre! Au grand lac de la montagne! Saluez de ma part les Ondines, et demandez-leur l'apparence de leurs flots. Par des artifices de femmes, difficiles à connaître, elles savent séparer de la réalité l'apparence, et chacun jurerait que ce soit la réalité. (*Une pause.*)

FAUST.

Il paraît que nos corbeaux ont su parfaitement faire leur cour aux dames des eaux : déjà cela commence à ruisseler là-bas. Des roches arides et pelées s'épanche mainte source pleine, rapide. C'en est fait de ces vainqueurs.

MÉPHISTOPHÉLÈS.

C'est là un merveilleux accueil : les plus hardis grimpeurs sont troublés.

FAUST.

Déjà ruisseau sur ruisseau se précipite avec violence. Ils regorgent des cavernes à flots redoublés. Un torrent jette les feux de l'arc-en-ciel : tout d'un coup il s'étend sur le plateau du rocher; il bouillonne, il écume d'un côté et de l'autre, et, de chute en chute, il s'élance dans la vallée! Que sert une vaillante, une héroïque résistance? Le flot puissant roule pour les entraîner. Moi-même je frémis de cet affreux débordement.

MÉPHISTOPHÉLÈS.

Je ne vois pas trace de ces eaux prestigieuses; les yeux de l'homme s'y laissent seuls tromper, et je me réjouis de l'étrange aventure. Ils fuient, ils se précipitent par masses brillantes. Les imbéciles imaginent qu'ils se noient, tandis qu'ils soufflent librement sur la terre ferme; et ils courent risiblement, avec les gestes de la nage. Maintenant la confusion est générale. (*Les corbeaux sont revenus.*) Je ferai votre éloge au grand maître. Voulez-vous maintenant vous montrer en maîtres vous-mêmes? Volez à la forge brûlante, où le peuple des nains, infatigable, fait jaillir sous le marteau le métal et la roche en étincelles. Demandez, avec force belles paroles, un feu brillant, flamboyant, éclatant, comme on s'en fait une grande idée. Des éclairs dans le lointain, la chute soudaine des plus hautes étoiles, c'est ce qu'on peut voir dans chaque nuit d'été; mais des éclairs dans les buissons touffus et des étoiles qui sifflent sur le sol humide, cela ne se voit pas si aisément. Vous allez donc, sans trop vous tourmenter, prier d'abord, ensuite commander. (*Les corbeaux partent. On voit s'accomplir ce que Méphistophélès a prescrit.*)

MÉPHISTOPHÉLÈS.

Pour les ennemis, d'épaisses ténèbres, et leurs pas, leur marche, à l'aventure; des feux follets de toutes parts; une clarté pour éblouir soudain : tout cela serait merveilleusement beau, mais il faut encore un bruit épouvantable.

FAUST.

Les armes creuses, sorties des salles souterraines, se sentent ranimées au grand air : là-haut, c'est depuis longtemps un fracas, un cliquetis, un charivari merveilleux.

MÉPHISTOPHÉLÈS.

Fort bien! On ne saurait plus les retenir. Déjà retentissent les chevaleresques gourmades, comme dans le bon vieux temps. Les brassards et les cuissards, comme Guelfes et Gibelins, renouvellent vivement la guerre éternelle. Fermes et fidèles aux sentiments héréditaires, ils se montrent irréconciliables. Déjà le vacarme au loin retentit. En somme, dans toutes les fêtes d'enfer, c'est la haine de parti qui pousse le mieux les choses jusqu'aux dernières horreurs : un tapage effroyable, soudain, mêlé de sons perçants, déchirants, sataniques, épouvante au loin le vallon. (*L'orchestre fait entendre une musique tumultueuse, qui passe enfin à de joyeux accents guerriers.*)

LA TENTE DE L'ANTI-CÉSAR.

On voit un trône et un riche ameublement.

HABEBALD, EILEBEUTE.

ÉILEBEUTE.

Nous sommes donc ici les premiers.

HABEBALD.

Point de corbeau qui vole aussi vite que nous.

EILEBEUTE.

Oh! quel trésor ici amoncelé! Par où commencer? Par où finir?

HABEBALD.

Tout l'espace est comble, on ne sait où porter la main.

EILEBEUTE.

Le tapis me conviendrait fort : mon lit est souvent par trop mauvais.

HABEBALD.

Je vois ici pendue une massue d'acier : depuis longtemps j'en désirais une pareille.

EILEBEUTE.

Ce manteau rouge bordé d'or.... j'avais rêvé quelque chose comme cela.

HABEBALD, *en se saisissant de l'arme.*

Avec ceci l'on a bientôt fait : on assomme, et l'on avance. Déjà tu as empaqueté force butin, et tu n'as rien fourré de bon dans le sac. Laisse-moi ces chiffons à leur place; emporte une de ces cassettes! Elle renferme la solde destinée aux troupes. Elle a de l'or plein le ventre.

EILEBEUTE.

C'est un fardeau écrasant! Je ne puis le soulever, je ne puis le porter.

FAUST.

HABEBALD.

Vite baisse-toi, courbe-toi : je le chargerai sur ton dos robuste.

EILEBEUTE.

Oh! là, là! C'est fini, la charge me brise les reins. (*La cassette tombe et se brise.*)

HABEBALD.

Voilà l'or vermeil en monceaux. Vite à l'œuvre et ramasse.

EILEBEUTE. *Elle s'accroupit.*

Vite dans mon tablier! Nous en aurons encore suffisance.

HABEBALD.

Assez comme cela! Et sauve-toi. (*Elle se lève.*) O malheur! Le tablier a un trou! Que tu marches, que tu t'arrêtes, tu sèmes l'or à profusion.

TRABANS, *de l'Empereur légitime.*

Que faites-vous dans ce lieu sacré? Que fouillez-vous dans le trésor impérial?

HABEBALD.

Nous avons donné nos membres à gages, et nous prenons notre part du butin. Dans les tentes de l'ennemi c'est l'usage. Et nous aussi nous sommes soldats!

LES TRABANS.

Soldat et voleur à la fois, ce n'est pas l'usage parmi nous; et qui approche de notre empereur doit être un honnête soldat.

HABEBALD.

Votre honnêteté, on la connaît bien. Elle se nomme contribution. Vous êtes tous les mêmes : « Donne, donne, » c'est le bonjour du métier. (*A Eilebeute.*) Va-t'en et emporte ce que tu tiens. Nous ne sommes pas ici des hôtes bienvenus. (*Habebald et Eilebeute se retirent.*)

PREMIER TRABAN.

Dis, pourquoi n'as-tu pas souffleté cet insolent maraud?

DEUXIÈME TRABAN.

Je ne sais, la force m'a manqué. Ils avaient l'air de fantômes.

TROISIÈME TRABAN.

J'avais les yeux tout éblouis; cela scintillait, je n'y voyais pas.

QUATRIÈME TRABAN.

J'ai senti tout le jour une chaleur, une angoisse, que je ne saurais dire; une ardeur suffocante : l'un restait debout, l'autre tombait; on tâtonnait devant soi, et l'on frappait en même temps; l'ennemi tombait à chaque coup; devant les yeux flottait comme un crêpe; puis cela bourdonnait, murmurait et sifflait dans l'oreille. Mais c'est passé; nous voilà, et nous ne savons pas même comment cela s'est fait. (*L'Empereur et quatre princes paraissent; les trabans se retirent.*)

L'EMPEREUR.

Quoi qu'il en soit, nous avons bataille gagnée; l'ennemi, fugitif et dispersé, s'est écoulé dans la plaine. Voici le trône vacant, trésor perfide : enveloppé de tapis, il resserre la place alentour. Nous, très-honoré maître, gardé par nos trabans, nous attendons, en empereur, les envoyés des peuples. De tous côtés arrivent de réjouissantes nouvelles. Que la paix règne dans l'empire, qui nous est fidèle avec joie! Si la sorcellerie s'est mêlée de notre lutte, à la fin nous avons seuls combattu. Les hasards viennent au secours des guerriers : une pierre tombe du ciel; il pleut du sang sur l'ennemi; les cavernes rocheuses retentissent de voix étranges, puissantes, qui dilatent notre poitrine et oppressent la poitrine de l'ennemi. Le vaincu est tombé, pour sa honte toujours nouvelle. Le vainqueur, qui triomphe, exalte le Dieu propice, et, sans qu'il ait besoin de l'ordonner, des millions d'hommes entonnent avec lui, à plein gosier, *Te Deum laudamus*. Cependant, pour le louer mieux encore, je reporte, ce qui m'arrivait rarement autrefois, un pieux regard dans mon cœur. Un jeune et joyeux prince peut dissiper ses jours : les années lui apprennent le prix du moment. C'est pourquoi je me joins à vous sur-le-champ, mes quatre dignes serviteurs, pour m'occuper de ma maison, de la cour et de l'empire. (*Au premier.*) A toi, prince, fut confiée la sage disposition de l'armée; puis, dans le moment décisif, sa conduite hardie, héroïque : fais ton œuvre dans la paix comme le temps l'exige; je te nomme grand maréchal, et je remets l'épée dans tes mains.

LE GRAND MARÉCHAL.

Tandis que ta fidèle armée, jusqu'à présent occupée à l'intérieur, défendra, aux frontières, ta personne et ton trône, qu'il nous soit accordé de préparer le banquet de fête, quand les conviés se presseront dans les salles du vaste château de tes ancêtres. Alors je porterai devant toi, je porterai à ton côté l'épée nue, comme garde éternelle de la majesté suprême.

L'EMPEREUR, *au second*.

Toi, qui te montres à la fois homme vaillant, affable et doux, sois grand chambellan. La charge n'est pas facile : tu es le chef de tous mes domestiques, dont les querelles intestines font de mauvais serviteurs. Que ton exemple, désormais en honneur, fasse voir comme il faut plaire au maître, à la cour et à tout le monde.

LE GRAND CHAMBELLAN.

Exécuter la grande pensée du maître concilie la faveur ; être secourable aux bons, ne pas nuire aux méchants eux-mêmes, être ouvert sans artifice et tranquille sans tromperie!... Maître, si tu vois le fond de mon cœur, cela me suffit. L'imagination peut-elle s'élever jusqu'à cette fête ?... Quand tu te mets à table, je te présente la cuvette d'or ; tu me confies tes anneaux, afin qu'aux heures de plaisir, ta main se rafraîchisse, comme ton regard me réjouit.

L'EMPEREUR.

A la vérité, je me sens trop sérieux pour songer aux fêtes : mais soit! les joyeuses pensées portent bonheur aussi. (*Au troisième.*) Je te choisis pour grand écuyer tranchant. Que la chasse, la basse-cour, la métairie, soient désormais sous tes ordres! Fais-moi préparer avec soin, en tout temps, et selon la saison, les mets que je préfère.

LE GRAND ÉCUYER TRANCHANT.

Qu'un jeûne austère soit mon plus agréable devoir, jusqu'à ce que, servi devant toi, un mets délicat te réjouisse! Les officiers de la cuisine se joindront à moi pour rapprocher les distances, hâter les saisons. Les mets étrangers, les primeurs, qui font l'orgueil de la table, ne te charment point : le simple et le solide, voilà ce que tu demandes.

L'EMPEREUR, *au quatrième*.

Puisque inévitablement il n'est ici question que de fêtes, jeune héros, sois transformé en échanson. Veille, en cette qualité, à ce que nos celliers soient richement pourvus de bons vins. Toi-même, sois sobre, ne te laisse pas entraîner, par les charmes de l'occasion, au delà des bornes de la gaieté.

LE GRAND ÉCHANSON.

Mon prince, la jeunesse elle-même, pourvu que l'on ait confiance en elle, s'élève, avant qu'on s'en doute, au rang des hommes faits. Moi aussi, je me transporte au milieu de cette grande fête : je décore magnifiquement un buffet impérial de vases somptueux d'or et d'argent ; mais je choisis d'abord pour toi la plus belle coupe, un brillant cristal de Venise, où le plaisir est aux aguets, où le vin prend une saveur plus forte et n'enivre jamais. On se fie trop souvent à ces trésors miraculeux : sire, ta sobriété te préserve mieux encore.

L'EMPEREUR.

Ce que je vous ai conféré en cette heure solennelle, vous l'avez entendu avec confiance de ma bouche véridique. La parole de l'empereur est puissante et garantit toute largesse : cependant la confirmation réclame un noble écrit, réclame la signature. Pour rédiger l'acte en forme, je vois, au bon moment, s'avancer l'homme qu'il faut. (*On voit paraître l'Archevêque, archichancelier* [1].) Quand une voûte se fie à la clef, elle est solidement bâtie pour l'éternité. Tu vois ici quatre princes. Nous avons réglé d'abord ce qui assure la stabilité de notre maison et de notre cour : que maintenant tout l'ensemble de l'empire s'appuie, avec force et puissance, sur le nombre cinq. Ces dignitaires doivent briller, plus que tous les autres, par leurs possessions : c'est pourquoi j'ajoute, dès maintenant, aux limites de leurs domaines l'héritage de ceux qui nous ont abandonnés. A vous, mes fidèles, j'adjuge maintes belles provinces et en même temps le droit suprême de vous agrandir, selon l'occasion, par héritage, achat ou échange ; qu'ensuite il vous soit expressément octroyé d'exercer sans trouble tous les droits qui vous appartiennent comme seigneurs. Comme juges, vous prononcerez en dernier ressort ; on n'appellera point de vos cours souveraines ; en outre aille, cens, redevances, hommage, escorte et péages, régale

---

1. Il représente l'électeur de Cologne ; l'électeur de Saxe est grand maréchal ; l'électeur de Brandebourg, grand chambellan ; l'électeur Palatin, grand échanson ; l'électeur de Bohême, grand écuyer tranchant.

des mines, des salines et des monnaies, devront vous appartenir. Car, afin de témoigner pleinement ma satisfaction, je vous ai élevés au premier rang après la majesté.

L'ARCHEVÊQUE.

Au nom de tous, je t'exprime notre profonde satisfaction : tu nous rends forts et puissants et tu fortifies ton pouvoir.

L'EMPEREUR.

Je veux conférer encore à chacun de vous de plus hautes dignités. Je suis encore vivant dans mon empire et suis heureux de vivre : mais la suite de mes augustes ancêtres ramène mon regard pensif du tourbillon des affaires sur le sort qui me menace. Moi aussi, en mon temps, je me séparerai de mes fidèles. Que votre office soit alors de nommer mon successeur. Élevez-le, couronné, sur le saint autel, et que paisiblement finisse ce qui fut si orageux aujourd'hui.

L'ARCHICHANCELIER.

L'orgueil au fond du cœur, l'humilité dans la contenance, nous princes, les premiers de la terre, nous courbons le front devant toi. Aussi longtemps que notre sang fidèle coulera dans nos veines, nous sommes le corps que ta volonté fait mouvoir aisément.

L'EMPEREUR.

Soit donc, pour conclure, à jamais confirmé, par écrit et signature, ce que nous avons arrêté jusqu'ici. Vous avez, comme seigneurs, la possession souveraine, mais sous condition qu'elle soit indivisible : à quelque point que vous augmentiez ce que vous recevez de nous, elle doit passer au fils aîné dans la même mesure.

L'ARCHICHANCELIER.

Je vais sur-le-champ, pour le bonheur de l'empire et le nôtre, confier avec joie au parchemin cet important statut. La copie et le sceau sont l'affaire de la chancellerie, et toi, sire, tu les confirmeras par ta signature sacrée.

L'EMPEREUR.

Et maintenant je vous congédie, afin que chacun puisse méditer, dans le recueillement, sur cette grande journée. (*Les princes laïques se retirent.*)

L'ARCHEVÊQUE, *d'un ton pathétique.*

Le chancelier s'est retiré, l'évêque demeure, poussé vers ton oreille par un sérieux esprit de remontrance. Son cœur paternel est plein de souci pour toi.

L'EMPEREUR.

Quel souci peut te presser dans cette heure fortunée? Parle.

L'ARCHEVÊQUE.

Avec quelle amère douleur je trouve, à cette heure, ta personne sacrée en commerce avec Satan! Il est vrai que tu sembles affermi sur le trône : mais, hélas! c'est au mépris de Dieu, notre Seigneur, et du pape, notre père, qui, s'il en est informé, aussitôt prononcera ta condamnation, pour anéantir, avec ses saintes foudres, ton empire coupable. Car il n'a pas encore oublié comme, dans la circonstance la plus solennelle, le jour de ton couronnement, tu délivras le sorcier. De ton diadème, le premier rayon de grâce alla, au préjudice de la chrétienté, tomber sur la tête maudite. Mais frappe-toi la poitrine, et restitue sur-le-champ au sanctuaire une modeste obole de ce bien mal acquis; la spacieuse colline où ton pavillon fut dressé, où les mauvais esprits se liguèrent pour ta défense, où tu prêtas une oreille docile au prince du mensonge, pieusement averti, consacre-la à un saint exercice, avec la montagne et la forêt touffue, aussi loin qu'elles s'étendent, avec les collines, qui se couvrent en tout temps de verts pâturages, les lacs limpides, où les poissons foisonnent, puis les innombrables ruisseaux, qui, serpentant d'une course rapide, se précipitent dans la vallée, enfin la spacieuse vallée elle-même, avec prés, champs et pâturages : cela manifestera ton repentir et tu trouveras grâce.

L'EMPEREUR.

Je suis profondément effrayé de ma faute grave : que les bornes soient par toi posées, selon qu'il te semblera bon.

L'ARCHEVÊQUE.

Que d'abord le lieu profané, où l'on s'est rendu coupable, soit sur-le-champ consacré au service du Très-Haut. Je vois en esprit s'élever promptement de puissantes murailles; le regard du soleil levant éclaire déjà le chœur; l'édifice naissant se développe en forme de croix; la nef s'allonge, s'élève, pour la joie des fidèles; ils affluent déjà, pleins de zèle, par le majestueux portail; le premier appel de la cloche a retenti à travers les monts et les vallées; il éclate du haut des tours, qui montent vers le ciel; le pénitent s'avance, pour commencer une vie nouvelle. Dans le grand jour de la dédicace (puisse-t-il bientôt paraître!), ta présence sera le plus digne ornement.

L'EMPEREUR.

Qu'un si grand ouvrage témoigne ma pieuse intention d'honorer le Seigneur et d'expier mes péchés! Il suffit : je sens déjà ma pensée s'exalter.

L'ARCHEVÊQUE.

Comme chancelier, je demande maintenant un décret en forme.

L'EMPEREUR.

Un document en bonne forme pour octroyer ces biens à l'Église : tu me le soumettras et je le signerai avec joie.

L'ARCHEVÊQUE, *qui a pris congé, mais qui revient sur ses pas.*

Tu consacres en même temps à l'œuvre, dès le moment qu'elle prend naissance, tous les revenus du pays : dîmes, cens, redevances à perpétuité. Un entretien convenable est fort coûteux, et une administration soignée entraîne de grands frais. Pour accélérer la construction, même en un lieu si sauvage, tu nous donnes un peu d'or de ton butin. De plus, il faudra, je ne puis le taire, du bois venu de loin, de la chaux, des ardoises et autres matériaux. Le peuple fera les charrois, instruit par la prédication : l'Église bénit celui qui charrie pour elle. (*Il sort.*)

L'EMPEREUR.

Elle est grande et pesante la faute dont je me suis chargé : cette damnable engeance de sorciers me porte un grave préjudice.

L'ARCHEVÊQUE, *revenant encore, avec une profonde révérence.*

Pardonne, sire! Cet homme, si décrié, a reçu l'investiture des rivages de l'empire; mais il sera mis au ban, si, par pénitence, tu ne confères aussi à la haute fabrique les dîmes, cens, impôts et redevances de ce fief.

L'EMPEREUR, *avec humeur.*

Ces terres n'existent pas encore; elles sont au fond de la mer!

L'ARCHEVÊQUE.

Qui a le droit et la patience, le temps aussi viendra pour lui. Puisse la parole que vous donnez rester inébranlable! (*Il se retire.*)

L'EMPEREUR, *seul.*

Je pourrais bien tout d'abord engager ainsi tout l'empire.

ACTE CINQUIÈME.

PAYS OUVERT.

UN VOYAGEUR.

Oui, ce sont les sombres tilleuls, là-bas, dans leur vigoureuse vieillesse! Et je les retrouve donc après de si longs voyages! C'est bien l'ancienne place, la cabane qui me recueillit, quand la vague orageuse me jeta sur ces dunes. Je voudrais bénir mes hôtes secourables, couple vertueux, qui, pour s'offrir à ma vue aujourd'hui, était déjà bien vieux dans ce temps-là. Ah! c'étaient de pieuses gens! Heurterai-je? appellerai-je?... Salut à vous, si, toujours hospitaliers, vous goûtez encore aujourd'hui le bonheur de faire du bien!

BAUCIS, *petite mère, très-vieille.*

Cher étranger, doucement, doucement! Tenez-vous en repos, et laissez reposer mon mari. Un long sommeil donne au vieillard de l'activité pour une courte veille.

LE VOYAGEUR.

Mère, dis-moi, es-tu bien là pour recevoir encore mes actions de grâces de ce que tu fis un jour, avec ton mari, pour la vie du jeune homme? Es-tu Baucis, si empressée de porter le soulagement à sa bouche expirante? (*Le vieillard s'avance.*) Et toi, Philémon, qui, avec tant de vigueur, arrachas aux flots mon trésor?... Les flammes de votre feu rapide, les sons argentins de votre clochette, vous réservaient le dénoûment de cette affreuse aventure.... Et maintenant laissez-moi m'avancer, pour contempler la mer immense; laissez-moi tomber à genoux, laissez-moi prier; car je sens mon cœur oppressé.

(*Il s'avance sur la dune.*)

PHILÉMON, *à Baucis.*

Hâte-toi de mettre la table dans le jardin, à l'endroit le plus fleuri. Laisse-le courir, laisse-le s'effrayer, car il n'en croira pas ses yeux. (*Philémon suit l'étranger et se place auprès de lui.*) Cette mer, qui vous maltraita cruellement, brisant avec fureur vague sur vague, vous la voyez transformée en jardin, vous voyez une image du paradis. Plus vieux, je cessai d'être dispos, je n'étais plus, comme autrefois, prêt à porter secours, et, quand mes forces s'en allèrent, la vague aussi s'éloigna. Les hardis serviteurs de maîtres habiles creusèrent des fossés, élevèrent des digues, restreignirent les droits de la mer, pour dominer à sa place. Vois se dérouler les vertes prairies, pâturages, jardins, villages et bois! Mais viens à présent prendre quelque nourriture, car le soleil nous quittera bientôt.... Là, bien loin, passent les voiles : elles cherchent, pour la nuit, un refuge tranquille.... Les oiseaux connaissent leur nid : là-bas maintenant s'ouvre un port. Tu ne vois plus que dans le lointain la frange bleue de la mer et, à droite et à gauche, une large étendue, où se pressent les habitants.

LE PETIT JARDIN.

Philémon, Baucis et l'étranger sont à table.

BAUCIS, *à l'étranger.*

Tu restes muet ?... Et tu ne portes pas un morceau à ta bouche entr'ouverte ?

PHILÉMON.

Il voudrait bien savoir quelque chose du prodige. Tu parles volontiers : fais-le-lui connaître.

BAUCIS.

Oui, sans doute, ce fut un prodige, qui aujourd'hui même ne me laisse pas en repos : car toute l'affaire se passa d'une manière suspecte.

PHILÉMON.

Peut-il être coupable, l'empereur qui lui octroya le rivage? Un héraut ne l'a-t-il pas proclamé à grand bruit en passant? Ce n'est pas loin de nos dunes que l'on commença de prendre pied.... Tentes, cabanes !... mais bientôt, dans la verdure, s'élève un palais.

BAUCIS.

Le jour, les ouvriers faisaient du tapage en vain, et la pioche et la pelle coup sur coup; à la place où de petites flammes voltigeaient la nuit, une digue s'élevait le jour suivant. Le sang humain dut couler en sacrifice; la nuit, des cris d'angoisse éclataient; des torrents de feu s'écoulaient vers la mer : le lendemain, c'était un canal. Cet homme est un impie; il convoite notre cabane, notre bois : comme il se montre orgueilleux voisin, il faut être soumis.

PHILÉMON.

Il nous a pourtant offert un joli bien dans le nouveau pays.

BAUCIS.

Ne te fie pas à la terre des eaux : reste sur ta colline.

PHILÉMON.

Allons à la chapelle contempler le dernier rayon du soleil; allons sonner, allons prier à genoux et nous confier au dieu antique.

UN PALAIS.

Un vaste jardin de plaisance, un grand canal tiré au cordeau. Faust, parvenu à l'extrême vieillesse, se promène en rêvant.

LYNCÉE, *gardien de la tour, crie avec le porte-voix.*

Le soleil décline, les derniers vaisseaux entrent joyeusement dans le port; un grand bateau est sur le point d'arriver ici par le canal; les pavillons bariolés flottent gaiement; les mâts se dressent tout prêts; le nautonier s'estime heureux en toi : le bonheur te salue au jour suprême.

(*La petite cloche tinte sur la dune.*)

FAUST, *avec emportement.*

Maudite sonnerie! Elle me blesse trop outrageusement, comme un coup de feu perfide. Devant mes yeux, mon empire s'étend sans limites; derrière, le chagrin me harcèle, me fait souvenir, par des sons jaloux, que ma domination n'est pas entière. Les tilleuls, la brune cabane, la vieille chapelle, ne sont pas à moi; et, si je veux me récréer de ce côté-là, je frémis, à la vue d'ombrages étrangers; ce sont des épines devant mes yeux, des épines sous mes pieds. Oh! fussé-je bien loin d'ici!

LE GARDIEN DE LA TOUR, *avec le porte-voix.*

Comme le canot bariolé cingle vers nous joyeusement au vent frais du soir! Comme il étale fièrement, dans sa course rapide, caisses, coffres et sacs. (*Un canot magnifique, portant une cargaison riche et variée, amène les productions de terres lointaines. On voit paraître Méphistophélès avec les trois vaillants compagnons.*)

LE CHOEUR.

Nous abordons : déjà nous voici! Salut au seigneur, au patron! (*Ils abordent; on débarque la cargaison.*)

MÉPHISTOPHÉLÈS.

Nous avons bravement travaillé; heureux, si le maître nous approuve. Nous étions partis avec deux navires seulement : nous rentrons avec vingt dans le port. Les grandes choses que nous avons faites, on peut les voir à notre chargement. La mer libre rend libres les esprits. Là, qui s'avise de réfléchir ? Il n'y faut qu'une griffe alerte. On prend un poisson, on prend un navire, et dès qu'on est le maître de trois, on tire à soi le quatrième : alors le cinquième joue de malheur. On a la force, on a donc le droit. On demande *quoi* et non *comment*. Qu'on ne me parle pas de navigation, si la guerre, le commerce et la piraterie ne sont pas une inséparable trinité.

LES TROIS VAILLANTS COMPAGNONS.

Ni merci ni salut ! Ni salut ni merci ! Comme si nous apportions au maître du fumier ! Il fait une mine refrognée ; le butin de roi ne lui plaît pas.

MÉPHISTOPHÉLÈS.

N'attendez point d'autre récompense : quoi donc ? vous avez pris votre part.

LES COMPAGNONS.

Seulement pour chasser l'ennui. Nous demandons tous part égale.

MÉPHISTOPHÉLÈS.

Rangez d'abord là-haut, salle par salle, toutes ces raretés ensemble. Et, quand il aura visité ce riche étalage, passé tout en revue plus attentivement, comptez qu'il ne se montrera point avare, et qu'il donnera à la flotte fête sur fête. Les gaillards viendront demain, et j'en aurai soin comme il faut. (*On emporte la cargaison. A Faust.*) C'est avec un front sérieux, avec un regard sombre, que tu apprends ta haute fortune. Ta profonde sagesse est couronnée; le rivage est réconcilié avec la mer ; la mer emporte du rivage, avec complaisance, les vaisseaux pour leur course rapide : sache le reconnaître, ici, ici, de ton palais, tu embrasses le monde entier.... Tout a commencé de cette place : ici s'éleva la première baraque; un petit fossé fut ouvert, où maintenant la rame assidue fait jaillir le flot. Ta haute pensée, le zèle des tiens, ont conquis la mer, la terre. De cette place....

FAUST.

Place maudite! C'est elle qui me pèse et me nuit! Je dois te le dire, à toi, qui es si habile : je sens dans le cœur aiguillon sur aiguillon. Il m'est impossible d'y tenir; et de le dire, j'en rougis. Je voudrais voir fléchir ces vieillards de là-haut; je voudrais ces tilleuls pour ma demeure. Quelques arbres qui ne sont pas à moi me gâtent la possession du monde. Là, je voudrais, afin de voir au loin à la ronde, construire, de branche en branche, des échafaudages, ouvrir à l'œil une vaste carrière, pour contempler tout ce que j'ai fait, pour embrasser, d'un seul regard, le chef-d'œuvre de l'esprit humain, animant, par une sage pensée, les vastes demeures conquises aux nations.... Nous souffrons donc la plus cruelle torture, en sentant, au sein de la richesse, ce qui nous manque. Le tintement de la petite cloche, l'odeur des tilleuls, m'enveloppent, comme dans l'église et dans la fosse. La volonté arbitraire de l'homme tout-puissant vient se briser contre ce sable. Comment bannir cela de ma pensée? La clochette retentit et j'entre en fureur.

MÉPHISTOPHÉLÈS.

Je comprends qu'un profond chagrin doive empoisonner ta vie. Qui peut le nier? Point de nobles oreilles à qui ne répugne la sonnerie, et ce maudit bim, baum, bim, baum, qui assombrit la sereine lumière du soir, se mêle à chaque événement, depuis le premier bain jusqu'à la sépulture, comme si, entre bim et baum, la vie n'était qu'un songe évanoui.

FAUST.

La résistance, l'obstination, attristent la plus glorieuse conquête, en sorte que, pour notre profonde et cruelle peine, il faut nous fatiguer à être justes.

MÉPHISTOPHÉLÈS.

Et pourquoi te gêner ici? Ne songes-tu pas depuis longtemps à coloniser?

FAUST.

Allez donc, et délivrez-moi de ces gens-là! Tu connais le joli petit bien que j'ai choisi pour les vieux époux.

MÉPHISTOPHÉLÈS.

On les enlève et on les replace : avant qu'on ait le temps de regarder derrière soi, ils sont installés. La violence une fois subie, une belle résidence les apaisera. (*Il siffle : les trois compagnons paraisssent.*) Venez, comme le maître l'ordonne; demain vous aurez une fête navale.

LES COMPAGNONS.

Le vieux maître nous a mal reçus : une fête joyeuse[1] nous est due.

MÉPHISTOPHÉLÈS, *aux spectateurs*.

Ici arrive encore ce qui est arrivé depuis longtemps; car nous avions déjà la vigne de Naboth.

(Reg., I, 21.)

Nuit avancée. Lyncée est sur le donjon. Il chante.

LYNCÉE.

Né pour voir, chargé d'observer, voué à la tour, j'aime ce monde. Je regarde au loin, je vois auprès, la lune et les étoiles, la forêt et le chevreuil. Je vois en tout l'éternelle parure, et, comme ces choses me plaisent, je me plais à moi-même aussi. Heureuses prunelles, ce que vous avez vu, tel qu'il puisse être, était bien beau! (*Une pause.*)

Ce n'est pas seulement pour me réjouir que je suis si haut placé. Quel objet épouvantable vient m'effrayer du sein des ténèbres? Je vois jaillir des étincelles à travers la double nuit des tilleuls; le brasier toujours plus fort s'allume, excité par le courant d'air. Ah! elle flambe au dedans la fraîche cabane, que la mousse couvrait. On implore de prompts secours; nul sauveur ne se montre: les bonnes vieilles gens, qui veillaient jadis si soigneusement sur le feu, seront la proie de l'incendie! Quelle effroyable aventure! La flamme se déploie; la toiture noire et moussue est devenue un rouge brasier. Puissent du moins ces bonnes gens se sauver de cette fournaise infernale! De brillants éclairs dardent leurs langues à travers les feuilles, à travers les rameaux; les branches sèches, qui brûlent flamboyantes, soudain s'embrasent

---

1. Il se trouve ici un calembour intraduisible.

et tombent avec fracas. O mes yeux, faut-il que vous voyiez cela! Faut-il que ma vue porte si loin! La petite chapelle s'écroule sous le choc et le poids des branches. Déjà les cimes sont embrasées de flammes aiguës qui serpentent. Les tiges creuses se consument jusqu'aux racines en charbons ardents. (*Longue pause. Chant.*) Ce qui charmait les yeux naguère est englouti avec les siècles!

FAUST, *à son balcon, vis-à-vis des dunes.*

De là-haut quels accents lamentables? Il n'est plus temps de parler, d'appeler. Ma sentinelle gémit; moi, dans mon âme, je regrette cet emportement. Mais, si les tilleuls ne sont plus qu'un affreux amas de souches à demi charbonnées, un belvédère sera bientôt élevé, pour jouir d'une immense perspective. Là aussi je verrai la nouvelle demeure où sera recueilli ce vieux couple, qui, dans le sentiment de ma généreuse clémence, coulera doucement ses derniers jours.

MÉPHISTOPHÉLÈS *et* LES TROIS COMPAGNONS.

Nous revenons au grand trot. Pardonnez, la chose ne s'est pas faite de bonne grâce. Nous avons frappé, heurté, et personne n'ouvrait. Nous avons cogné, heurté de nouveau : la porte vermoulue ne branlait pas. Nous avons crié, menacé, mais nous ne pouvions nous faire entendre, et, comme il arrive en pareille circonstance, ils n'écoutaient pas, ils ne voulaient pas. Alors, sans perdre de temps, nous les avons vite expédiés. Le couple ne s'est pas beaucoup débattu; de frayeur, il sont tombés sans vie. Un étranger se trouvait là gîté, et voulait combattre : nous l'avons étendu mort. Dans les courts instants de la lutte furieuse, des charbons ont allumé quelque paille répandue alentour : maintenant cela flambe en liberté, comme bûcher des trois corps.

FAUST.

Étiez-vous sourds à mes paroles? Je voulais un échange, je ne voulais pas un vol. Cette action insensée et brutale, je la maudis! Prenez-en chacun votre part.

LE CHOEUR.

La vieille parole, la parole retentit : obéis docilement à la force; et si tu es résolu, et si tu tiens ferme, risque tes foyers.... et la vie. (*Ils s'éloignent.*)

FAUST, *sur le balcon.*

Les astres voilent leur brillante lumière; le feu s'abaisse et diminue; une brise frémissante le ranime, et m'apporte la fumée et la vapeur. L'ordre fut prompt, et trop prompte l'action.... Qui vole vers moi comme des ombres?

MINUIT.

QUATRE FEMMES, *vêtues de gris, s'avancent.*

PREMIÈRE FEMME.
Je m'appelle l'Indigence.
DEUXIÈME FEMME.
Je m'appelle la Dette.
TROISIÈME FEMME.
Je m'appelle le Souci.
QUATRIÈME FEMME.
Je m'appelle la Misère.
A TROIS.
La porte est fermée, nous ne pourons entrer. C'est la demeure d'un riche; nous ne voulons pas y entrer.
L'INDIGENCE.
Là, je deviens une ombre.
LA DETTE.
Là, je deviens néant.
LA MISÈRE.
On y détourne de moi le visage avec dégoût.
LE SOUCI.
Vous, mes sœurs, vous ne pouvez pas et n'osez pas entrer : le Souci se glisse par le trou de la serrure. (*Le Souci disparait.*)
L'INDIGENCE.
Vous, lugubres sœurs, éloignez-vous d'ici.
LA DETTE.
De tout près je chemine à ton côté.
LA MISÈRE.
De tout près la misère t'accompagne et marche sur tes talons.

A TROIS.

Les nuages passent, les étoiles disparaissent. Derrière, derrière, de loin, de loin, voici notre sœur, voici.... la Mort!...

FAUST, *dans le palais.*

J'en ai vu quatre venir, et trois seulement s'en aller. Je n'ai pu saisir le sens de leurs paroles : cela sonnait comme « la Misère; » puis est venu un mot lugubre[1] : la Mort. » C'étaient des voix creuses, sourdes, fantastiques. Je ne puis encore me remettre. Si je pouvais écarter la magie de mon chemin, désapprendre absolument les formules de la cabale, ô nature, je serais un homme devant toi; un homme, et rien de plus. Alors il vaudrait la peine d'appartenir à l'humanité. Un homme! je le fus jadis, avant d'avoir fouillé dans les ténèbres, avant d'avoir maudit, par des paroles criminelles, et le monde et moi-même. Maintenant, l'air est si rempli de ces spectres que nul ne sait comment les éviter. Lors même que le jour nous sourit, lumineux et sage, la nuit nous enlace dans un tissu de songes. Nous revenons joyeux des vertes campagnes; un oiseau croasse : que signifie ce croassement? Un malheur! A toute heure, la superstition nous enveloppe.... Cela se prépare, et se révèle, et nous avertit; et puis, effrayés, nous restons seuls. La porte crie et il n'entre personne. (*Avec effroi.*) Y a-t-il quelqu'un ici?

LE SOUCI.

Oui, puisque tu le demandes.

FAUST.

Et toi, qui es-tu donc?

LE SOUCI.

Bref, je suis là!

FAUST.

Éloigne-toi.

LE SOUCI.

Je suis à ma place.

FAUST, *à part, d'abord avec courroux, puis en se modérant.*

Observe-toi, et ne prononce aucune parole magique.

LE SOUCI.

Quand même nulle oreille ne m'entendrait, je n'en gronde-

---

1. Le texte dit une *rime lugubre*; TOD, mort, rime avec NOTH, misère.

rais pas moins dans le cœur. Sous des formes diverses, j'exerce une puissance cruelle. Dans les sentiers, sur les flots, compagnon fâcheux, éternel, toujours trouvé, jamais cherché, tantôt caressé, tantôt maudit.... N'as-tu jamais connu le souci?...

FAUST.

Je n'ai fait autre chose que courir le monde : je prenais aux cheveux chaque plaisir; ce qui ne me contentait pas, je le laissais aller; ce qui m'échappait, je le laissais courir. Je n'ai fait que désirer et satisfaire mes désirs, puis je souhaitais encore. C'est ainsi que j'ai traversé, en homme fort, ma vie orageuse; d'abord grande et puissante, elle chemine aujourd'hui avec sagesse, elle chemine avec mesure. Le globe terrestre m'est assez connu : ce qui est au delà, la vue nous en est cachée. Insensé qui dirige là-haut ses yeux clignotants! qui se figure trouver ses égaux au-dessus des nuages! Qu'il se tienne bien, et regarde ici autour de lui. Pour l'homme sage, ce monde n'est point muet. Qu'a-t-il besoin de s'égarer dans l'éternité? Ce qu'il connaît, il peut le saisir. Qu'il suive donc sa route, tout le long de la terrestre journée! Si des visions surgissent, qu'il passe son chemin : à marcher plus avant, il trouvera douleur et plaisir, lui, mécontent sans cesse!

LE SOUCI.

A celui qu'une fois je possède, le monde entier est inutile. D'éternelles ténèbres descendent sur lui; le soleil ne se lève ni ne se couche; avec des sens parfaitement sains, en lui l'obscurité réside; eût-il tous les trésors, il ne sait pas en jouir. Le bonheur et le malheur deviennent des chimères; il meurt de faim au sein de l'abondance; plaisirs, affaires, il renvoie tout au lendemain; il ne s'attend qu'à l'avenir, et, de la sorte, il n'en finit jamais.

FAUST.

Assez! Tu ne me prendras pas ainsi. Je ne saurais entendre de pareilles folies. Passe ton chemin : ta fâcheuse litanie pourrait troubler l'homme le plus sage.

LE SOUCI.

Ira-t-il? Viendra-t-il? La résolution lui manque. Au milieu de la route ouverte, il chancelle, il avance à peine en tâtonnant, il s'égare de plus en plus, il voit de travers toutes choses, à charge à lui-même et aux autres, reprenant haleine et suffoquant; ni trépassé ni vivant; ni désespéré ni soumis; un roulement irrésistible, une douloureuse indolence, de fatigants devoirs; tantôt la délivrance, tantôt la servitude, un demi-sommeil, un pénible repos, le clouent à sa place et le préparent pour l'enfer.

FAUST.

Misérables fantômes, voilà comme vous traitez mille et mille fois l'espèce humaine! Les jours même indifférents, vous les changez en un chaos affreux de tourments inextricables! Il est difficile, je le sais, d'échapper aux démons; cette chaîne étroite, immatérielle, on ne la brise point : mais, ô souci, ta puissance, qui grandit sourdement, je ne la reconnaîtrai pas.

LE SOUCI.

Éprouve-la, au moment où je te fuis en te maudissant! Les hommes sont aveugles toute leur vie : toi, Faust, deviens-le à la fin. (*Le Souci lui souffle au visage.*)

FAUST, *devenu aveugle.*

La nuit semble s'approcher de plus en plus profonde, mais au dedans brille une éclatante lumière. Ce que j'ai médité, je me hâte de l'accomplir : la parole du maître donne seule l'impulsion. Debout, mes serviteurs! debout, jusqu'au dernier! Faites heureusement paraître au jour ce que j'ai hardiment conçu. Prenez les outils, faites agir la bêche et la pelle. Que le plan tracé s'exécute sans retard. L'ordre précis, la prompte activité, seront suivis de la plus magnifique récompense. Pour accomplir ce grand ouvrage, un esprit suffit à mille bras.

LA GRANDE COUR DEVANT LE PALAIS.

Flambeaux. Méphistophélès, à la tête des ouvriers,
comme inspecteur.

MÉPHISTOPHÉLÈS.

Approchez, approchez; entrez, entrez, Lémures tremblotantes, demi-natures, agencées de nerfs, de tendons et d'ossements.

LES LÉMURES, *en chœur.*

Nous voici sur-le-champ à tes ordres; et, comme nous avons cru l'entendre, il s'agit d'une vaste contrée, qui doit nous appartenir. Voici les pieux aigus et la longue chaîne pour mesurer : pourquoi l'on nous appelle, nous l'avons oublié.

MÉPHISTOPHÉLÈS.

Il n'est pas ici besoin d'efforts ingénieux : travaillez seulement selon vos propres mesures. Que le plus long s'étende de toute sa longueur : vous autres, enlevez alentour le gazon. Comme on le fit pour nos pères, creusez un carré long. Du palais dans l'étroite demeure, voilà comme sottement les choses finissent.

LES LÉMURES, *creusant la terre, avec des gestes moqueurs.*

Quand j'étais jeune et vivais et faisais l'amour, c'était fort doux, ce me semble; aux lieux où la joie éclatait, où régnait le plaisir, mes pieds couraient toujours. Puis la sournoise vieillesse m'a touchée de sa béquille; j'ai bronché sur la porte du sépulcre : pourquoi justement se trouvait-elle ouverte?

FAUST, *sortant du palais, tâtonne les piliers de la porte.*

Comme le cliquetis des bêches me réjouit ! C'est la multitude qui fait pour moi sa corvée; qui réconcilie la terre avec elle-même; qui pose aux flots leurs limites; qui entoure la mer d'étroites barrières

MÉPHISTOPHÉLÈS, *à part.*

Va, tu ne travailles que pour nous, avec tes digues, tes jetées ; car tu prépares à Neptune, au démon de la mer, un grand festin. De toute façon vous êtes perdus ; les éléments sont conjurés avec nous, et tout marche à la destruction.

FAUST.

Inspecteur !

MÉPHISTOPHÉLÈS.

Me voici.

FAUST.

Autant qu'il sera possible, enrôle des ouvriers, des ouvriers en foule ; encourage par les récompenses et les châtiments ; paye, attire, presse. Chaque jour je veux qu'on m'informe de combien s'est allongé le fossé entrepris.

MÉPHISTOPHÉLÈS, *à demi-voix.*

On parle, si je suis bien informé, non pas d'un fossé, mais d'une fosse.

FAUST.

Un marais s'étend le long des montagnes ; il empeste tout le sol déjà conquis : dessécher encore cette mare infecte, serait la dernière et la plus belle conquête. J'ouvre à des millions d'hommes des espaces, où ils habiteront, non pas avec sécurité, mais dans une libre activité. Les campagnes sont vertes et fertiles, et les hommes, les troupeaux, aussitôt à leur aise sur la terre nouvelle, aussitôt établis à la base de la colline, élevée par une industrieuse et hardie population. Ici, dans l'intérieur, un vrai paradis ! Que là dehors le flot se déchaîne jusqu'au rivage ! S'il fait brèche, pour l'envahir violemment, l'effort commun s'empresse de fermer l'ouverture. Oui, je suis voué tout entier à cette pensée ; c'est la fin suprême de la sagesse. Celui-là seul mérite la liberté, comme la vie, qui doit chaque jour la conquérir. Ainsi, environnés de périls, enfants, hommes, vieillards, passent ici leurs vaillantes années. Qu'il me fût donné de voir un pareil mouvement sur un libre territoire, avec un peuple libre, et je dirais au moment : « Arrête ! Tu es si beau ! » La trace de mes jours terrestres ne peut se perdre dans la suite des siècles.... Dans le pressentiment d'une si grande félicité, je goûte le plus beau moment de ma vie. (*Faust tombe à la renverse ; les Lémures le saisissent et le couchent sur le sol.*)

FAUST.

MÉPHISTOPHÉLÈS.

Aucune volupté ne le rassasie ; aucun bonheur ne le satisfait ; il ne cesse de convoiter des formes changeantes ; l'instant suprême, triste et vide, le malheureux souhaite le retenir. Celui qui me résista si fortement, le temps l'a vaincu ; le vieillard est là gisant sur le sable. L'horloge s'arrête....

LE CHOEUR.

Elle s'arrête ; elle se tait comme minuit : l'aiguille tombe.

MÉPHISTOPHÉLÈS.

Elle tombe. Tout est consommé.

LE CHOEUR.

Tout est fini.

MÉPHISTOPHÉLÈS.

Fini ? Absurde parole ! Pourquoi fini ? Fini et rien, sont parfaitement synonymes. Que nous veut donc l'éternelle création ? Emporter dans le néant les êtres créés ? « C'est fini.... » Que faut-il entendre par là ? C'est comme si cela n'avait pas été, et cependant cela s'agite et circule, comme si cela existait. J'aimerais mieux pour moi le vide éternel.

SÉPULTURE.

UNE LÉMURE, *chantant*.
Qui l'a si mal bâtie la maison, avec la bêche et la pelle?
LES LÉMURES, *en chœur*.
Pour toi, hôte morose, au vêtement de chanvre, elle est beaucoup trop belle.
UNE LÉMURE.
Qui a si mal meublé la salle? Où sont les chaises et la table?
LES LÉMURES.
On les avait prêtées pour peu de temps : les créanciers sont nombreux.
MÉPHISTOPHÉLÈS.
Le corps est gisant et l'esprit veut s'échapper : je vais lui montrer bien vite le titre écrit de son sang.... Mais, hélas! on a tant de moyens aujourd'hui de soustraire les âmes au diable!... Sur l'ancienne voie on trébuche; sur la nouvelle nous ne sommes pas bien vus. Autrefois j'aurais fait tout seul : maintenant il me faut appeler des aides. Cela va mal pour nous en toutes choses. Coutume traditionnelle, ancien droit, on ne peut plus se fier à rien. Autrefois l'âme délogeait avec le dernier soupir. Je la guettais, et, comme la plus alerte des souris, crac! je la tenais dans mes griffes bien serrées. Maintenant elle balance, et ne veut pas quitter ce sombre gîte, cette maison nauséabonde de l'affreux cadavre ; les éléments, qui se haïssent, enfin la chassent honteusement. Et, dussé-je me tourmenter des heures et des jours : quand? où? comment? voilà la question fatale! La vieille mort a perdu sa force soudaine. Elle est même longtemps douteuse! J'ai souvent observé curieusement les membres roidis : ce n'était qu'une apparence; cela remuait, cela s'agitait encore. (*Gestes de conjuration, fantastiques, à la manière des chefs de file.*)

Approchez vite, doublez le pas, seigneurs de la corne droite, seigneurs de la corne crochue! Diables de la vieille roche, amenez en même temps la gueule de l'enfer. A la vérité, l'enfer a des gueules sans nombre; il engloutit chacun selon la convenance du rang et les dignités : toutefois, même pour ce dernier jeu, on sera moins scrupuleux à l'avenir. (*L'horrible gueule de l'enfer s'ouvre à gauche.*)

Les mâchoires s'entr'ouvrent, la voûte du gouffre vomit un torrent de flammes furieuses, et, dans les vapeurs bouillantes de l'arrière-fond, je vois la cité des flammes et son éternelle fournaise. Le rouge embrasement s'élève et frappe jusqu'aux dents; les damnés, espérant le salut, arrivent à la nage; l'hyène colossale les broie, et ils recommencent avec angoisse leur course brûlante. Dans les coins on ferait encore bien des découvertes : tant d'horreurs dans le plus étroit espace! Vous faites très-bien d'effrayer les pécheurs, mais ils tiennent ces choses pour tromperie, songe et mensonge. (*Aux diables obèses, à la corne courte et droite.*)

Vous, maroufles pansus, aux joues de feu, qui flambez si bien, engraissés du soufre d'enfer, lourdauds épais, nuques engourdies, guettez là-dessous, s'il ne luit pas quelque chose comme du phosphore : c'est la petite âme, la Psyché ailée. Si vous la plumez, ce n'est plus qu'un affreux ver. Je veux la sceller de mon estampille : après quoi, lancez-vous avec elle dans le tourbillon de feu. Observez les régions inférieures, grosses outres : c'est votre fonction. S'il lui plaisait d'habiter là, on ne le sait pas précisément. Elle aime à loger dans le nombril : prenez-y garde, elle peut vous échapper de ce côté. (*Aux diables décharnés, à la corne longue et crochue.*)

Vous, malins drôles, géants chefs de file, travaillez dans l'air; exercez-vous sans relâche, les bras tendus, les griffes aiguisées, afin de saisir la volage, la fugitive. Elle est mal sans doute dans la vieille maison, et le génie est impatient de s'élever.

Une gloire paraît dans le ciel.

UNE PHALANGE CÉLESTE. *Elle chante.*

O messagers, enfants du ciel, venez, d'un vol paisible, pardonner aux pécheurs, animer la poussière! Pour verser à tous les êtres des influences amies, suspendez votre course flottante.

MÉPHISTOPHÉLÈS.

J'entends des sons discordants, une désagréable musique : cela vient d'en haut avec le jour détesté; c'est cette création hermaphrodite, que les cafards trouvent de leur goût. Vous savez comme, en des heures maudites, nous avons médité la destruction du genre humain : ce que nous avons imaginé de plus infâme, leur piété s'en accommode. Ils viennent sournoisement les câlins.... Ils nous en ont ainsi escroqué plus d'un.... Ils nous combattent avec nos propres armes. Ce sont aussi des diables, mais encapuchonnés. Perdre ici la partie serait pour vous une honte éternelle. Approchez de la fosse et tenez-vous ferme au bord.

CHOEUR DES ANGES, *semant des roses.*

Roses éblouissantes, aux émanations embaumées; flottantes, voltigeantes, secrètes messagères de vie, aux ailes de feuillage, aux boutons entr'ouverts, hâtez-vous de fleurir! Que le printemps éclose, frais et vermeil. Portez le paradis à celui qui repose!

MÉPHISTOPHÉLÈS, *aux diables.*

Pourquoi baisser la tête et tressaillir? Est-ce l'usage de l'enfer? Tenez ferme et laissez choir leur pluie. A sa place chaque larron! Ils croient peut-être, avec toutes ces fleurettes, « enneiger » les diables brûlants : tout va se fondre et se flétrir sous votre haleine. Soufflez donc, souffleurs!... Assez, assez! Devant vos exhalaisons pâlit toute la volée. Pas si fort! Fermez vos mufles et vos narines. Ma foi, vous avez soufflé trop fort. Ne saurez-vous jamais observer la juste mesure? Cela ne flétrit pas seulement, cela noircit, cela sèche et brûle. Déjà cela vole vers nous avec de claires flammes empoisonnées.... Faites-leur tête; élancez-vous tous ensemble.... Leur force s'évanouit! Adieu tout leur courage! Les diables flairent les caresses d'une flamme étrangère.

LES ANGES.

Fleurs célestes, riantes flammes, elles répandent l'amour, elles préparent la joie, comme le cœur la souhaite. Paroles véritables, éther limpide, aux éternelles phalanges, partout le jour!

MÉPHISTOPHÉLÈS.

Malédiction! Honte à ces imbéciles! Voilà mes diables sur la tête! Les lourdauds font la roue et tombent dans l'enfer à reculons! Grand bien vous fasse du bain de feu! Vous l'avez mérité! Moi, je reste à mon poste. (*Il se débat dans la pluie de roses.*) Arrière, feux follets! Toi, si fort que tu brilles, tu n'es, lorsqu'on t'a saisie, qu'une sale boue glutineuse. Pourquoi voltiger? Veux-tu bien déguerpir!... Cela se colle à ma nuque comme la poix et le soufre.

CHOEUR DES ANGES.

Ce qui n'est pas de votre sphère, vous devez l'éviter; ce qui trouble votre cœur, vous ne devez pas le souffrir. Si le mal nous presse violemment, faisons-lui tête : l'amour n'ouvre le ciel qu'à ceux qui aiment.

MÉPHISTOPHÉLÈS.

La tête, le cœur, le foie, me brûlent. Élément plus que diabolique! cent fois plus perçant que les flammes d'enfer! Voilà donc pourquoi vous gémissez si étrangement, pauvres amoureux dédaignés, qui vous tordez le cou, afin de lorgner vos maîtresses! Et moi donc!... Qui me fait tourner la tête de ce côté? Ne suis-je pas avec lui en guerre jurée? La vue m'en était si odieuse avant ce jour! Une influence étrangère m'a-t-elle pénétré jusqu'au fond? Je me plais à les contempler ces aimables enfants. Qui me détourne de les maudire?... Et, si je me laisse affoler, qui donc s'appellera le fou à l'avenir? Ces maudits garçons, que je hais, ils ne me semblent que trop aimables.... Beaux enfants, dites-moi, n'êtes-vous pas aussi de la race de Lucifer? Vous êtes si jolis! En vérité, je voudrais vous embrasser. Il me semble que vous venez à propos. Je me sens aussi bien, aussi à mon aise, que si je vous avais déjà vus mille fois.

Je me sens un secret désir de chatte; à chaque regard, je les trouve plus beaux. Oh! approchez-vous; accordez-moi un seul regard!

LES ANGES.

Nous voici : pourquoi reculer ? Nous approchons : si tu le peux, demeure. (*Les anges en circulant prennent toute la place.*)

MÉPHISTOPHÉLÈS, *refoulé dans le proscenium.*

Vous nous traitez d'esprits damnés, et vous êtes les véritables sorciers, car vous séduisez hommes et femmes.... Quelle maudite aventure! Est-ce là l'élément de l'amour? Tout mon corps est en feu. Je sens à peine que la nuque me brûle.... Vous flottez çà et là : baissez-vous donc! Donnez un peu à vos membres gracieux des mouvements plus mondains! En vérité, le sérieux vous sied à merveille, mais j'aimerais à vous voir du moins sourire une fois. Ce serait pour moi un délice éternel. Je veux dire, comme les amoureux regardent, un léger pli à la bouche, et c'est tout!... Toi, grand garçon, je te trouve surtout à mon gré. Cette mine de sacristain ne te va pas du tout. Regarde-moi donc d'un œil un peu fripon! Vous pourriez aussi vous montrer plus nus décemment. Cette longue chemise flottante est par trop morale.... Ils se tournent.... Sous cet aspect, les drôles ne sont que trop appétissants.

CHOEUR DES ANGES.

Tournez-vous vers la lumière, flammes aimantes! Ceux qui se damnent, que la vérité les guérisse, en sorte qu'ils se délivrent du mal avec joie, pour être heureux au sein de l'Infini!

MÉPHISTOPHÉLÈS.

Qu'est-ce que j'éprouve? C'est comme Job, le drôle tout couvert d'ulcères, qui se fait horreur à lui-même, et triomphe en même temps, quand il se regarde des pieds à la tête, quand il se repose sur lui-même et sa race. Elles sont sauvées, les parties nobles du diable. Cette bouffée d'amour se jette sur la peau. Elles sont déjà consumées, ces flammes détestables, et, comme il convient, je vous maudis tous ensemble.

CHOEUR DES ANGES.

Saintes ardeurs! Celui qu'elles entourent se sent, dans la vie, heureux avec les bons. Tous réunis, élevez-vous et chantez. L'air est purifié : que l'âme respire. (*Ils s'élèvent, emportant la partie immortelle de Faust.*)

MÉPHISTOPHÉLÈS, *regardant autour de lui.*

Eh bien?... Où sont-ils passés? Peuple d'enfants, tu m'as surpris! Ils se sont envolés au ciel avec leur proie. C'est ce qui les affriandait auprès de cette fosse! Un grand trésor, un trésor unique, m'est dérobé; la grande âme qui s'était engagée à moi, ils me l'ont subtilement enlevée. A qui me plaindre maintenant? Qui me rendra ma légitime conquête? Tu es trompé dans tes vieux jours : tu l'as mérité. Cela va mal horriblement pour toi. J'ai failli honteusement; une grande dépense est perdue avec ignominie; une convoitise vulgaire, une absurde amourette séduit le diable goudronné. Si le vieux routier a pu s'occuper de ce ridicule enfantillage, certes elle n'est pas légère, la folie qui s'est enfin rendue maîtresse de lui.

FORÊTS,

ROCHERS, RAVINS, SOLITUDES.

De saints anachorètes sont dispersés sur la montagne,
établis dans les creux de rochers.

CHŒUR et ÉCHO.

La forêt se balance, les rochers pèsent alentour, les racines se cramponnent, tige contre tige s'élève; flots sur flots jaillissent; la grotte profonde nous abrite; les lions rampent, muets et caressants, autour de nous : ils respectent le lieu consacré, le saint asile de l'amour.

PATER ECSTATICUS, *flottant de haut en bas.*

Ardeur éternelle de joie, lien brûlant d'amour, douleur cuisante de l'âme, bouillant désir de Dieu; flèches, transpercez-moi; lances, égorgez-moi; massues, écrasez-moi; éclairs, foudroyez-moi : afin que s'évanouisse tout l'élément périssable, et que brille l'étoile permanente, substance de l'amour éternel.

PATER PROFONDUS. *Région inférieure.*

Comme à mes pieds les roches escarpées pèsent sur un profond abîme; comme mille ruisseaux coulent rayonnants vers la chute affreuse des flots écumeux; comme, par sa propre vigueur, l'arbre s'élève et se dresse dans les airs : tel est l'amour tout puissant qui forme, qui conserve tout. Autour de moi, c'est un mugissement sauvage, comme si forêts et montagnes flottaient, et cependant se précipite au fond de l'abîme, avec un aimable murmure, la cascade, appelée à baigner aussitôt le vallon; la foudre en flammes descendra, pour purifier l'atmosphère, qui portait dans son sein des vapeurs empoisonnées.... Ce sont des messagers d'amour; ils annoncent l'éternelle création qui nous environne. Puisse-t-elle enflammer aussi mon être, au sein duquel l'esprit confus, glacé, se tourmente dans les barrières de sens obtus, dans, une étroite chaîne de douleurs! O Dieu, apaise mes pensées, éclaire mon cœur qui te cherche!

PATER SERAPHICUS. *Région moyenne.*

Quel petit nuage matinal vole à travers la flottante chevelure des sapins? Ai-je pressenti ce qui vit dans mon âme? C'est une troupe d'esprits enfantins.

CHOEUR D'ENFANTS BIENHEUREUX.

Dis-nous, père, où nous allons; dis-nous, bon père, qui nous sommes? Nous sommes heureux : il est pour tous, il est si doux de vivre!

PATER SERAPHICUS.

Enfants nés à minuit, esprits et sens à peine épanouis, soudain perdus pour vos parents, gagnés pour les anges, vous avez senti la présence d'un cœur aimant : approchez donc! Mais vous n'avez, heureux enfants, aucune idée des rudes sentiers de la terre. Descendez dans mes yeux, faits pour ce monde terrestre; servez-vous-en comme s'ils étaient vôtres; contemplez ce paysage. (*Il les reçoit en lui.*) Voilà des arbres, voilà des rochers, une cascade qui se précipite, et, par des bonds immenses, abrége son âpre chemin.

LES ENFANTS BIENHEUREUX, *qui ont passé dans le sein du Pater seraphicus.*

C'est imposant à voir; mais ce séjour est trop sombre; il nous agite de crainte et d'horreur. O toi, noble et bon, laisse-nous partir!

PATER SERAPHICUS.

Montez à une plus haute sphère; grandissez insensiblement, dans une éternelle pureté, à mesure que la présence de Dieu vous fortifie; car c'est la nourriture des esprits qui agit dans le sein du libre éther; manifestation de l'éternel amour, qui s'épanouit pour la félicité.

CHOEUR DES ENFANTS BIENHEUREUX, *circulant autour des plus hauts sommets.*

Joignez les mains avec joie pour la ronde; formez vos danses et chantez en même temps vos saints transports! Vous que Dieu même instruit, prenez confiance : celui que vous adorez, vos yeux le verront.

ANGES, *qui planent dans une région supérieure, portant la partie immortelle de Faust.*

Il est sauvé, le noble membre du monde des esprits, il est sauvé du mal. Celui qui toujours travaille, animé de nobles désirs, nous pouvons le délivrer; et, si l'amour même s'intéresse à lui des hautes demeures, la troupe céleste vient à sa rencontre et lui fait un accueil fraternel.

ANGES NOVICES.

Ces roses, répandues par les mains de tendres et saintes pénitentes, nous ont aidé à remporter la victoire, à terminer le grand ouvrage, à conquérir le trésor de cette âme. Les méchants cédèrent quand nous les répandîmes; les démons s'enfuirent quand ils en furent touchés. Au lieu des peines ordinaires de l'enfer, les esprits éprouvèrent le tourment de l'amour; le chef, le vieux Satan lui-même, fut pénétré d'une douleur poignante. Alleluia! Nous avons triomphé.

ANGES ACCOMPLIS.

Il nous reste encore un élément terrestre, pesant fardeau : fût-il même d'asbeste, il est impur. Quand la force puissante de l'esprit attire à soi les éléments, nul ange n'oserait séparer la double nature unifiée des deux substances confondues : l'amour éternel les peut seul diviser.

ANGES NOVICES.

Comme une vapeur autour de ces rochers, je viens d'apercevoir, se mouvant dans le voisinage, un essaim d'esprits. Les petits nuages s'éclairent; je vois la troupe mobile des enfants bienheureux, délivrés du fardeau terrestre, unis en ronde, qui se récréent au nouveau printemps et aux délices du monde supérieur. Que pour les prémices, pour son élévation croissante, IL soit associé à ces enfants!

LES ENFANTS BIENHEUREUX.

Nous l'accueillons avec joie, à l'état de chrysalide; en lui nous obtenons un gage angélique. Enlevez la dépouille qui l'enveloppe : il est déjà grand et beau de la vie sainte.

DOCTOR MARIANUS, *dans la cellule la plus élevée et la plus pure.*

Ici la vue est dégagée, l'esprit élevé. Là-bas des femmes passent, qui volent vers les hauteurs; au milieu d'elles, couronnée d'étoiles, la glorieuse reine du ciel se révèle par sa splendeur. (*Avec extase.*)

Auguste souveraine de l'univers, laisse-moi, dans la tente déployée du ciel azuré, contempler ton mystère. Approuve ce sérieux et tendre mouvement, qui remplit le cœur de l'homme, et, avec un saint désir d'amour, le porte au-devant de toi. Notre courage est invincible, quand ta majesté commande; le transport se calme soudain, quand tu nous apaises. Vierge pure et parfaite, mère vénérable, reine pour nous choisie, consubstantielle aux dieux!

Autour d'elle se replient de légers nuages : ce sont les pénitentes, douce nation, autour de ses genoux aspirant l'éther, implorant leur grâce.

A toi, l'immaculée, il n'est pas refusé que les imprudentes pécheresses te puissent approcher avec confiance. Entraînées dans la faiblesse, elles sont difficiles à sauver : qui brisa par ses propres forces les chaînes des désirs? Que promptement le pied manque dans le sentier rapide et glissant! Qui n'est troublé d'un regard et d'un salut, d'une haleine caressante?

MATER GLORIOSA *vole dans le ciel et s'avance.*

CHOEUR DES PÉNITENTES.

Tu planes vers les hauteurs des royaumes éternels : entends notre prière, vierge incomparable, vierge pleine de grâce!

MAGNA PECCATRIX. (S. Lucæ, VII, 36.)

Par l'amour qui versa sur les pieds de ton fils glorifié les pleurs et le baume, bravant les moqueries des pharisiens; par le vase qui si largement répandit le parfum; par la chevelure, qui si doucement essuya les pieds sacrés....

MULIER SAMARITANA. (S. Joh., IV.)

Par la fontaine à laquelle jadis Abraham fit conduire les troupeaux; par la cruche qui osa toucher et rafraîchir les lèvres du Sauveur; par la pure et riche source qui désormais s'épanche de ces lieux, et, abondante, toujours claire, coule à travers tous les mondes!...

MARIA ÆGYPTIACA [1]. (Acta sanctorum.)

Par le lieu sacré où l'on ensevelit le Seigneur; par le bras qui, de la porte, m'avertit et me repoussa; par la pénitence de quarante années, à laquelle je restai fidèle dans le désert; par le suprême adieu que je traçai sur le sable!...

A TROIS.

Toi qui ne défends point ton approche aux grandes pécheresses, et qui multiplies éternellement les grâces au repentir, accorde aussi à cette bonne âme, qui ne s'oublia qu'une seule fois, qui ne soupçonnait pas sa faute, accorde-lui ta grâce équitable.

UNA POENITENTIUM, *autrefois nommée Marguerite, s'approchant avec humilité.*

Daigne, ô daigne, Vierge incomparable, Vierge radieuse, tourner ton visage propice vers mon bonheur! Celui que j'aimai sur la terre, désormais en repos, est de retour.

LES ENFANTS BIENHEUREUX. *Ils s'approchent en tournoyant.*

Déjà il nous surpasse en force, en stature; il payera richement nos soins fidèles. Nous fûmes bien vite éloignés des chœurs de la vie, mais lui, il a recueilli la science : il nous instruira.

UNE PÉNITENTE, *autrefois nommée Marguerite.*

Entouré du chœur sublime des esprits, le nouveau venu se reconnaît à peine, il soupçonne à peine sa nouvelle vie, que déjà il ressemble à la sainte phalange. Vois comme il s'arrache à tous les terrestres liens de son ancienne enveloppe, et comme sous ses vêtements éthérés se montre la vigueur première de la jeunesse! Permets-moi de l'instruire! Le nouveau jour l'éblouit encore.

MATER GLORIOSA

Viens, élève-toi à de plus hautes sphères : s'il te devine, il te suivra.

DOCTOR MARIANUS. *Il prie, la face prosternée contre terre.*

Levez les yeux vers le regard sauveur, vous tous, cœurs ten-

---

[1]. Célèbre pénitente. Elle quitta son père et sa mère à l'âge de douze ans; passa dix-sept ans à Alexandrie dans le désordre; se rendit à Jérusalem, où elle voulut adorer la sainte croix, et fut repoussée trois fois par une puissance invisible. Alors elle se convertit, et se retira au delà du Jourdain, où elle fit pénitence pendant quarante-sept ans. En mourant, elle écrivit sur le sable son nom, qu'elle avait tenu caché.

dres et pénitents, afin de vous transformer, avec reconnaissance, pour la destinée bienheureuse! Que tous les sens épurés soient consacrés à te servir! Vierge, mère, reine, divinité, reste-nous propice!

CHORUS MYSTICUS.

Tout ce qui passe n'est qu'une apparence; ici les choses imparfaites s'accomplissent, l'ineffable est réalisé; le charme éternel de la femme nous élève aux cieux.

FINIS.

TABLE DES MATIÈRES.

	Pages.
IPHIGÉNIE EN TAURIDE, drame	1
ELPÉNOR, tragédie (fragment)	63
LA GAGEURE, comédie en un acte	95
FAUST	115
Dédicace	117
Prologue sur le théâtre	119
Prologue dans le ciel	125
La Tragédie. — Première partie	129
La Tragédie. — Deuxième partie	267

PARIS. — IMPRIMERIE DE CH. LAHURE ET Cie
Rues de Fleurus, 9, et de l'Ouest, 21

29 novembre

www.ingramcontent.com/pod-product-compliance
Lightning Source LLC
Chambersburg PA
CBHW050249230426
43664CB00012B/1881